PAPIER

Blumen aus alten Büchern

Anka Brüggemann

Haupt
GESTALTEN

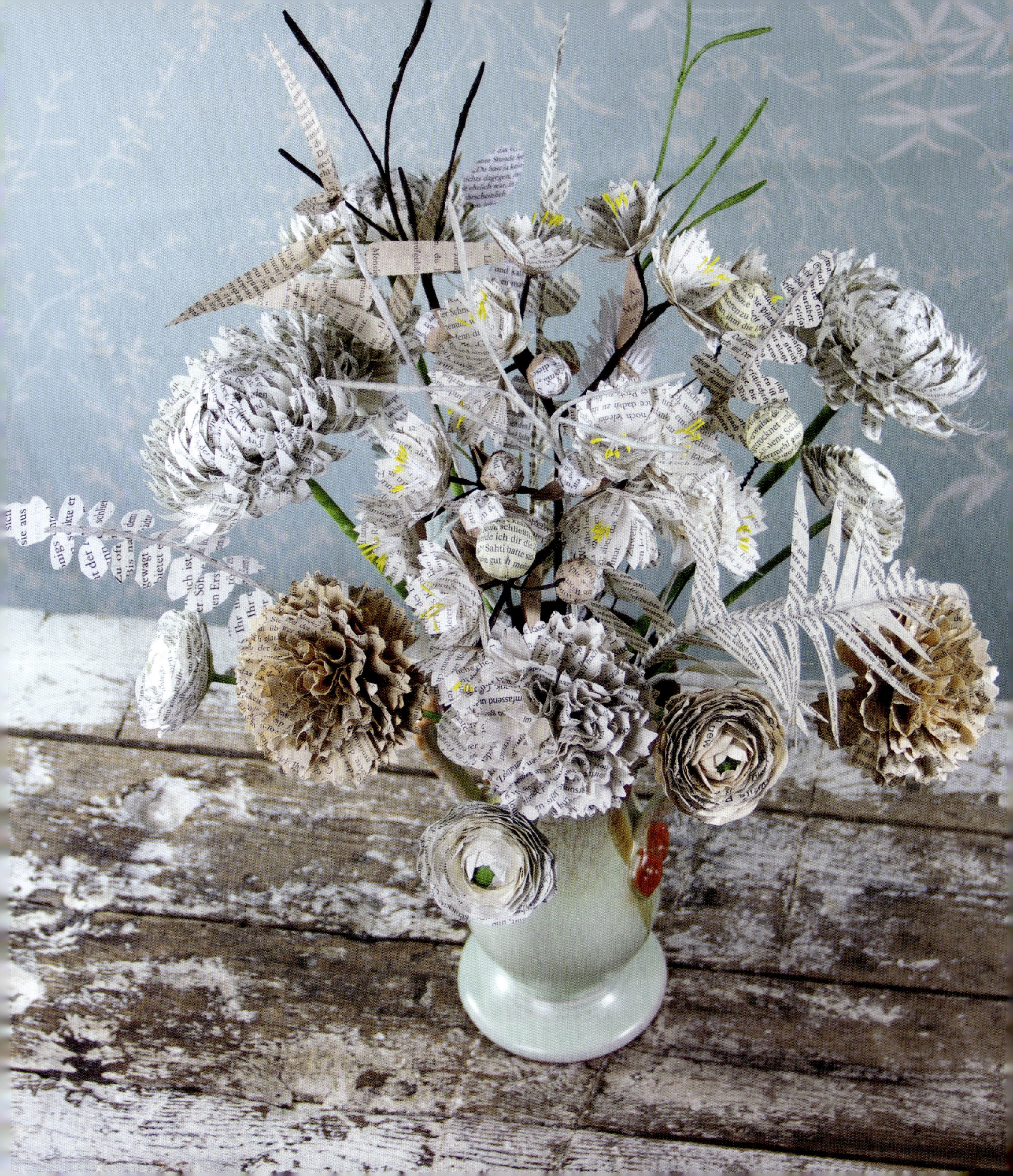

PAPIER
Blumen aus alten Büchern

Anka Brüggemann

25 Projekte

Haupt Verlag

Inhalt

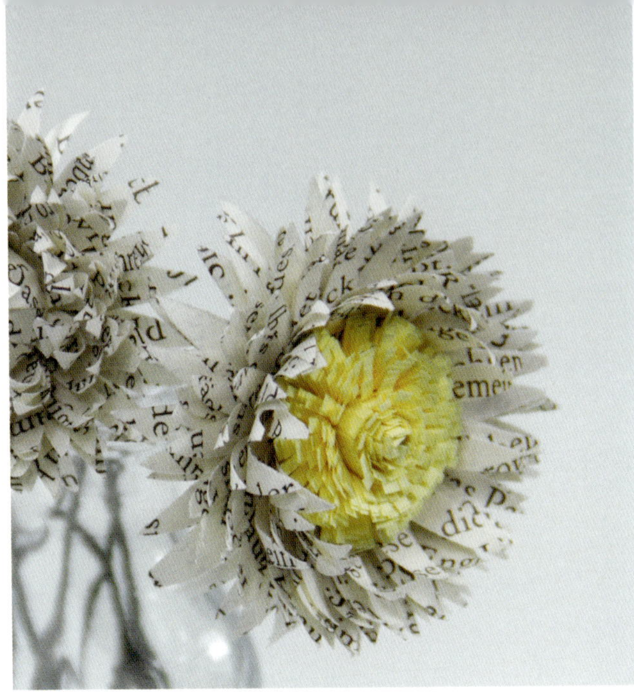

01

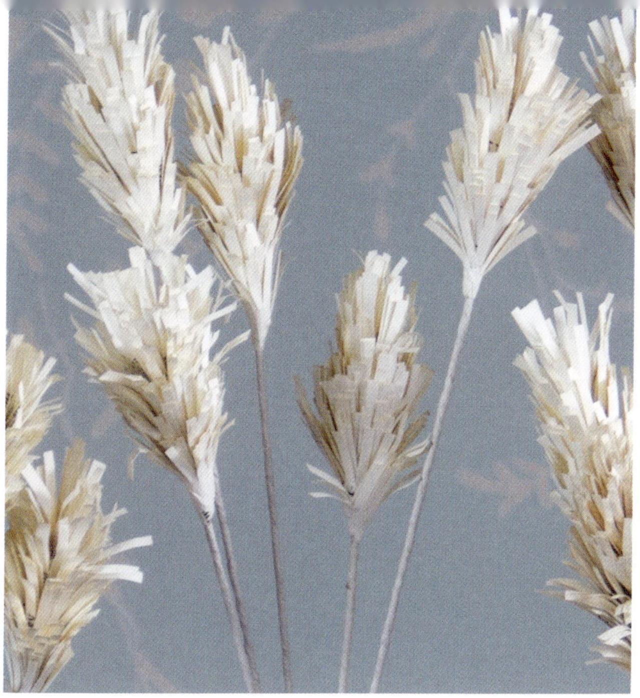

Bindegrün als Beiwerk 70

02

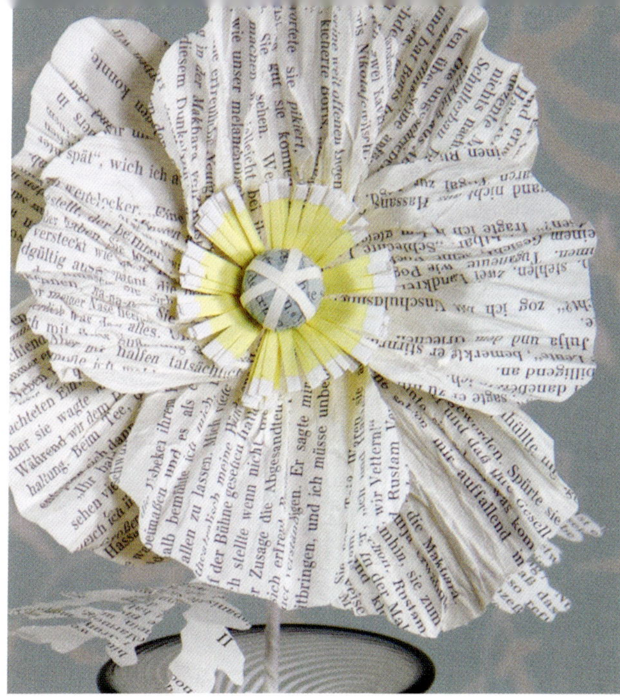

Anspruchsvolle Schönheiten 100

Vorlagen 156

03

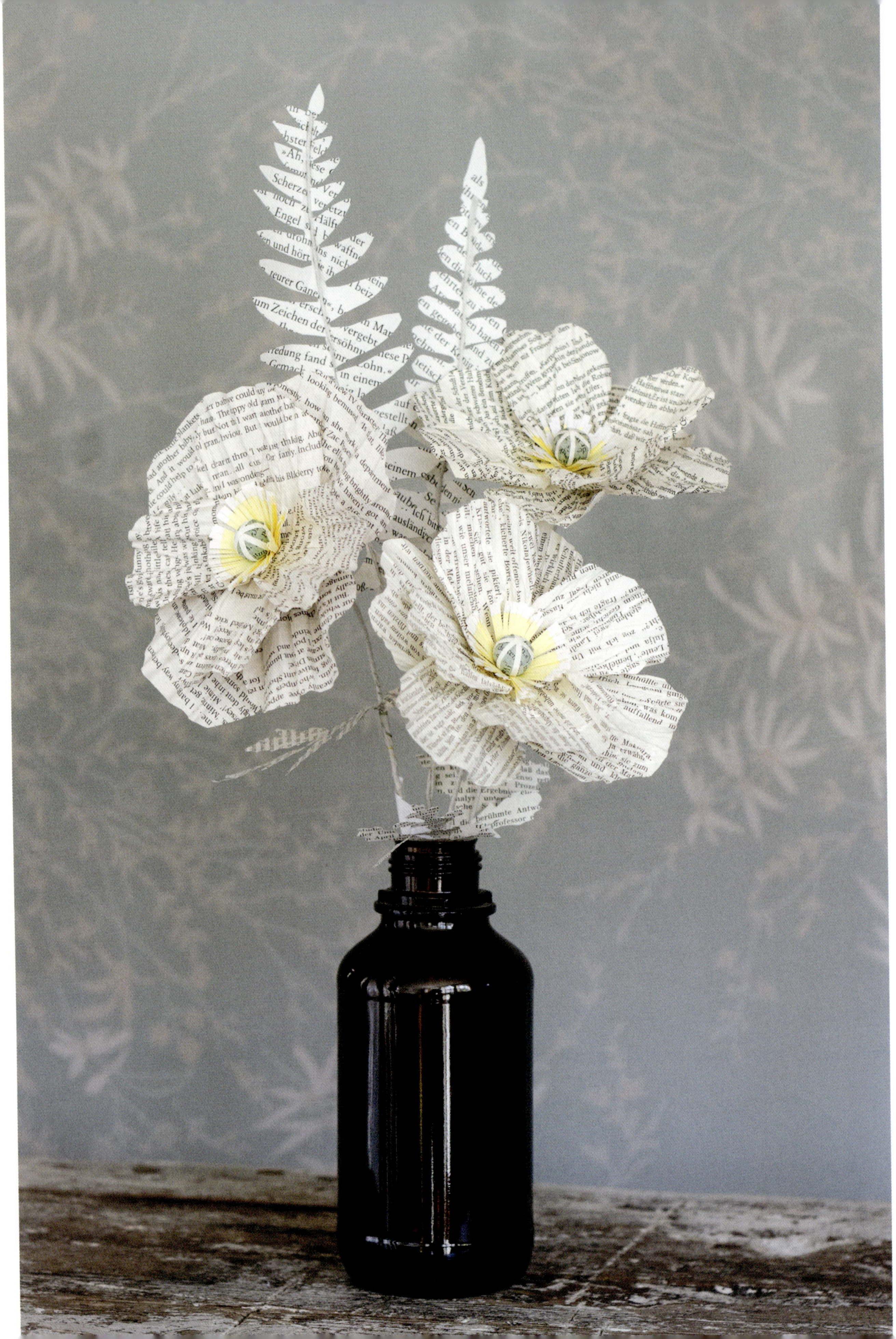

Schöne Blumen zaubern jedem ein Lächeln ins Gesicht.

Vorwort

Natürlich sind Bücher zuallererst zum Lesen da! Wenn ein Buch gut ist, schließen wir mit ihm Freundschaft und schwören ewige Treue.
Aber es gibt auch Bücher, die niemand mehr lesen will: weil sie nicht mehr zeitgemäß sind, weil der Inhalt überholt ist, weil das Buch beschädigt ist ... Mit diesen Büchern arbeite ich seit vielen Jahren. Warum aus ihnen nicht Objekte fertigen, die sich an das Schönste, was die Natur hervorbringt, anlehnen – an Blumen?
Zunächst entsprangen die Bücherblumen allein meiner Fantasie, inzwischen orientiere ich mich gern an Originalen der Natur. Mit der Arbeit an diesem Buch schaue ich noch genauer hin und bin immer aufs Neue überrascht: Nicht nur, dass es so viele verschiedene Blumen gibt, auch Blumen der gleichen Art unterscheiden sich oft.
Weil Buchseiten bedruckt sind, wird man daraus keine Blüten fertigen können, die vom lebendigen Original nicht zu unterscheiden sind. Aber gerade darin liegt eine besondere Chance: Wir brauchen uns nicht an strenge Vorgaben zu halten und können unsere Fantasie in besonderem Maße einsetzen. Schön ist, was gefällt.
In diesem Sinne habe ich dieses Buch angelegt. Es soll nicht nur Anleitungen bieten, um ein paar Blumen nachzuarbeiten, sondern es soll vor allem anregen, die unterschiedlichsten Blüten zu entdecken und selbst zu gestalten. Die Entdeckungsreise führt durch Gärten, über Wiesen und Felder oder einfach nur an den Wegesrand mitten in der Stadt. Es werden Blumen für die unterschiedlichsten Ansprüche vorgestellt – von ganz schnell und einfach bis aufwendig und kompliziert. Ich zeige dabei immer wieder andere Methoden und Herangehensweisen auf, meist sind sie austauschbar. Suchen Sie sich das raus, was für Sie am besten passt.
Und wenn einmal etwas nicht so gelingt wie geplant, dann machen Sie es so wie ich – gestalten Sie einfach etwas anderes daraus. So entstehen die besten Ideen.

Ich wünsche allen viel Vergnügen im eigenen Papierblumengarten.

Anka Brüggemann

Über die Arbeit mit diesem Buch:

Alles ist erlaubt!

Die Papierblumen zum Nacharbeiten werden einzeln vorgestellt. Jede Blume wird dabei einem Schwierigkeitsgrad zugeordnet:

★	ungeübt
★★	fortgeschritten
★★★	anspruchsvoll
★★★★	anspruchsvoll und aufwendig

Die Schritt-für-Schritt-Anleitungen werden durch Zeichnungen ergänzt. Diese beziehen sich vor allem auf die Arbeitsschritte, die für die Blume charakteristisch sind.
Vorbereitende Arbeiten, die sich bei den meisten Blumen wiederholen, werden im Kapitel *Vorab: Allgemeines Know-how* erläutert. Hier finden Sie auch Hinweise auf Alternativen zu den handelsüblichen Werkzeugen und Materialien. Grundsätzlich gilt: Wenn Sie etwas nicht haben, überlegen Sie erst einmal, ob sich im Haushalt nicht Ersatz findet, bevor Sie etwas kaufen.
Maßangaben, wenn nicht anders angegeben, beziehen sich auf Länge × Breite × Höhe.
In der Anlage finden Sie zu allen Modellen Vorlagen. Diese sind als Hilfestellung gedacht. Nehmen Sie es nicht zu genau – in der Natur sieht auch kein Blütenblatt genau wie das andere aus. Es reicht, wenn Sie sie von Hand kopieren.
Viele Blumen lassen sich auch gemeinsam mit Kindern erarbeiten. Diese sind – je nach Alter – vielleicht noch nicht so geschickt, gleichen das aber durch besonderes viel Kreativität aus. Vergrößern Sie für die Kleinen einfach die Vorlagen und wählen Sie stärkeren Draht aus.

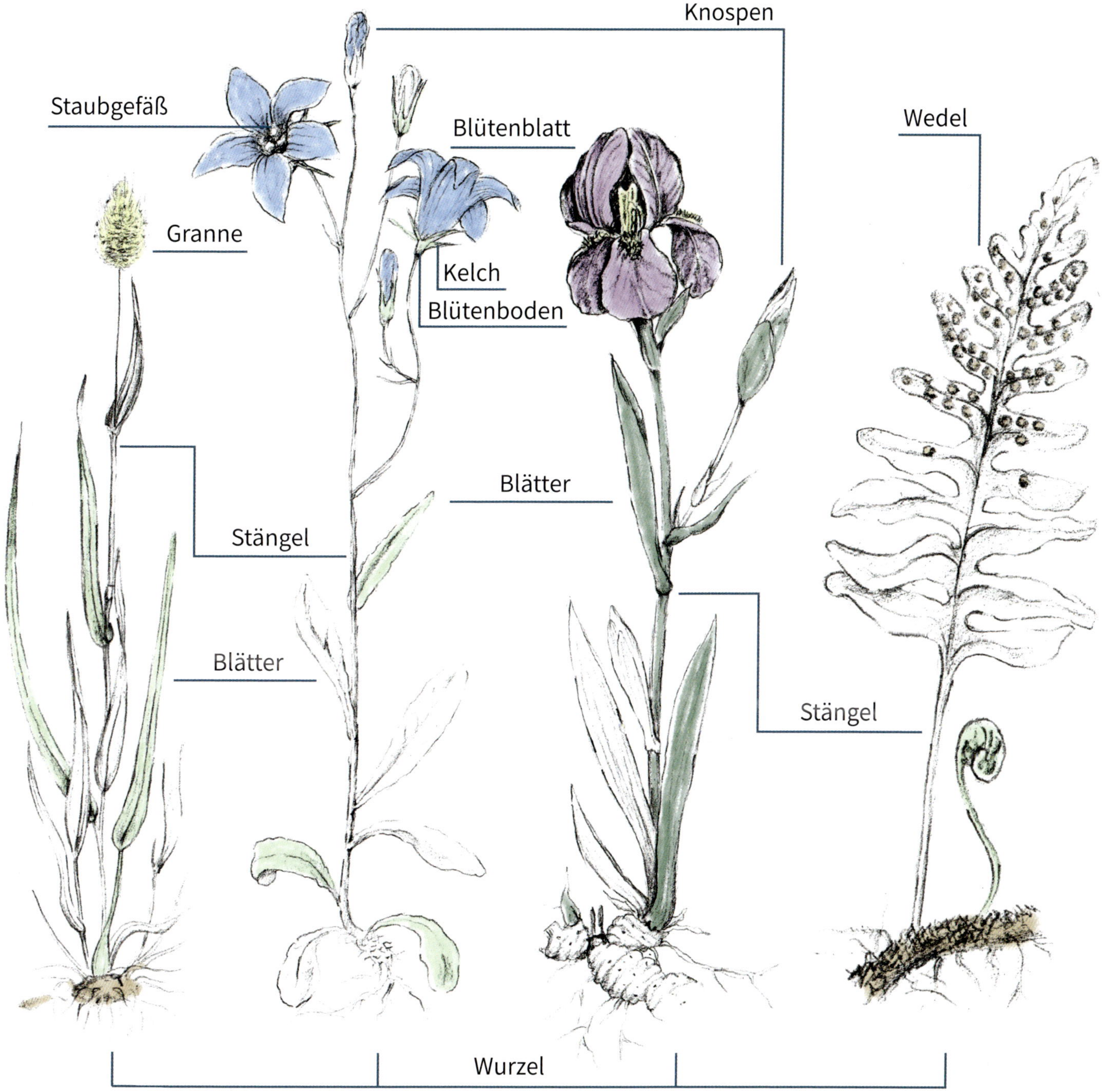
Knospen
Staubgefäß
Wedel
Blütenblatt
Granne
Kelch
Blütenboden
Blätter
Stängel
Blätter
Stängel
Wurzel

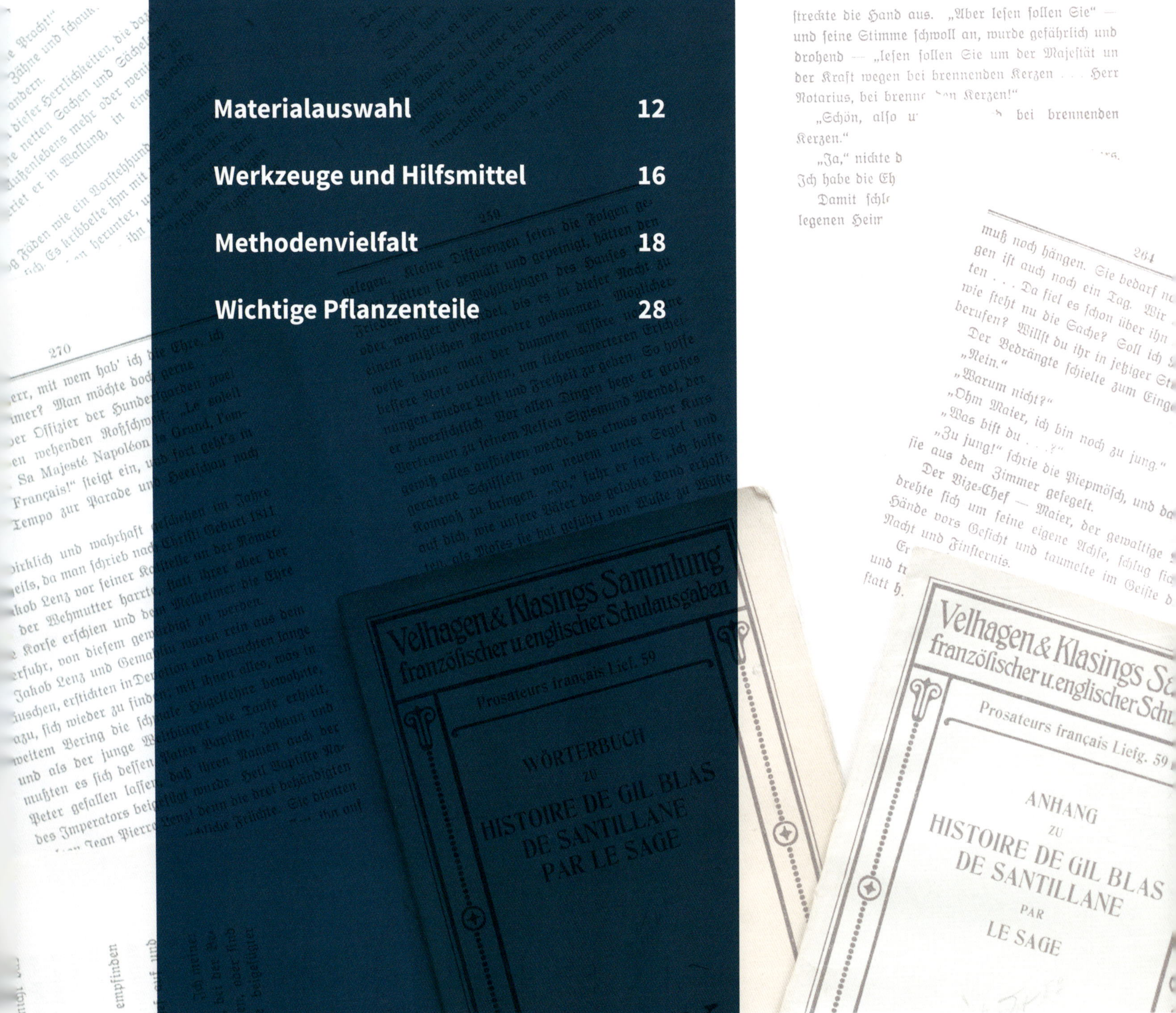

Velhagen & Klasings Sammlung französischer u. englischer Schulausgaben
Prosateurs français Lief. 59
WÖRTERBUCH ZU HISTOIRE DE GIL BLAS DE SANTILLANE PAR LE SAGE
Prosateurs français Liefg. 59
ANHANG ZU HISTOIRE DE GIL BLAS DE SANTILLANE PAR LE SAGE

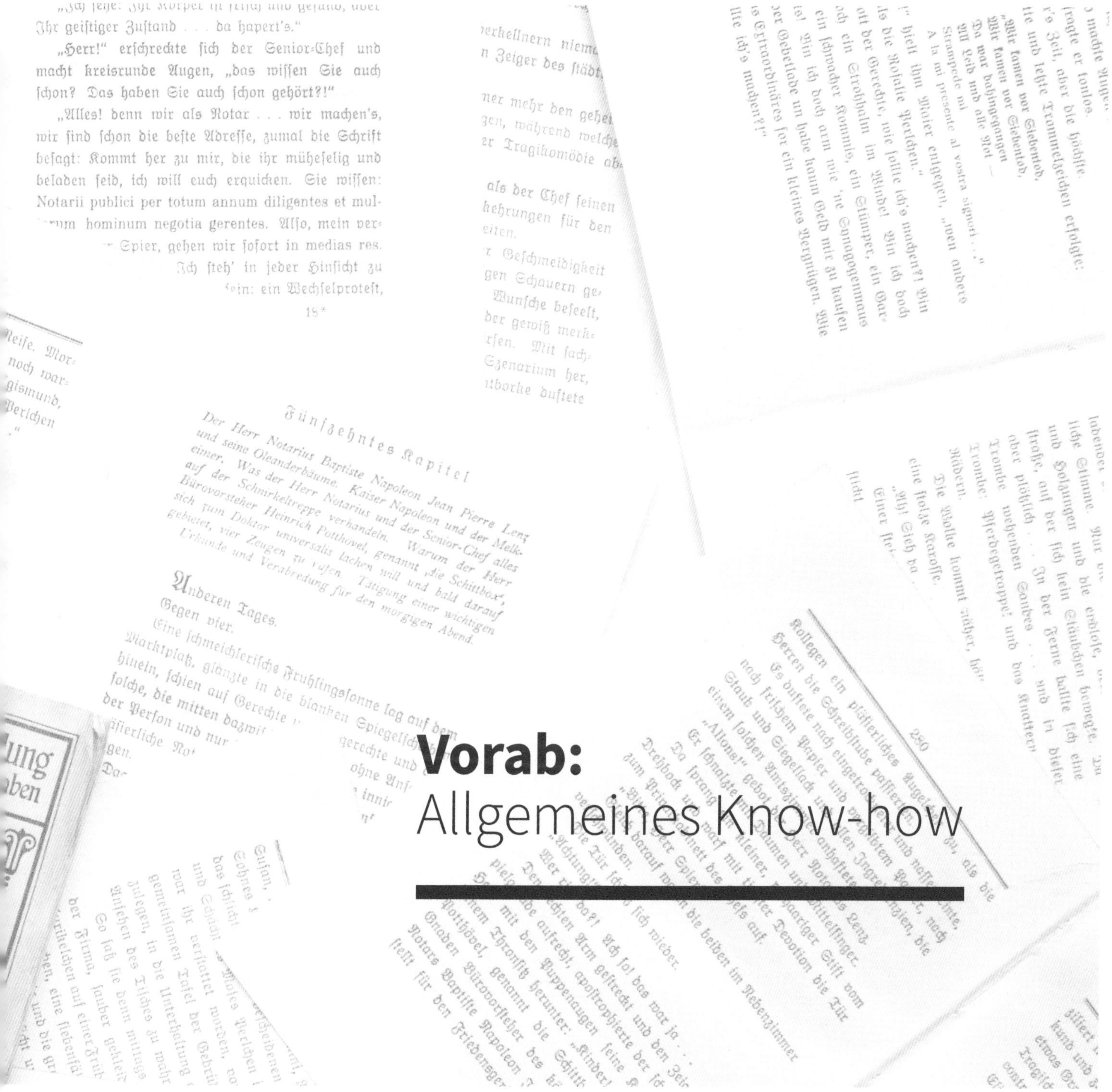

Vorab:
Allgemeines Know-how

Materialauswahl

Buchseiten

Sie bestehen zunächst einmal aus Papier, das sehr unterschiedliche Eigenschaften und Qualitäten haben kann. Das Aussehen einer Blüte wird davon stark beeinflusst.
Die Grammatur bezieht sich auf das Papiergewicht. Von 30 bis 60 g/m² (z. B. alte Bibeln) bis 200 g/m² (z. B. Bildbände) ist alles dabei. Das Volumen bezeichnet das Verhältnis von Papierdicke und Gewicht, das von der Verdichtung des Faserverbundes abhängt. Je größer das Volumen, desto weicher und saugfähiger ist das Papier. Das Format einer Seite bezieht sich auf die Größe und wird in Breite x Höhe angegeben. Viele andere Eigenschaften des verwendeten Papiers ebenso wie der eingesetzten Rohstoffe lassen sich für den Laien nicht ohne Weiteres erkennen. Deshalb hilft oft nur ein Test: Anhand einer Seite ausprobieren, wie sich das Papier verhält, wenn es gefaltet, gerissen, geknittert, gewölbt usw. wird. Für die Auswahl genauso wichtig ist der optische Eindruck. Hier spielt die Papierfarbe, die von Schneeweiß über verschiedene Creme-Nuancen bis hin zu stark vergilbtem Braun reichen kann, eine bedeutende Rolle. Wichtig bei der Auswahl von Buchseiten ist auch die Schrift, die ja das Muster bildet. Neben Schriftart, -größe und -farbe spielen Zeilen- und Zeichenabstand eine wichtige Rolle. Auch mit unbedruckten Seitenrändern lassen sich wirkungsvolle Effekte erzielen.

Vergilbtes Papier ist oft schon brüchig und eignet sich dadurch nicht mehr zur Verarbeitung. Mit Tee oder ausgekochten Zwiebelschalen lässt sich dieser Eindruck künstlich herstellen. Dazu wird die Buchseite in die heiße Flüssigkeit gelegt. Nach dem Herausnehmen trocknen lassen und pressen. Mit Pflanzen lassen sich Buchseiten auch bunt färben. Ich habe z. B. mit Avocadoschalen ein sattes Altrosa, mit Ligusterbeeren Blautöne und mit Kurkuma ein kräftiges Gelb erzielt. Die Mischung von Blau und Gelb ergibt verschiedene Grüntöne. Und natürlich ist das Färben auch mit allen anderen Farben – aus dem Schulmalkasten bis zur hochwertigen Künstlerfarbe – möglich. Von der Qualität der verwendeten Farben ist vor allem abhängig, wie schnell sie verblasst.

Andere Papiere

Auch verschiedene buchfremde Papiere lassen sich einsetzen und gut mit Buchseiten kombinieren, z. B. **Kraftpapier**, farbiges **Kopierpapier** oder **Transparentpapier.**
Immer zur Hand habe ich eine alte Tageszeitung. **Zeitungspapier** verwende ich an unsichtbaren Stellen – weil es gut klebt und sehr dünn ist. Gerne verwende ich die unbedruckten Ränder für Blumenstängel.

Draht

Draht wird im Fachhandel (Künstlerbedarf, Bastelladen, Baumarkt) in verschiedenen Ausführungen und Stärken angeboten. **Steckdraht** ist ganz gerade und in der Lage, auch etwas größere Blüten sicher zu halten. **Gewickelter Draht** lässt sich leicht verarbeiten, wird aber nie mehr richtig gerade. Er lässt sich jedoch glätten, indem man ihn zwischen Küchenkrepp bzw. Daumen und Zeigefinger straff zieht.

Die in den einzelnen Anleitungen angegebenen Drahtstärken sind Empfehlungen und entsprechen dem Draht, den ich verwendet habe. Meist lassen sich genauso gut ähnliche Stärken einsetzen. Nehmen Sie, was Sie zur Hand haben. Draht können Sie verstärken, indem Sie zwei dünne Drähte miteinander verdrillen: Zwei Drahtenden zwischen die Backen einer Flachzange klemmen. Die herausschauenden Drähte etwas auseinanderbiegen und zwischen Daumen und Zeigefinger miteinander verdrehen.

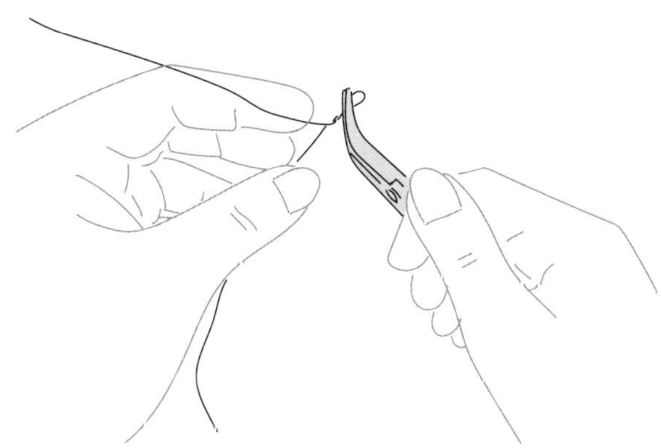

Vielleicht haben Sie in Ihrer Materialsammlung **papierummantelten Draht** zu Hause. Dieser kann manchmal die Arbeit erleichtern, da die Papierummantelung gute Voraussetzungen zum Kleben bietet.

Floristenband

Das elastische Band aus Krepp auf der Rolle wird im Handel in verschiedenen Farben angeboten. Es haftet ohne zusätzlichen Kleber, allein durch Auseinanderstretchen. Anfangs erfordert es etwas Übung, dann lässt es sich aber einfach und sauber verarbeiten. Weißes Band kann übrigens beliebig eingefärbt werden.

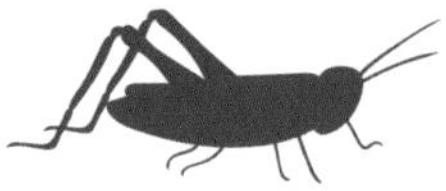

Ich greife meistens auf in Streifen geschnittene unbedruckte Zeitungs- oder Buchseitenränder plus Leim zurück. Das ist nicht nur preiswerter, es harmoniert oft besser mit dem Papier der Buchseiten für die übrigen Pflanzenteile.

Wattekugeln

Aus Viskose gepresste Wattekugeln gibt es in vielen Größen. Da ich sie oft verwende, habe ich immer eine Auswahl zu Hause. Sie haben bereits ein Loch, um sie auf eine Drahtspitze zu kleben. Wird aber nur eine einzelne Kugel gebraucht, muss nicht gleich eine ganze Packung gekauft werden. Denn eine Kugel lässt sich auch aus Zeitungspapier herstellen: Ein paar Schnipsel mit Leim bestreichen, zusammendrücken und zwischen beiden Handflächen rollen, bis eine Kugel geformt ist. Bevor der Leim trocken ist, ein Loch hineinstechen.

Klebstoff

Es gibt die unterschiedlichsten Klebstoffe – und damit die unterschiedlichsten Vorlieben bei ihrer Verwendung. Bei der Herstellung der Blumen habe ich ausschließlich **Weißleim**, am liebsten **Holzleim** (Baumarkt) verwendet. Er lässt sich einfach verarbeiten und verbindet Papier und Draht dauerhaft. Manchmal muss man zwischen den Arbeitsschritten etwas warten, bis er richtig getrocknet ist, aber das nehme ich gerne in Kauf. Wichtig ist, auf eine gute Qualität des Leims zu achten.
Heißkleber verwende ich äußerst selten, da er aufträgt und meist irgendwo sichtbar ist. Er lässt sich nur mit Hilfe einer elektrischen Klebepistole verarbeiten. Gute Dienste kann er leisten, wenn einzelne Blüten auf eine Kranzunterlage geklebt werden sollen. Ein **Klebestift** eignet sich, um die Blütenstängel mit Zeitungspapier oder Streifen aus Buchseiten zu bekleben. Mit ihm lässt es sich unkompliziert und sauber arbeiten.

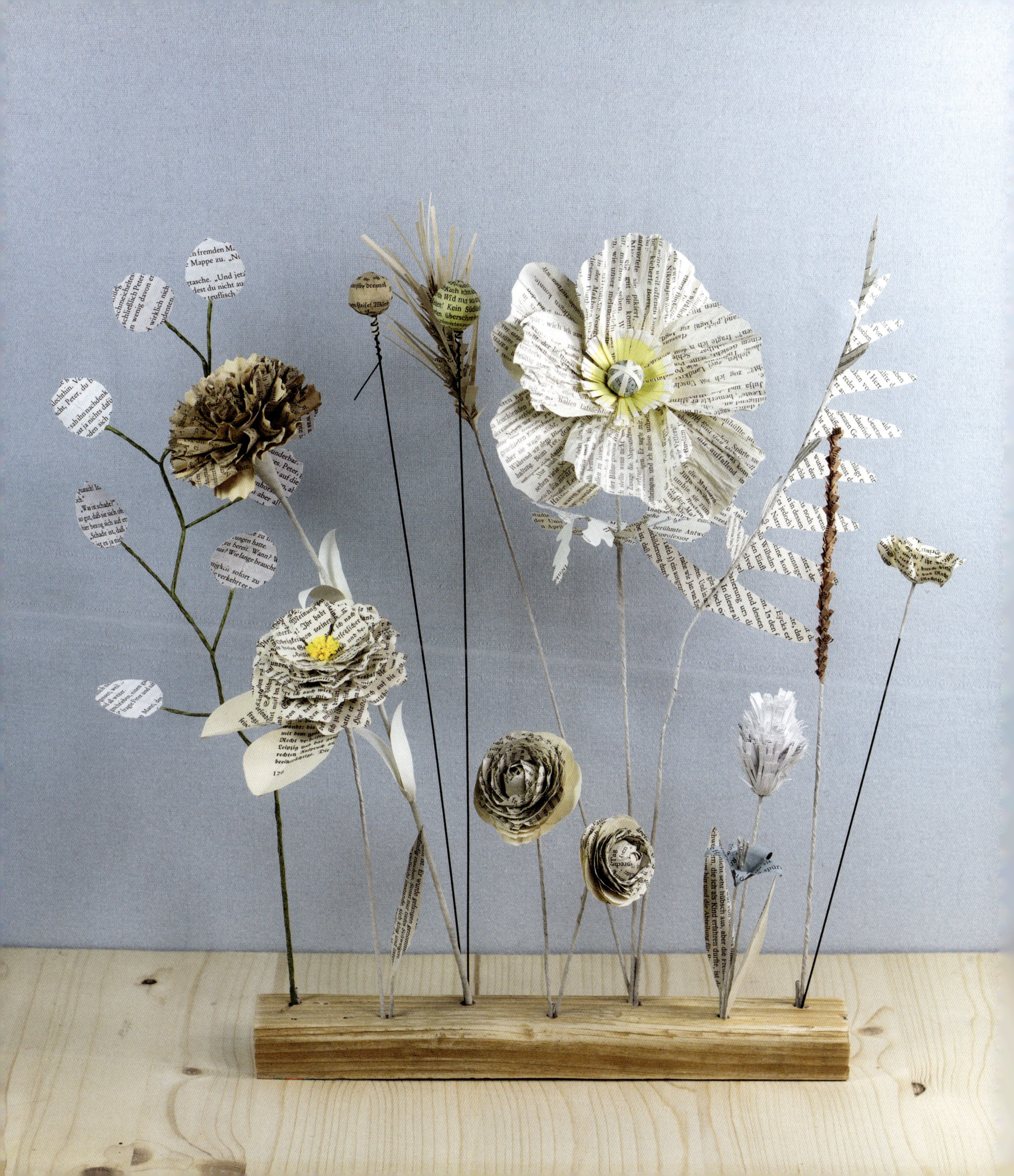

Werkzeuge und Hilfsmittel

Natürlich gibt es für jeden Arbeitsschritt das perfekte Werkzeug zu kaufen. Das lohnt sich aber meist nur, wenn Sie das Werkzeug sehr häufig benötigen. Oft gibt es Alternativen, die schon im Haushalt vorhanden sind. Schauen Sie sich am besten erst einmal um und überlegen Sie, was geeignet wäre.

Schere

Mindestens zwei scharfe Scheren gehören zur Grundausstattung, eine mittelgroße, handliche für den Normalfall und eine kleine, sehr spitze, wenn es um präzise Details geht.
Scheren bleiben länger scharf, wenn sie wirklich nur für das Schneiden von Papier benutzt werden. Auch für frisch zusammengeleimte Papiere oder Klebeband aus Papier sollten Sie eine extra Schere bereithalten.

Papierskalpell

Kommt es bei Schnitten auf Genauigkeit an, reicht manchmal die Schere nicht. Dann hilft nur noch das Skalpell. Seine Handhabung erfordert jedoch einige Übung. Hat man den Dreh aber raus, möchten viele das Skalpell nicht mehr missen.
Die Anleitungen in diesem Buch erfordern ein Skalpell nicht zwingend, doch in vielen Fällen kann es die Arbeit erleichtern.

Schneidematte

Die Anschaffung dieser robusten Arbeitsunterlage lohnt sich. Sie schützt den Tisch vor Einschnitten, Feuchtigkeit, Klebstoff oder Farbe. Das zentimetergenaue Raster kann auch mal grob das Lineal oder Geodreieck ersetzen.

Zangenset

Es sollte aus **Flachzange**, **Rundzange** und **Seitenschneider** bestehen und ist für das Verarbeiten von Draht unverzichtbar. Mit der Flachzange wird der Draht gehalten oder geknickt, mit der Rundzange geformt und mit dem Seitenschneider gekürzt. Die einzelnen Zangen sollten nicht zu groß sein.

Pinzette

Zwei feine Pinzetten sollten immer bereitliegen. Sie kommen dann zum Einsatz, wenn die Finger nicht mehr reichen.

Auch ohne Stängel machen die Blüten der Gardenie eine gute Figur.

Prägestift

Die Kugel dieses Modellierwerkzeugs sollte nicht zu winzig sein. Damit lassen sich Blütenblätter und andere Pflanzenteile aus Papier so formen, dass sie natürlicher wirken.
Alternativ lassen sich beispielsweise auch ein Bleistift mit Tauchkappe, ein am Ende abgerundetes Essstäbchen oder eine Stricknadel mit Kugelkopf verwenden.

Prägeunterlage

Die flexible Unterlage aus Kunststoff erleichtert die Handhabung eines Prägestifts und verhindert, dass das Papier schnell einreißt. Alternativ eignet sich eine dichte Schaumstoffmatte oder ein Stück einer Styroporverpackung.

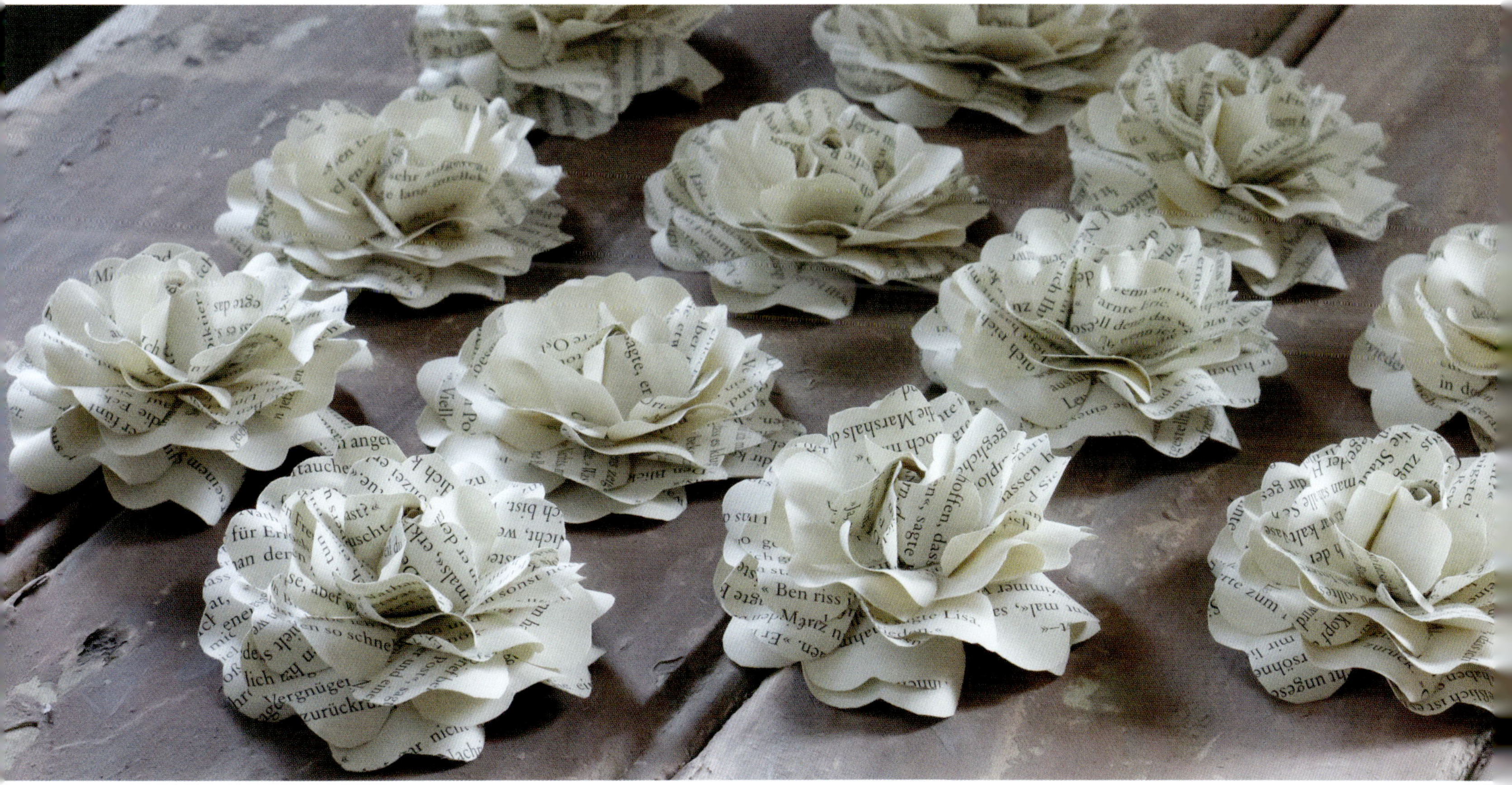

Methodenvielfalt

Arbeiten mit Vorlagen

Um die Vorlagen im Buch nutzen zu können, müssen diese zunächst auf ein einfaches Papier übertragen werden. Die einfachste Methode, sofern es sich um die Originalgröße handelt, ist das Abpausen: Meist scheint die Vorlage durch dünnes Kopierpapier durch und muss nur nachgezeichnet werden. Auch Backpapier ist zum Pausen bestens geeignet. Kommt es auf Genauigkeit an oder soll die Vorlage vergrößert bzw. verkleinert werden, sollte ein Kopierer zum Einsatz kommen. Anschließend muss die Pause oder Kopie auf die Buchseite übertragen werden. Dafür die Vorlage ausschneiden, als Schablone auflegen und mit einem Bleistift umfahren. Für die Außenumrandung eignet sich ein weicher Bleistift, weil auf den gedruckten Texten die Linien besser zu erkennen sind. Beim Ausschneiden muss diese Bleistiftlinie weggeschnitten werden, da Radieren auf Buchseiten meist sehr unsauber wird. Deshalb bleibt für Linien und Markierungen, die später ggf. sichtbar sind, nur die Verwendung eines harten, feinen Bleistifts. Am genauesten ist ein Druckbleistift. Alternativ können Sie die Vorlagen auch scannen bzw. kopieren und dann direkt auf Ihre Papiere übertragen.

Eigene Vorlagen

Sie wollen andere als die im Buch vorgestellten Blumen fertigen und suchen nach passenden Vorlagen? Die besten Vorlagen bietet die Natur. Zerlegen Sie eine Blume in ihre Bestandteile und nutzen Sie diese als Schablone. Aber auch die Vorlagen im Buch bieten zahlreiche Möglichkeiten: Mit kleinen Abwandlungen, die Sie per Hand vornehmen können, entstehen schnell anders geformte Blätter, die zu interessanten Blüten zusammengesetzt werden können.

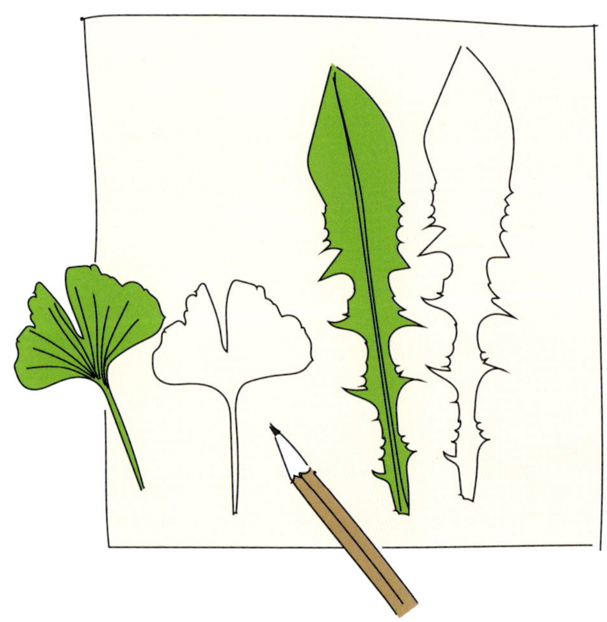

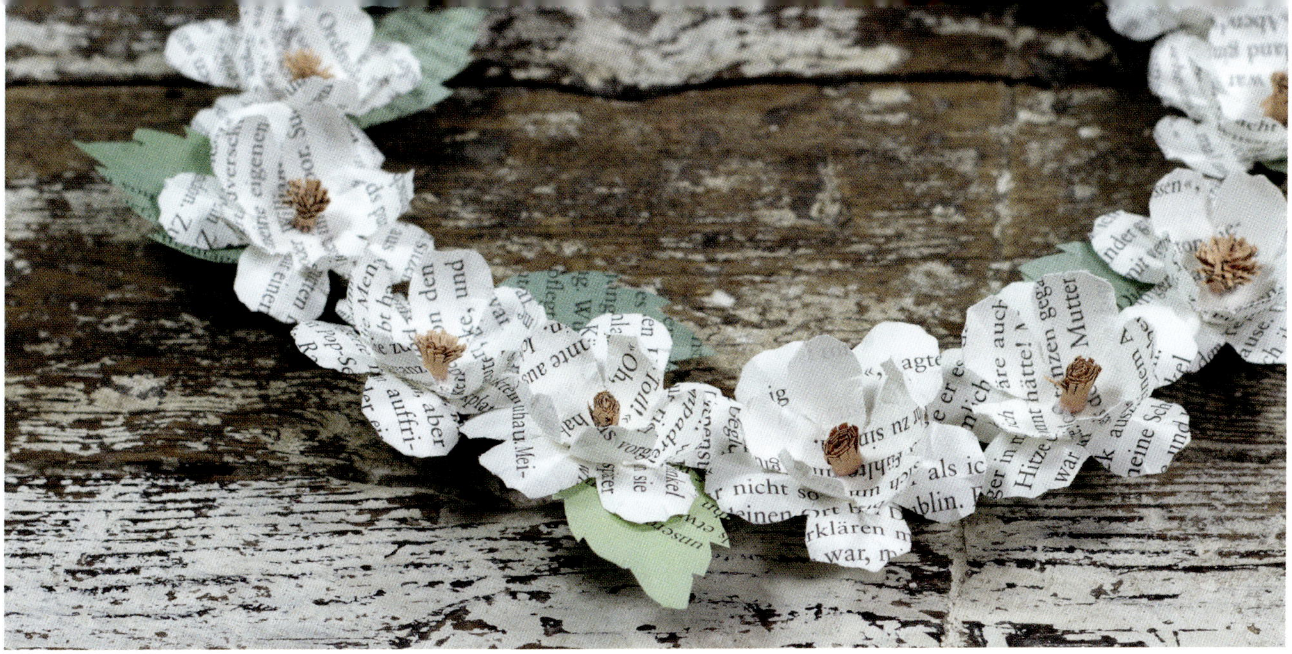

Buchseiten-Ausschnitte wählen

Damit aus der Schrift ein Muster entsteht, beim Zuschnitt auf den Schriftverlauf achten. Wurde die Vorlage auf transparentes Papier übertragen und ausgeschnitten, kann man mehrere Optionen ausprobieren.
Werden die Blütenblätter einer Blüte einzeln ausgeschnitten, wirkt es meist harmonischer, wenn der Schriftverlauf bei allen gleich ist. Oder man spielt bewusst mit Kontrasten und setzt diese ausgesucht ein.

Schneiden

Sie müssen entscheiden, ob mit der Schere oder dem Skalpell geschnitten wird. Die Vorlagen sind so angelegt, dass alles auch mit einer spitzen Schere geschnitten werden kann – es kommt nicht auf hundertprozentige Genauigkeit an (mehr dazu auf Seite 16).

Da es bei den meisten Vorlagen in diesem Buch nicht auf eine hundertprozentige Genauigkeit ankommt, kann mit der folgenden Methode auf das Anzeichnen verzichtet werden: Die auf ein Kopierpapier übertragene, aber noch nicht ausgeschnittene Vorlage auf die Buchseite legen und Buchseite und Vorlage gleichzeitig ausschneiden.

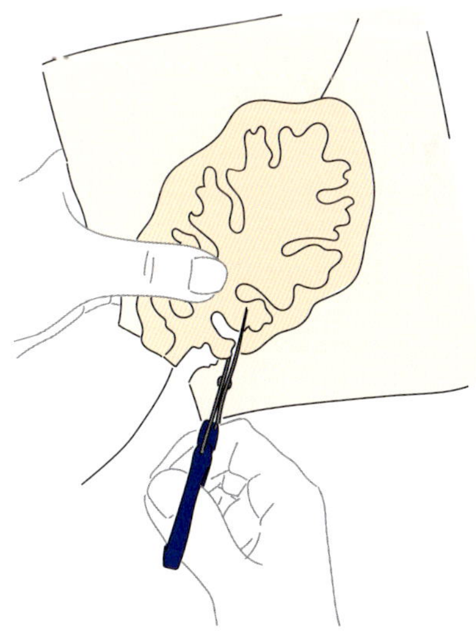

Falttechniken für Blüten

Blütenblätter anhand von Vorlagen auszuschneiden und zusammenzusetzen kann sehr aufwendig sein. Für besonders einfache Blüten lassen sich diese Arbeitsschritte mit Hilfe von Falttechniken reduzieren.

Beliebig viele Blütenblätter erhält man durch die **Zickzackfaltung**:

1. Ein Rechteck im Querformat in der Mitte falten und wieder öffnen.
2. Jede Hälfte zum Mittelfalz falten und wieder öffnen.
3. Die beiden äußeren Kanten zum Viertelfalz falten und wieder öffnen.
4. An einer Kante beginnen, im Zickzack zu falten. Wo erforderlich, eine Umkehrfalte oder einen fehlenden Falz falten.
5. Aus dem gefalteten Streifen eine Blütenform ausschneiden – rund, spitz, mit Einkerbungen, alles ist möglich.
6. Die Faltung öffnen. Es entsteht eine Blütenreihe mit 8 einzelnen Blättern, die weiterverarbeitet werden können (wie z. B. beim Schleierkraut Seite 95). Überzählige Bögen einfach abschneiden.

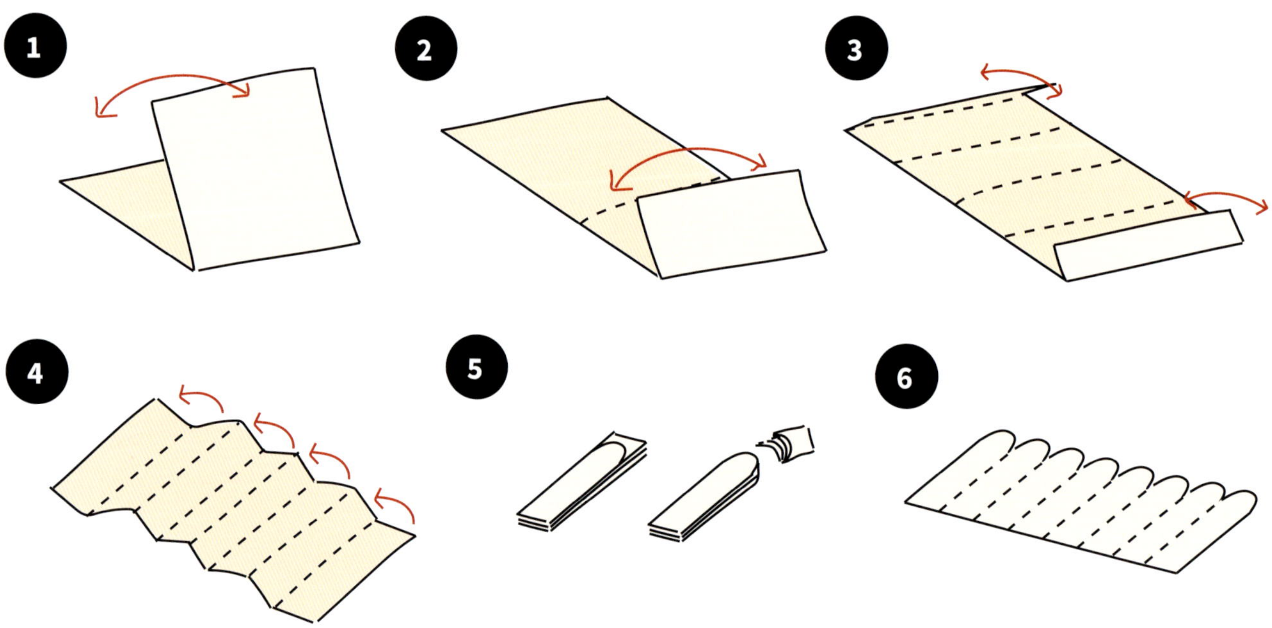

Blüte mit vier Blättern

1. Ein Quadrat diagonal falten.
2. Das entstandene Dreieck in der Mitte falten.
3. Dieses Dreieck nochmals in der Mitte falten.
4. Ein halbes Blatt anzeichnen und dann ausschneiden. Die geschlossene Seite ist die Blattmitte.
5. Die Faltung öffnen. Die Form ähnelt einer Hortensienblüte.

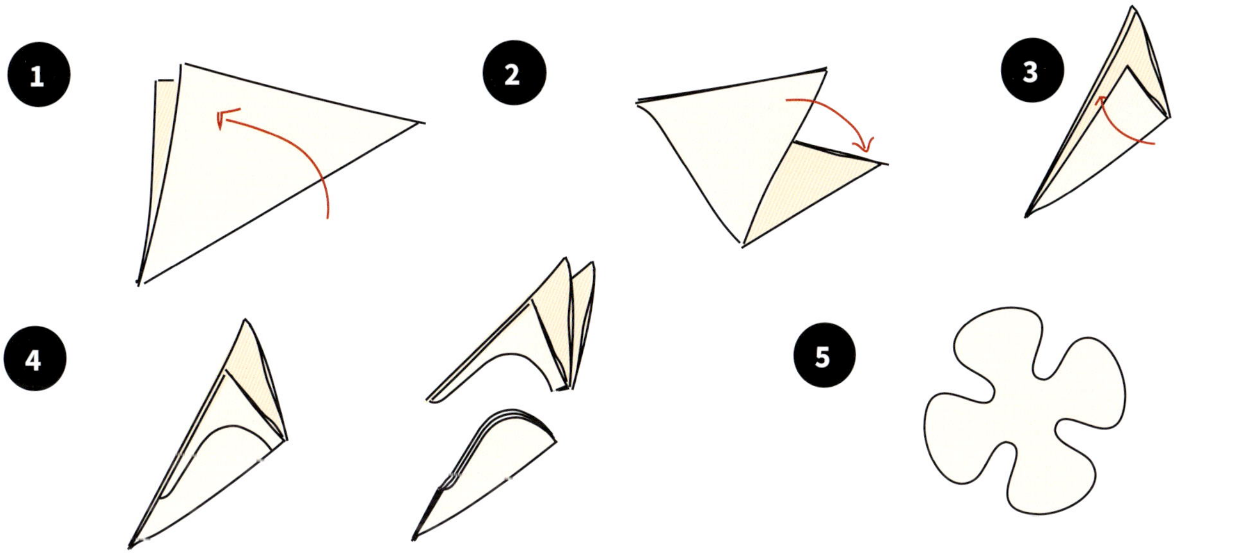

Blüte mit sechs Blättern

1. Ein Quadrat diagonal falten.
2. Das entstandene Dreieck in der Mitte falten und wieder öffnen.
3. An einer kurzen Seite des Dreiecks die Mitte (1) markieren, dann die Mitte (2) zwischen stumpfer Spitze und Markierung erneut markieren und danach noch einmal anzeichnen (3).

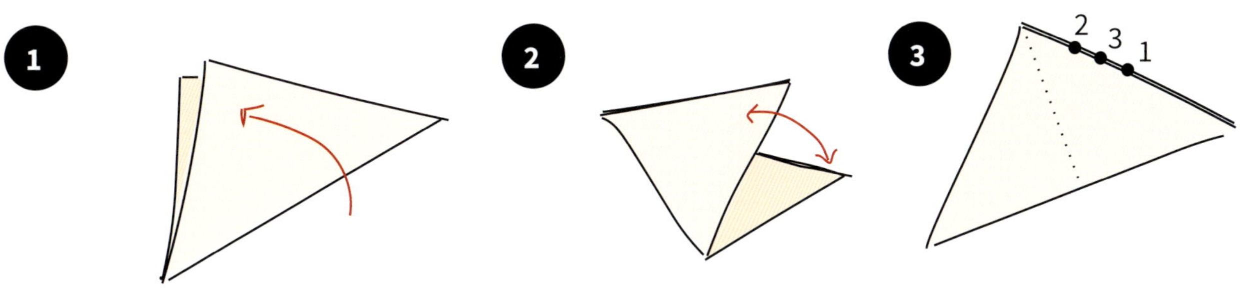

4. Die rechte Spitze in Richtung des gegenüberliegenden Schenkels falten. Der Falz verläuft zwischen Markierung 3 und der Mitte des langen Schenkels.
5. Die gegenüberliegende Spitze so zu Mitte falten, dass die Falze exakt aufeinanderliegen.
6. Mit der Schere so kürzen, dass ein Dreieck entsteht.
7. Dieses Dreieck in der Mitte falten.
8. Ein halbes Blüteblatt anzeichnen und ausschneiden. Die geschlossene Seite ist die Blattmitte.
9. Die Faltung öffnen. Die Form entspricht der einfachen Dahlienblüte von Seite 39.

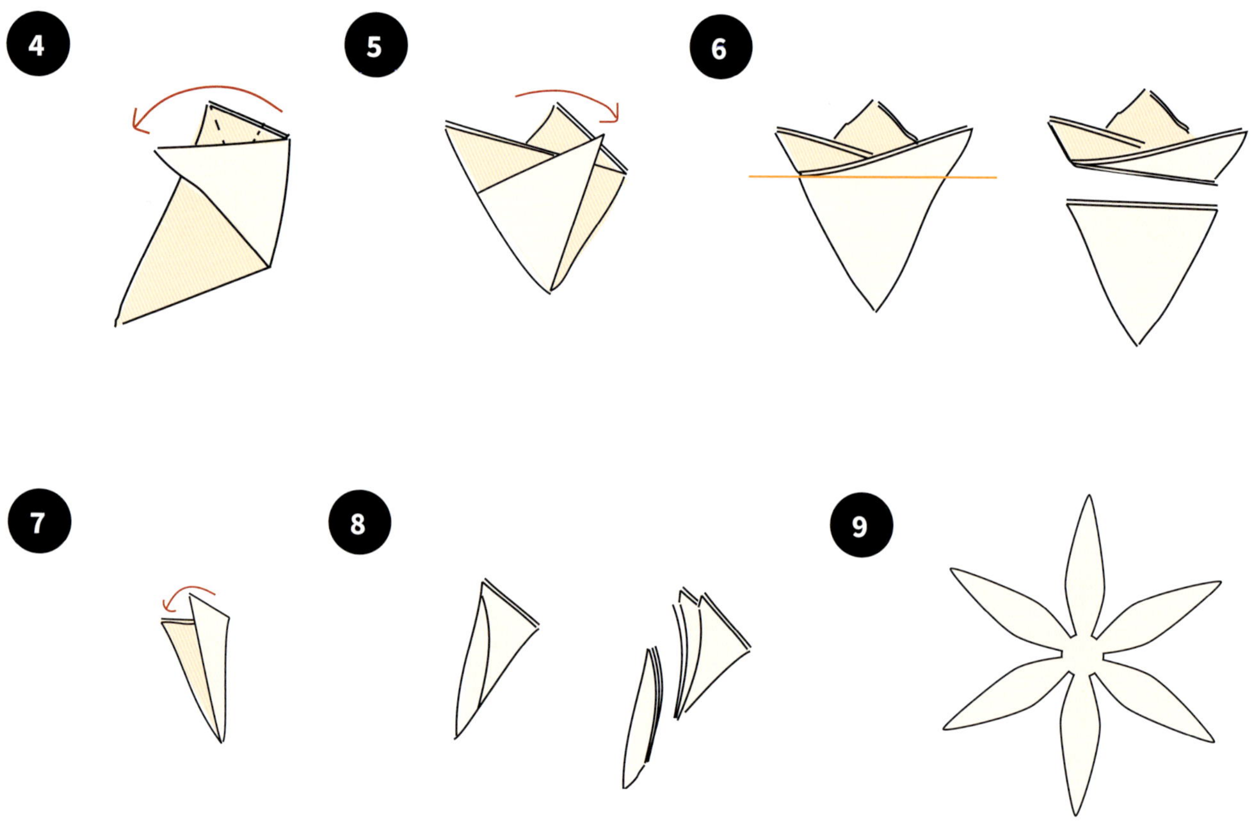

Blüte mit acht Blättern

1. Ein Quadrat in der Mitte falten.
2. Nochmals in der Mitte falten, sodass wieder ein Quadrat entsteht.
3. Dieses Quadrat diagonal zu einem Dreieck falten.
4. Ein Blütenblatt anzeichnen und anschließend ausschneiden.
5. Die Faltung öffnen. Mit abgerundeten Blütenblättern entspricht es der Vorlagenform für die einfache Rose auf Seite 39. Überschüssige Blütenblätter abschneiden.

1

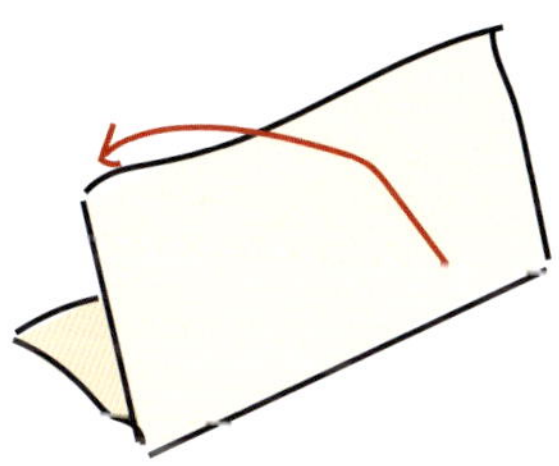

2

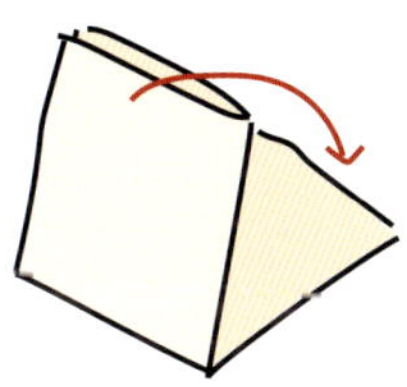

3

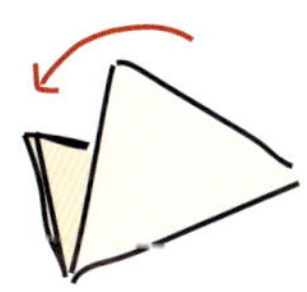

4

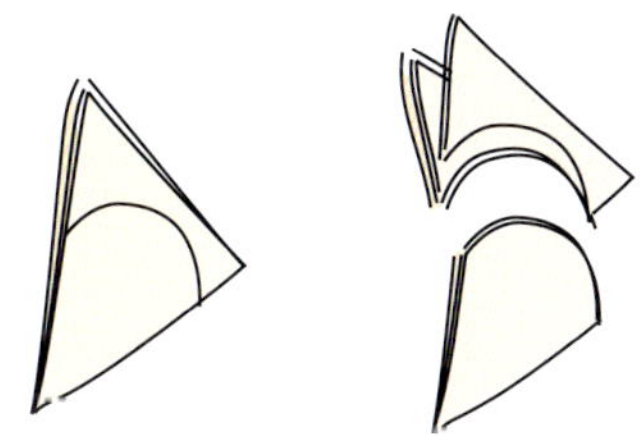

5

Je nach gewählter Blütenform eignen sich diese Falttechniken für verschiedene Blumen.

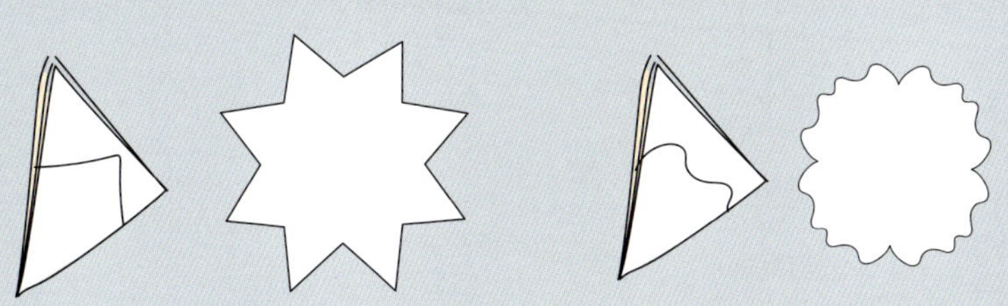

Kleben

Geklebt wird mit Weißleim, insbesondere mit Holzleim, am besten in einer kleinen Flasche mit einer spitzen Tülle. Achten Sie beim Kauf auf gute Qualität. So lässt er sich am besten auftragen. Bei besonders filigranen Klebeflächen wird der Leim auf eine Zahnstocher- oder Drahtspitze gegeben und damit auf das Papier aufgetragen. Ist der Leim zu dickflüssig, kann er mit Wasser verdünnt werden. Aber Achtung: Je flüssiger der Leim, desto schlechter klebt er. Zwischendurch so oft es geht die Flasche schließen, damit der Leim nicht austrocknet.

Es lässt sich kaum vermeiden, dass die Finger mit Leim in Berührung kommen. Trocknet der Leim, bleibt das Papier an den Fingern haften und bekommt unschöne Abdrücke. Deshalb zwischendurch immer wieder die Hände waschen!

Leim trocknen lassen

Gibt es viele Schritte, in denen Leim verwendet wird, ist es sinnvoll, zwischendurch eine Trockenpause einzulegen. So verliert die Blüte nicht ihre Stabilität durch zu viel feuchten Leim. Am besten haben Sie beim Arbeiten immer ein Stück Styropor (Verpackungsrest) zur Hand. Dort können Sie alle Teile mit einem Draht hineinstecken und Platz sparen. So behalten sie garantiert die Form.

Drahtspitze kaschieren

Um die Blüten dauerhaft haltbar fest mit Draht zu verkleben, bereite ich den Draht mit einer Papierkaschierung vor: Ein kleines Stück Papier mit Leim bestreichen und fest um die Drahtspitze – an der später die Blüte sitzt – wickeln. Während der Leim antrocknet, immer wieder fest andrücken.
Ist der Draht sehr dünn, können Sie schrittweise vorgehen: Das Papierstück 2 mm vom Rand falten, den Falz mit Leim bestreichen, die Drahtspitze einlegen und unter Druck trocknen lassen. Anschließend das restliche Papier unter Zugabe von Leim um die Spitze wickeln.

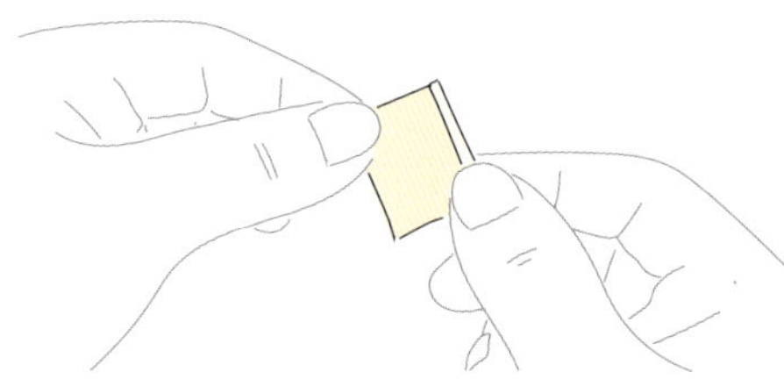

Zwirbeln

Beim Zwirbeln wird ein dünner Papierstreifen zwischen Daumen und Zeigefinger einer Hand schnell hin- und hergedreht. Auch die Blattbasis wird häufig gezwirbelt. So lassen sich die Blätter platzsparender aneinanderreihen.
Die Hände müssen für diese Arbeit fettfrei sein. Manchmal ist es hilfreich, wenn der Daumen feucht – aber auf keinen Fall nass – ist.

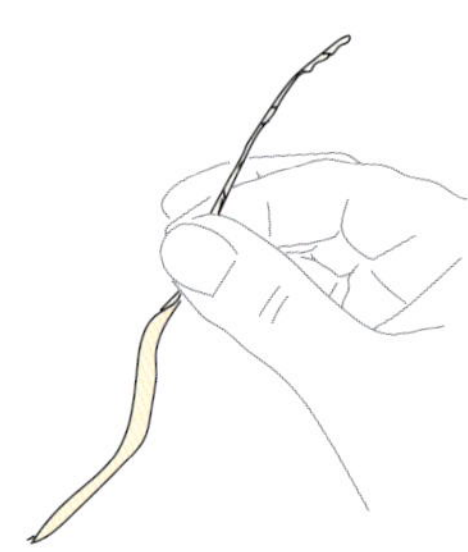

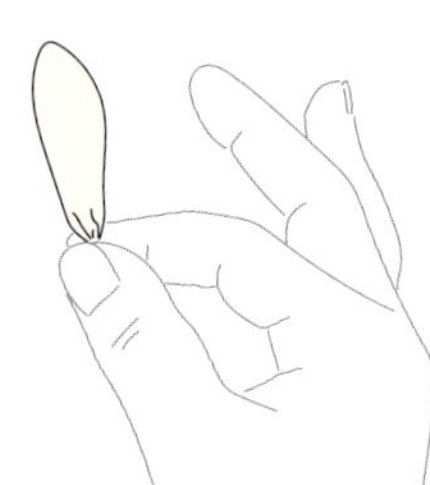

Knittern

Papier wird meist aus Holzfasern hergestellt. Wird das Papier kräftig zerknüllt, brechen die Holzfasern durch und es entstehen dauerhaft Knitter, also kleine feine Falten, die in alle Richtungen verlaufen. Auch wenn das Papier wieder glatt gestrichen wird, bleiben die Knitter erhalten. Durch Knittern bekommt das Papier eine interessante Struktur, ist aber auch nicht mehr so stabil.

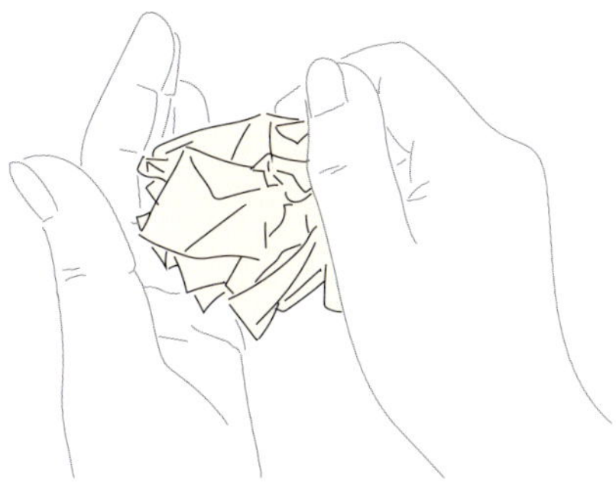

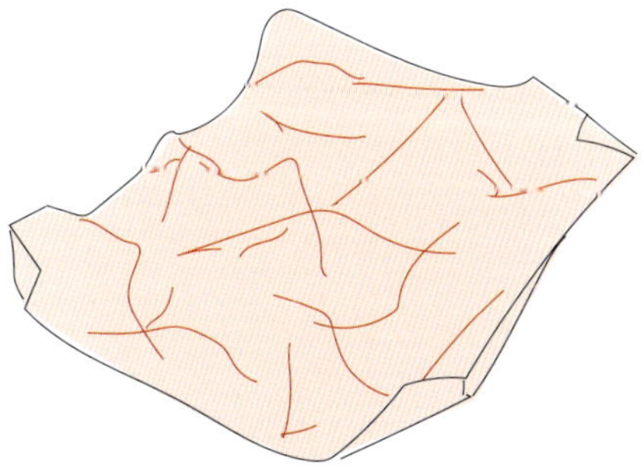

Ein besonderer Effekt entsteht, wenn das Papier nach dem Knittern gefärbt wird. Die Farbe sammelt sich in den Knitterfalten und leuchtet dort besonders intensiv.

Fransen schneiden

Mit einer kleinen, besonders spitzen Papierschere lassen sich hauchdünne Fransen schneiden. Schön gleichmäßig werden die Fransen, wenn der Papierstreifen quer zum Text geschnitten wird. Dann kann man sich für den Abstand gut an den Zeilen orientieren. Um gleichmäßig tief einzuschneiden, hilft eine Falte im Papierstreifen.

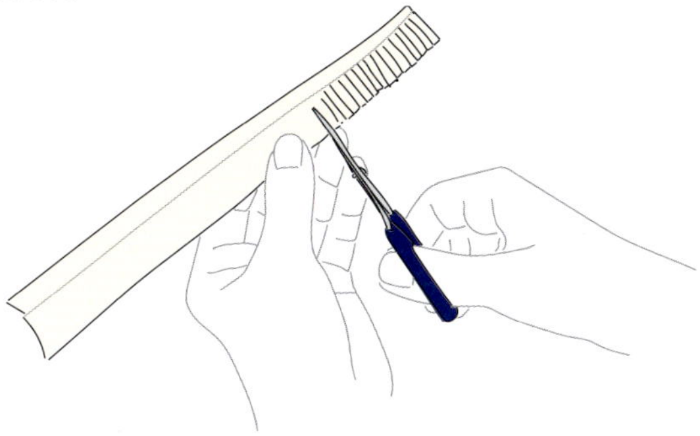

Kräuseln

Schmale Papierstreifen lassen sich kräuseln, wenn sie über den Scherenrücken gezogen werden. Dabei wird die Außenseite, die am Finger liegt, stark beansprucht und dehnt sich etwas in die Länge. Dadurch krümmt sich der Streifen zur kürzeren Innenseite. Auch Fransen lassen sich gut kräuseln.

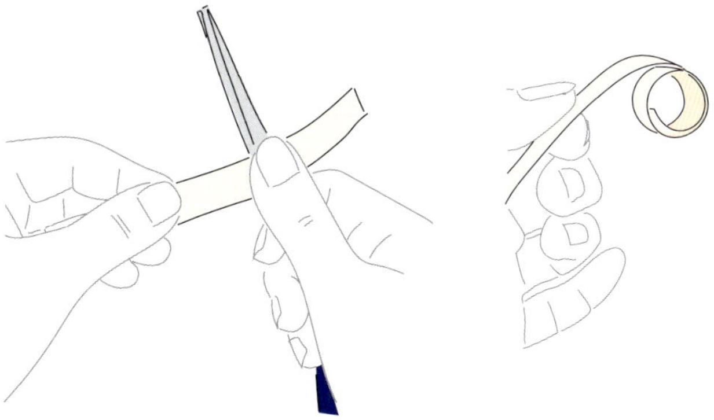

Wölben

Kleine runde Blütenblätter lassen sich am besten mit dem Prägestift wölben: Die Blüte auf eine weiche Prägematte legen und mit dem Kugelkopf des Prägestifts im Kreis nach innen streichen, bis der Rand sich nach oben wölbt (mehr dazu auf Seite 17).

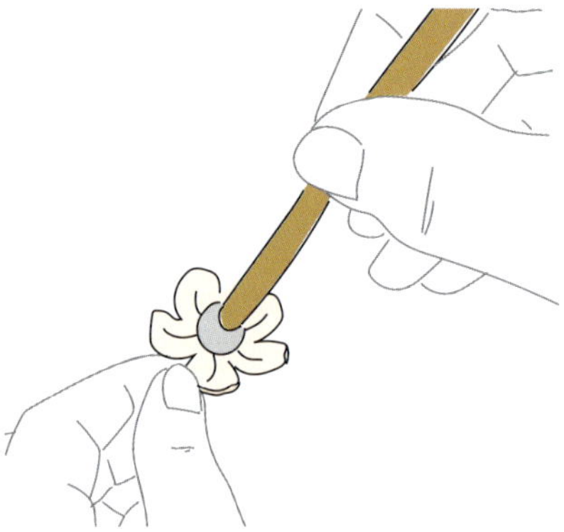

Größere Blätter lassen sich besser über den Scherenrücken (auch Messerrücken oder Falzbein) wölben. Die Blattspitze zwischen Daumen und geschlossene Schere legen und die Schere über das Papier ziehen. Wie stark das Blatt gewölbt wird, hängt vom Druck ab, der beim Ziehen der Schere auf das Papier ausgeübt wird. Die Seitenränder größerer, aber schmaler Blätter lassen sich mit einem Bleistift wölben. Den Bleistift der Länge nach ins Blatt rollen und unter starkem Druck mit den Fingern darüberstreichen.

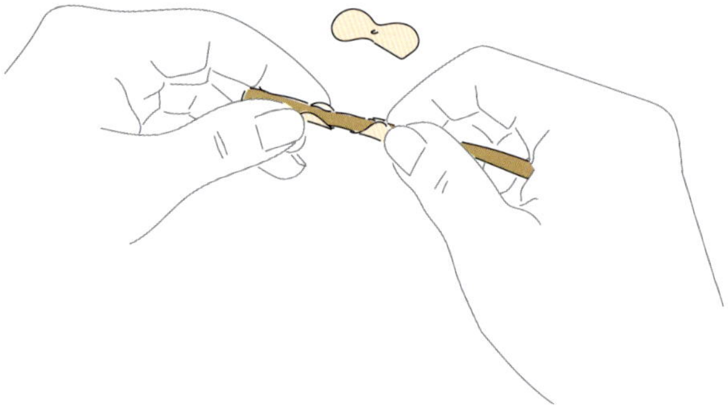

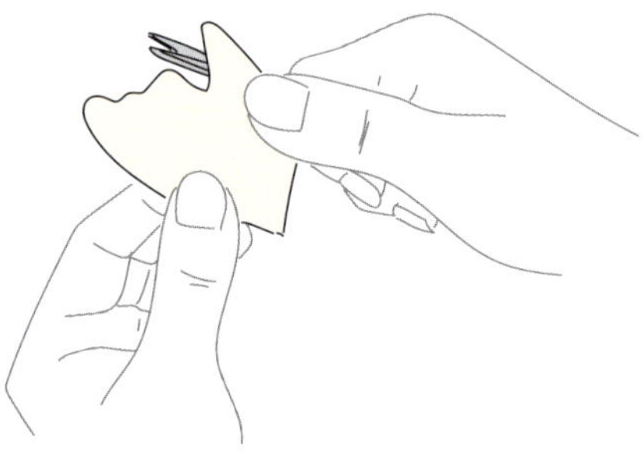

Ränder einrollen

Blütenblattränder wie z. B. Rosen können, auch wenn die Blüte schon fertig ist, über einen Zahnstocher gerollt und so geformt werden.

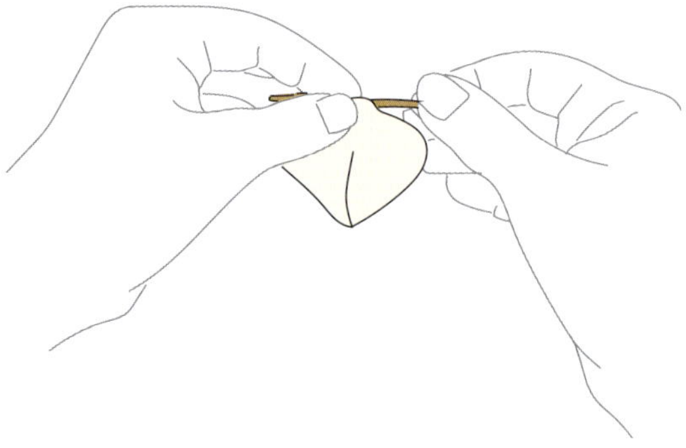

Nass wellen

Jedes Papier wellt sich, wenn es nass und beim Trocknen nicht gepresst wird. Also einfach ein Stück Papier an den Stellen (z. B. am Blattrand), an denen es sich wellen soll, mit Hilfe eines Pinsels stark befeuchten. Zum Trocknen locker in die Sonne oder auf die Heizung legen. Ist das Papier fast trocken, kann es zusätzlich noch gedehnt werden: Die Papierkante mit beiden Händen zwischen Daumen und Zeigefinger halten und vorsichtig auseinanderziehen. Aber Vorsicht, feuchtes Papier reißt besonders schnell.

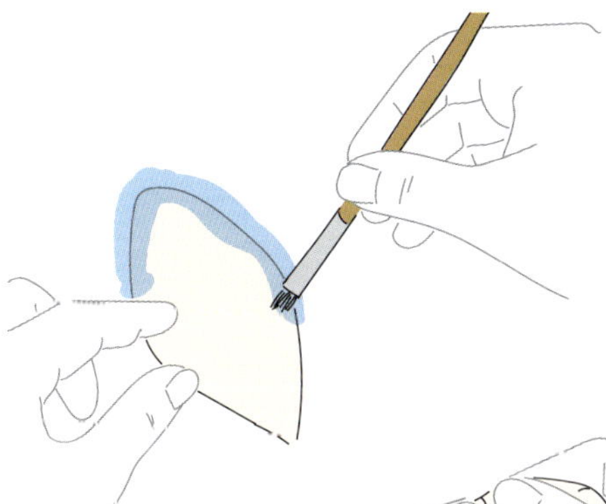

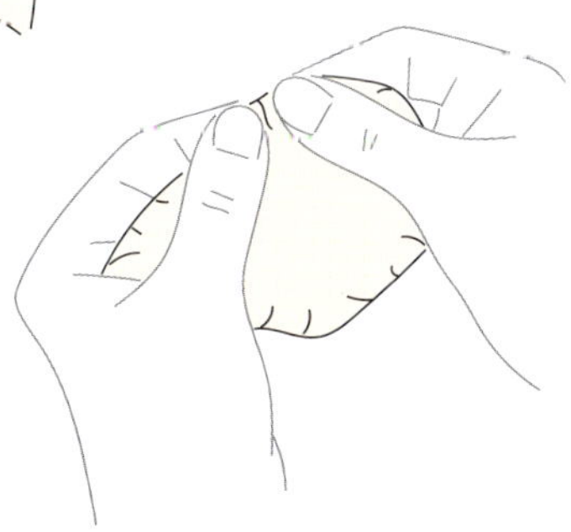

Die Buchseite wellt sich besser, je höher ihr Papiervolumen und je saugfähiger sie dadurch ist.

Nass fälteln

Für diese besondere Technik des Faltens wird ein feuchtes Tuch, z. B. ein Taschentuch, benötigt. Das in Wasser getauchte Tuch gut auswringen, eventuell noch in ein Handtuch wickeln, damit es nicht mehr nass ist. Das ausgeschnittene Blatt auf eine Hälfte des aufgeschlagenen Tuches legen, die andere Hälfte darüberklappen. Mit beiden Händen zwischen Daumen und Zeigefinger das Blatt samt Tuch in Falten zusammendrücken und sanft kneten. Vorsichtig entrollen und das Blatt trocknen lassen, bevor es weiterverarbeitet wird.

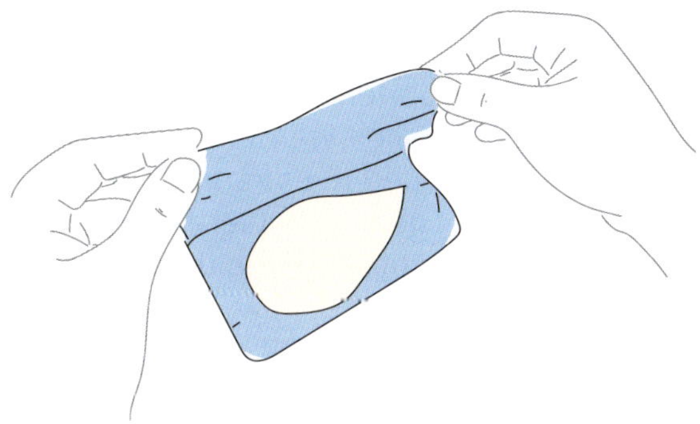

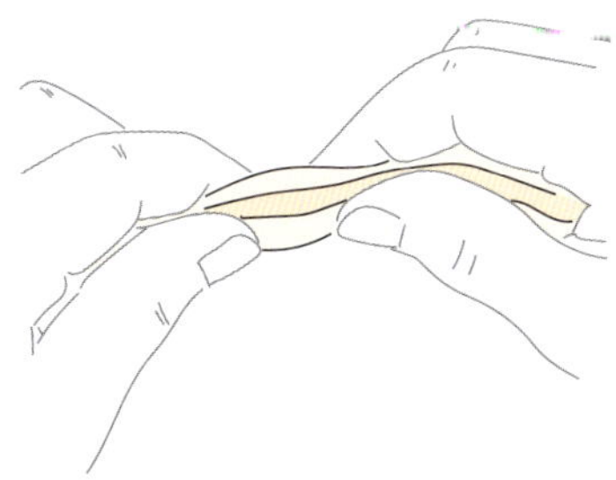

Wichtige Pflanzenteile

Ausnahmen bestätigen die Regel.

Das Blüteninnere: Stempel & Staubgefäße

Bei fast jeder Blume beginnt die Arbeit mit dem Blütenboden. In der Natur ist das Blüteninnere sehr differenziert und oft so filigran, dass bei der Herstellung von Papierblumen unbedingt vereinfacht werden muss.
Die einfachste Möglichkeit besteht darin, mit Fransen zu arbeiten. Ein eingeschnittener Papierstreifen wird gewickelt und in die Mitte der Blüte gesetzt. Die Fransen bieten verschiedene Möglichkeiten: Sie können mit unterschiedlichen Umfängen gewickelt werden, die Länge der Fransen kann variieren, es kann ein Kegel oder eine Halbkugel gewickelt werden, die Fransen lassen sich spitz zuschneiden usw.

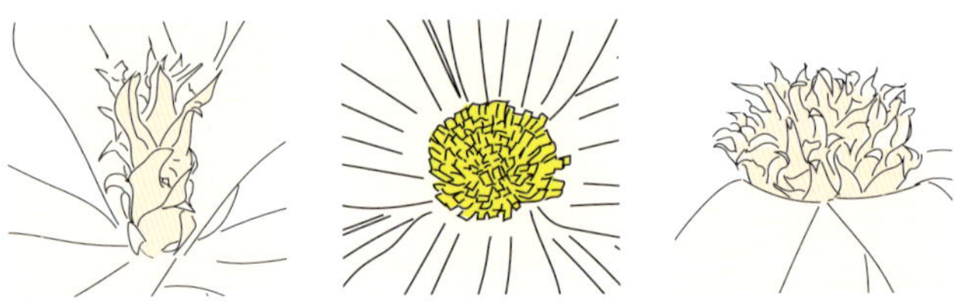

Für die Fransen können Sie gut eingefärbtes Papier verwenden. Der kleine Farbtupfer wird wahrgenommen, ohne gleich zu bunt zu wirken.

Bei zierlichen Blüten ergibt sich ein schöner Effekt, wenn filigrane Staubgefäße sichtbar sind. Dafür lässt sich aus dünnen Streifen Papiergarn zwirbeln. Oder Häkelgarn wird mit Leim versteift. Die Spitzen sollten jeweils gelbe oder goldene Farbe bekommen, z. B. mit Acrylfarbe. Mit der Flachzange einen Haken an der Drahtspitze biegen. Die Staubgefäße einlegen und den Haken zusammendrücken. Die Staubgefäße mit einem kurzen Papierstreifen umwickeln, damit sie fest sitzen.

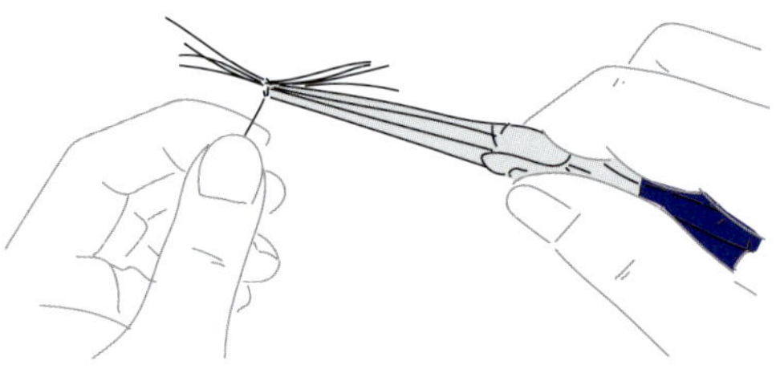

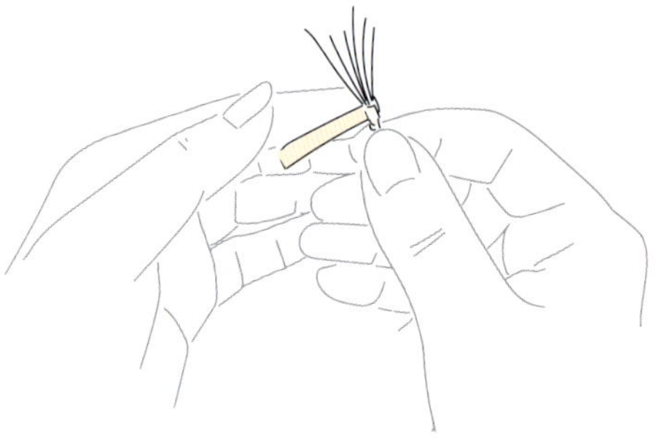

Die Blütenblätter

Die Blütenblätter sind meist entscheidend für das Aussehen und die Wirkung von Blumen. Es lohnt sich, zunächst das Papier sorgfältig auszuwählen: Neben der Frage, ob die Papierqualität für die erforderlichen Arbeitstechniken geeignet ist, gilt es, „Farbe“ und „Muster“ auszuwählen. Die Seiten verschiedener Bücher können ganz unterschiedliche Wirkungen haben. Am Ende hilft nur Ausprobieren. Ein wenig Struktur tut den meisten Blüten gut.

Dies erreichen Sie schon, wenn der Text bei jedem Blütenblatt in die gleiche Richtung verläuft oder jedes Blütenblatt den gleichen Anteil des unbedruckten Rands enthält. Grob gilt: Je weniger Blütenblätter, desto wichtiger die Struktur. Bei Blüten mit geringem Schwierigkeitsgrad und einfachen Vorlagen ist es oft nicht möglich, den Textverlauf zu beachten. Diese Vorlagen basieren meist auf einer Kreisform – dadurch läuft der Text auf jedem Blatt in eine andere Richtung. Bei den einfachen Vorlagen werden mehrere Blütenblätter zusammen in einem Stück ausgeschnitten, von unten auf den Stängel geschoben und an die vorher hergestellte Blütenmitte geklebt. Einige Blütenblätter werden zuvor trichterförmig zusammengeleimt. Trotz des gleichen Prinzips lassen sich sehr unterschiedliche Blüten herstellen, indem die Blattformen variieren. Hat man keine Vorlage zu Hand, lassen sich solche Blüten mit Hilfe von Falttechniken ausschneiden (mehr dazu auf Seite 20 ff.). Für anspruchsvolle Blumen werden meist einzelne Blätter ausgeschnitten, geformt und verarbeitet. Dies ist natürlich zeitintensiver und erfordert auch mehr Übung.
Bei Blüten mit sehr großen oder aufwendig geformten Blütenblättern kann es erforderlich sein, in jedes Blütenblatt Draht einzuarbeiten, um die Stabilität zu sichern. Natürlich können Sie einen Wickeldraht zwischen zwei Papierlagen kleben, doch nimmt dies der Blüte ihre Leichtigkeit und Natürlichkeit.
Eine Methode, die das Problem löst: Die Vorlage für ein Blütenblatt wird der Länge nach halbiert. Die beiden Hälften werden an der Schnittstelle zusammengeklebt und der Draht wird dabei eingelegt. Beim Ausschneiden der Blütenblatthälften unbedingt an eine „Nahtzugabe“ denken, um die Überlappung auszugleichen.

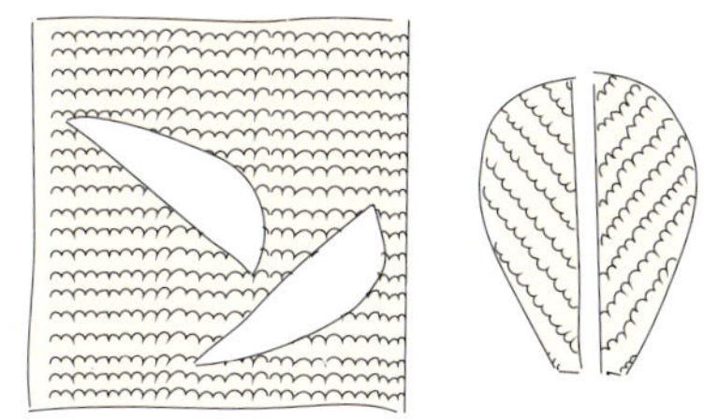

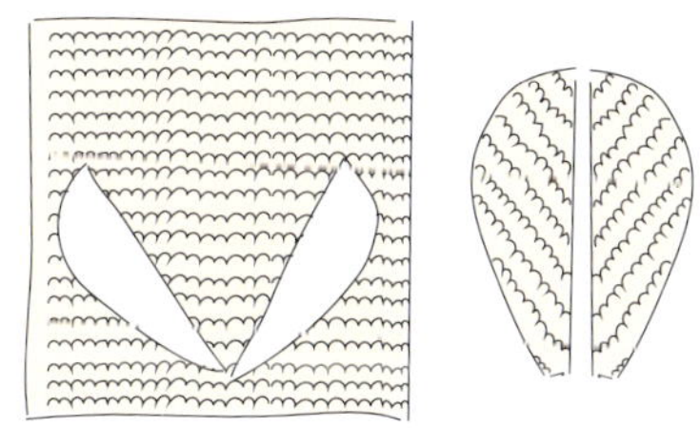

Der Stängel

Längenangaben in den Anleitungen sind Empfehlungen und können jederzeit individuell angepasst werden. Die Stängel lassen sich am einfachsten aus Draht fertigen. Die Entscheidung, ob Steckdraht oder Wickeldraht verwendet wird, hängt davon ab, wofür die Blüte gedacht ist – und ist am Ende vor allem eine Geschmackssache. Eine einzelne Blüte, deren Stängel auf einer Astscheibe befestigt wird, steht eleganter mit Steckdraht. Soll die Blüte jedoch Bestandteil eines Blumenstraußes in

der Vase sein, fällt sie natürlicher, wenn der Stängel aus Wickeldraht gefertigt wurde. Zu beachten sind auch Größe und Gewicht der Blüte – es kann sein, dass selbst kräftiger Wickeldraht eine große Blüte nicht zu halten vermag.
Die nächste Entscheidung besteht darin, ob und womit der Draht ummantelt werden soll. Der Draht kann blank bleiben, was mir vor allem sehr gut gefällt, wenn einzelne Blüten auf Astscheiben gesteckt werden. Meistens wird man sich jedoch für eine Ummantelung entscheiden, dies kommt der Natur näher. Dafür werden Papierstreifen verwendet, die nicht breiter als 1 cm sind. Egal, welche Alternative Sie wählen, es gehört etwas Übung dazu, bis es gelingt, den Draht sauber zu umwickeln. Zum Üben empfehle ich die blattlosen Zweige von Seite 99. Da können Sie testen, mit welchen Papierstreifen Sie am besten zurechtkommen.

Es geht einfacher, wenn Sie zunächst den Anfang mit Leim bestreichen und am Draht unter Druck festkleben. Wenn der Leim richtig trocken ist, kann nichts mehr verrutschen und das Wickeln geht viel leichter.

Das Papierband, ggf. unter Zugabe von Leim, immer auch einige Millimeter um den unteren Teil des Blütenbodens mit Kelchblatt wickeln, um einen unauffälligen Übergang zum Stängel zu erhalten.
Ist der Anfang gemacht, geht das Wickeln leichter. Den Stängel zwischen Daumen und Fingern der Arbeitshand oberhalb des Papierbandes halten. Mit der anderen Hand den Papierstreifen straffen und spiralförmig sowie überlappend nach unten wickeln. Die Arbeitshand dreht den Stängel gleichzeitig.

Floristenband aus Krepp ist selbsthaftend. Es lässt sich sauber verarbeiten, Sie müssen nicht zusätzlich mit Leim hantieren. Das Kreppband muss beim Umwickeln gedehnt werden, damit es klebt. Der Handel bietet das Band in einer Breite von 13 mm an, für kleine Blumen ist das zu breit. Sie können es jedoch problemlos mit der Schere halbieren. Floristenband ist in verschiedenen Farben erhältlich.

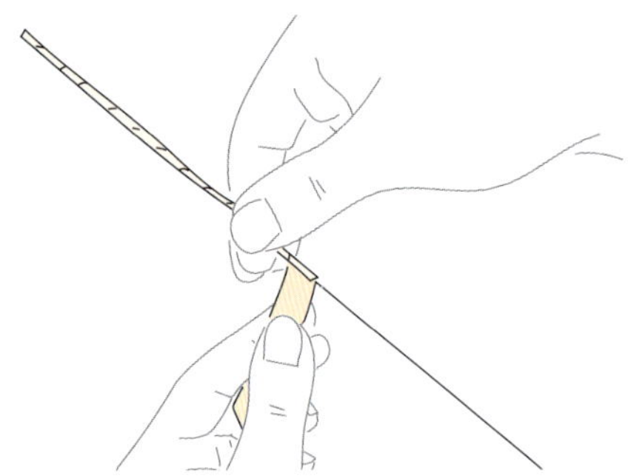

Gern verwende ich selbst geschnittene Streifen aus unbedruckten Zeitungsrändern. Die kosten nichts extra und ich habe immer ein paar Zeitungen der letzten Tage da. Das Papier ist schön dünn und klebt super. Möchten Sie keinen Weißleim verwenden, versuchen Sie es mit einem Klebestift – damit lässt sich sauber arbeiten. Einziger Nachteil: graues, überwiegend aus Altpapier hergestelltes Zeitungspapier nimmt Farben, z. B. Pflanzenfarben sehr schlecht an. Natürlich können auch Buchseiten für die Ummantelung genutzt werden. Allerdings ist dies etwas aufwendiger. Die Streifen sind nur kurz, es muss viel gestückelt werden. Und Buchseiten sind fast immer dicker als Zeitungspapier, sodass filigrane Stängel schwer umzusetzen sind. Manchmal möchte man aber gerade einen besonders dicken Stängel haben, wie z. B. bei einer Iris oder Hortensie. In diesen Fällen lässt sich der Draht mit Küchenkrepp polstern, bevor er ummantelt wird. Ist der Stängel fertig,

können Sie ihn jederzeit mit einer Flachzange in Form bringen.
Alternativen zu Blütenstängeln aus Draht sind dünne Holzstäbe, z. B. aus einem defekten Bambusrollo. Sie haben jedoch den Nachteil, dass sie sich nicht formen lassen.

Die Blätter

Blätter sind manchmal im Verhältnis zur Blütengröße sehr groß und üppig. Die Natur gleicht dies aus – durch das dezente Grün der Blätter im Gegensatz zu der auffälligen Farbigkeit der Blüten. Eine Blume nur aus Buchseiten kann dies nicht ohne Weiteres ausgleichen. Deshalb ist es zuweilen sinnvoll, vom Original abzuweichen und die Blätter zu vereinfachen, zu verkleinern oder auszudünnen.
Trotzdem sollen auch die Blätter eine gute Figur machen und verdienen Beachtung. Blätter werden fast immer mit (Wickel-)Draht kombiniert. Dadurch lassen sie sich nicht nur gut formen, der Draht arbeitet auch eine Mittelrippe heraus. Für die einfachste Form ein Blatt herzustellen, wird die Vorlage in einem Arbeitsgang doppelt ausgeschnitten. So ist sichergestellt, dass beide Teile exakt aufeinanderpassen. Sie werden aufeinander geklebt und der Draht dabei eingelegt. Während der Draht trocknet, arbeiten Sie mit den Fingern die Mittelrippe durch Druck heraus. Bei der Auswahl des Buchseitenausschnitts können Sie kreativ sein und z. B. eine gut lesbare Überschrift oder zur Hälfte den Seitenrand einarbeiten.
Zwei aufeinandergeleimte Blätter sind immer etwas steif. Natürlicher wirkt es, wenn der Draht nur mit einer Papierlage verbunden wird. Dafür wird an der gedachten Mittelrippe ein dünner Streifen Leim aufgetragen und der Draht aufgeklebt. Wenn der Draht schon fest sitzt, der Leim aber noch nicht ganz trocken ist, wird die Mittelrippe mit den Fingern moduliert. Dabei schließt sich das Papier um den Draht. Einfacher geht es, wenn ein dünner Draht zuvor schon mit Papier ummantelt wird. So klebt es sich besser und der Draht darf auf der Rückseite ruhig etwas herausschauen.
Besonders kleine Blätter, wie z. B. beim Lavendel, benötigen keinen Draht. Diese können Sie direkt an den Stängel kleben.
Wichtig ist außerdem die Blattstellung am Stängel. Meist können Sie sich an die Vorgaben der Natur halten: beispielsweise an die Unterscheidung zwischen gegenständig (immer zwei Blätter stehen sich gegenüber) oder wechselständig (die Blätter sitzen versetzt jeweils in einer anderen Richtung). Die Blätter werden bei der Umwicklung des Stängels eingefügt. Den Blattstiel aus Draht an der entsprechenden Stelle gegen den Draht des Stängels legen und das Papierband weiterwickeln.

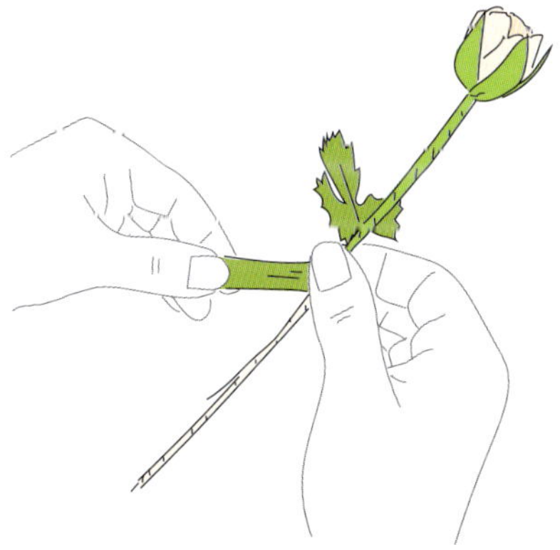

Sollen die Blumen zu einem Strauß gebunden werden, stören die Blätter am Stängel. Dann ist es besser, sie wegzulassen und durch separates Bindegrün zu ersetzen. Oder die Blätter erhalten einen eigenen Stängel, der anschließend wie Bindegrün verwendet werden kann.

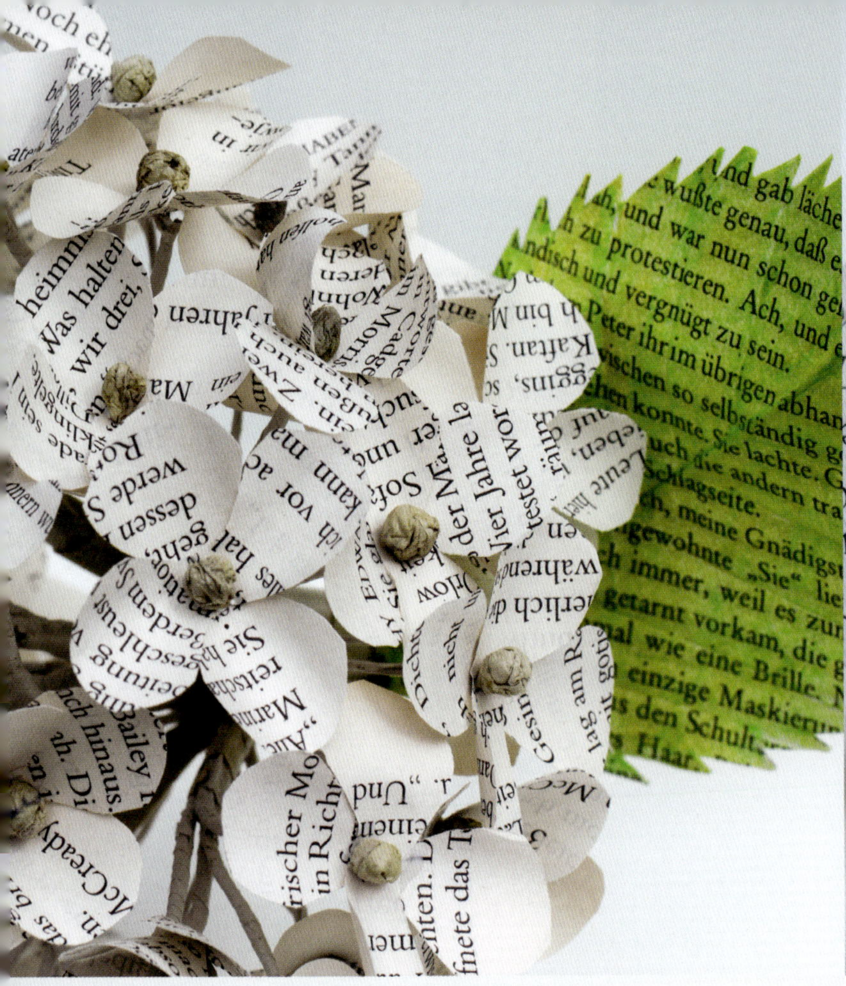
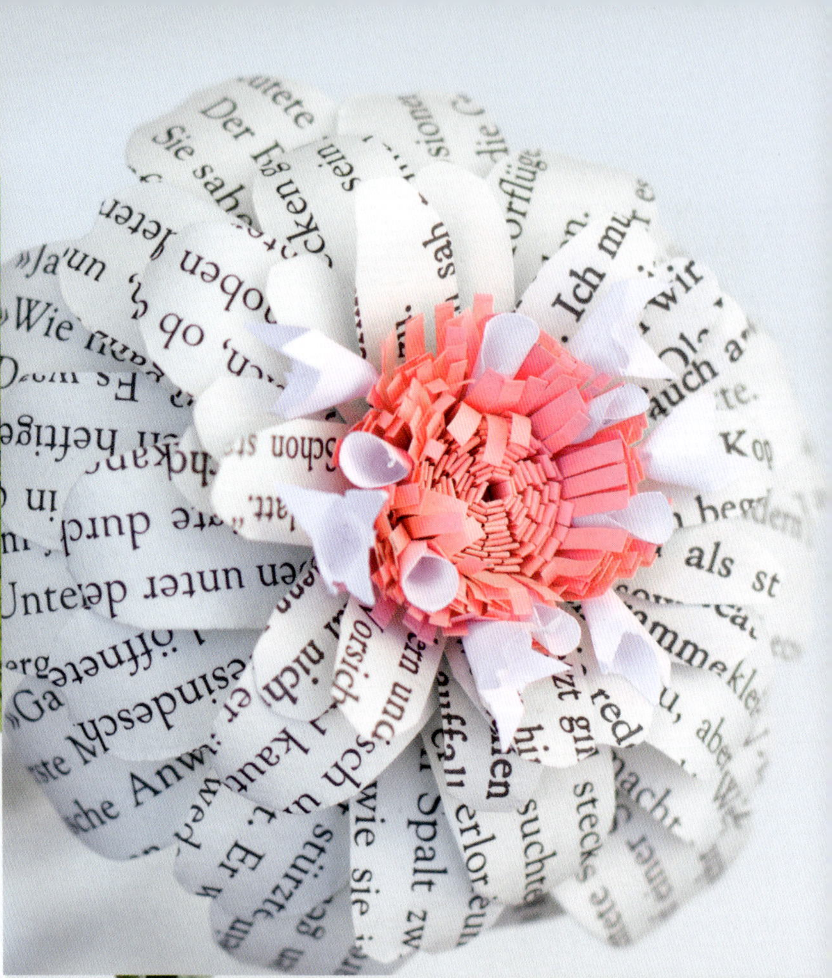
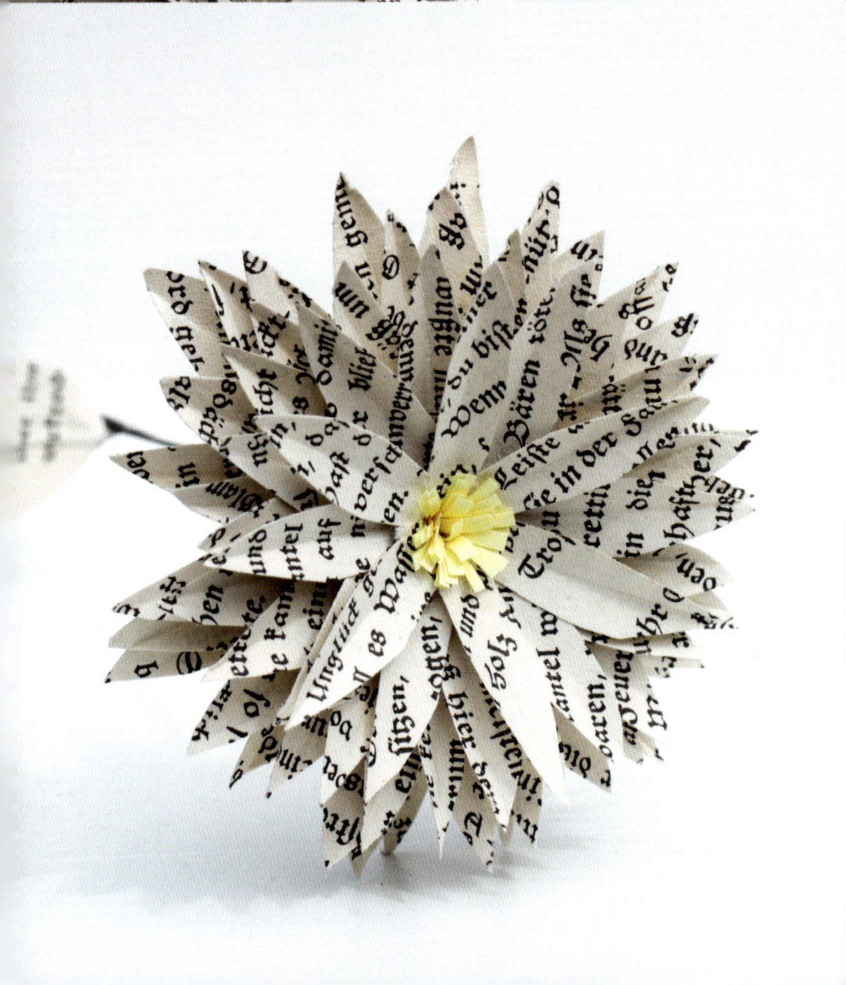
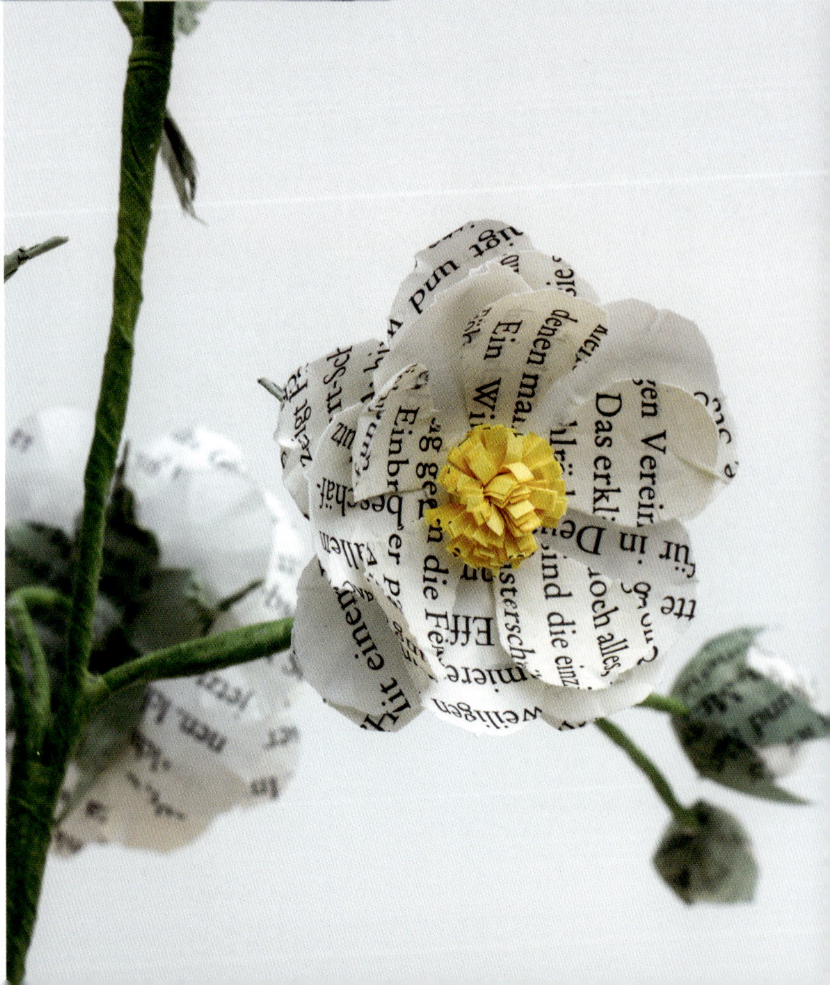

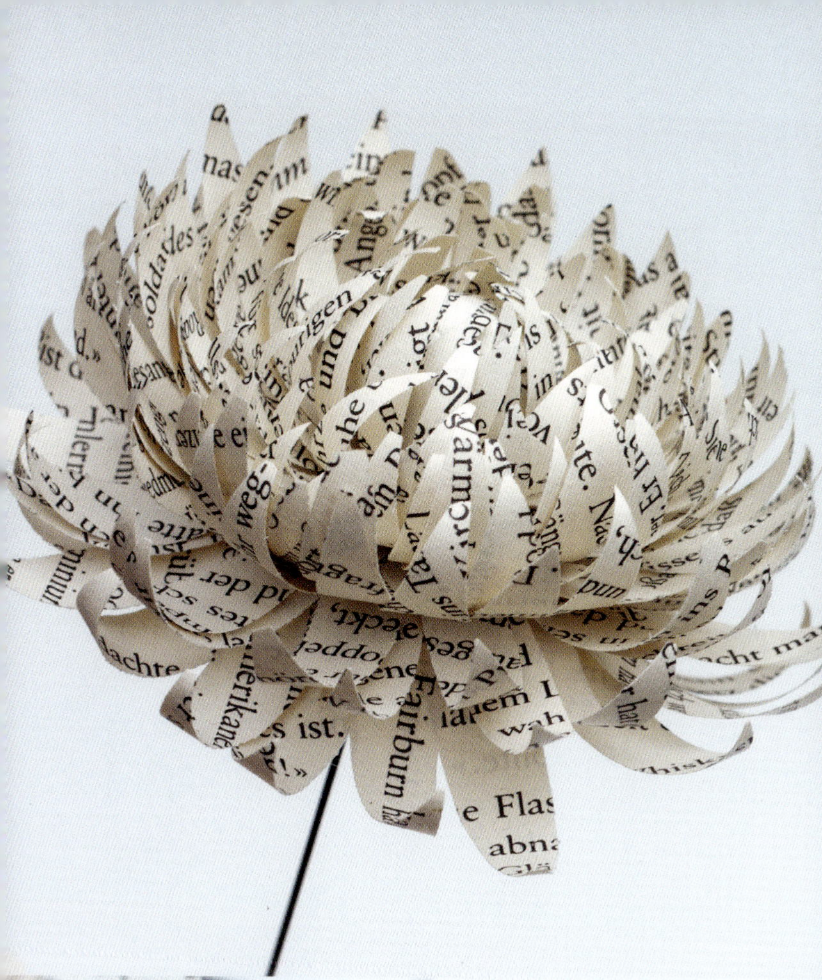

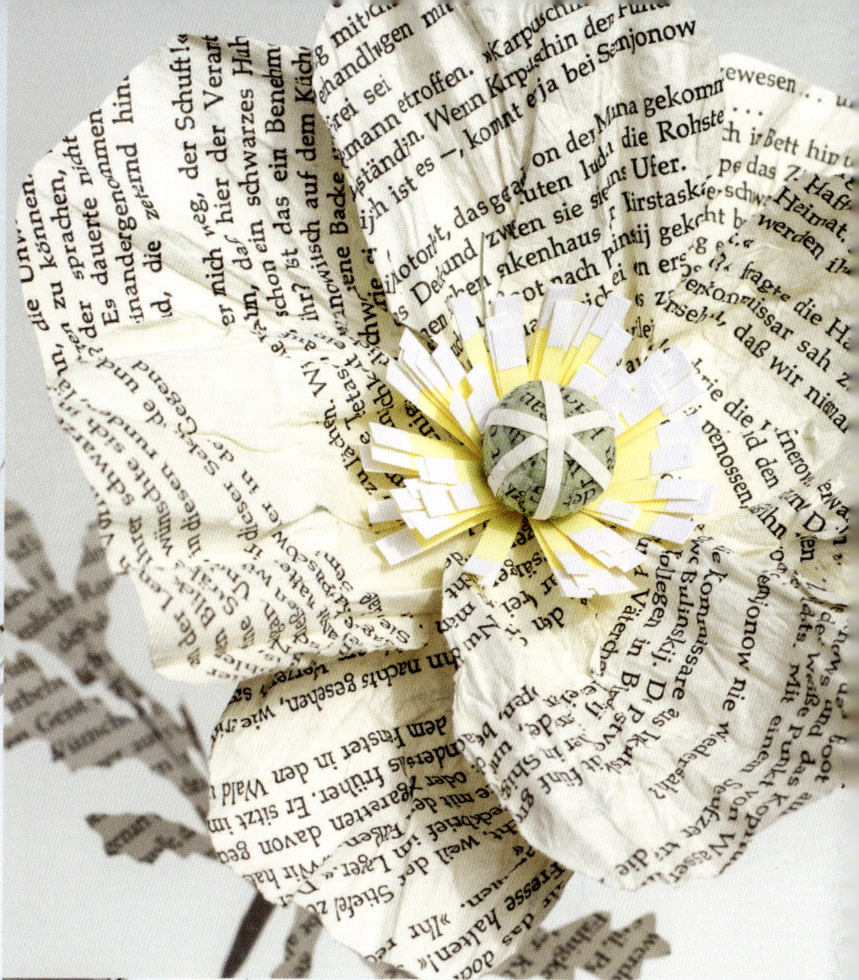

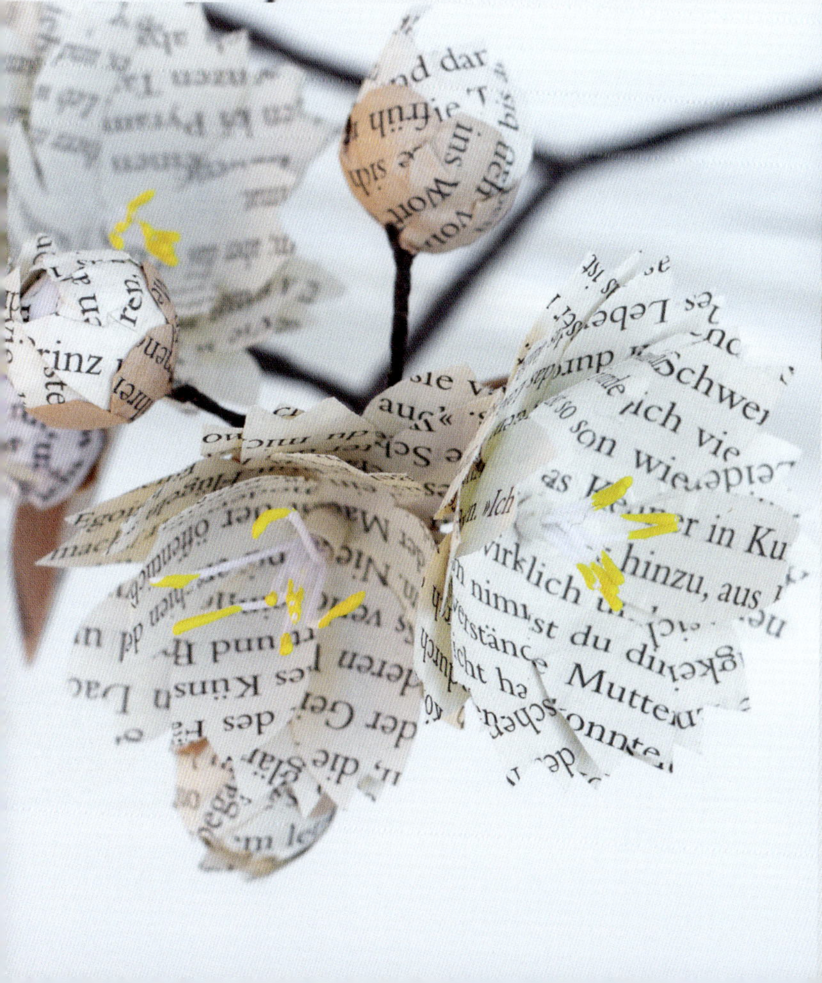

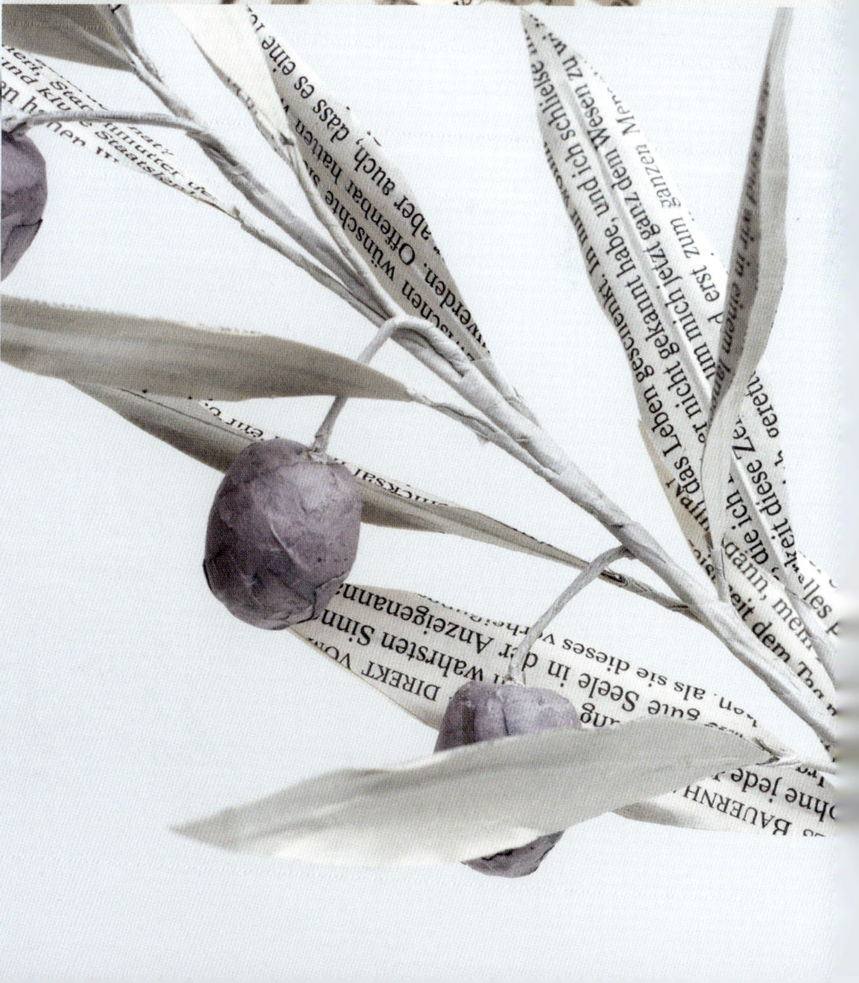

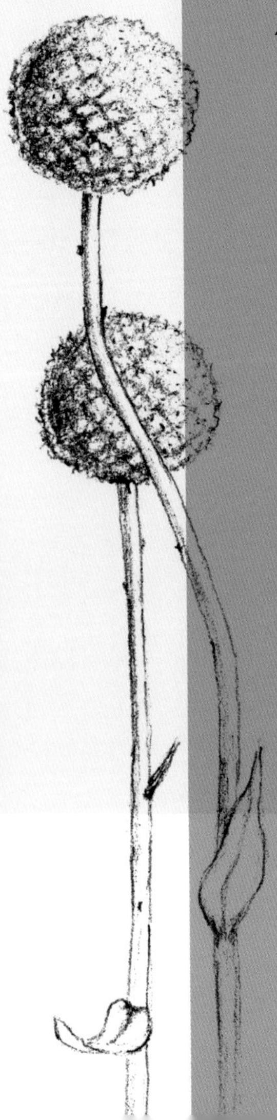

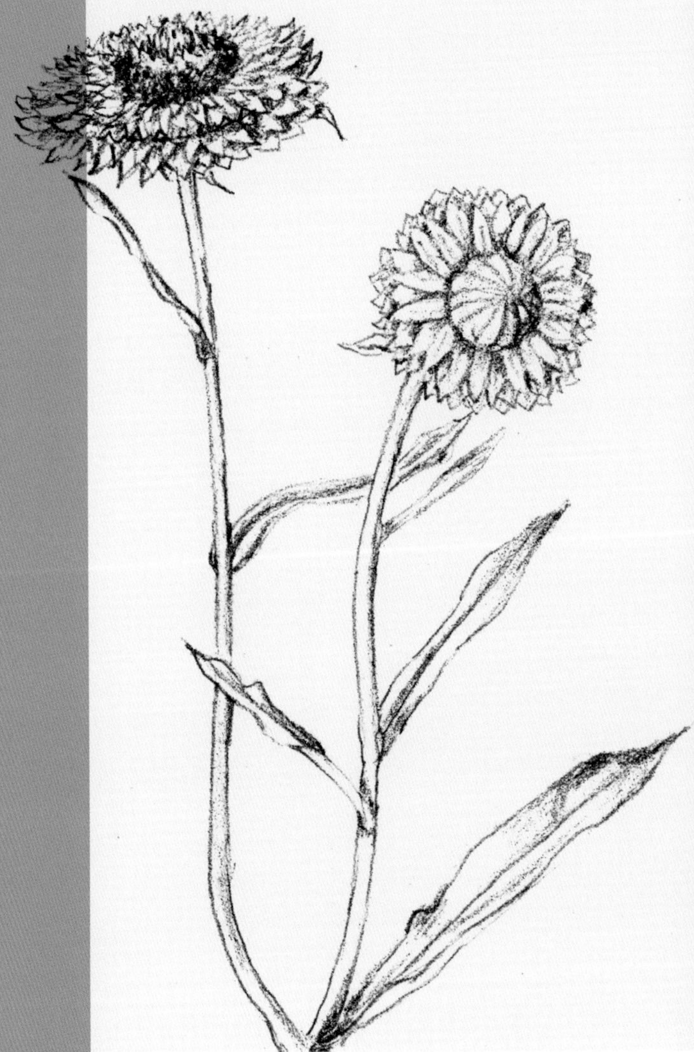

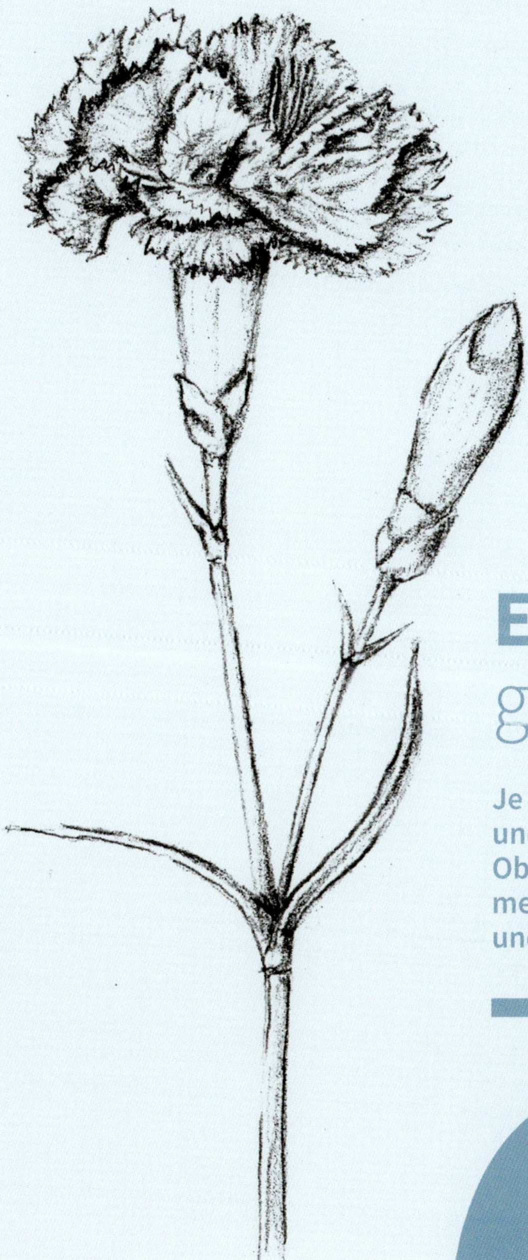

Einfach und schnell gemacht

Je schlichter die Form der Vorlage, desto einfacher und schneller ist die Herstellung der Blüten. Obwohl sich die Blüten von den Originalen der Natur meist deutlich unterscheiden, sind sie fantasiereich und dadurch überraschend schön.

01

Trommelstock | *Craspedia*

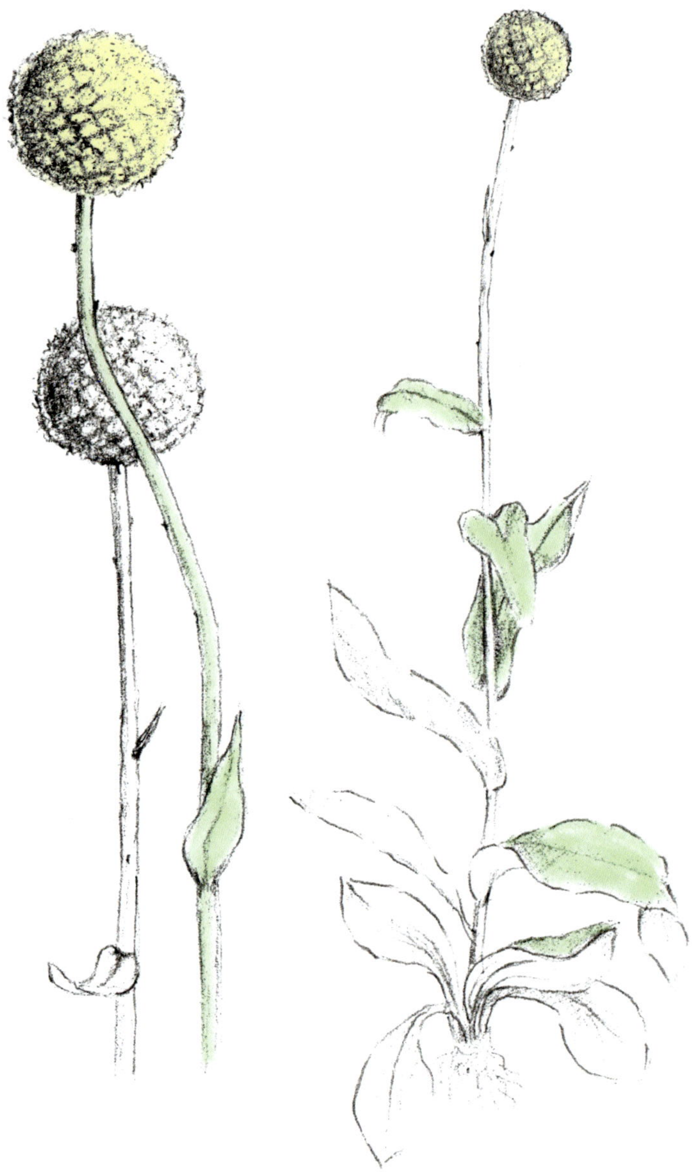

Blütengröße
- 25 mm Ø

Materialien
- Buchseite
- Wattekugel (20 mm oder 25 mm)
- Steckdraht (0,95 mm)
- Wickeldraht (0,5 mm)
- Weißleim

Werkzeuge
- Schere
- Zangenset

Vorlagen
- Seite 156
- Kugelabwicklung

Kugelabwicklung

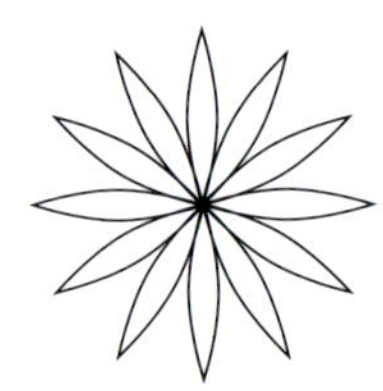

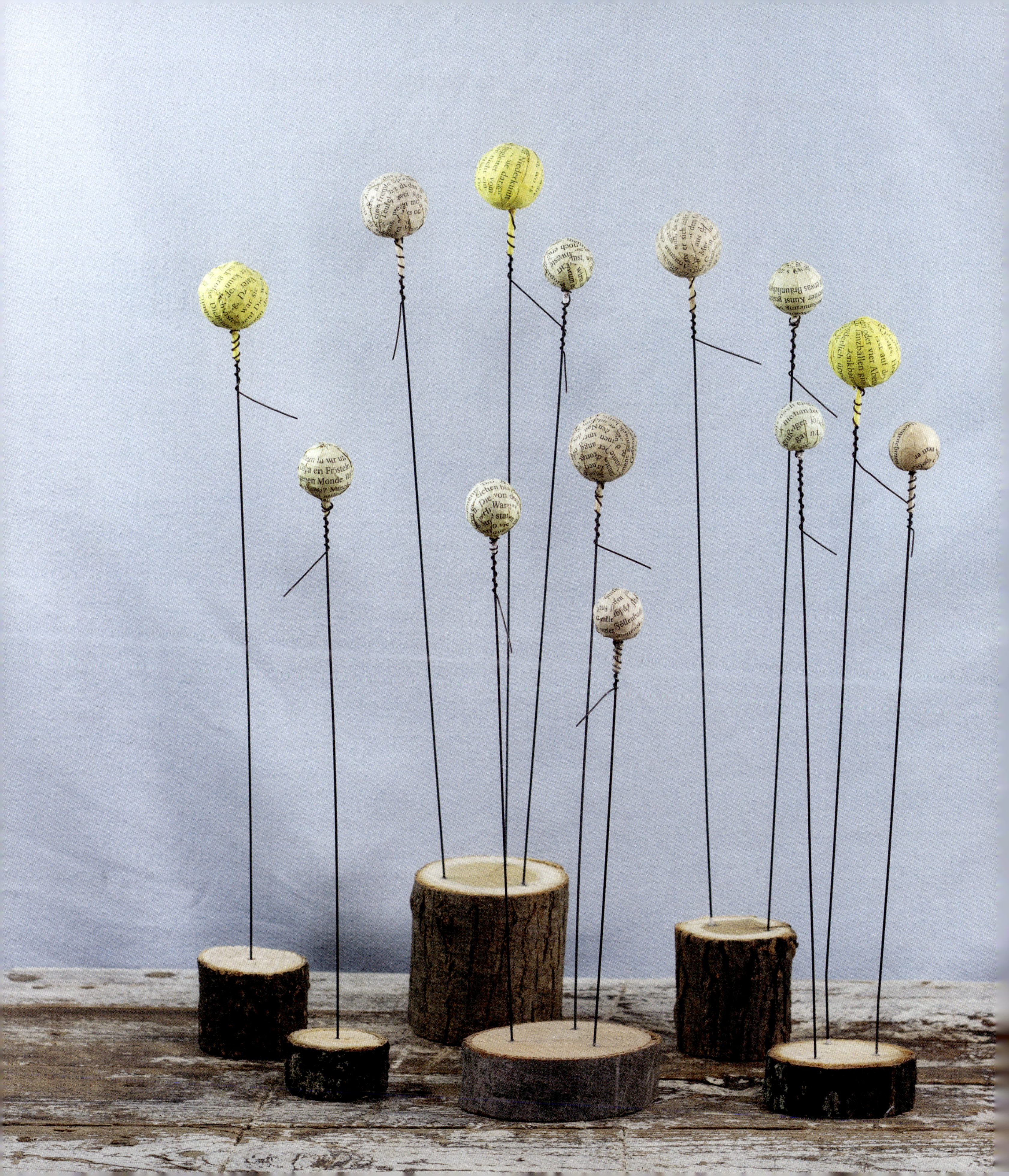

Vorbereitung

- Eine Kugelabwicklung auswählen und ausschneiden.
- Draht schneiden: Steckdraht 1 × 30 cm, Wickeldraht 1 × 9 cm.
- Um die Spitze des Steckdrahts Papier 2 × 2 cm wickeln und festkleben.

1. Die Kugel mit Buchseitenschnipsel bekleben und anschließend mit der Abwicklung beziehen.
2. Die Kugel auf den Stängel kleben. Dazu das vorhandene Loch nutzen. Die Papierkaschierung schaut noch 10 bis 15 mm heraus.
3. Die Spitze des Wickeldrahts mit der Rundzange zu einer Öse biegen.
4. Direkt unter der Kugel den Stängel ca. 2 cm mit Wickeldraht nach unten umwickeln. Etwa 5 cm überstehen lassen.

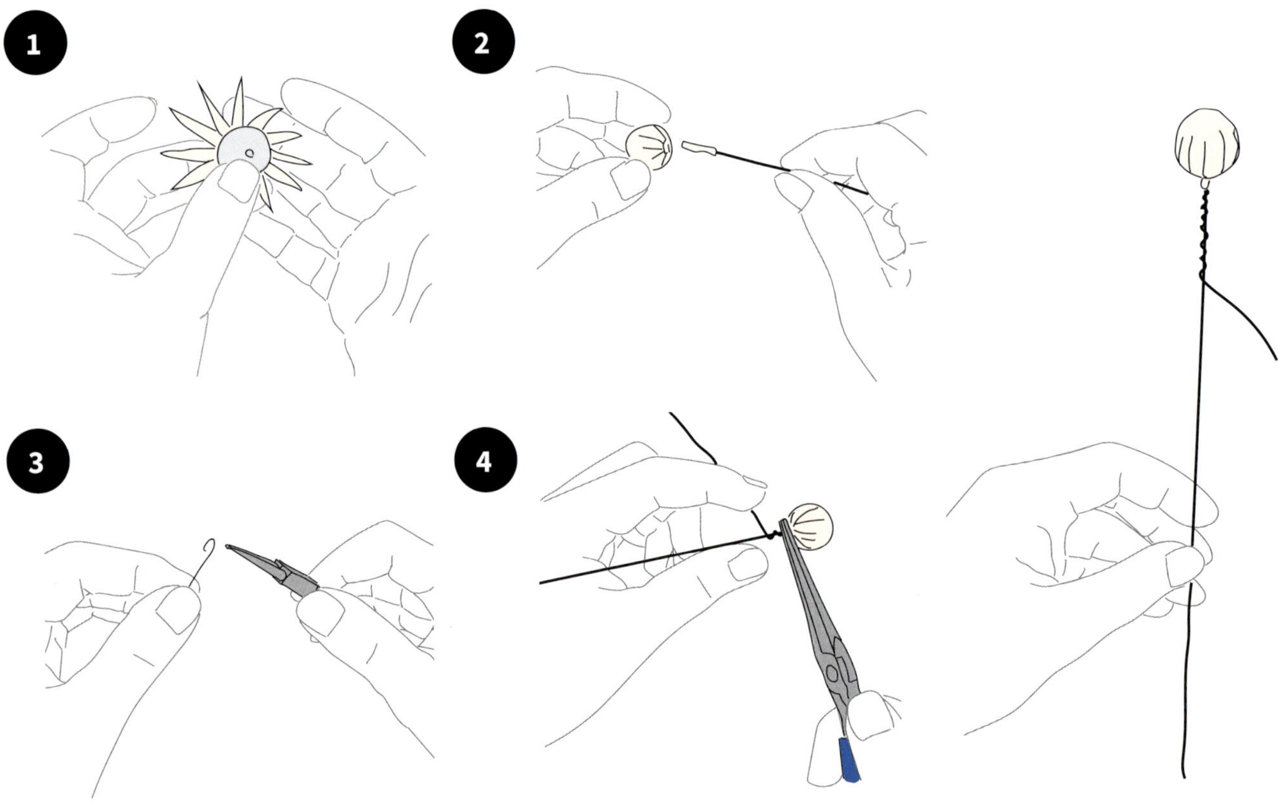

Inspiriert von

Einfache Rose & Dahlie | *Fantasieblumen*

★

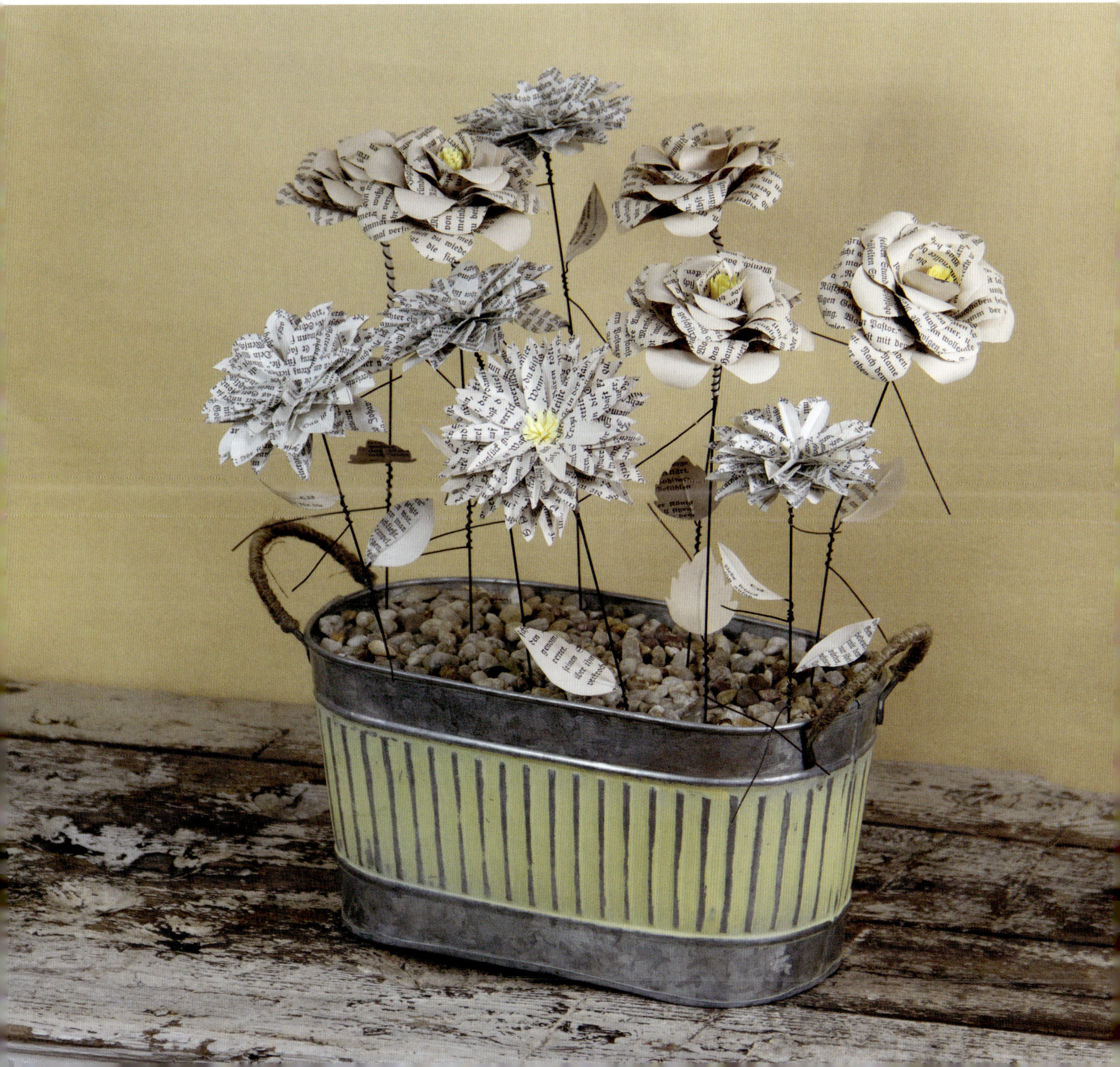

Einfache Rose & Dahlie | *Fantasieblumen* ★

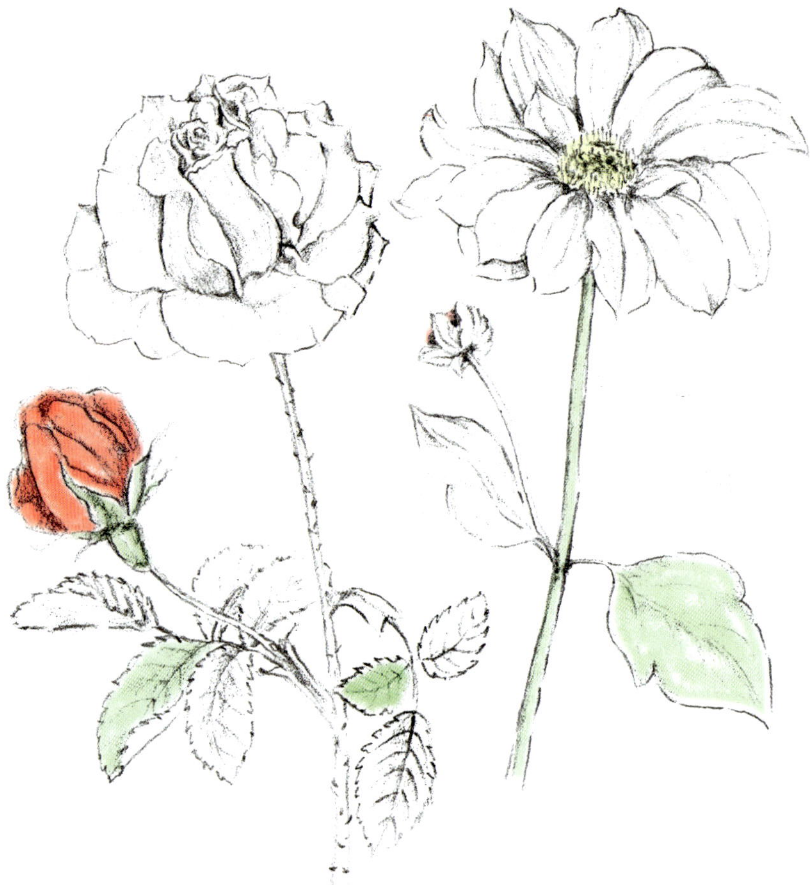

Blütengröße
- Rose 7,5 cm Ø
- Dahlie 8 cm Ø

Materialien
- Buchseite
- ggf. gelbes Papier
- Steckdraht (0,95 mm)
- Wickeldraht (0,65 mm)
- Weißleim

Werkzeuge
- Schere
- Zangenset
- Zahnstocher
- Nadel

Vorlagen
- Seite 157—159
- Rose: Blüte A, B, C, D, E, F, Blatt
- Dahlie: Blüte A, B, C, D, E, F, G, H, I, J, K, L, Blatt

Rose - Blüten

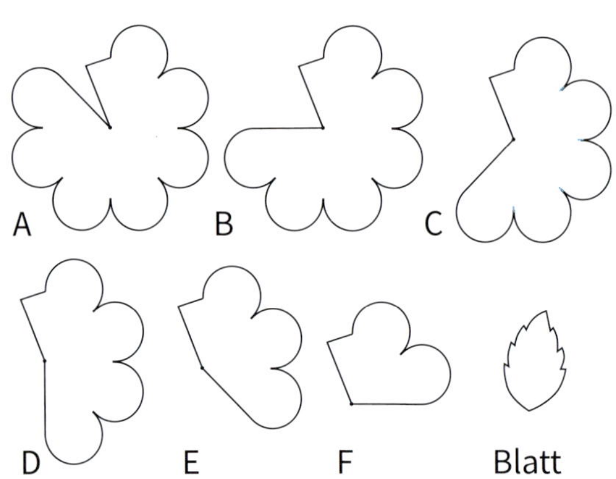

Dahlie - Blüten

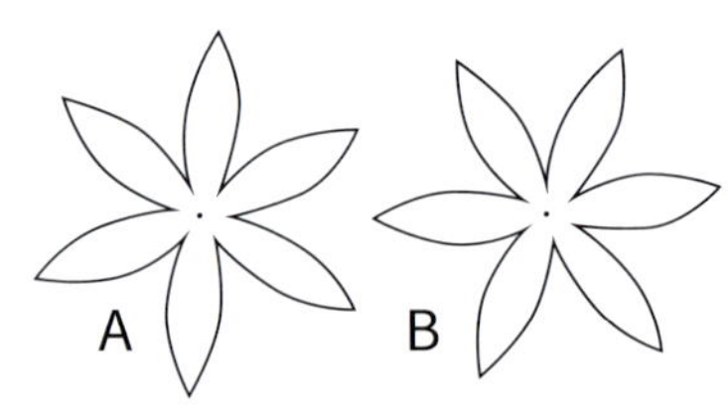

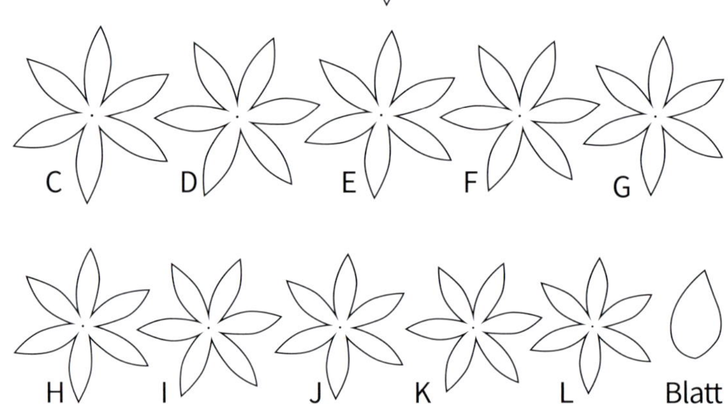

Vorbereitung

- Für die Rose Blütenblätter A bis F 1 × ausschneiden, das Blatt 1 × doppelt ausschneiden.
- Für die Dahlie Blütenblätter A bis L ausschneiden und an den Markierungen in der Mitte lochen. Das Blatt 1 × doppelt ausschneiden.
- Draht schneiden: Steckdraht 2 × 25 cm, Wickeldraht 4 × 9 cm. Um die Spitzen der Steckdrähte Zeitungspapier von 2 × 2 cm kleben.
- Farbigen Papierstreifen 7 × 2 cm schneiden. 2 cm tief einschneiden. Die Fransen über die Schere wölben.

Rosenblüte

1. Den Papierstreifen mit Fransen um die Spitze des Steckdrahtes wickeln.
2. Die Blütenteile A bis E jeweils trichterförmig zusammenkleben.
3. Die Spitzen rundherum etwa 3 mm einschneiden.
4. Die Rundungen am oberen Rand über den Zahnstocher oder Scherenrücken nach außen wölben.
5. Den Blütentrichter F von unten auf die Drahtspitze schieben und festkleben.
6. Die anderen Blütentrichter A bis E nacheinander der Größe nach an der Trichterspitze festkleben. Mit dem kleinsten Trichter E beginnen.

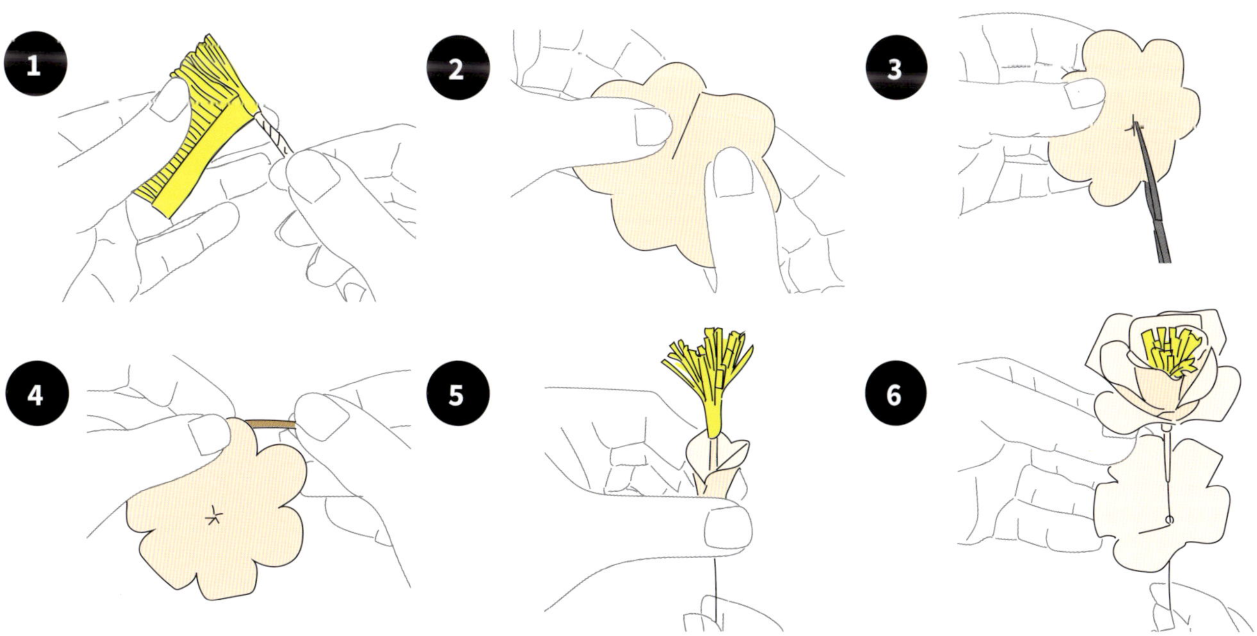

Dahlienblüte

7. Jedes einzelne Blütenblatt der Länge nach mittig falten und wieder öffnen.
8. Einen Papierstreifen von 6 × 0,5 cm auf einer Längsseite bis zur Mitte in kurzen Abständen einschneiden und mit Leim um die Spitze wickeln.
9. Die Blütenkreise nacheinander versetzt von unten bis an die Fransen schieben und festkleben. Mit dem kleinsten Blütenkreis beginnen.

Blüten für Rose und Dahlie fertigstellen

10. Die Spitze des Wickeldrahts zur Öse biegen und auf den Steckdraht schieben.
11. Direkt unter der Blüte den Stängel mit Wickeldraht ca. 2 cm nach unten umwickeln. Ca. 3 cm überstehen lassen.

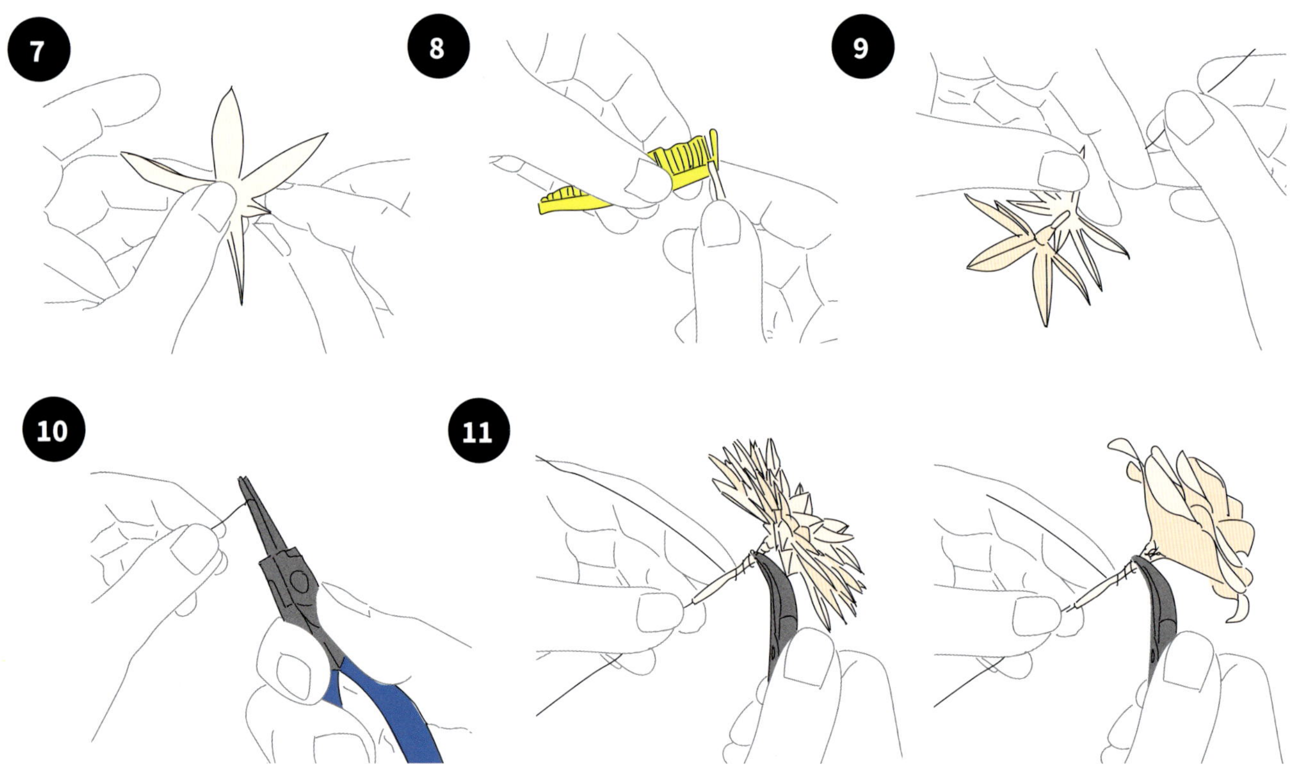

Blätter für Rose und Dahlie

12. Jeweils 2 Blatthälften aufeinanderkleben und ein Stück Wickeldraht einlegen.
13. Den Draht unmittelbar am Blattansatz um den Stängel wickeln. Ca. 3 cm überstehen lassen.

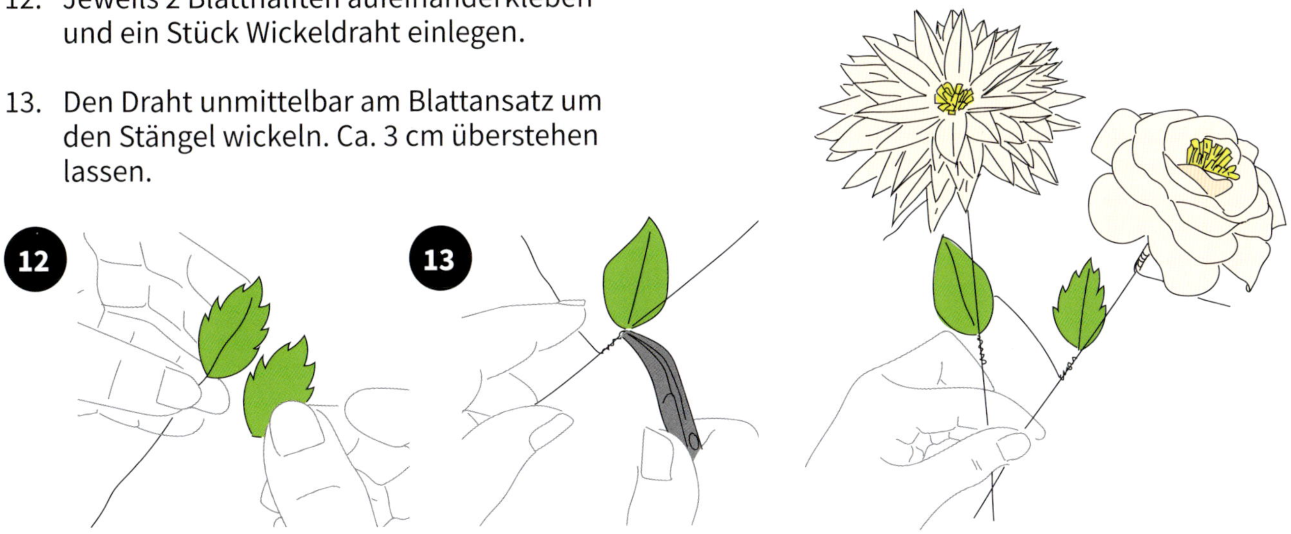

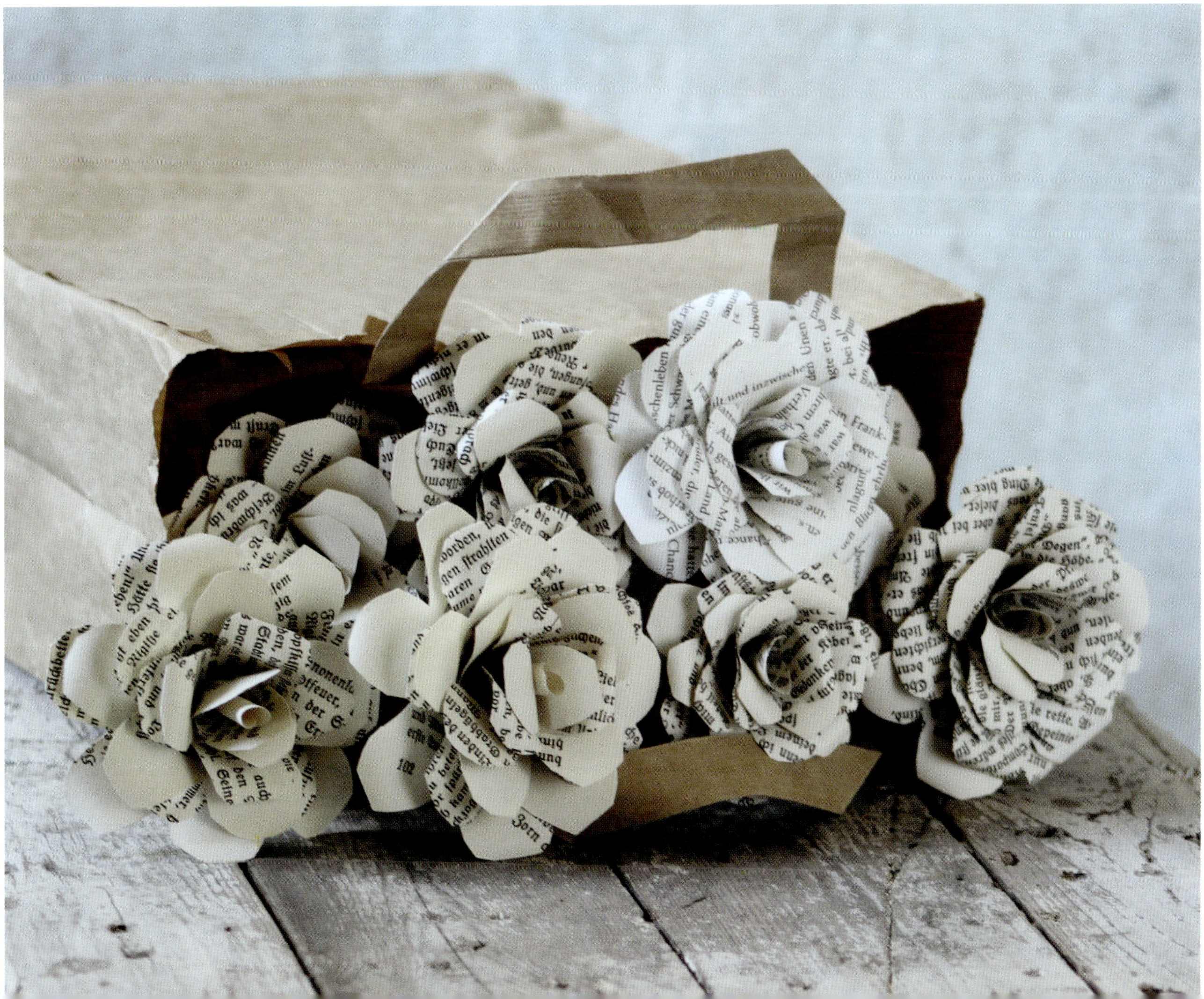

Lavendel | *Lavandula angustifolia*

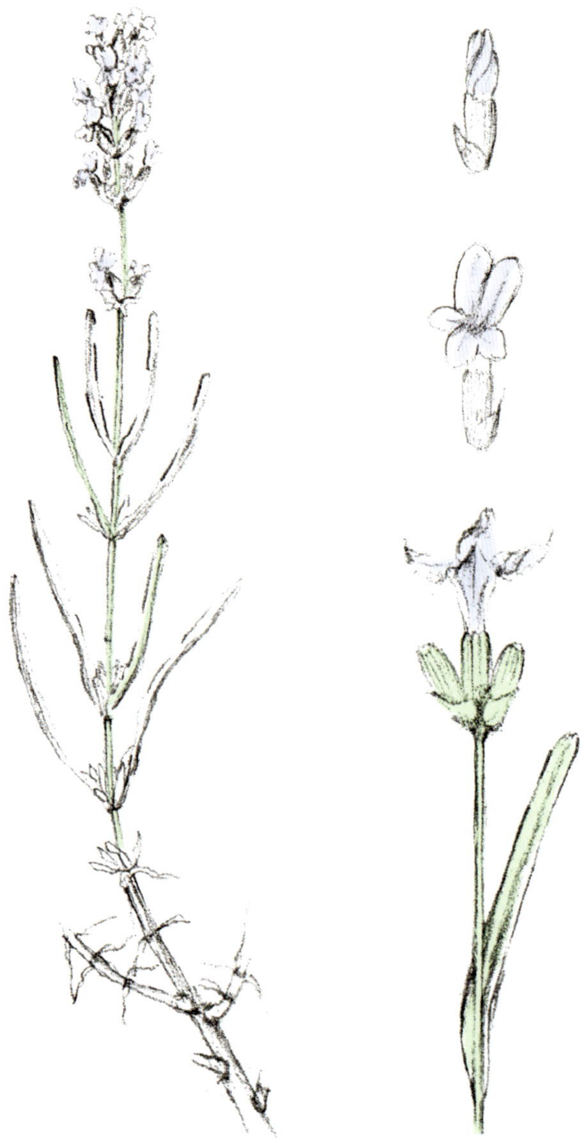

Blütengröße
- ca. 12 cm Höhe

Materialien
- Buchseite
- Steckdraht (0,95 mm)
- Weißleim
- Tageszeitung

Werkzeuge
- Schere
- Bleistift
- Lineal
- Seitenschneider

Vorlagen
- Seite 160
- Blatt

Blatt

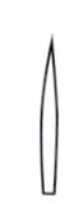

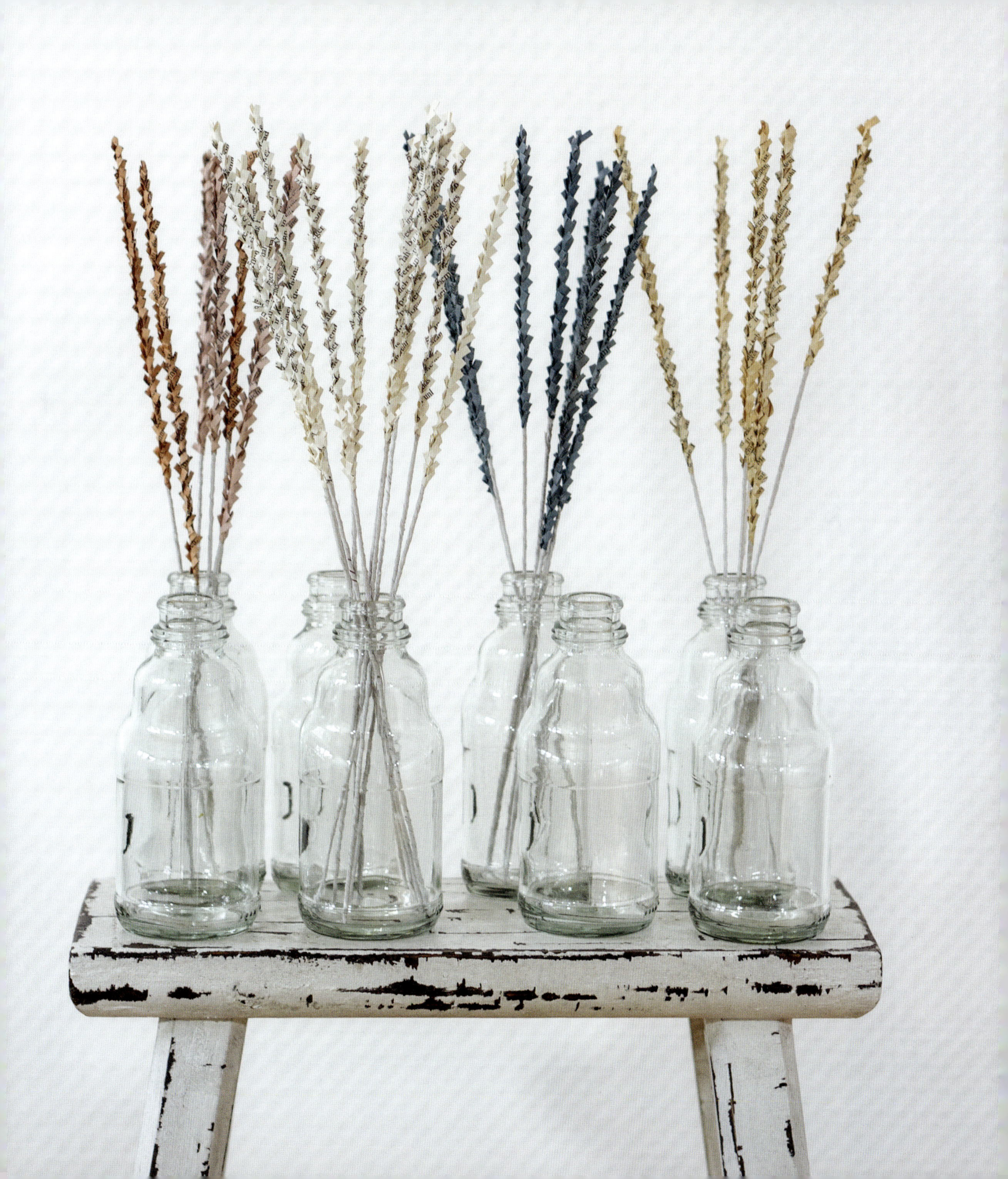

Vorbereitung

- Rand der Tageszeitung auf die Buchseite kleben und das Blatt 4 × ausschneiden.
- Steckdraht schneiden: 1 × 30 cm.
- Den unbedruckten Rand der Tageszeitung in 1 cm breite Streifen schneiden.

1. Einen Papierstreifen von ca. 21 × 1,5 cm zuschneiden und der Länge nach mittig falten. Am Falz im Abstand von 2 mm einschneiden.
2. Den Draht von oben nach unten mit einem Zeitungsstreifen unter Zugabe von Leim umwickeln.
3. Den eingeschnittenen Streifen aus Schritt 1 oben einmal um den Draht wickeln und festkleben.
4. Den Streifen unten mit Leim bestreichen und schräg nach unten um den Draht wickeln bis zum Ende. Dabei festdrücken, damit er gut anklebt.
5. Weiter unten die Blätter gegenständig an den Stängel kleben.

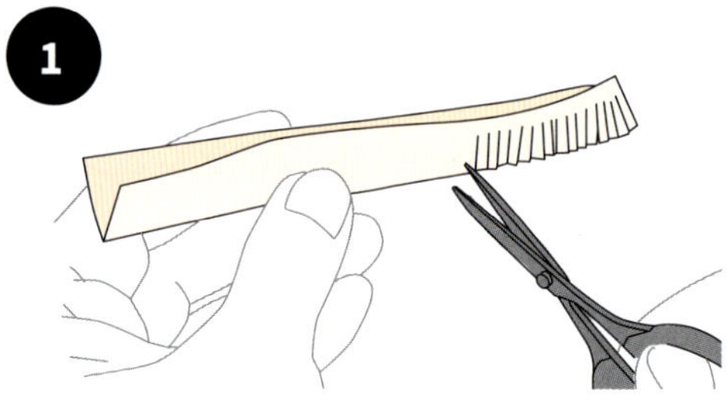

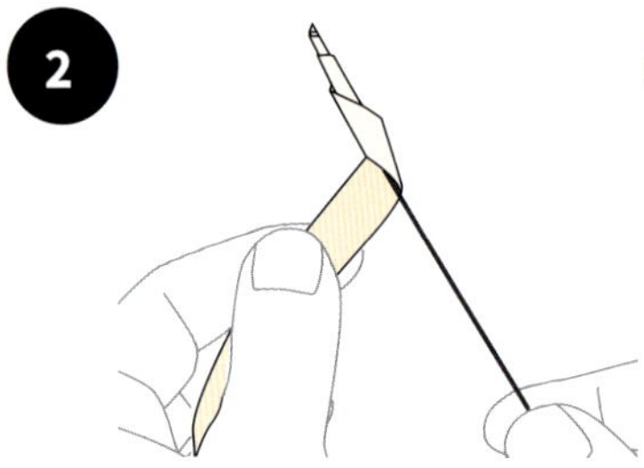

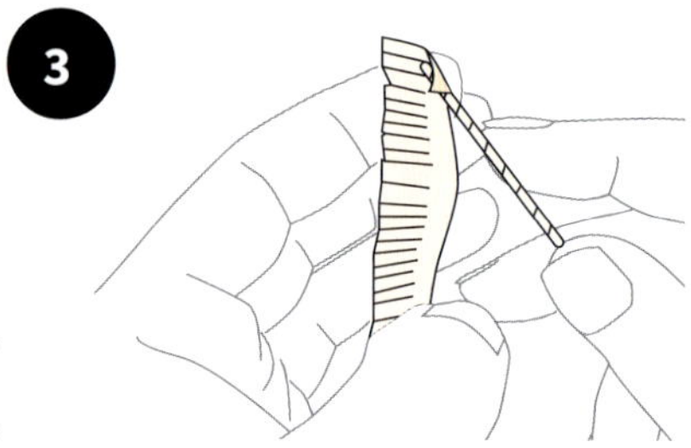

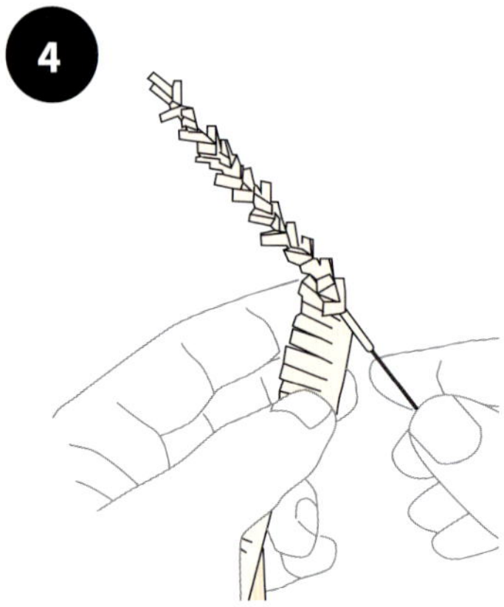

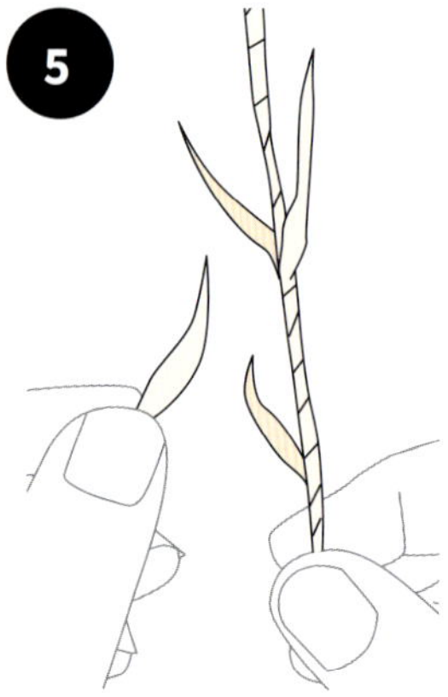

Getreideähren

Auf dieselbe Art entstehen auch schlichte Weizenhalme. Dafür brauchen Sie lediglich einen breiteren Papierstreifen von ca. 21 × 3 cm, der alle 6 mm eingeschnitten wird. Wer möchte, kann beim Umwickeln Grannen – fein geschnittene Papierstreifen à 3 mm – einarbeiten.

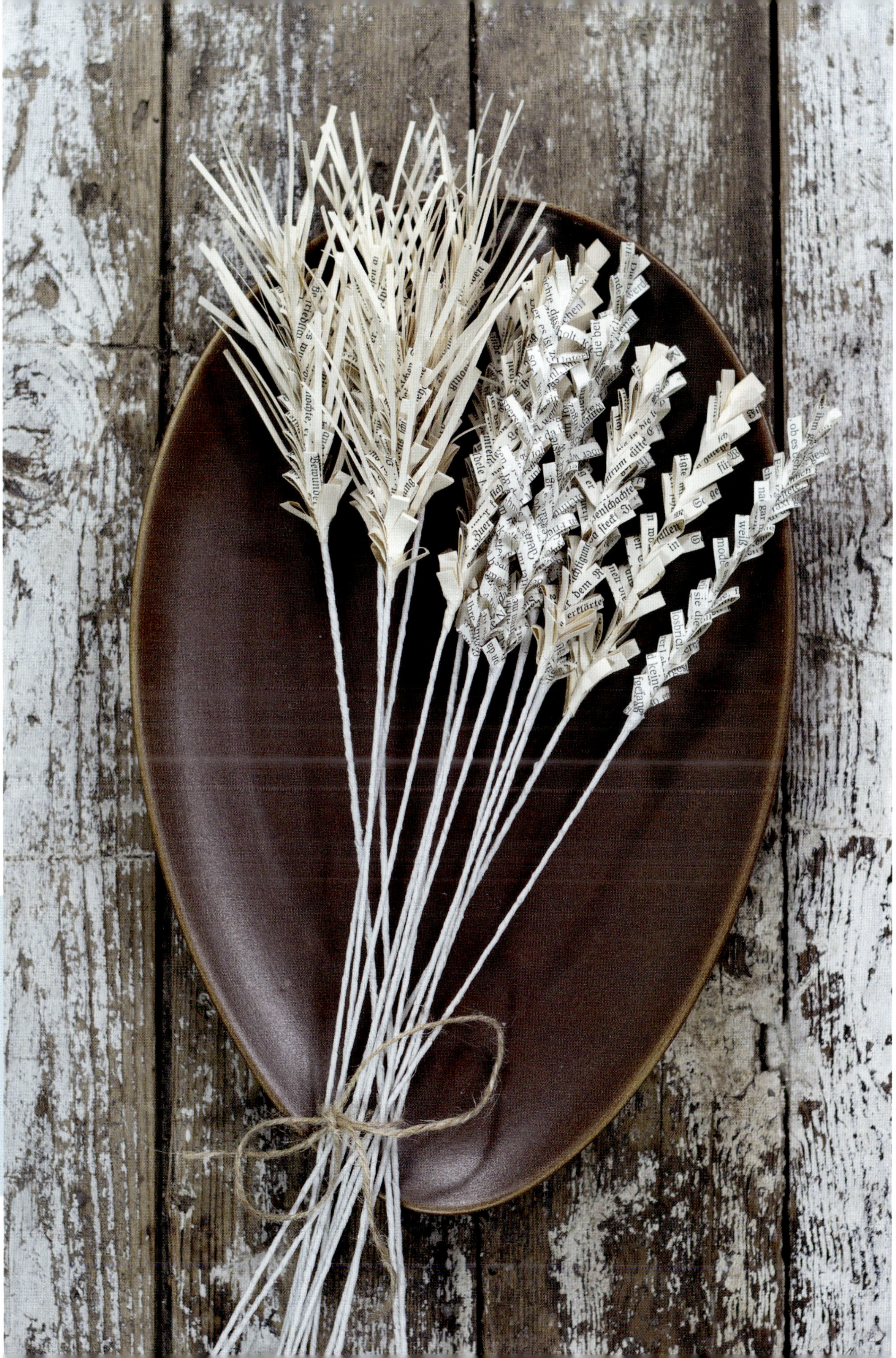

★★

Garten-Strohblume | *Xerochrysum bracteatum*

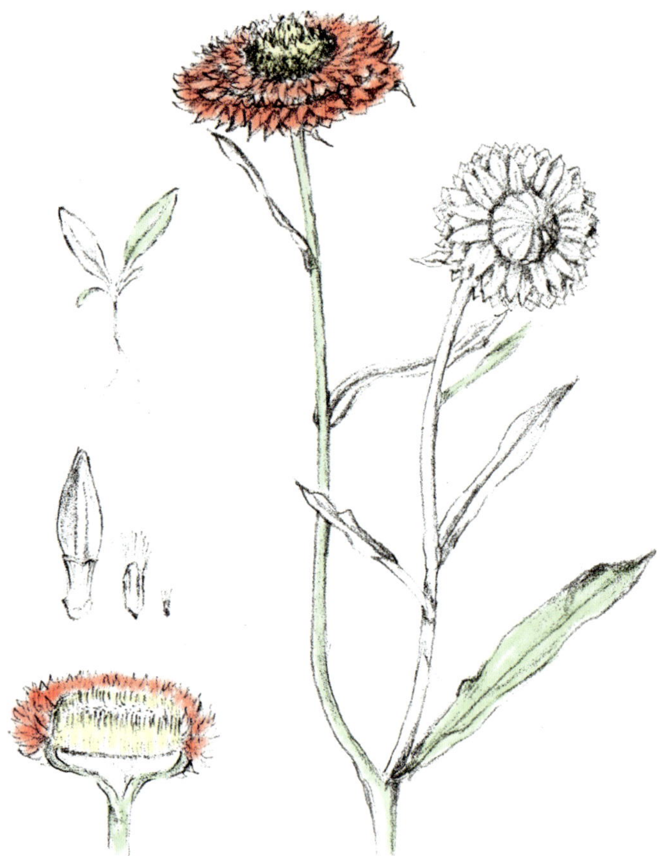

Blütengröße
- 4 cm Ø

Materialien
- Buchseiten aus festem Papier
- ggf. gelb eingefärbte Buchseite
- Wattekugel (10 mm)
- papierummantelter Wickeldraht (0,65 mm)
- Weißleim

Werkzeuge
- Schere
- Zangenset
- Nadel
- Schaumstoffunterlage und Prägestift (alternativ Bleistift mit Tauchkappe)

Vorlagen
- Seite 160
- Blüten A, B, C, D, E, F, G, H

Blüte

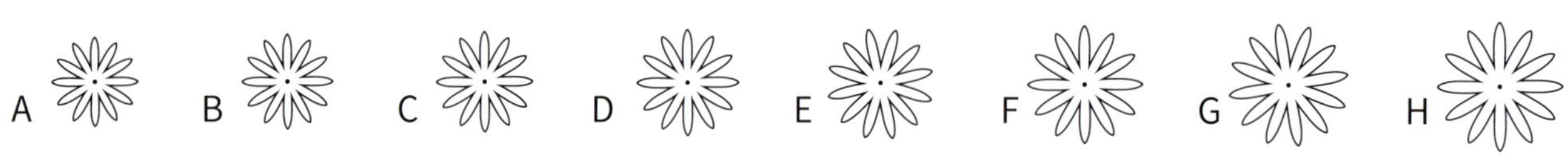

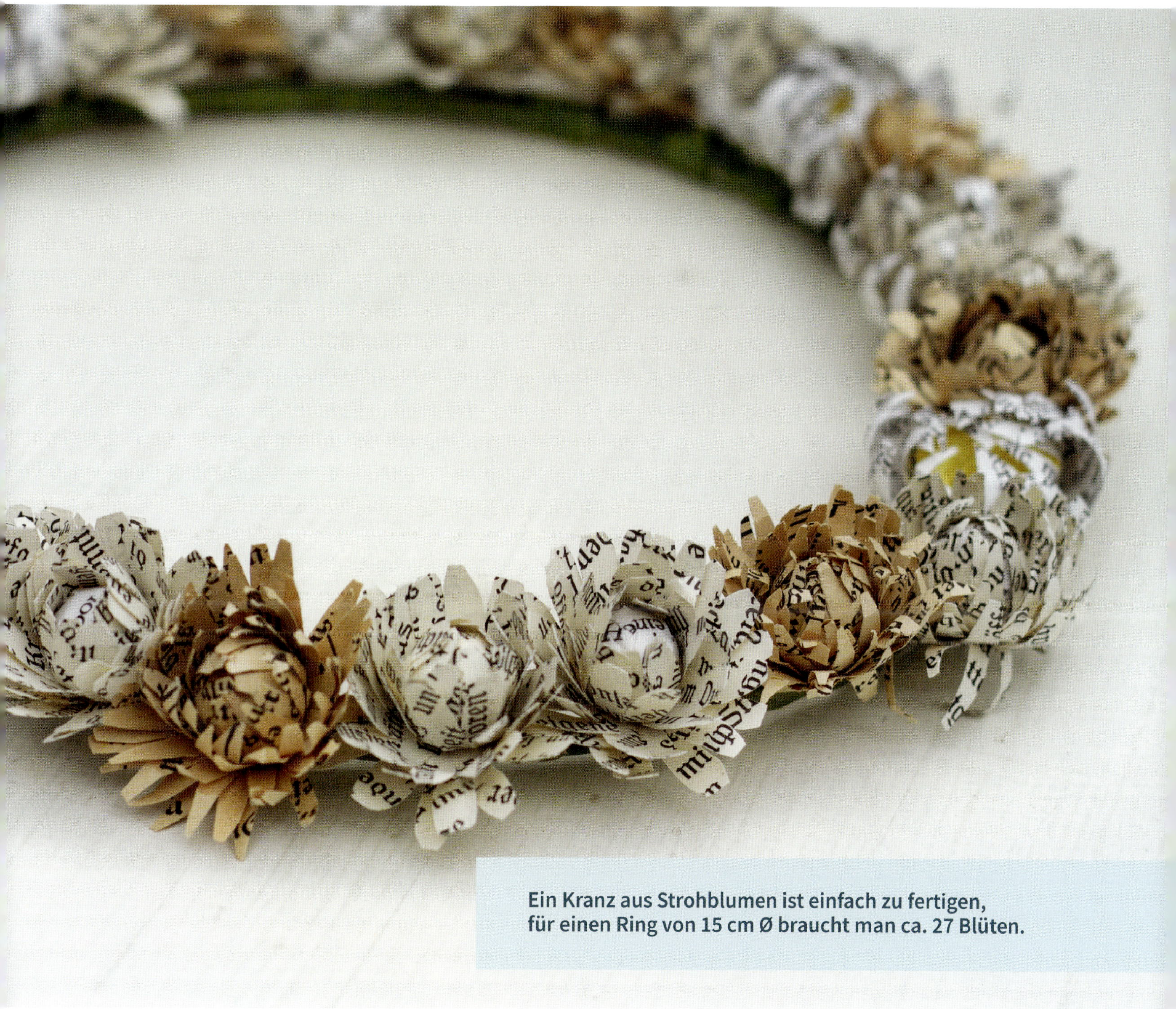

Ein Kranz aus Strohblumen ist einfach zu fertigen, für einen Ring von 15 cm Ø braucht man ca. 27 Blüten.

Vorbereitung

- Blütenblätter ausschneiden, 3 × A, je 4 × B, C, D, E und F, je 2 × G und H. Die Mitte an der Markierung lochen.
- Draht schneiden: Wickeldraht (0,65 mm) 2 × 25 cm.
- Wattekugel mit Buchseitenschnipseln bekleben.

Halb geöffnete Blüte

1. Ein Drahtstück in die Wattekugel kleben.
2. Die untere Hälfte der Wattekugel mit Leim einstreichen. Ein Blütenblatt A von unten auf den Stängel schieben und an der Kugel festkleben. Die Spitzen sollen oben trichterförmig aufeinandertreffen.
3. Schritt 2 mit den beiden anderen Blütenblättern A wiederholen.
4. Blütenblätter B, C und D über die Schere nach innen wölben.
5. Je 2 Blütenblätter B, C und D in dieser Reihenfolge auf den Stängel schieben und ankleben. Von jedem Blütenblatt die Spitzen weiter aufbiegen als beim Vorgänger.
6. Nun 2 Blütenblätter E, F über die Schere nach außen wölben und in dieser Reihenfolge ankleben.

1

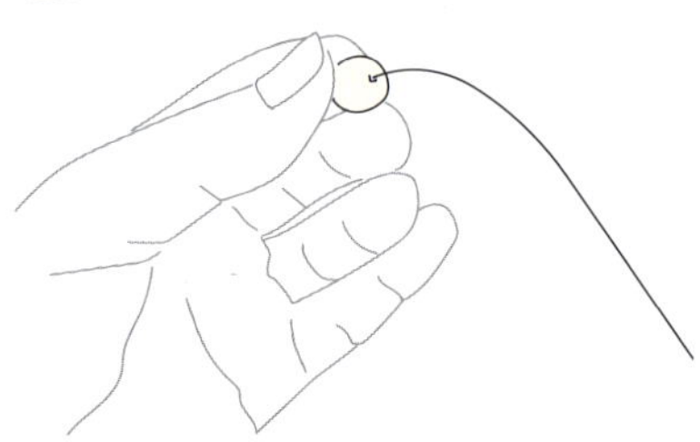

2

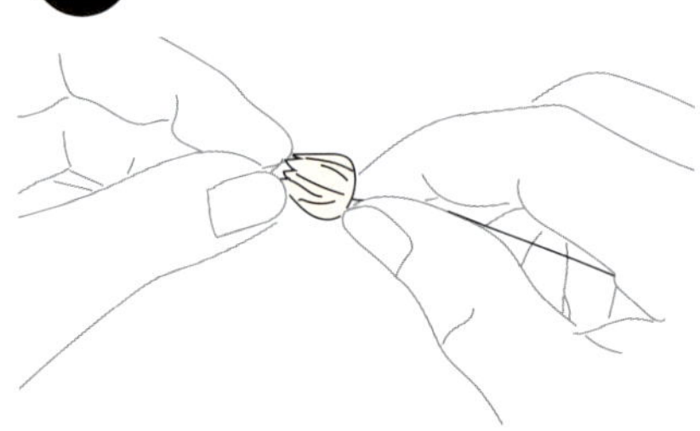

4

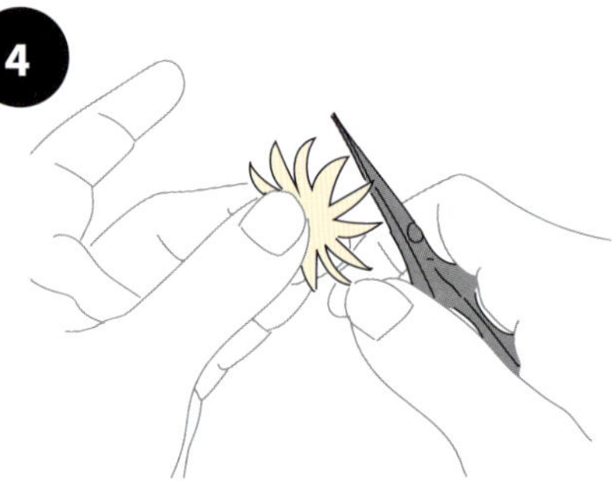

5

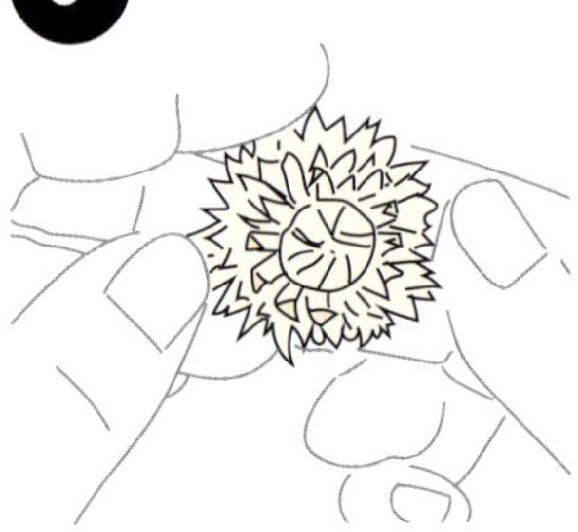

6

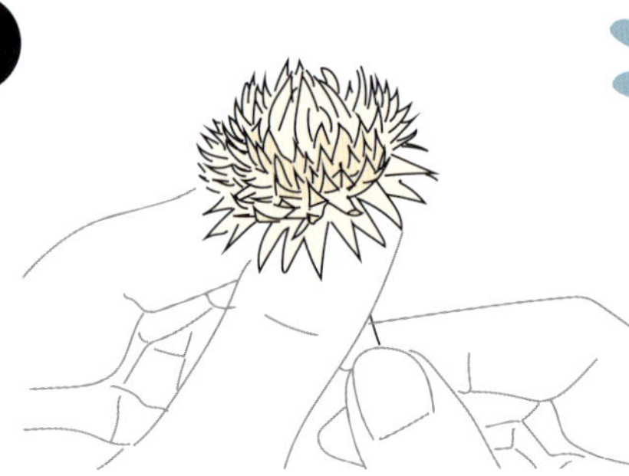

Haben Sie keinen papierummantelten Draht zur Hand, bekleben Sie sich einfachen Wickeldraht mit Zeitungsstreifen oder Floristentape. Der Draht darf nicht zu dünn sein, sonst kann er die Blüte nicht halten.

Geöffnete Blüte

7. Einen Papierstreifen à 7 × 1,4 cm an der Längsseite im Abstand von 1 bis 2 mm etwa bis zur Mitte einschneiden. Unter Zugabe von Leim um die Drahtspitze wickeln.

8. Die Schritte 4 und 5 wiederholen.

9. Je 2 Blütenblätter E und F nach innen wölben, auf den Stängel schieben und anschließend ankleben.

10. Dann 2 Blütenblätter G und H über die Schere nach außen wölben und in dieser Reihenfolge ankleben.

7

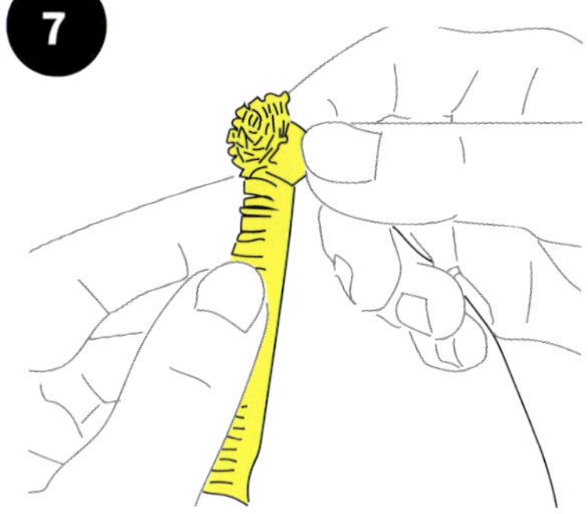

9

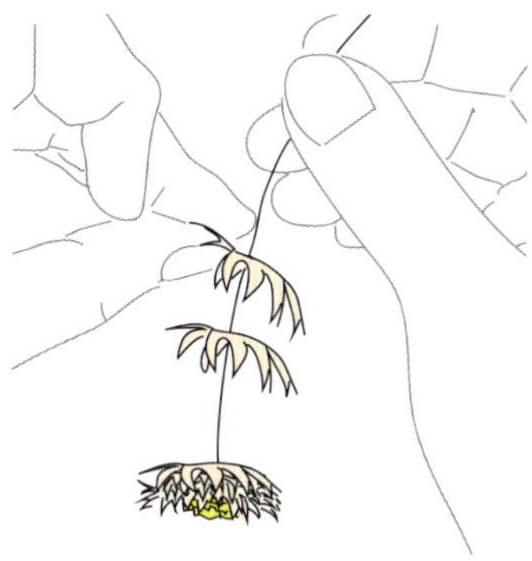

10

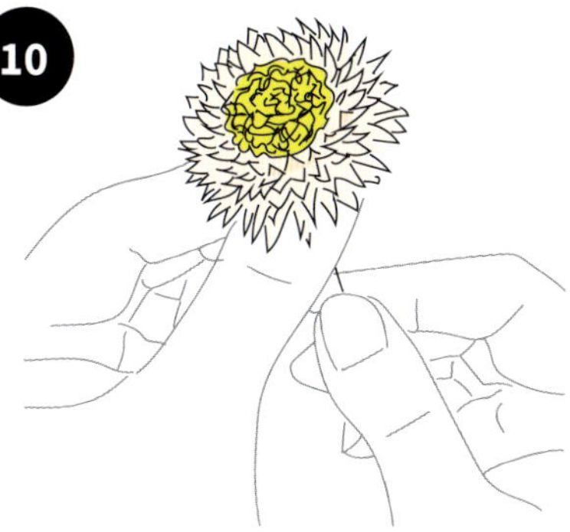

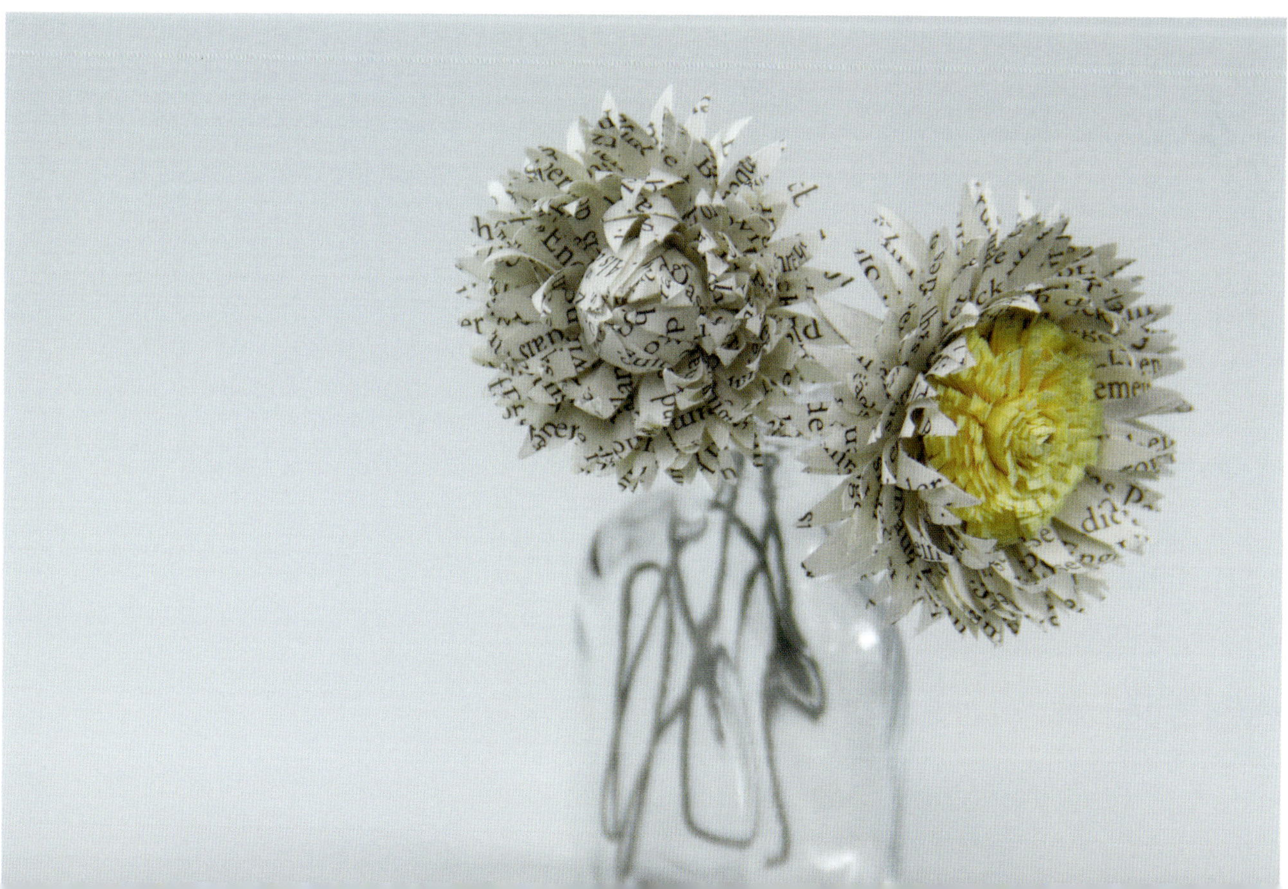

★★

Gefüllte Chrysantheme | *Chrysanthemum × grandiflorum*

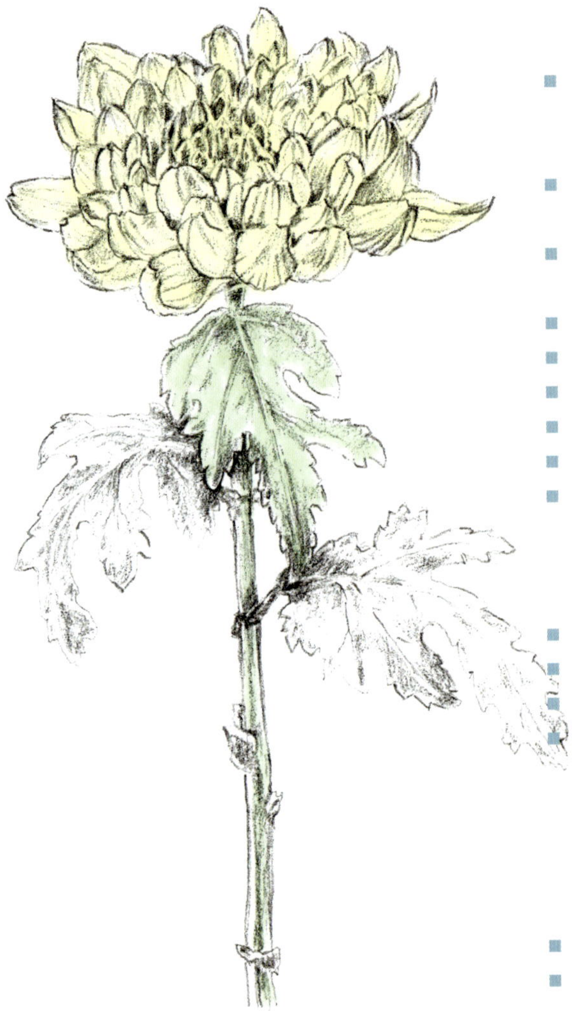

Blütengröße
- ca. 9 cm Ø

Materialien
- Buchseiten aus festem Papier
- grün gefärbte Buchseite
- Wattekugel (20 mm)
- Steckdraht (0,95 mm)
- Wickeldraht (0,5 mm)
- Weißleim
- grünes Floristenband
- Zellstoff (z. B. Küchenkrepp)

Werkzeuge
- Schere
- Zangenset
- Nadel
- Schaumstoffunterlage und Prägestift (alternativ Bleistift mit Tauchkappe)

Vorlagen
- Seite 161
- Blüten A, B, C, D, E, F, G, H
- Blatt A, B
- Kelch

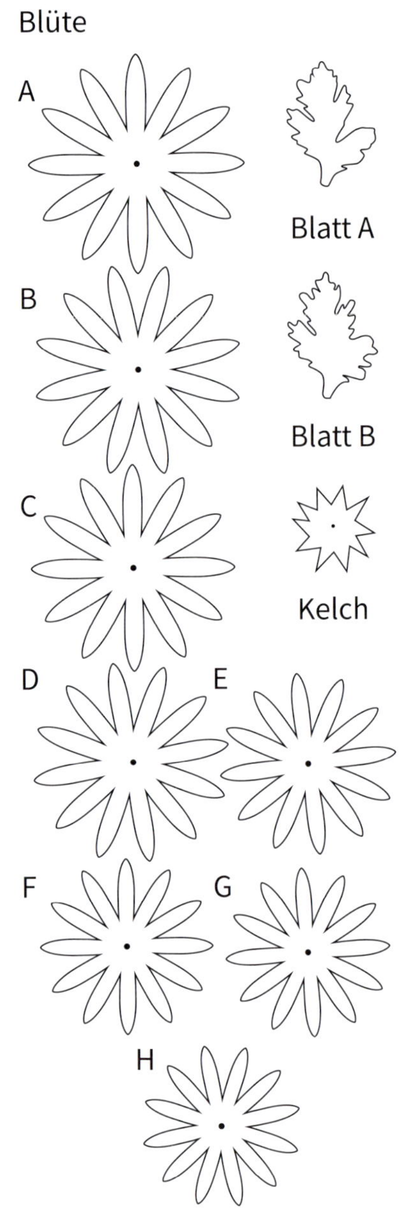

Die Blüte wird noch üppiger, wenn Sie weitere, immer größere Blütenblätter hinzufügen.

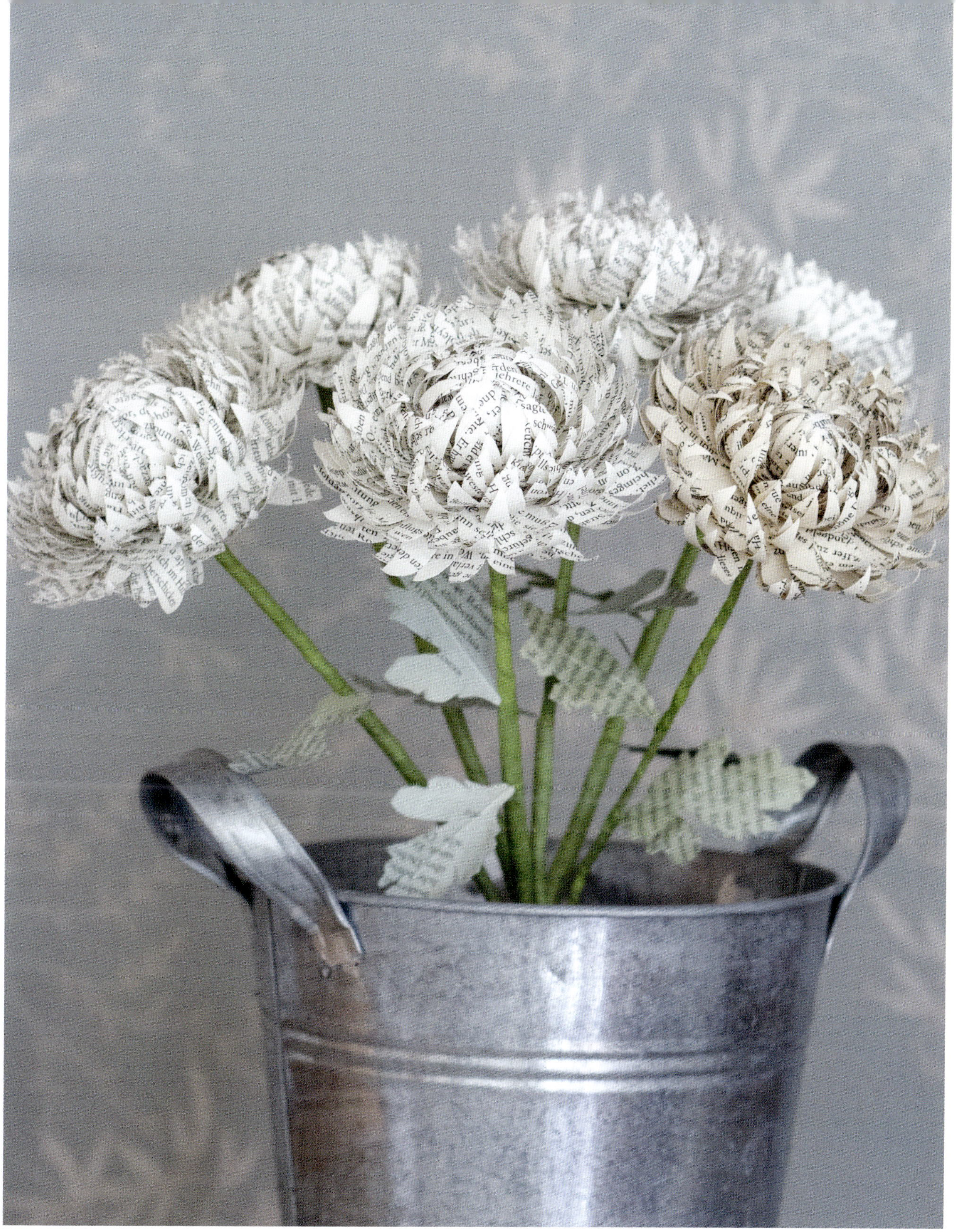

Vorbereitung

- Blüten ausschneiden, A bis F je 2 ×, G und H je 4 ×. Die Mitte an der Markierung lochen.
- Kelch aus grüner Buchseite ausschneiden und knittern.
- Blätter A und B je doppelt aus grüner Buchseite ausschneiden.
- Draht zuschneiden: Steckdraht (0,95 mm) 1 × 30 cm, Wickeldraht (0,5 mm) 2 × 10 cm. Um die Spitze des Steckdrahts Papier von 2 × 2 cm kleben.

Blüte

1. Wattekugel mit Papierschnipseln kaschieren und den Steckdraht in das vorhandene Loch kleben.
2. Die Strahlen der Blütenblätter A bis F über die Schere ziehen und nach innen wölben. Bei den Blütenblättern G und H die Strahlen in der Mitte nach außen und die Spitzen nach innen wölben.
3. Vorsichtig die Mitte jedes Blütenblatts wölben und geschmeidig machen.
4. Die untere Hälfte der Wattekugel mit Leim bestreichen. Ein Blütenblatt A von unten an der Kugel festkleben. Die Blattspitzen nicht ankleben, diese sollen die Kugel locker umschließen.
5. Auf den Übergang vom Stiel zur Kugel etwas Leim geben und ein weiteres Blatt A auf den Stiel schieben.
6. Schritt 5 mit allen übrigen Blütenblättern B bis H in aufsteigender Größe wiederholen. Zwischendurch die Blüte immer mal wieder in Form drücken.

1

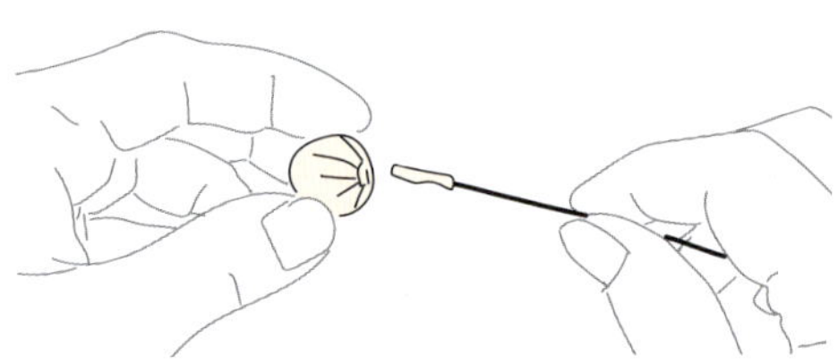

2

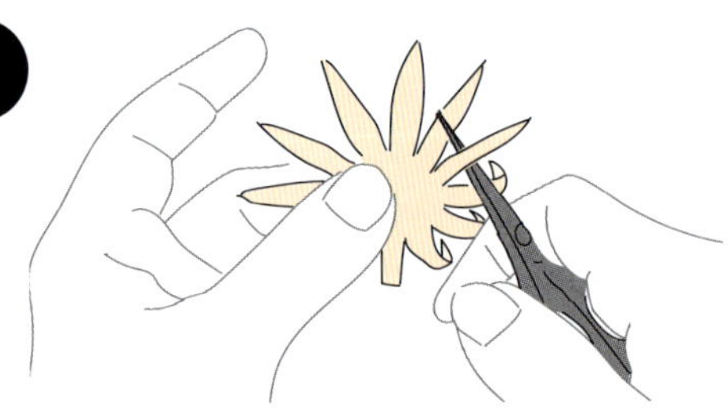

3

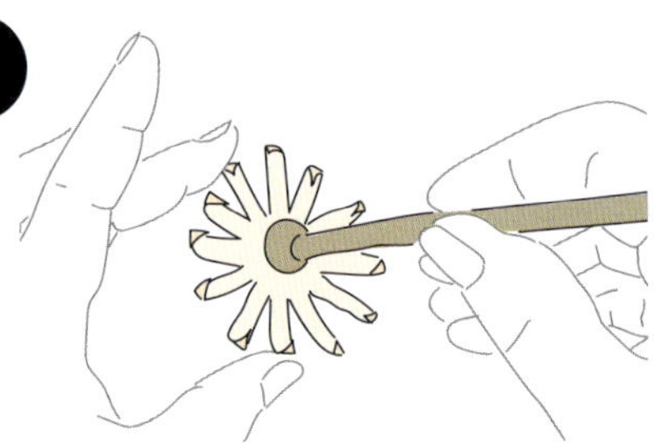

4

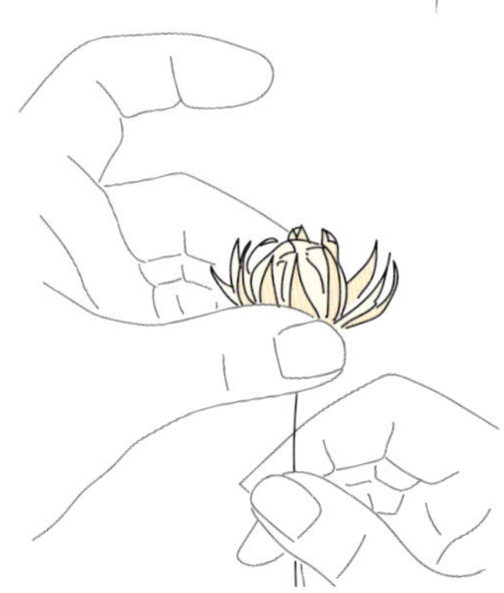

5

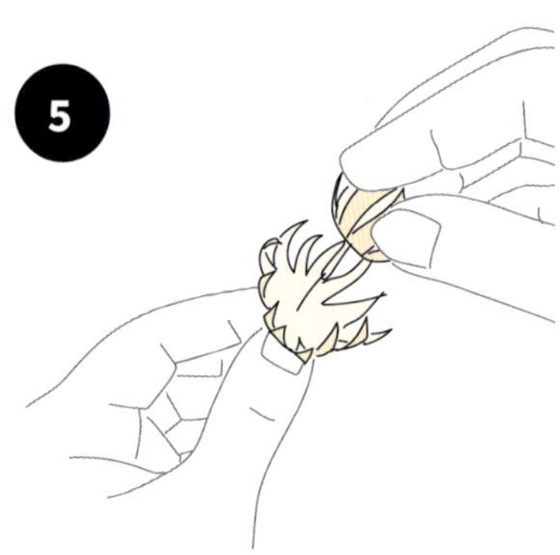

7. Bis der Leim zwischen den Blütenblättern trocken ist, die Blüte am Stängel zwischen Daumen und Zeigefinger fest nach oben drücken, sodass sie sich schön öffnet.

8. Am Übergang zwischen Blüte und Stängel einen Kelch aus Zellstoff unter Zugabe von Leim polstern.

9. Das Kelchblatt auf den Stängel schieben und an der Blüte festkleben.

Blätter

10. Jeweils ein doppeltes Blatt mit Leim zusammenkleben und ein Stück Wickeldraht von 10 cm einlegen. Die Blätter in Form biegen.

Zusammenfügen

11. Den Stängel unter Zugabe von Leim mit Zellstoff umwickeln, um ihn aufzupolstern.

12. Den Stängel zum Schluss mit Floristenband umwickeln und dabei die beiden Blätter einarbeiten.

7

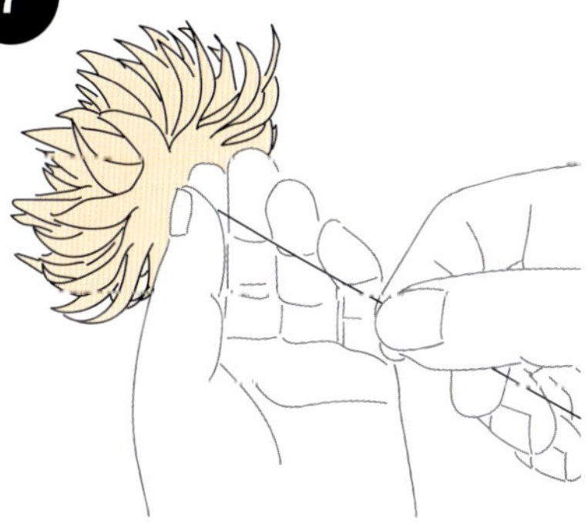

8

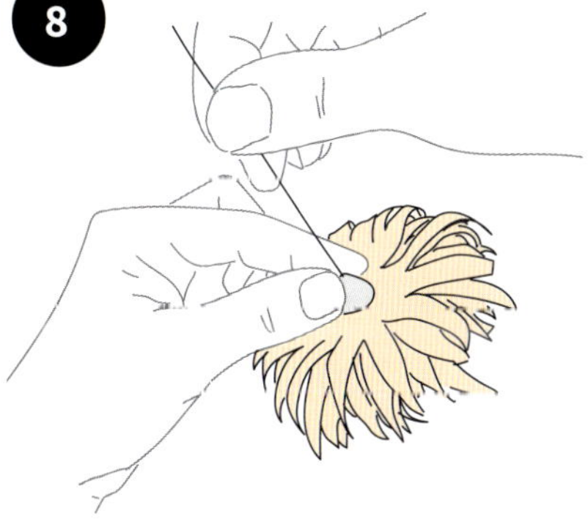

9

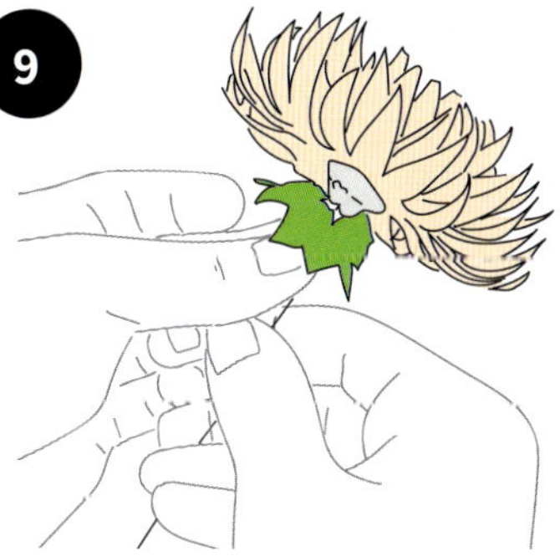

10

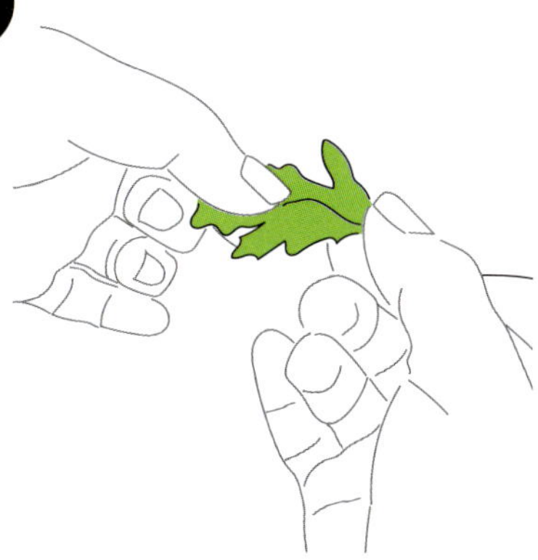

11

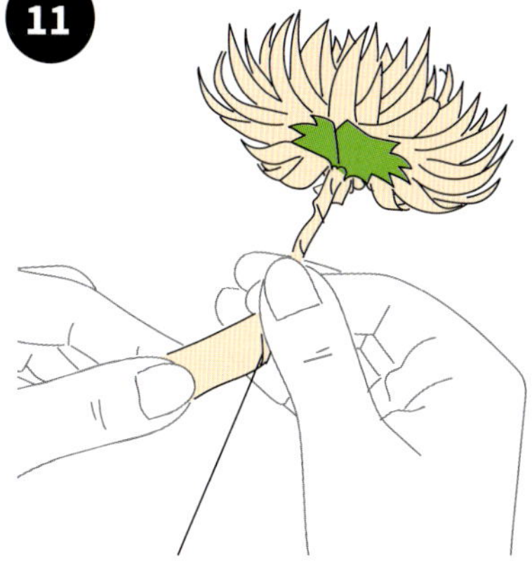

12

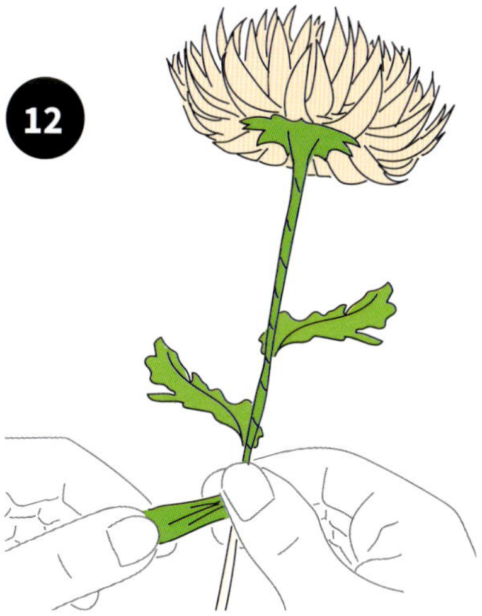

★★

Gefüllte Landnelke | *Dianthus caryophyllus*

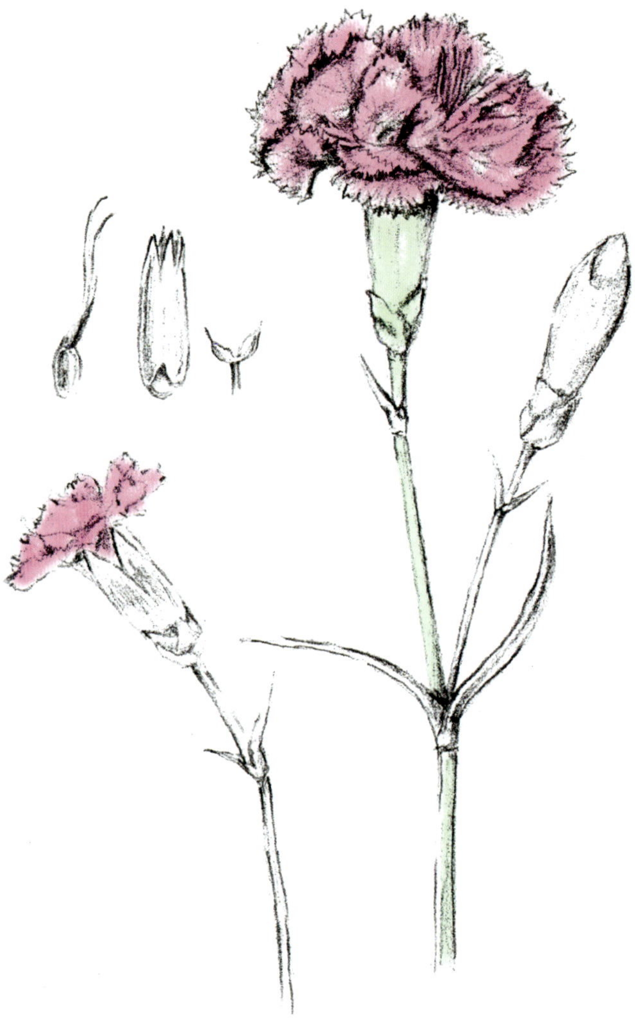

Blütengröße
- 4 cm Ø

Materialien
- besonders dünne Buchseiten für Blüten
- feste Buchseite für die Blätter
- Steckdraht (0,95 mm)
- Weißleim
- Tageszeitung

Werkzeuge
- Schere
- Zangenset
- Bleistift

Vorlagen
- Seite 160
- Blütenblatt
- Blatt

Blütenblatt

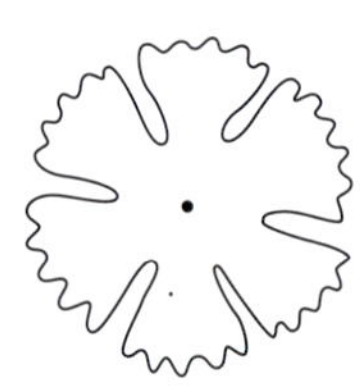

Blatt

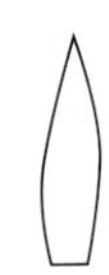

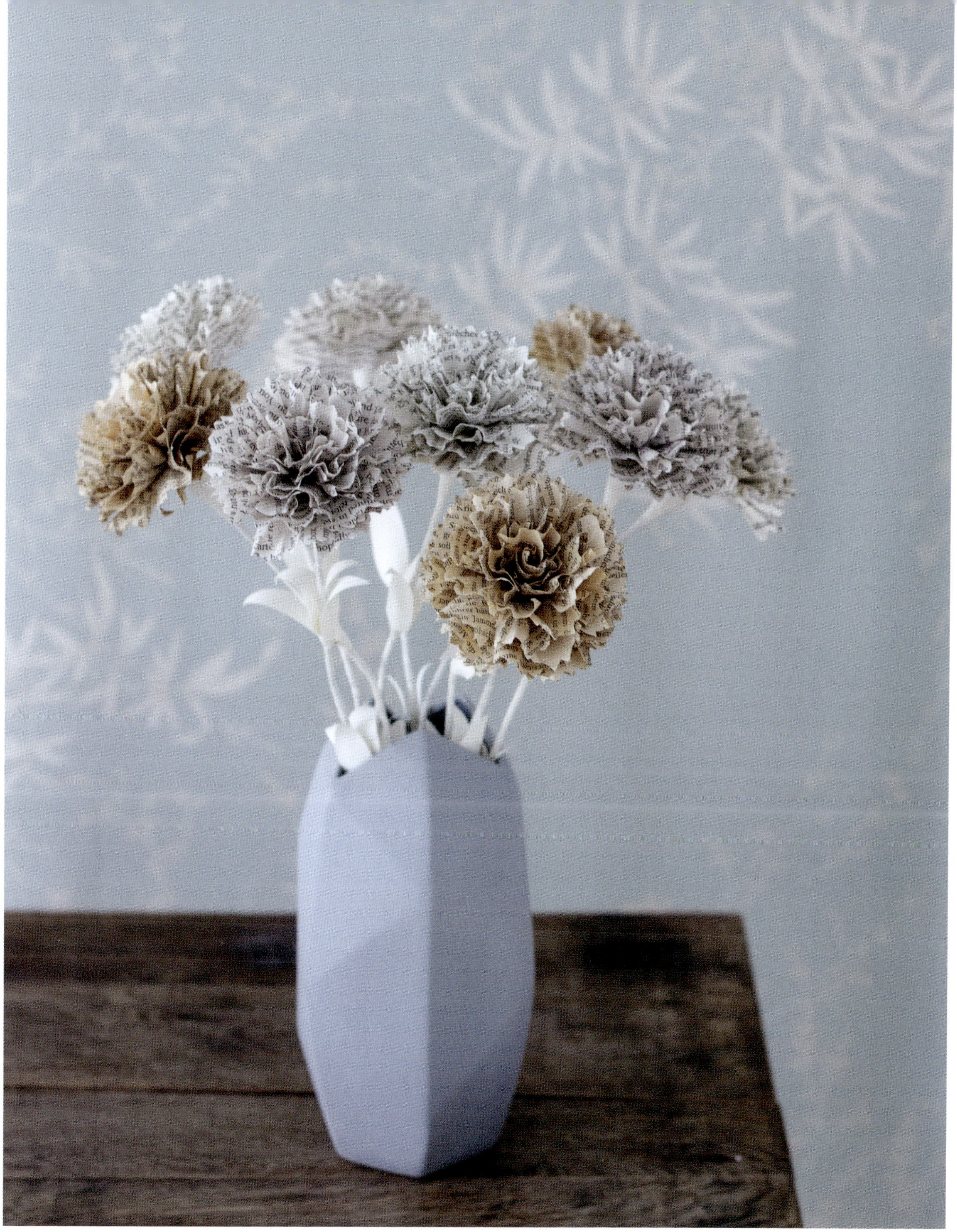

Vorbereitung

- Blütenblätter 8 × ausschneiden, mehrfach zusammenfalten, knittern und wieder öffnen.
- Blatt 4 × ausschneiden.
- Draht schneiden: Steckdraht (0,95 mm) 1 × 28 cm. Den Steckdraht unter Zugabe von Leim von oben bis unten mit Zeitungsstreifen umwickeln.
- Den unbedruckten Zeitungsrand in 1 cm breite Streifen schneiden.

Blüte

1. Die Mitte eines Blütenblatts mit Leim bestreichen und von unten auf die Drahtspitze schieben. Den geleimten Teil fest um die Papierkaschierung drücken.

2. Mit allen weiteren 7 Blütenblättern nacheinander wie in Schritt 1 verfahren. Die nachfolgenden Blütenblätter immer etwas weiter öffnen, damit sich schalenförmig eine Nelke formt.

3. Unterhalb der Blüte den Stängel mit Zellstoff unter Zugabe von Leim trichterförmig polstern und einen Kelch formen.

Blätter und Stängel

4. Unter Zugabe von Leim einen 0,5 mm breiten Zellstoffstreifen nach 8 cm um den Stängel wickeln und mit den Fingern Blattknoten formen.

5. Diesen Schritt nach weiteren 8 cm noch einmal wiederholen.

6. Den Stängel einschließlich Kelch von oben bis unten unter Zugabe von Leim mit Zeitungsstreifen umwickeln. An den Blattknoten jeweils 2 Blätter gegenständig einarbeiten.

1

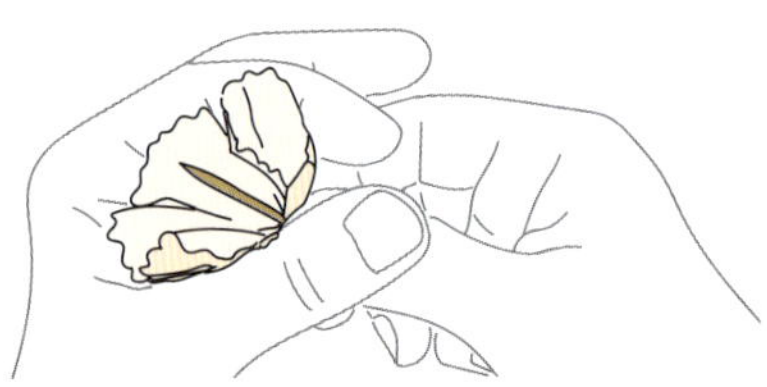

2

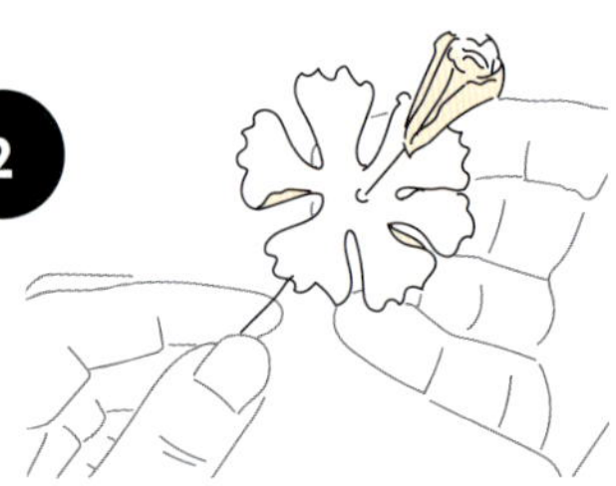

3

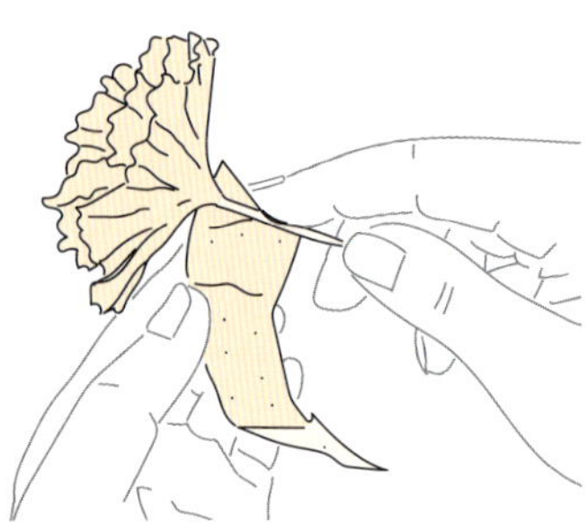

4

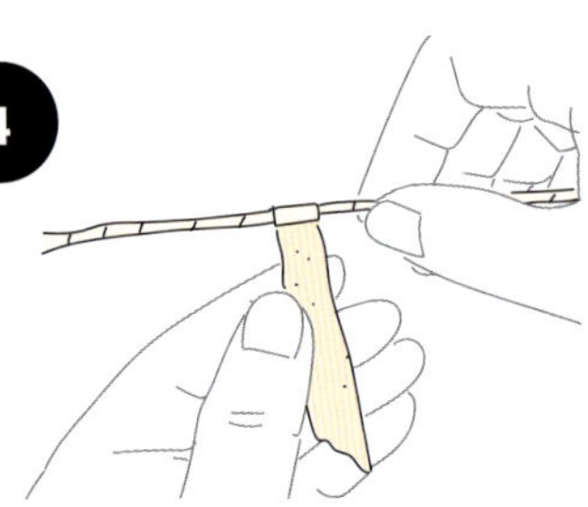

6

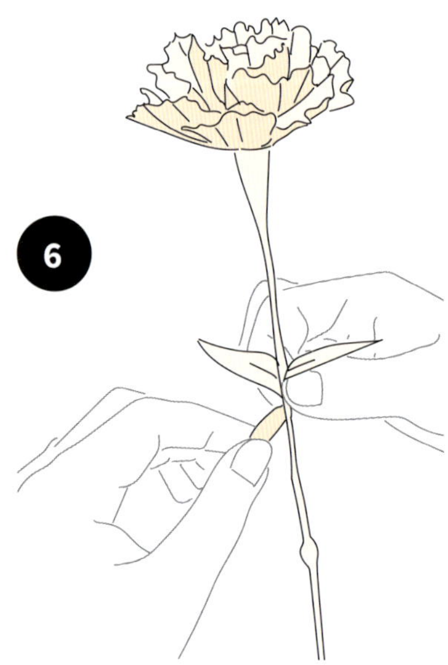

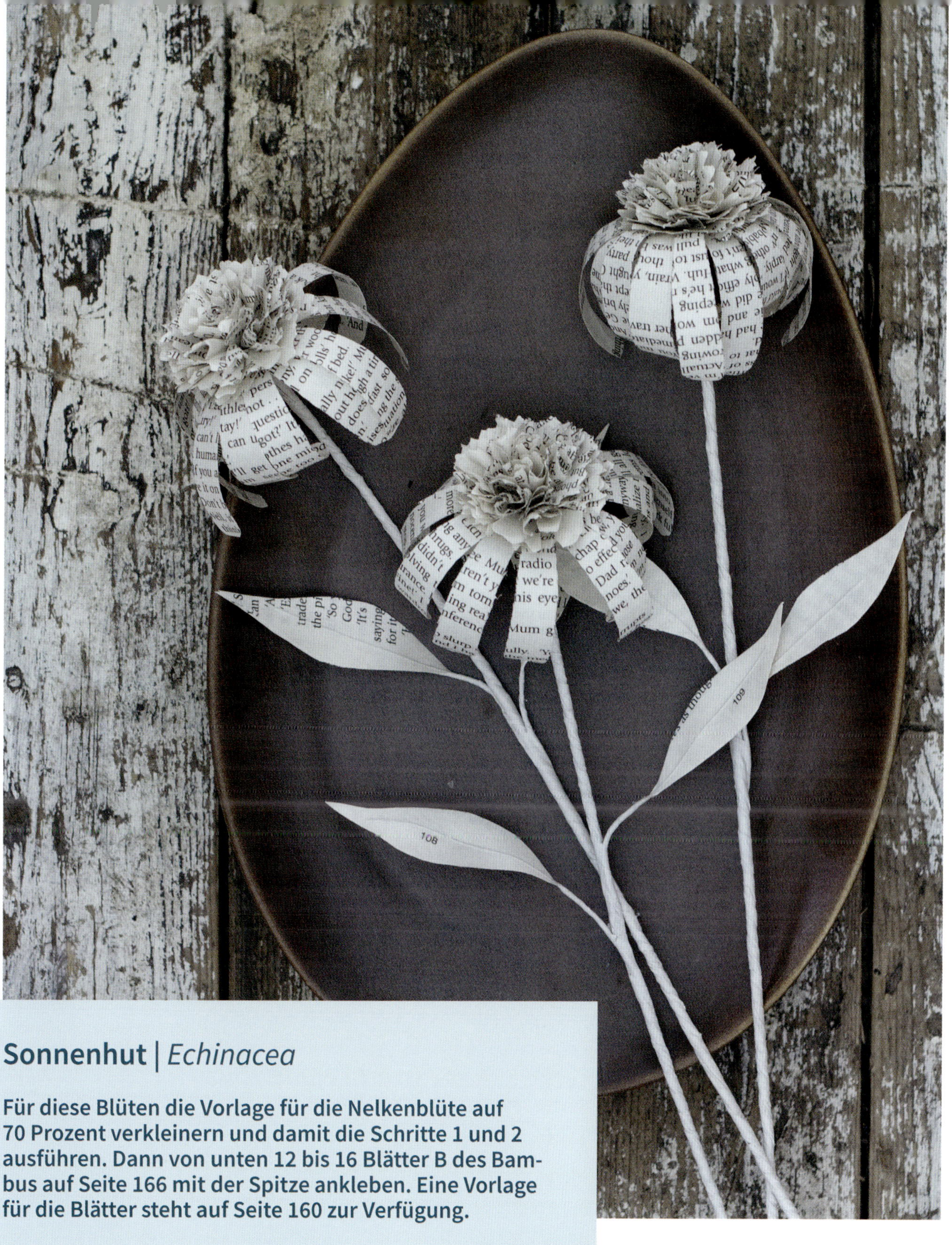

Sonnenhut | *Echinacea*

Für diese Blüten die Vorlage für die Nelkenblüte auf 70 Prozent verkleinern und damit die Schritte 1 und 2 ausführen. Dann von unten 12 bis 16 Blätter B des Bambus auf Seite 166 mit der Spitze ankleben. Eine Vorlage für die Blätter steht auf Seite 160 zur Verfügung.

Gardenie | *Gardenia jasminoides*

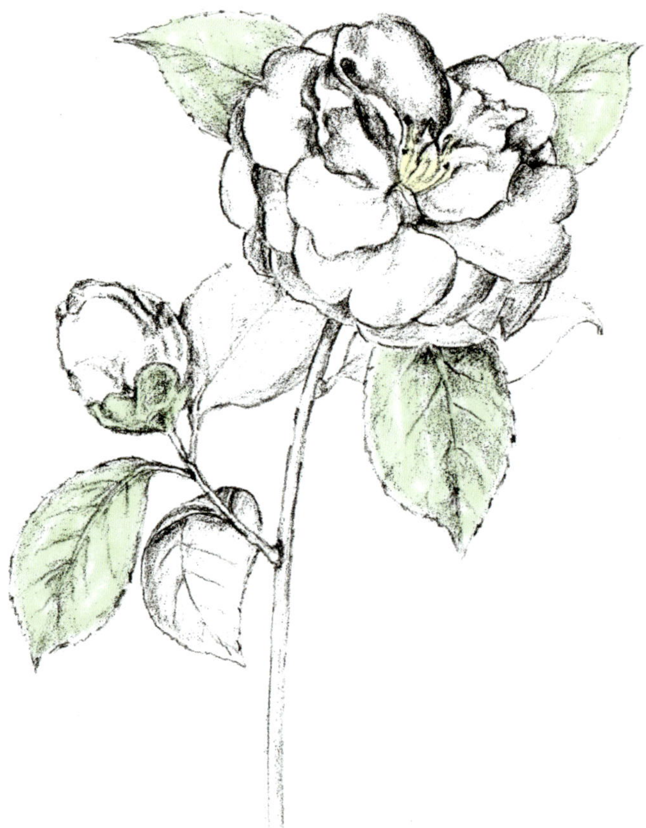

Blütengröße
- ca. 7,5 cm Ø

Materialien
- dünne Buchseiten
- gelb eingefärbte Buchseite
- Steckdraht (0,95 mm)
- Wickeldraht (0,65 mm)
- Wattekugel (10 mm)
- Weißleim
- Zellstoff
- weißes Floristenband

Werkzeuge
- Schere
- Zangenset
- Zahnstocher
- Schaumstoffunterlage und Prägestift (alternativ Bleistift mit Tauchkappe)

Vorlagen
- Seite 162
- Blüten A, B, C, D, E, F, G, H
- Kelch
- Blatt

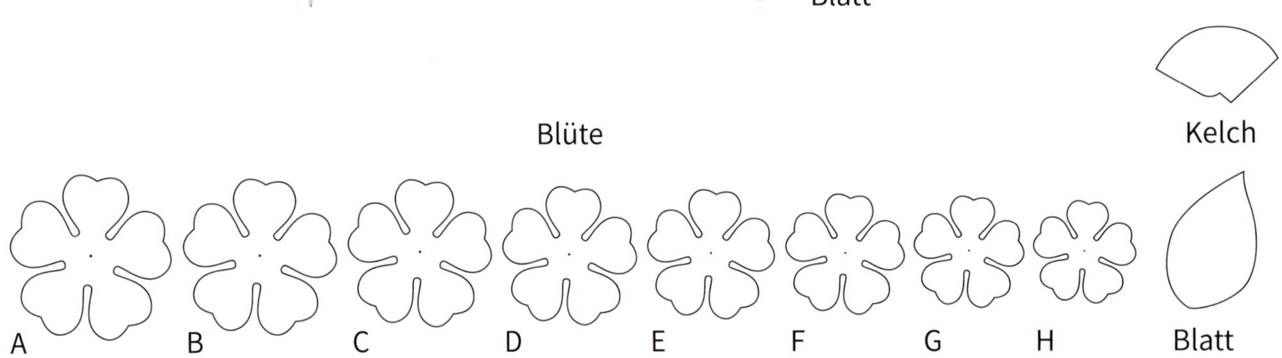

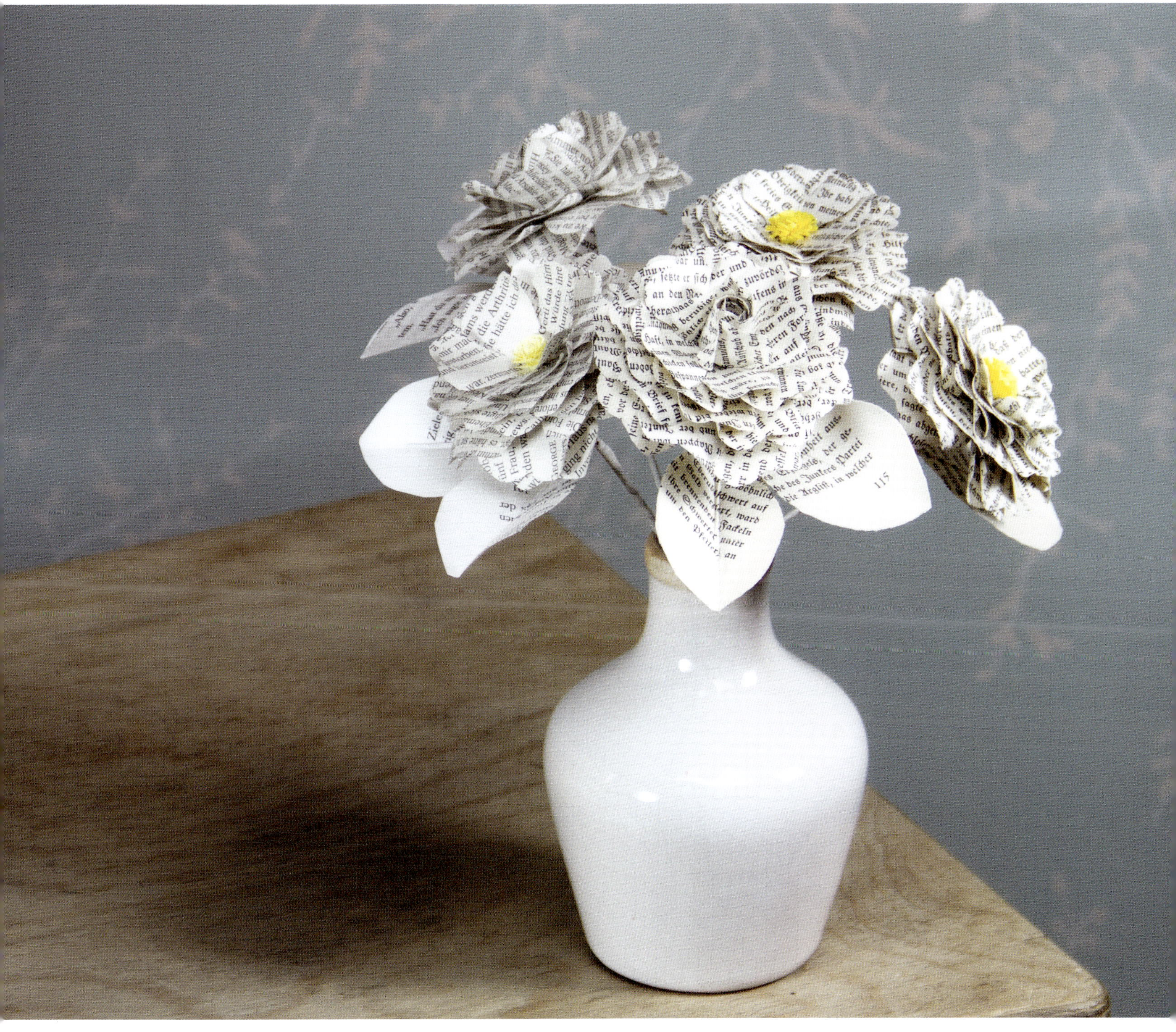

Vorbereitung

- Alle Blütenblätter 2 × ausschneiden, die Mitte wölben und mit einem Loch versehen. Jedes Einzelblatt über die Schere wölben.
- Kelch 2 × ausschneiden und knittern.
- Den Draht schneiden: Steckdraht (0,95 mm) 2 × 20 cm, Wickeldraht (0,65 mm) 4 × 10 cm. Um die Spitzen der Steckdrähte Papier von 0,5 × 3,5 cm unter Zugabe von Leim wickeln.
- Das Blatt 4 × doppelt ausschneiden.

Halb geöffnete Blüte

1. Die Wattekugel mit Papierschnipseln kaschieren und den Stängel in das vorhandene Loch kleben.
2. Jede einzelne Spitze der Blütenblätter A bis G mit Hilfe des Zahnstochers wölben – die linke Hälfte nach außen und die rechte Hälfte nach innen.
3. Blütenblatt H auf den Stängel schieben und 2 gegenüberliegende Einzelblätter über der Kugel zu einer Spitze zusammenkleben.
4. Die restlichen 3 Spitzen locker auf die Kugel kleben.
5. Das zweite Blütenblatt G auf den Stängel schieben und jede Spitze nur mit dem rechten Rand an die Blütenmitte kleben. Der linke Rand bleibt lose nach außen gerollt.
6. Die Blütenblätter in der Reihenfolge G, F, E, D, C, B und A auf den Draht schieben und anschließend von unten an die sich bildende Blüte kleben.

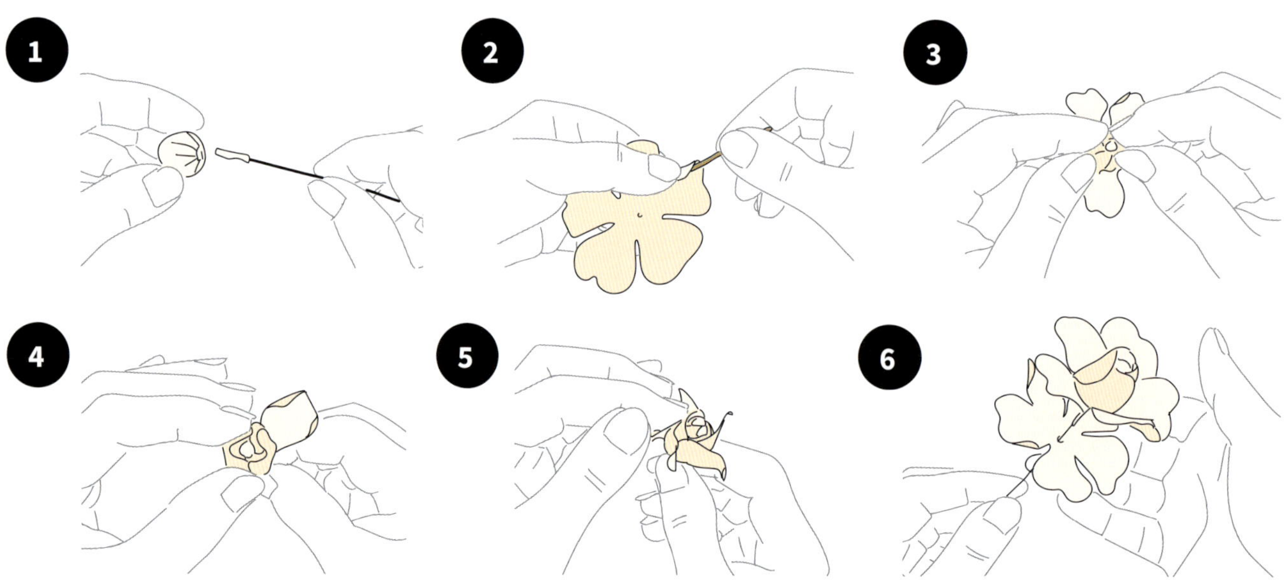

7. Mit Zellstoff unter Zugabe von Leim einen trichterförmigen Kelch formen (ca. 2,5 cm lang, 1,5 cm Ø).

8. Ein Kelchblatt um die Polsterung legen und festkleben.

Geöffnete Blüte

9. Einen gelben Papierstreifen à ca. 17 × 1,5 cm zuschneiden und der Länge nach mittig falten. An der offenen Seite im Abstand von 1 bis 2 mm etwa bis zur Mitte einschneiden.

10. Am Falz mit Leim bestreichen, um die Drahtspitze wickeln und die Fransen nach außen biegen.

11. Das Blütenblatt H auf den Stängel schieben und von unten an die gelbe Blütenmitte kleben.

12. Schritt 12 mit allen Blütenblättern wiederholen in der Reihenfolge: G, F, E, D, C, B und A.

13. Schritte 7 und 8 für den Kelch wiederholen.

7

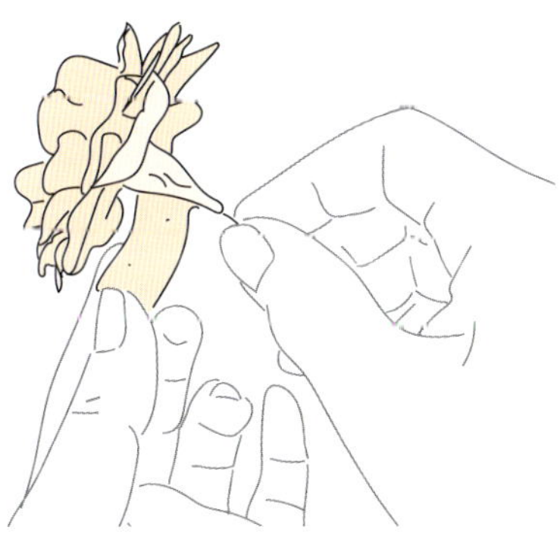

8

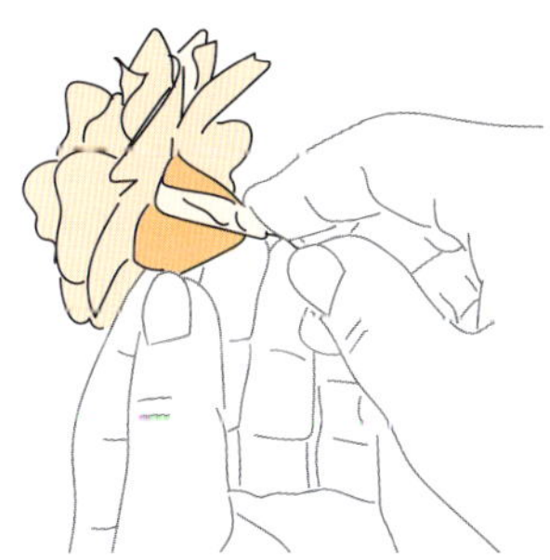

9

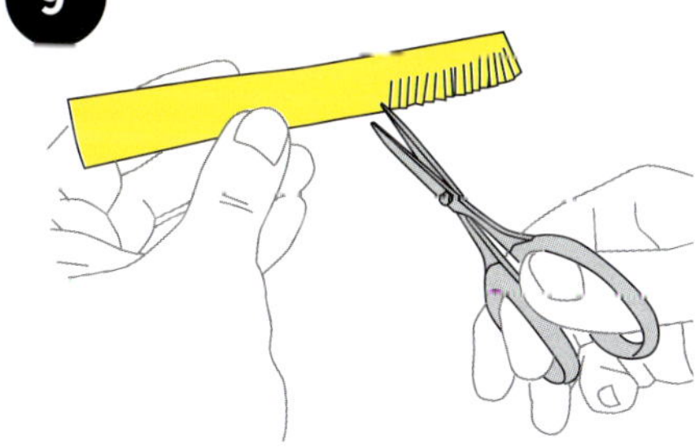

10

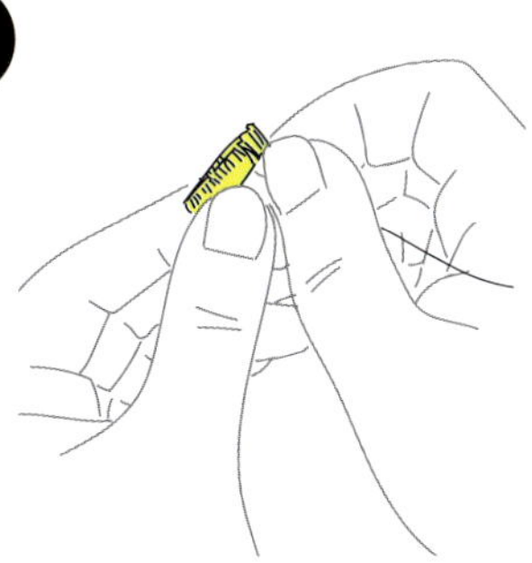

11

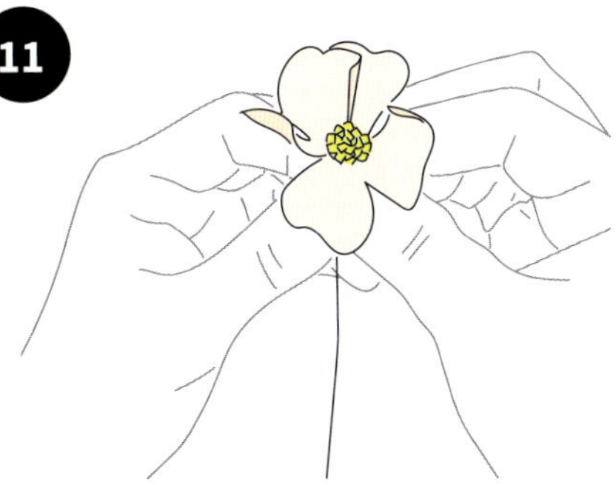

12

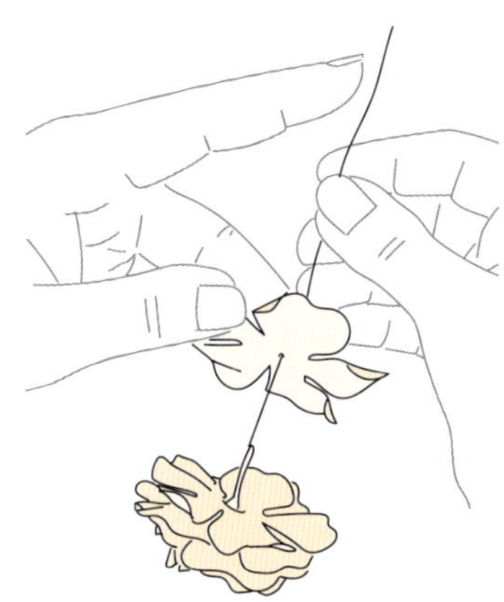

Blätter

14. Jeweils ein doppeltes Blatt mit Leim zusammenkleben und dabei ein Drahtstück von 10 cm mittig einlegen.

15. Jedes Blatt entlang des Drahtes der Länge nach falten. Erst wenn der Leim getrocknet ist, wieder auffalten.

Zusammenführen

16. Den Stängel der halb geöffneten Blüte von oben nach unten mit Floristenband umwickeln. So weit oben beginnen, dass der Kelch etwa 5 mm mit eingefasst wird.

17. Direkt unter dem Kelch 2 Blätter einwickeln. Beide Blätter zu einer Seite ausrichten.

18. Schritte 15 und 16 für die geöffnete Blüte wiederholen.

14

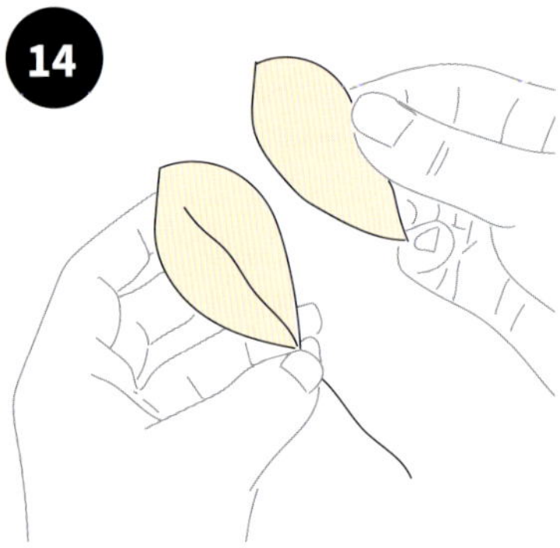

15

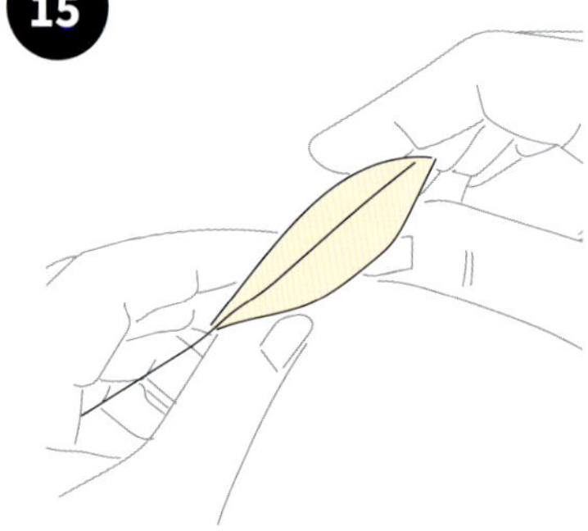

16

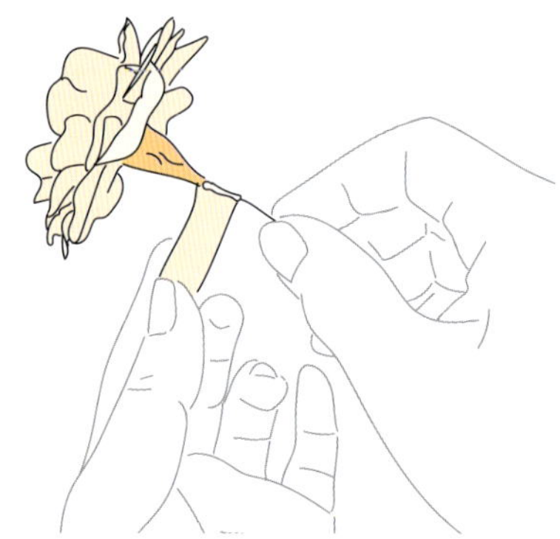

17

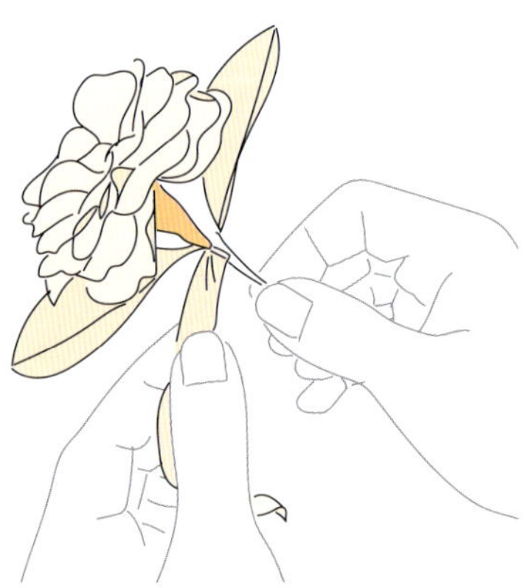

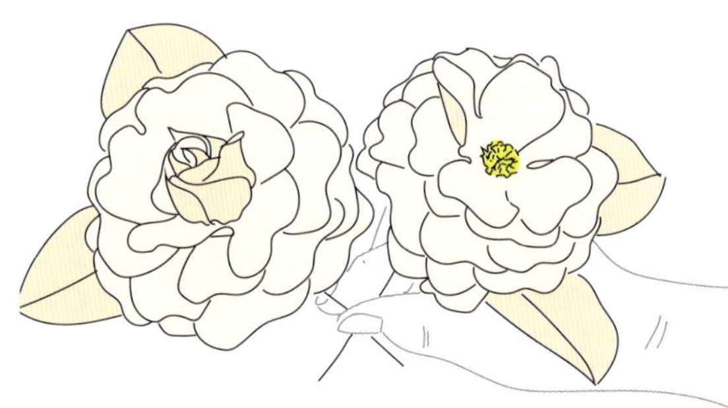

★★★

Wiesen-Glockenblume | *Campanula patula*

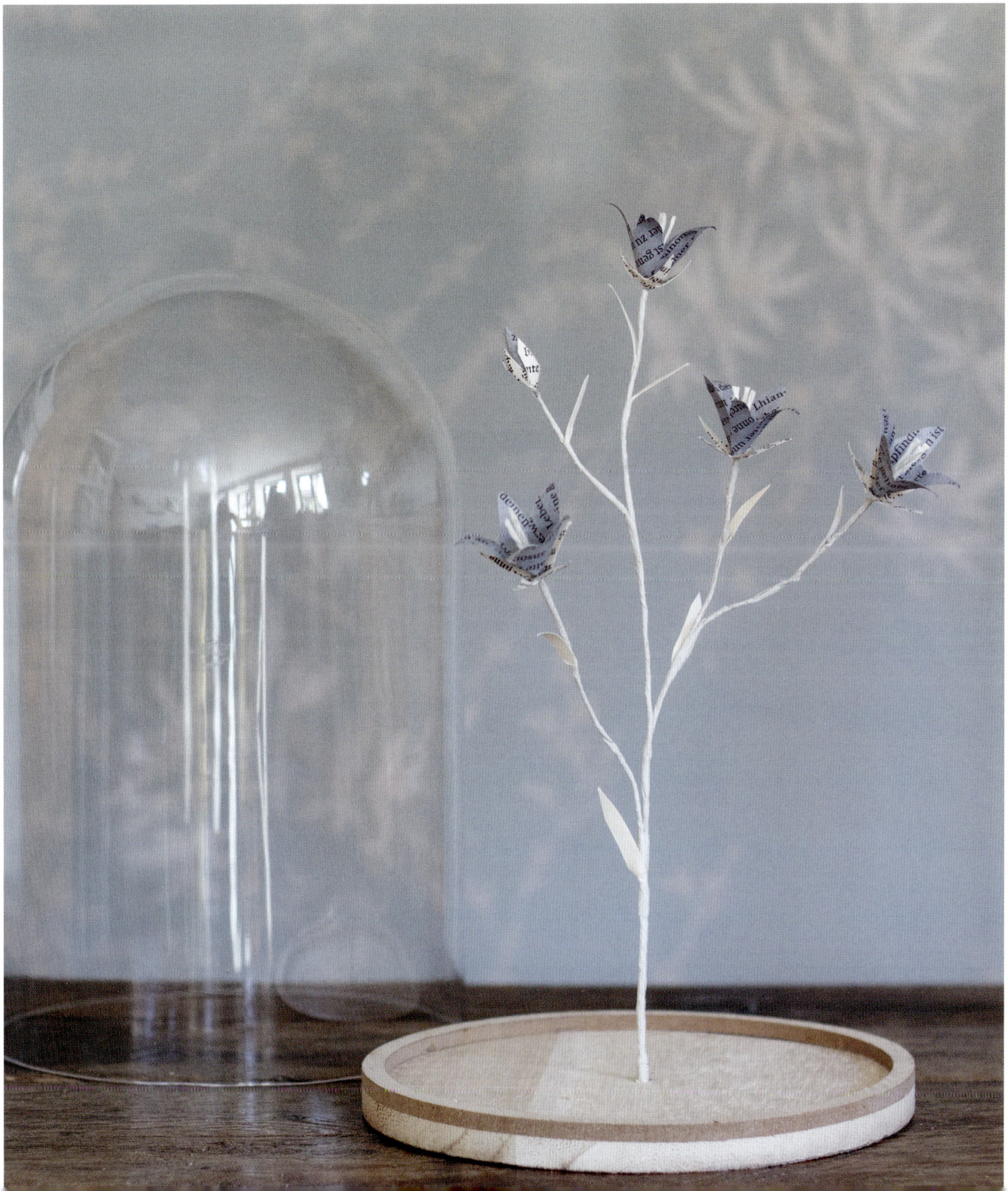

Wiesen-Glockenblume | *Campanula patula*

★★★

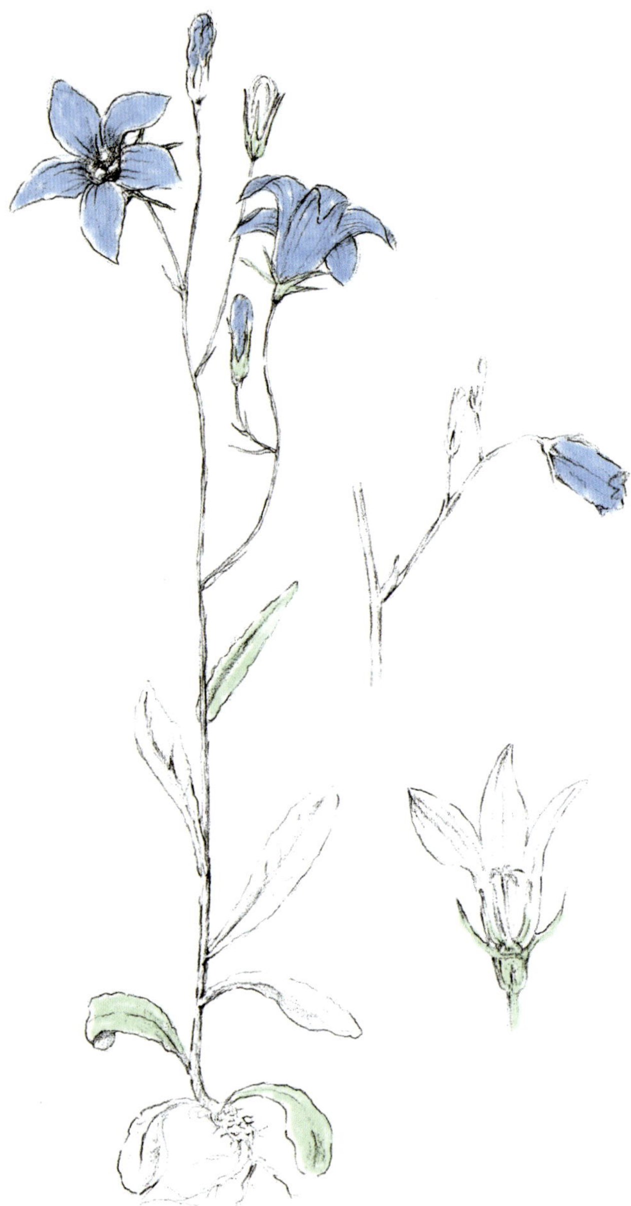

Blütengröße

- ca. 3,5 cm Ø

Materialien

- blau eingefärbte Buchseiten
- Wickeldraht (0,65 mm)
- Wickeldraht (0,5 mm)
- Zellstoff
- Weißleim
- Tageszeitung

Werkzeuge

- Schere
- Zangenset
- dicke Nadel
- Holzspieß

Vorlagen

- Seite 162
- Blüte
- Kelch A, B
- Blatt

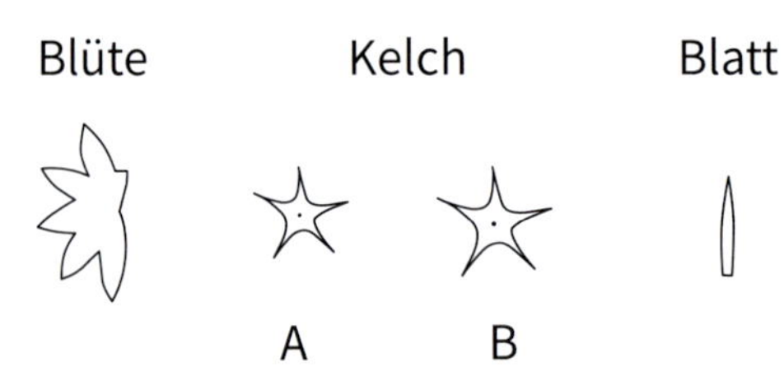

Vorbereitung

- Blüten in Blau 4 × ausschneiden.
- Kelch ausschneiden: 4 × A und 1 × B. In der Mitte wölben und lochen. Von Kelch A die Spitzen über den Scherenrücken nach außen wölben.
- Blatt 8 × ausschneiden.
- Draht schneiden: Wickeldraht (0,65 mm) 1 × 25 cm, Wickeldraht (0,5 mm) 4 × 20 cm. Alle Wickeldrähte mit Zeitungspapier von 1 × 2 cm unter Zugabe von Leim umwickeln.
- Den unbedruckten Zeitungsrand in 5 mm breite Streifen schneiden.

Blüte

1. Alle 4 Blüten an der Markierung zu einer Glocke zusammenkleben.
2. In die Spitze mit dem Holzspieß ein Loch stechen.
3. Die einzelnen Blütenblätter über den Scherenrücken nach außen wölben.
4. 5 mm breite Streifen vom unbedruckten Rand einer Buchseite schneiden und zu Fäden zwirbeln. Diese mit Leim bestreichen und noch einmal zwischen den Fingern drehen, damit sie steif sind. In 12 Stücke à 2 cm schneiden.
5. 3 Stücke an die oberen 5 mm der Drahtspitze (0,65 mm) kleben.
6. Einen Zeitungsstreifen 6 × 0,5 cm unter Zugabe von Leim um den Fuß wickeln, damit die Streifen nicht mehr verrutschen können und die Basis an Umfang zunimmt.

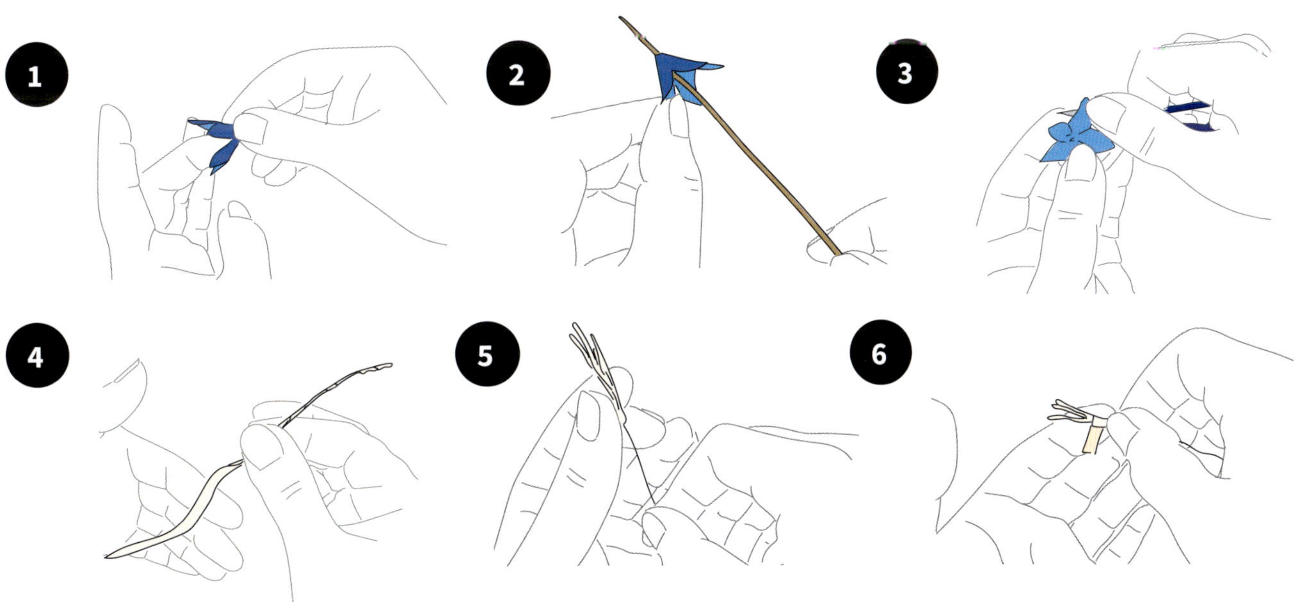

7. Die Schritte 5 und 6 noch 3 × mit Wickeldraht (0,5 mm) wiederholen.

8. Auf jeden Draht von unten eine Blüte schieben und festkleben.

9. Auf jede Blüte unten einen Kelch A kleben.

Knospe

10. 1 cm der Spitze eines Wickeldrahts (0,5 mm) mit der Flachzange um 180 Grad knicken.

11. Mit Zellstoff und Leim eine schmale, 1,5 cm lange Knospe formen.

12. Die Knospe mit einem Stück geknitterter blauer Buchseite bekleben.

13. Den Kelch B an den Knospenboden kleben.

Zusammenfügen

14. Den Wickeldraht (0,65 mm) als Stängel unter Zugabe von Leim mit Zeitungsstreifen von oben nach unten umwickeln.

8

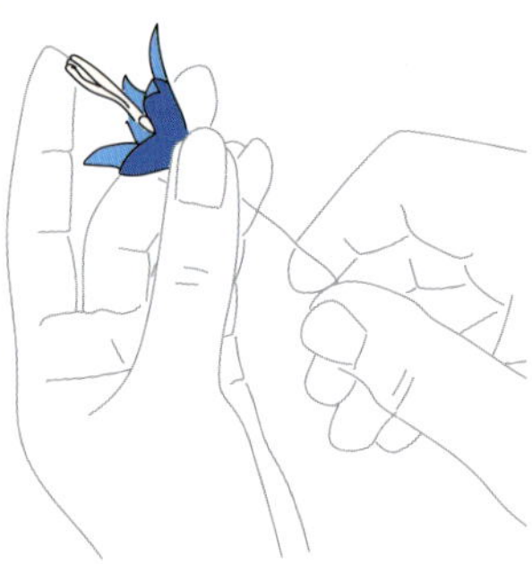

9

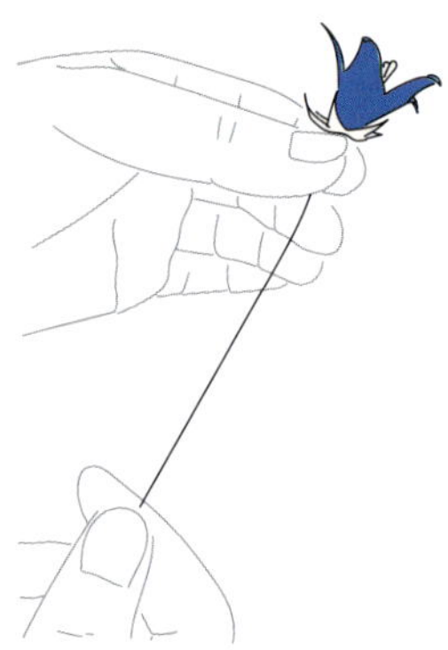

10

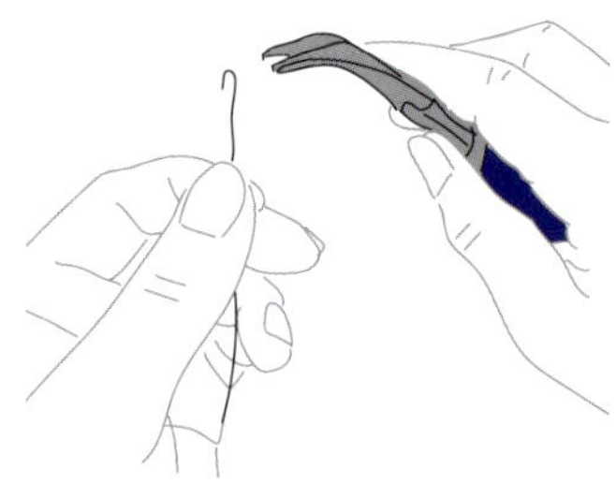

11

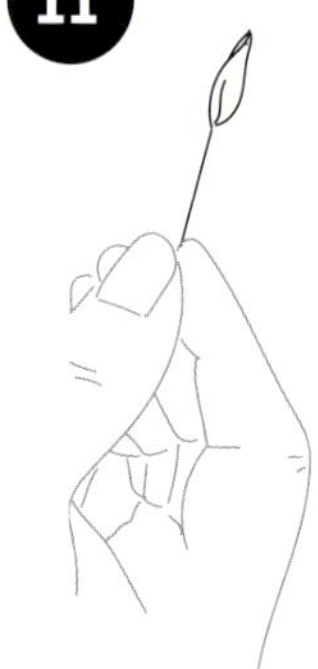

12

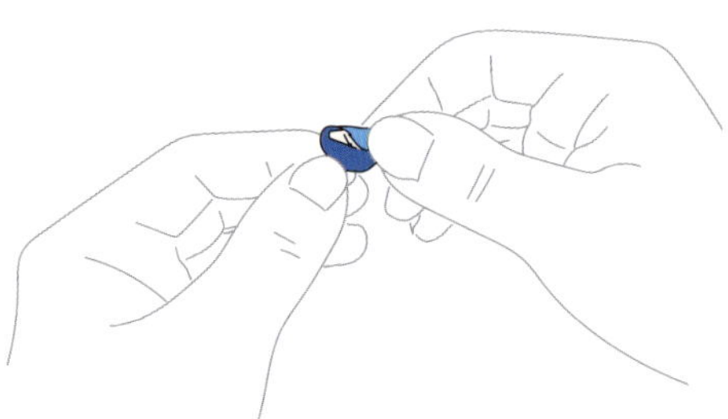

13

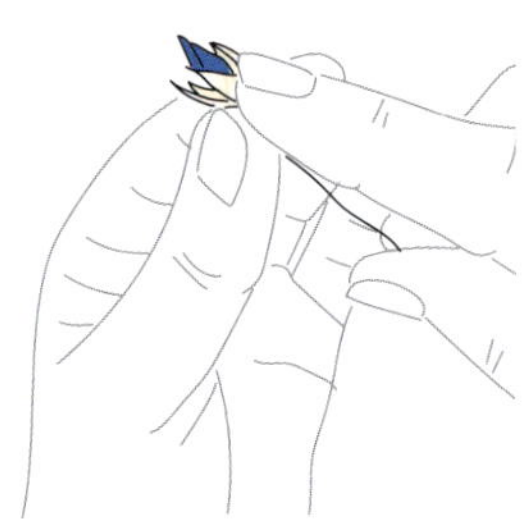

14

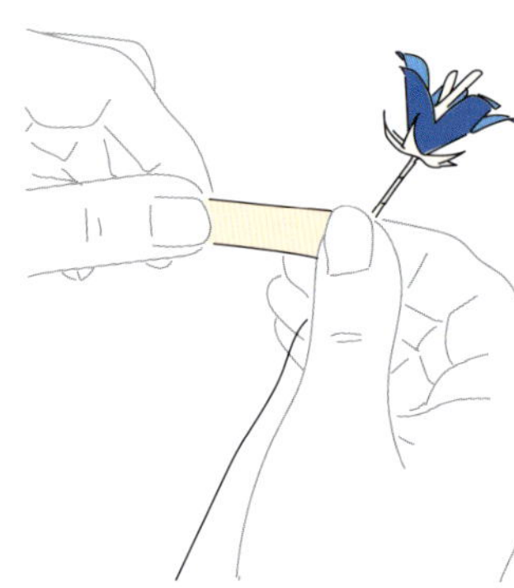

15. Nach etwa 2 und 2,5 cm jeweils ein kleines Blatt einwickeln.

16. Nach und nach erst die Knospe und dann die anderen Blüten an den Stängel fügen und zwischendurch Blätter ankleben.

17. Die Blätter zurechtzupfen und die Stängel in Form biegen.

15

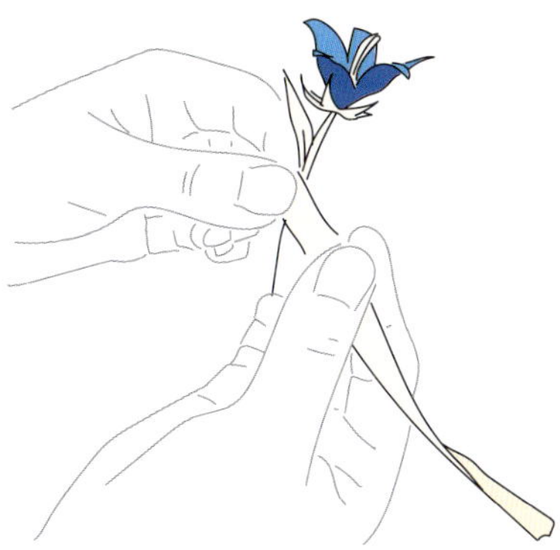

16

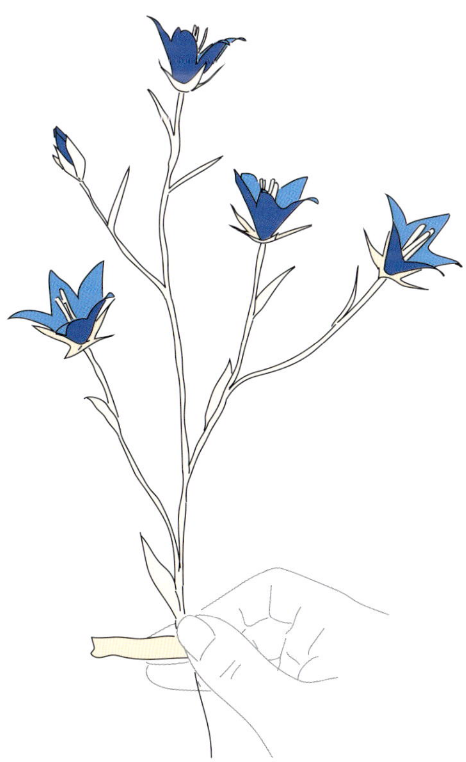

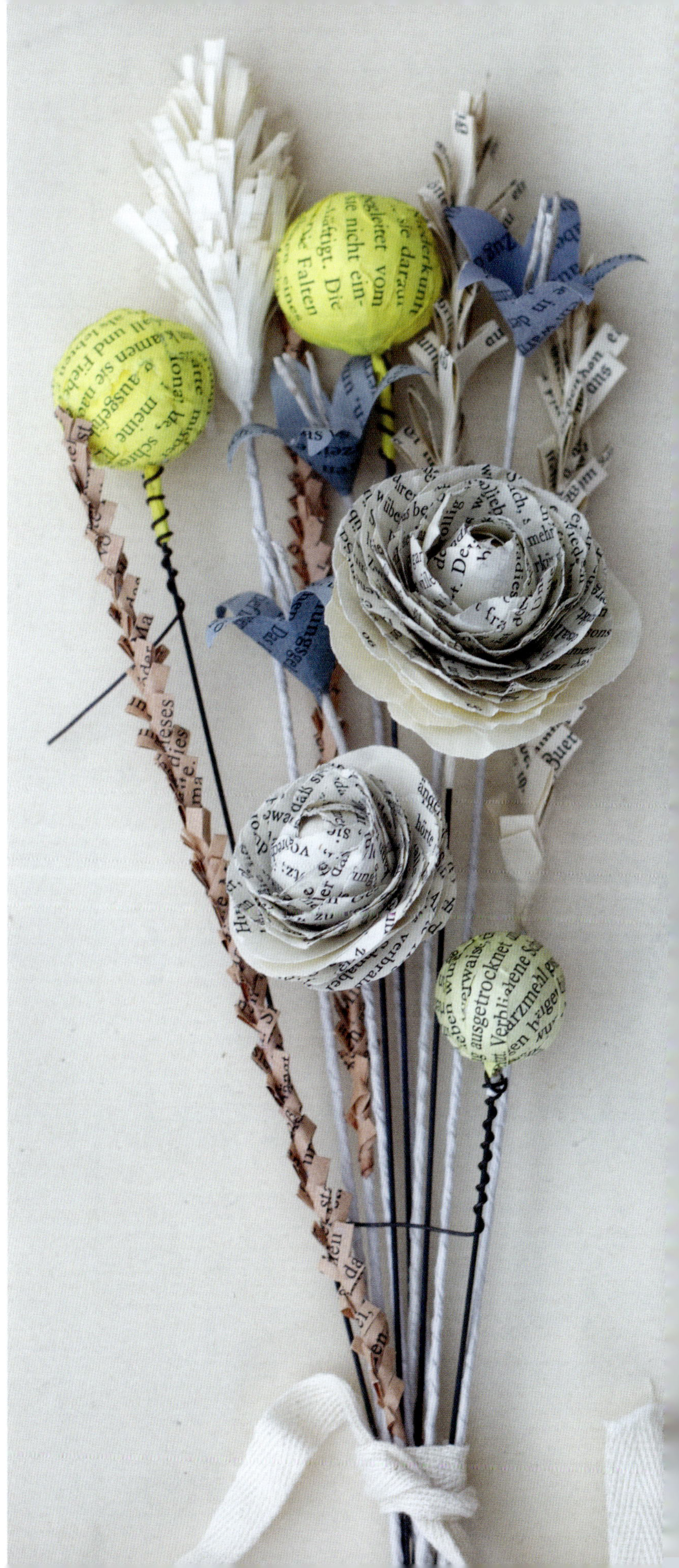

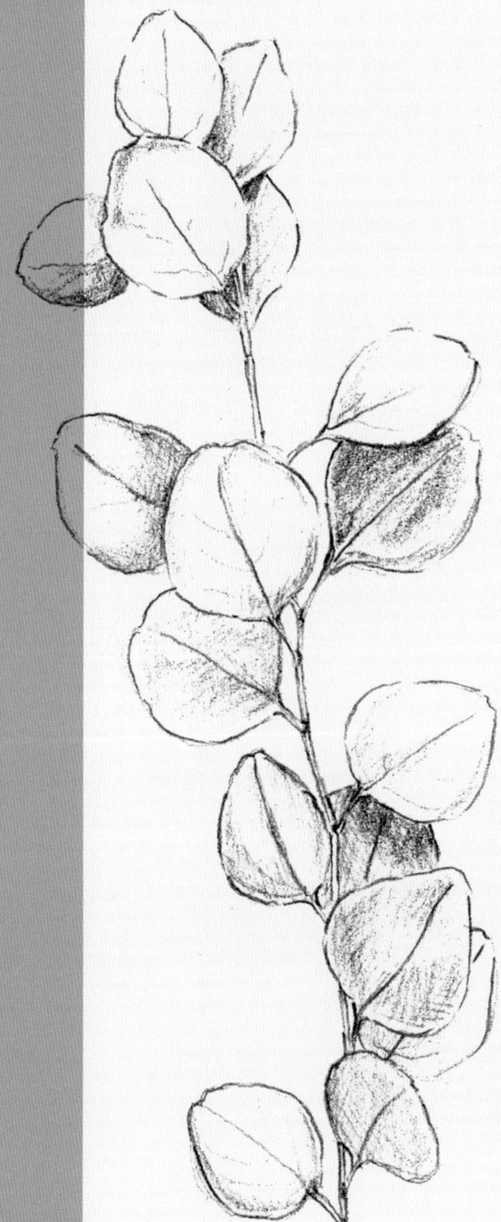

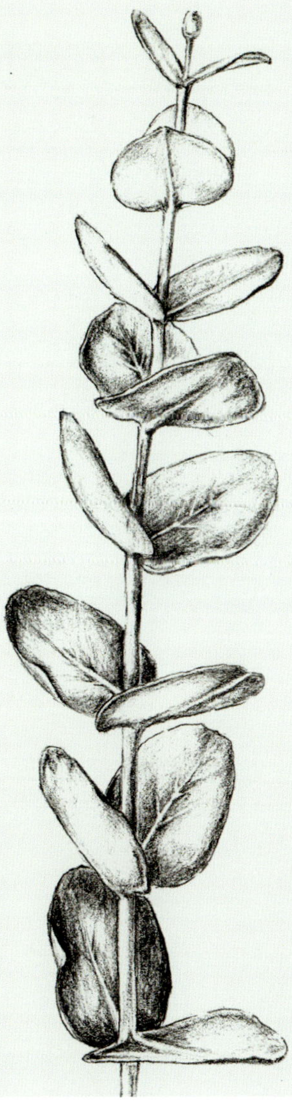

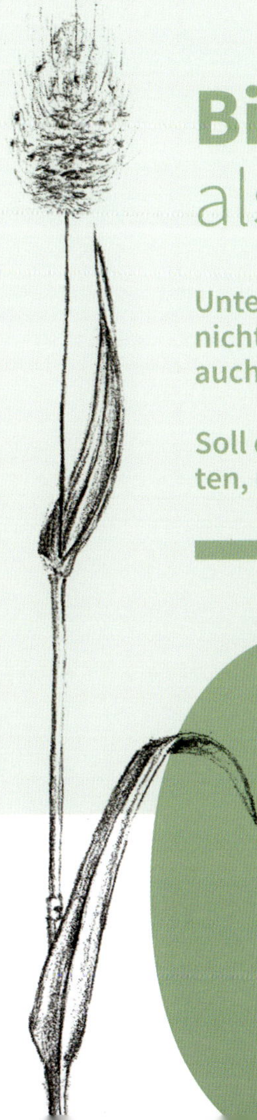

Bindegrün
als Beiwerk

Unterschiedliche Blätter, Gräser und Farne verleihen nicht nur klassischen Sträußen Fülle, sie machen auch solo eine gute Figur.

Soll das Bindegrün üppigen Blüten Gesellschaft leisten, reichen ein paar Blätter an der Zweigspitze.

02

Eukalyptus Baby Blue |

Eucalyptus pulverulenta

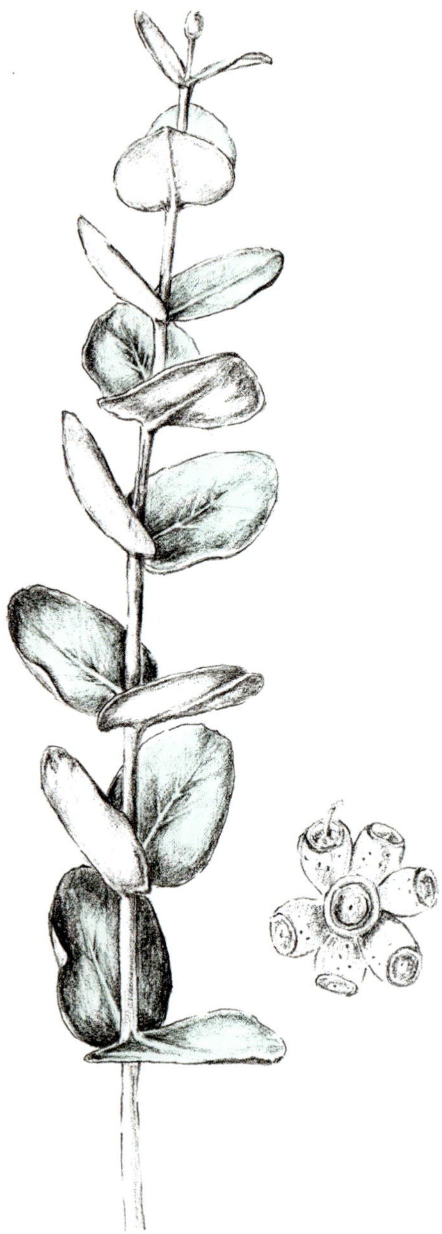

Materialien

- Buchseiten
- Wickeldraht (0,95 mm)
- Wickeldraht (0,35 mm)
- Weißleim
- Tageszeitung

Werkzeuge

- Schere
- Zangenset

Vorlagen

- Seite 164
- Blatt A, B, C, D, E

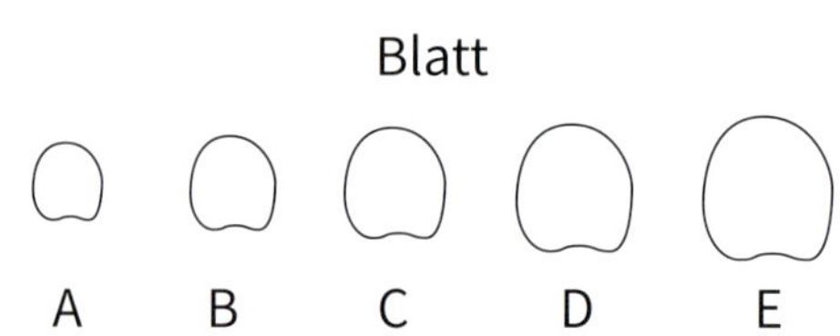

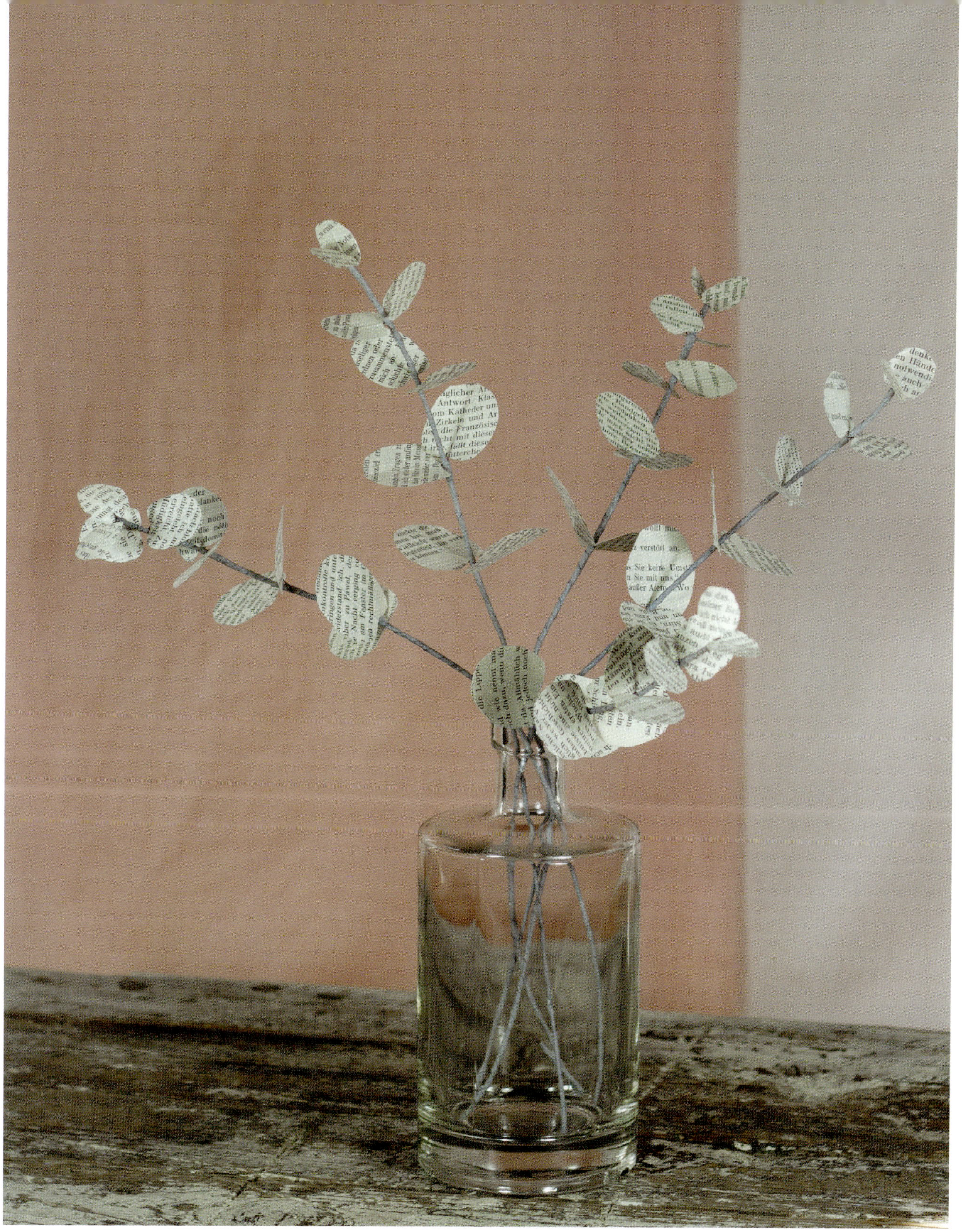

Vorbereitung

- Alle 5 Blätter jeweils 2 × doppelt ausschneiden.
- Draht schneiden: Wickeldraht (0,95 mm) 1 × 30 cm, Wickeldraht (0,35 mm) 10 × 8 cm.
- Den unbedruckten Zeitungsrand in 1 cm breite Streifen schneiden.

Blätter

1. Als Erstes 2 zusammengehörende Blätter aufeinanderkleben und dabei ein Stück Wickeldraht (0,35 mm) einlegen.
2. Schritt 1 für die übrigen 9 Blätter wiederholen.

Zusammenfügen

3. Die beiden kleinsten Blätter A an die Spitze des Wickeldrahts (0,95 mm) halten und unter Zugabe von Leim mit Zeitungsstreifen umwickeln.
4. Den Streifen bis nach unten arbeiten und dabei immer wieder ein Blattpaar gegenständig einarbeiten. Die Blätter sollen nach unten hin immer größer werden.

1

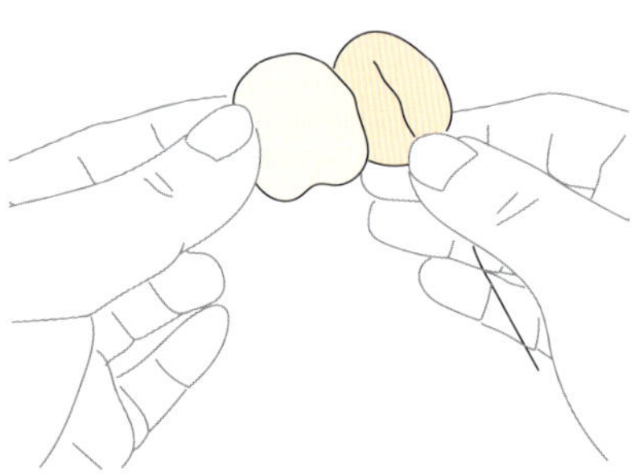

3

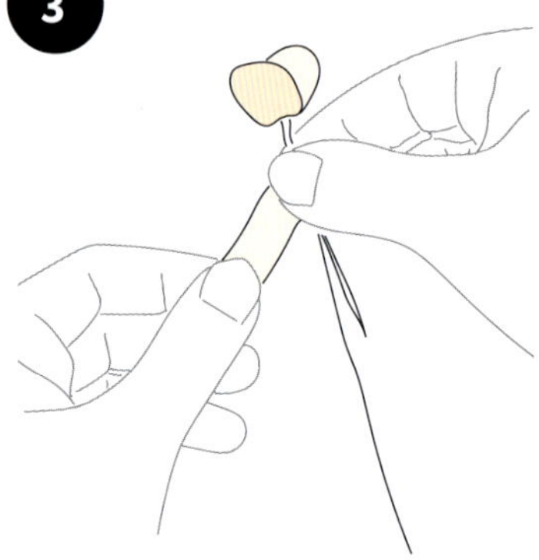

4

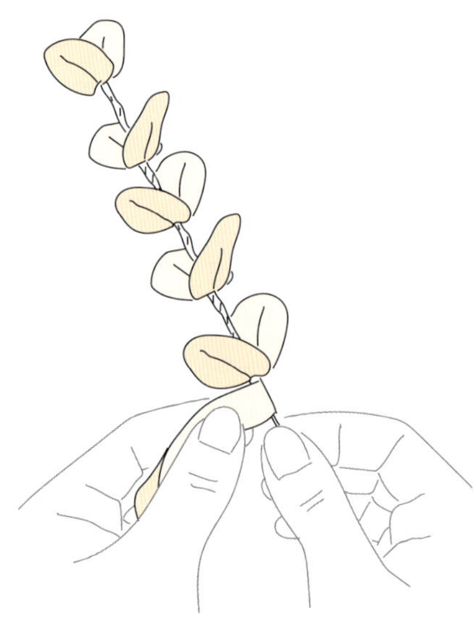

Werden mehr Blätter am Stiel gewünscht, können nach unten beliebig viele Blätter E zusätzlich eingearbeitet werden.

Inspiriert von

Silberdollar-Eukalyptus | *Eucalyptus polyanthemos*

★★

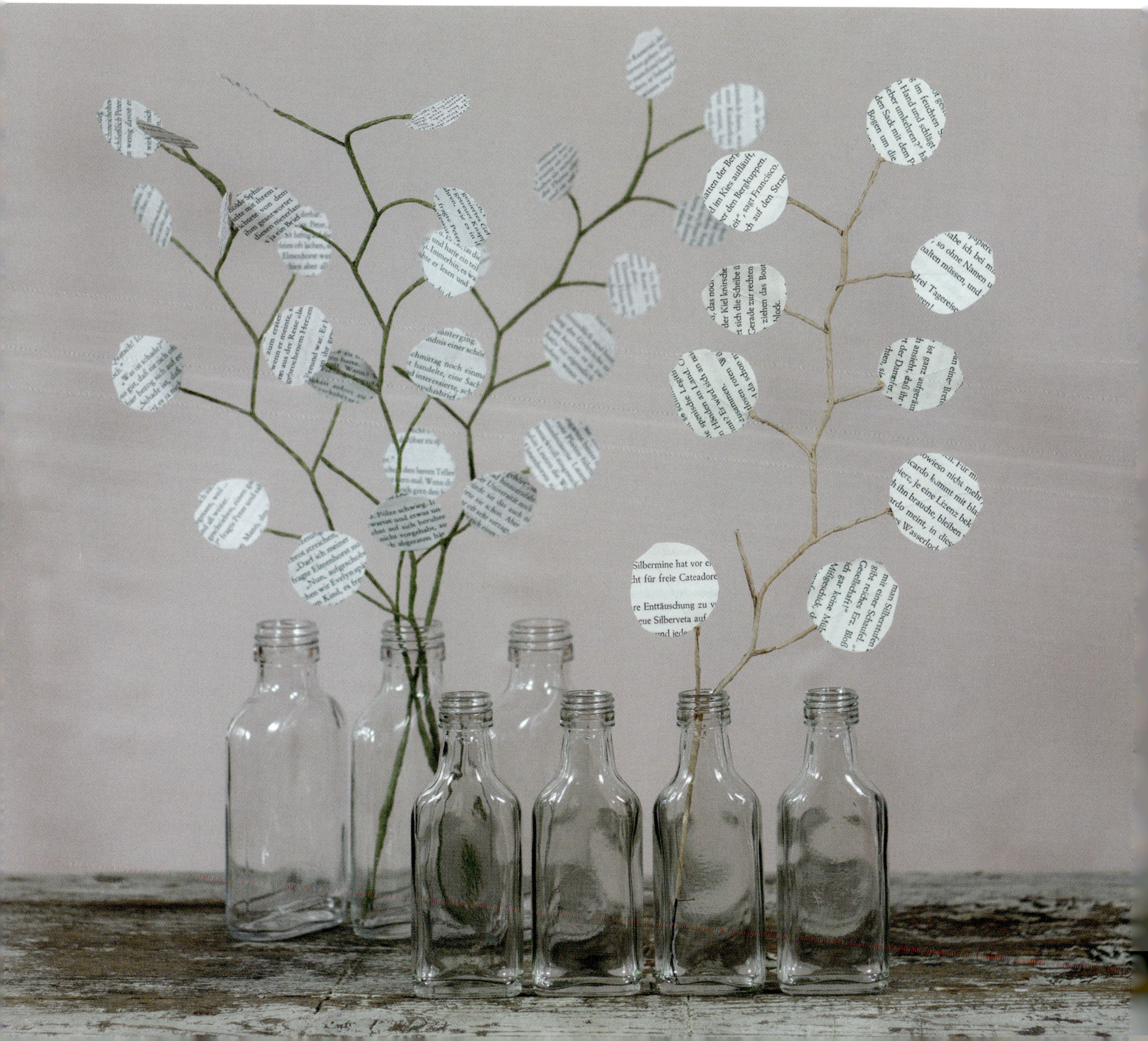

Silberdollar-Eukalyptus | *Eucalyptus polyanthemos* ★★

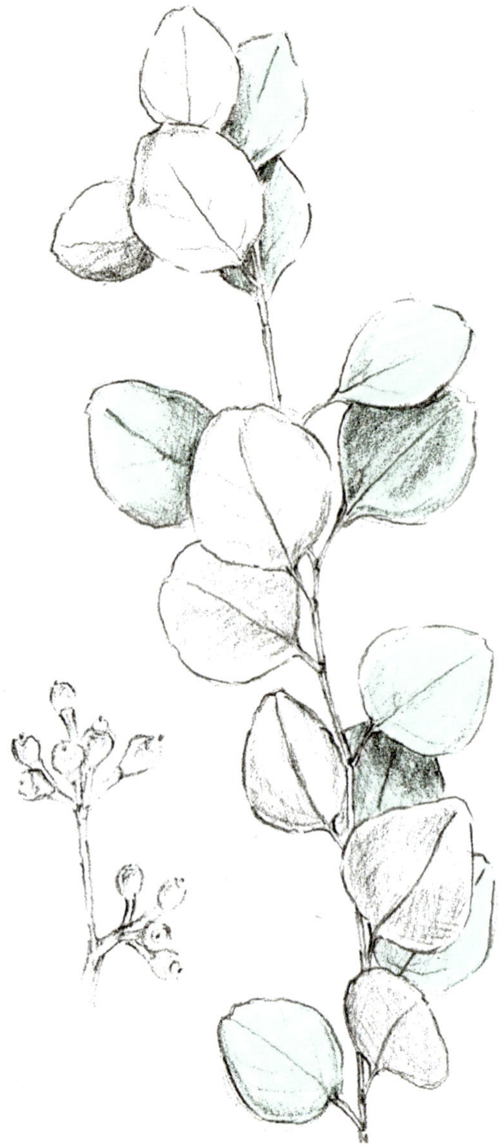

Materialien

- Buchseiten
- Steckdraht (0,95 mm)
- Wickeldraht (0,35 mm)
- Weißleim
- Tageszeitung

Werkzeuge

- Schere
- Zangenset

Vorlagen

- Seite 163
- Blatt A, B

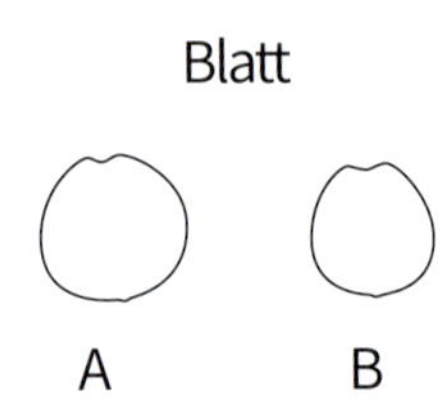

Vorbereitung

- Blatt A 4 × und Blatt B 5 × doppelt ausschneiden.
- Draht schneiden: Steckdraht (0,95 mm) 1 × 30 cm, Wickeldraht (0,35 mm) 10 × 14 cm.
- Den unbedruckten Zeitungsrand in 1 cm breite Streifen schneiden, ggf. rotbraun einfärben.

Blätter

1. Zunächst 2 zusammengehörige Blätter aufeinanderkleben und dabei ein Stück Wickeldraht einlegen.
2. Schritt 1 für die übrigen 8 Blätter wiederholen.
3. Alle Stiele der Blätter A 2,5 cm lang und die Stiele der Blätter B 3,5 cm lang unter Zugabe von Leim mit Zeitungsstreifen umwickeln.
4. Den letzten 14 cm langen Wickeldraht an der Spitze ca. 3 cm unter Zugabe von Leim umwickeln. Das ist ein Blattstumpen.

Zusammenfügen

5. Ein Blatt an die Spitze des Steckdrahts halten und beide Teile mit Zeitungsstreifen umwickeln.
6. Den Zeitungsstreifen nach unten wickeln und alle Blätter und den Blattstumpen wechselständig einarbeiten.
7. Zum Schluss den Zweig mit der Flachzange in Form bringen.

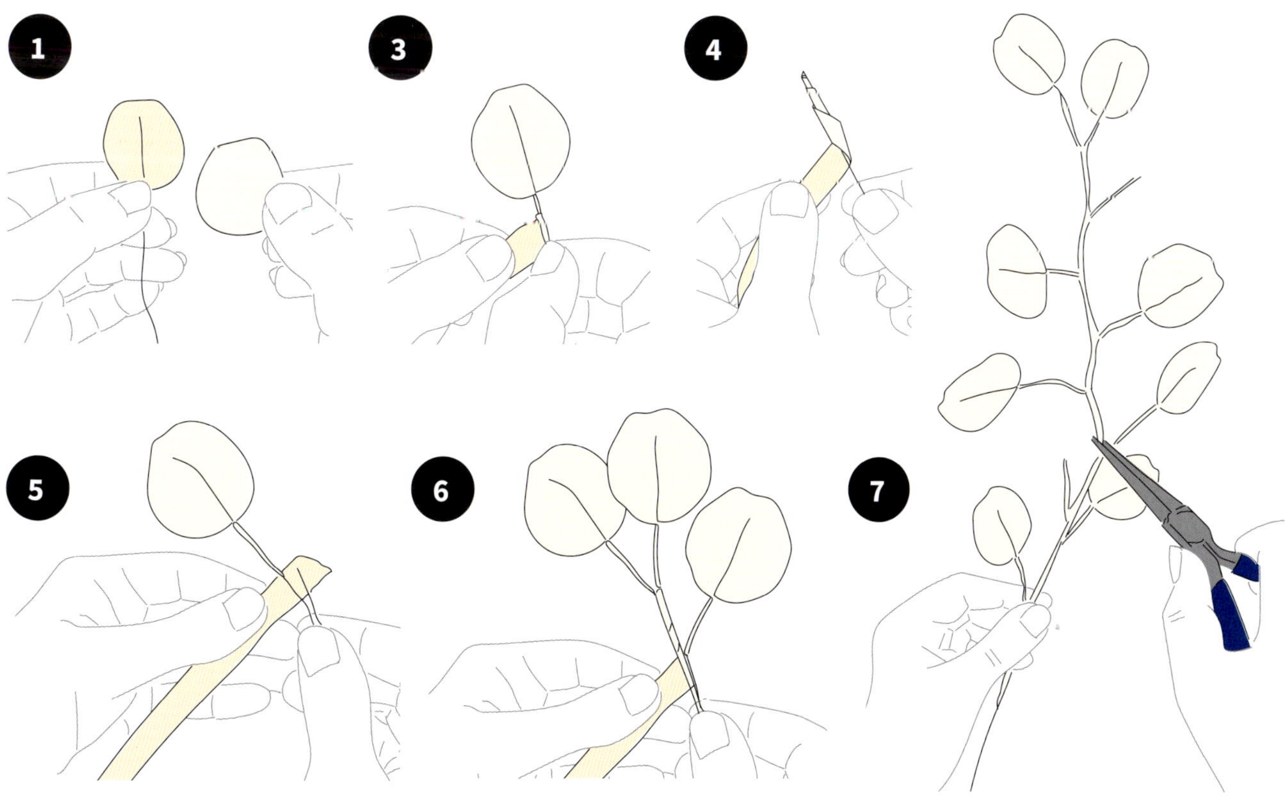

Inspiriert von

★★

Silber-Greiskraut | *Jacobaea maritima*

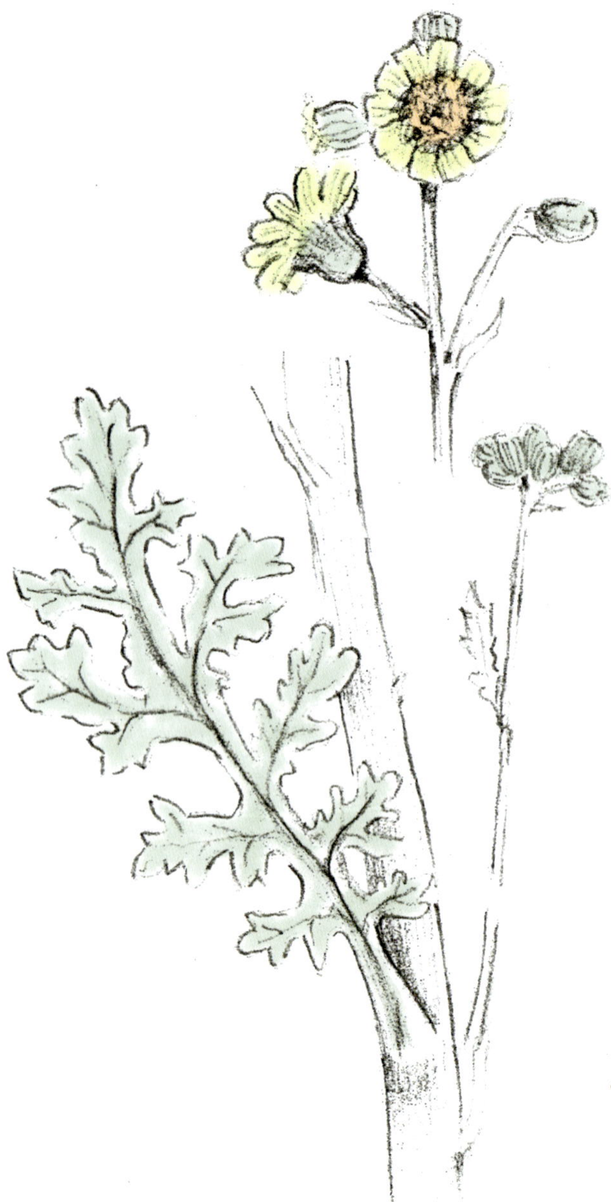

Materialien
- ca. 8 Buchseiten
- Steckdraht (0,95 mm)
- Wickeldraht (0,65 mm)
- Weißleim
- Tageszeitung

Werkzeuge
- Schere
- Zangenset

Vorlagen
- Seite 163
- Blatt A, B, C, D, E

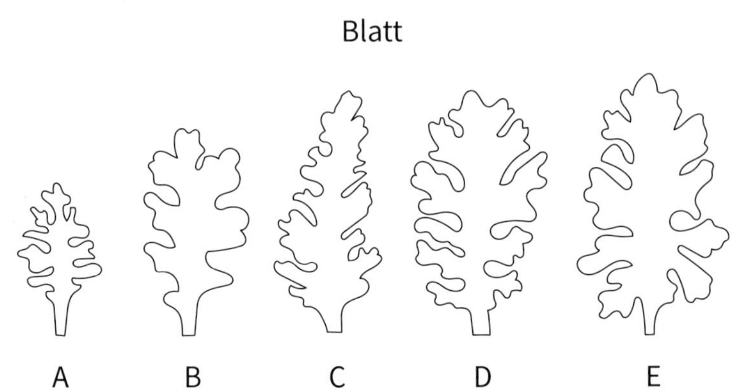

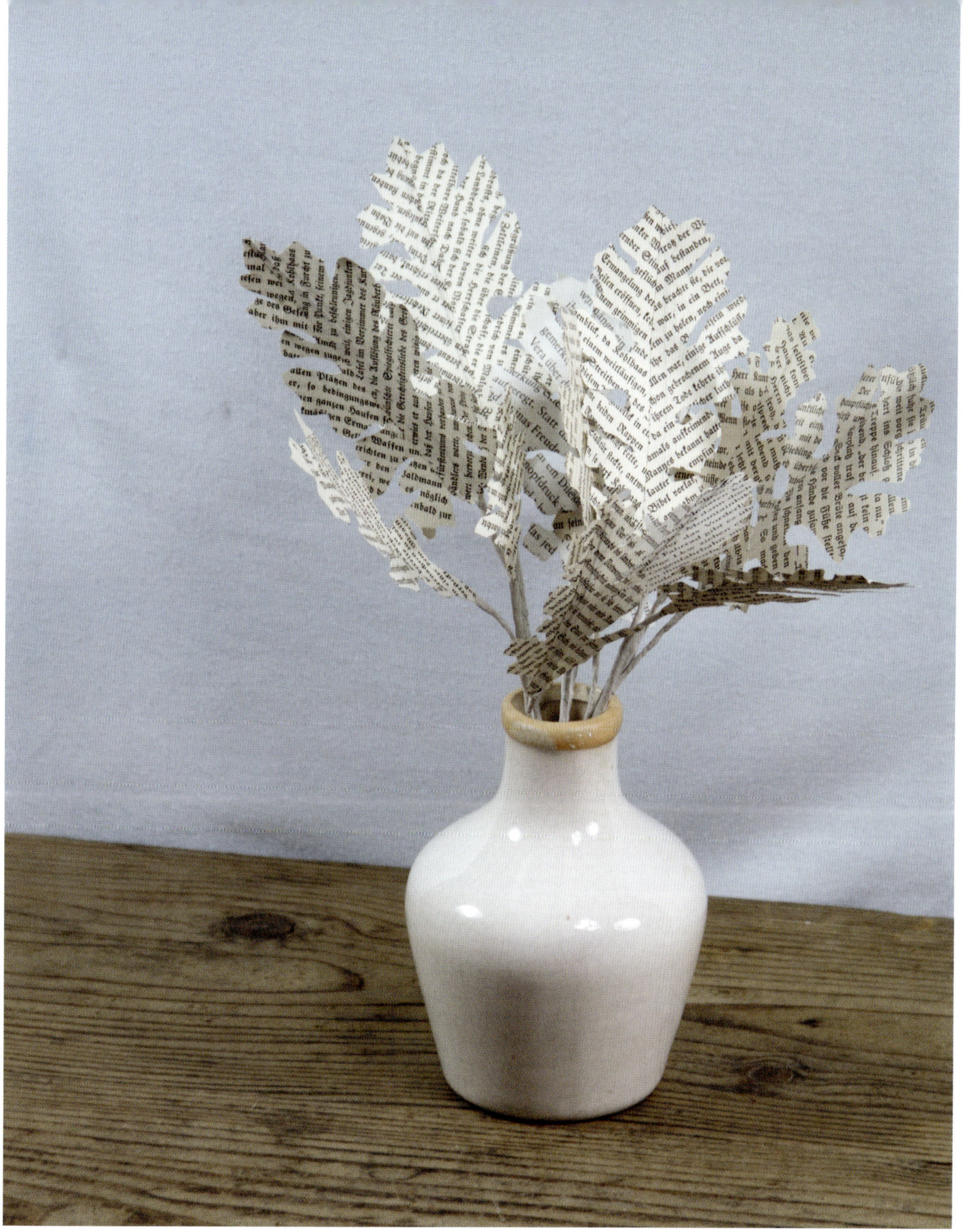

Vorbereitung

- Alle 5 Blätter 1 × mit etwa 1 cm Rand grob ausschneiden.
- Draht schneiden: Steckdraht (0,95 mm) 2 × 30 cm, Wickeldraht (0,65 mm) 5 × 17 cm.
- Den unbedruckten Zeitungsrand in 1 cm breite Streifen schneiden.

Blätter

1. Je 2 Buchseiten übereinanderlegen und diagonal durchschneiden. Die übereinanderliegenden Hälften jeweils „aufklappen“ und die Kanten aneinanderlegen: Der Textverlauf spitzt sich von beiden Seiten zu. Die untere Spitze gerade abschneiden.

2. Die beiden Teile etwa 5 mm überlappend zusammenkleben und dabei ein Stück Wickeldraht einlegen. Der Wickeldraht darf nur in Höhe der jeweiligen Blattvorlage eingeklebt werden.

3. Das grob geschnittene Blatt auflegen – der Draht muss sich in der Mitte befinden – und anschließend beide Lagen gleichzeitig genau ausschneiden.

4. Mit den anderen 4 Blättern wie in den Schritten 1 bis 3 verfahren.

Zusammenfügen

5. Jeden Steckdraht unter Zugabe von Leim mit Zeitungsstreifen umwickeln.

6. Dabei 1 × 2 und 1 × 3 Blätter einarbeiten.

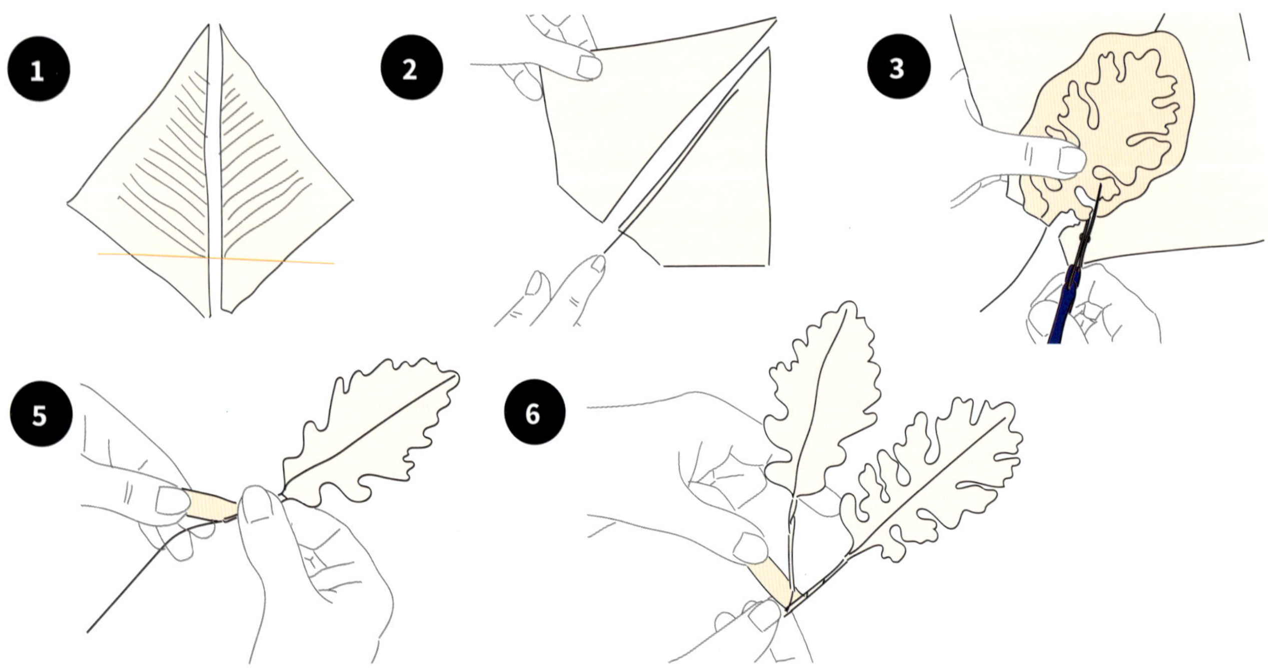

Inspiriert von

★★

Samtgras | *Lagurus ovatus*

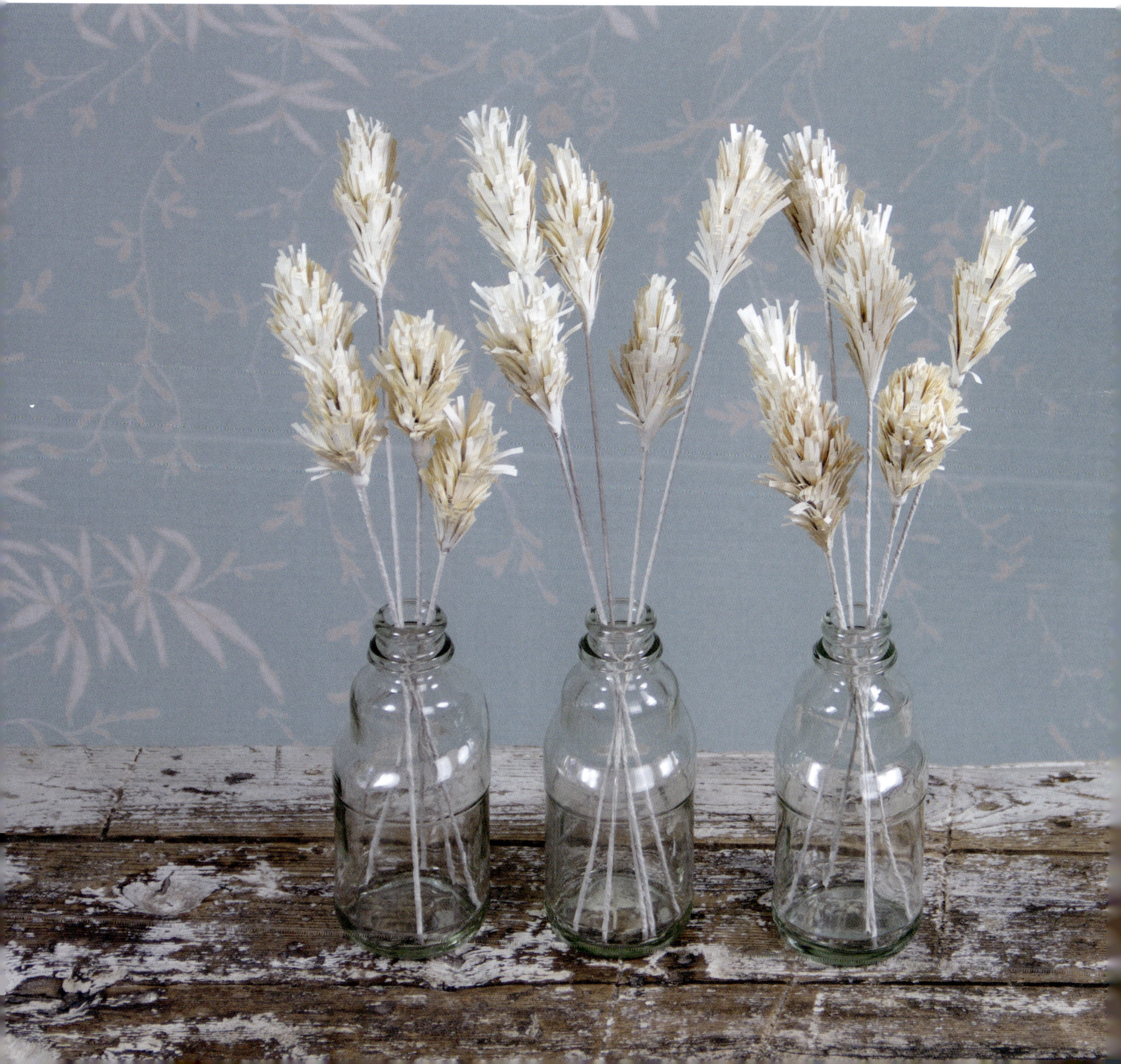

Samtgras | *Lagurus ovatus* ★★

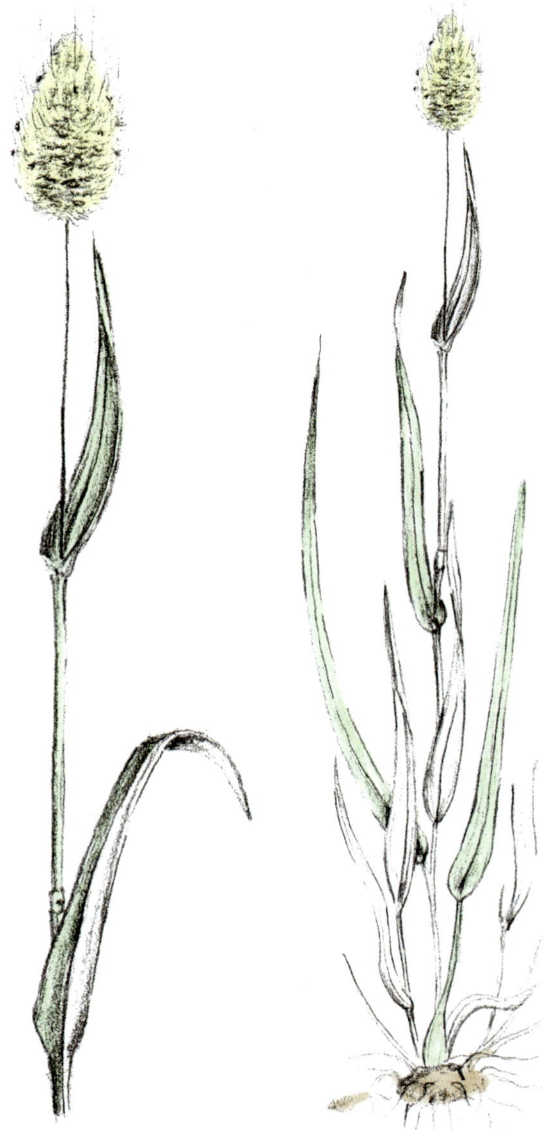

Materialien
- dünne Buchseiten
- Steckdraht (0,95 mm)
- Weißleim
- Tageszeitung

Werkzeuge
- Schere
- Bleistift
- Lineal
- Zangenset

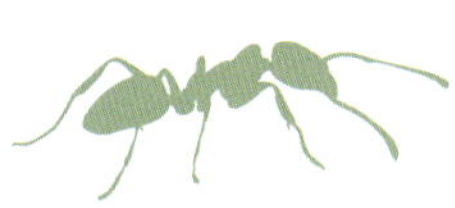

Die Arbeitsschritte für das Samtgras können genutzt werden, um andere Ährenrispengräser anzufertigen. Variiert wird nur beim Papierstreifen.

Vorbereitung

- Den unbedruckten Rand der Tageszeitung in 1 cm breite Streifen schneiden.

1. Vom Seitenrand der Buchseiten 3 Papierstreifen à ca. 20 × 3 cm schneiden. Einen Streifen schräg schneiden.
2. Im Abstand von 1 bis 2 mm die Streifen knapp 2,5 cm tief einschneiden.
3. Den Draht komplett mit einem Zeitungsstreifen unter Zugabe von Leim umwickeln.
4. Einen eingeschnittenen Streifen einmal um den Draht wickeln und festkleben.
5. Den Streifen unter Zugabe von Leim um den Draht sehr langsam nach unten wickeln. Es folgt der zweite gerade geschnittene Streifen.
6. Den schrägen Streifen – beginnend mit der breiten Seite – um den Draht wickeln.
7. Zum Schluss die Ähre mit der Schere in Form bringen.

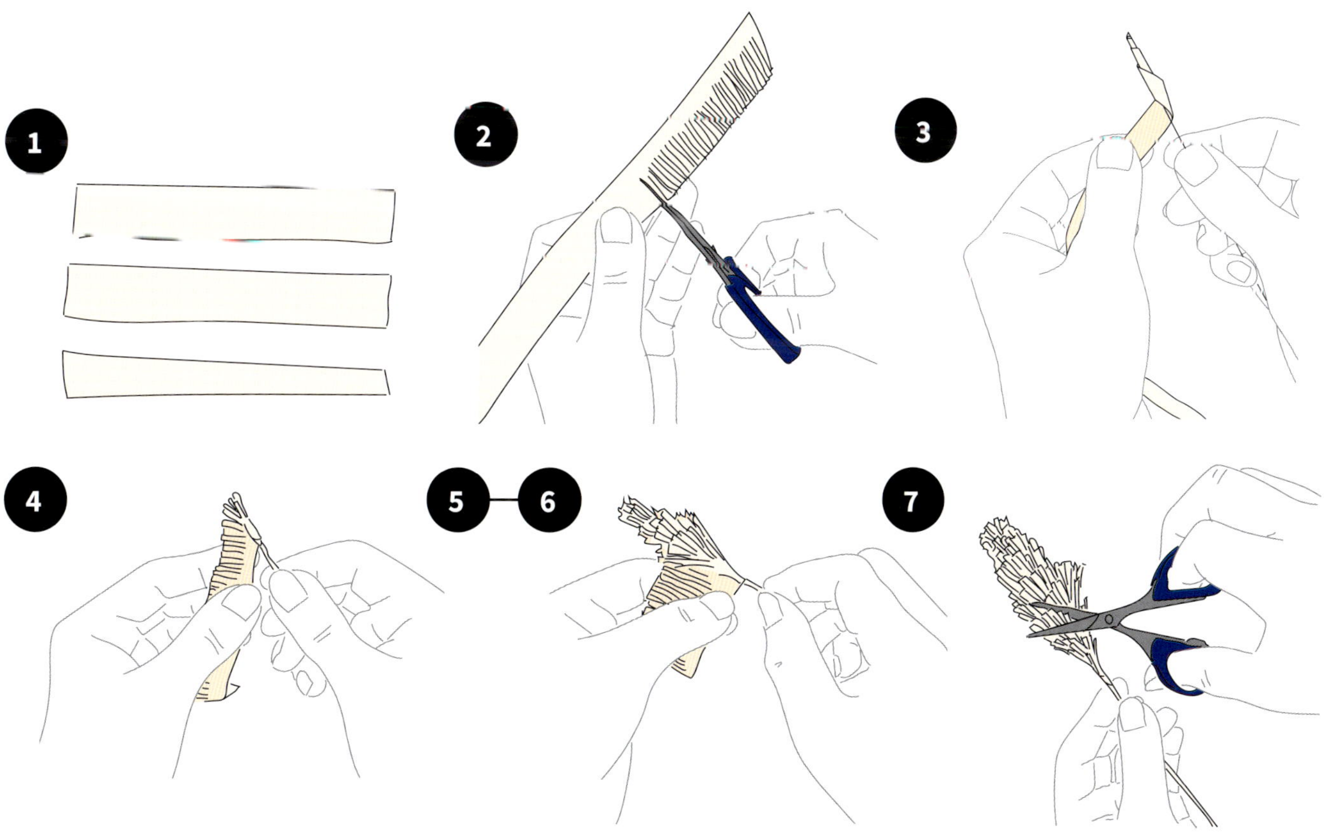

Inspiriert von

★★★

Olivenzweig | *Olea europaea*

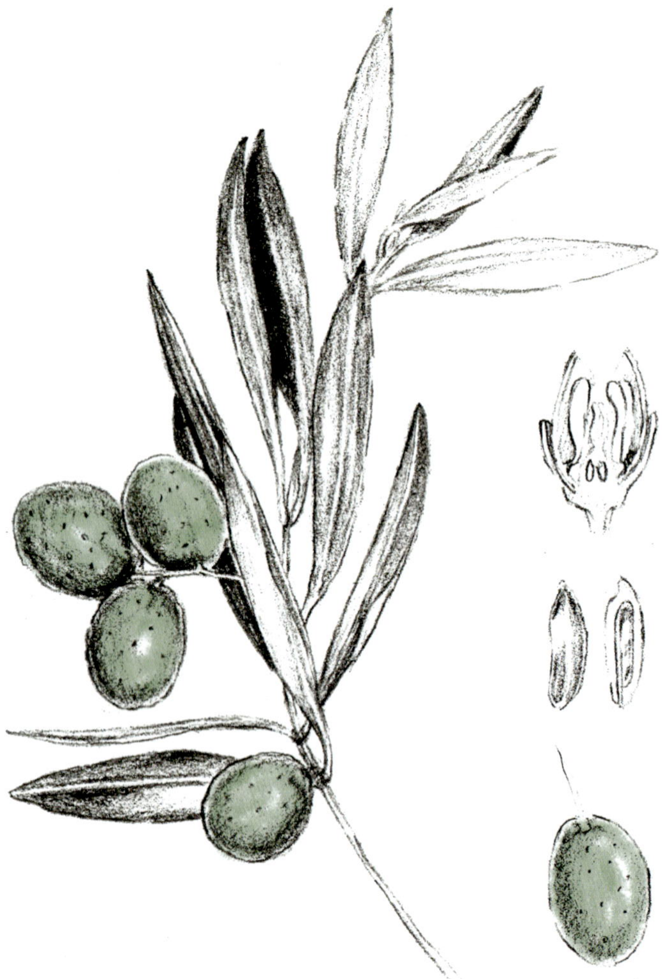

Materialien

- Buchseiten
- Steckdraht (0,95 mm)
- Wickeldraht (0,5 mm)
- Wickeldraht (0,3 mm)
- 3 Wattekugeln (20 mm)
- Weißleim
- Tageszeitung

Werkzeuge

- Schere
- Zangenset
- Holzspieß

Vorlagen

- Seite 164
- Blatt A, B, C

Blatt

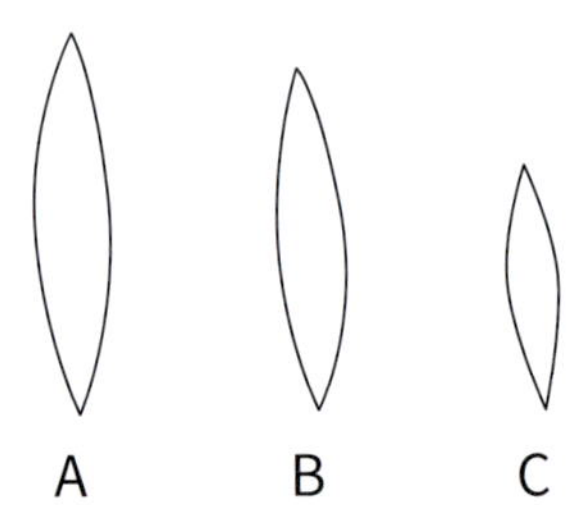

Die Blattform wird besonders betont, wenn die Blattoberseiten längs zum Schriftverlauf ausgeschnitten werden.

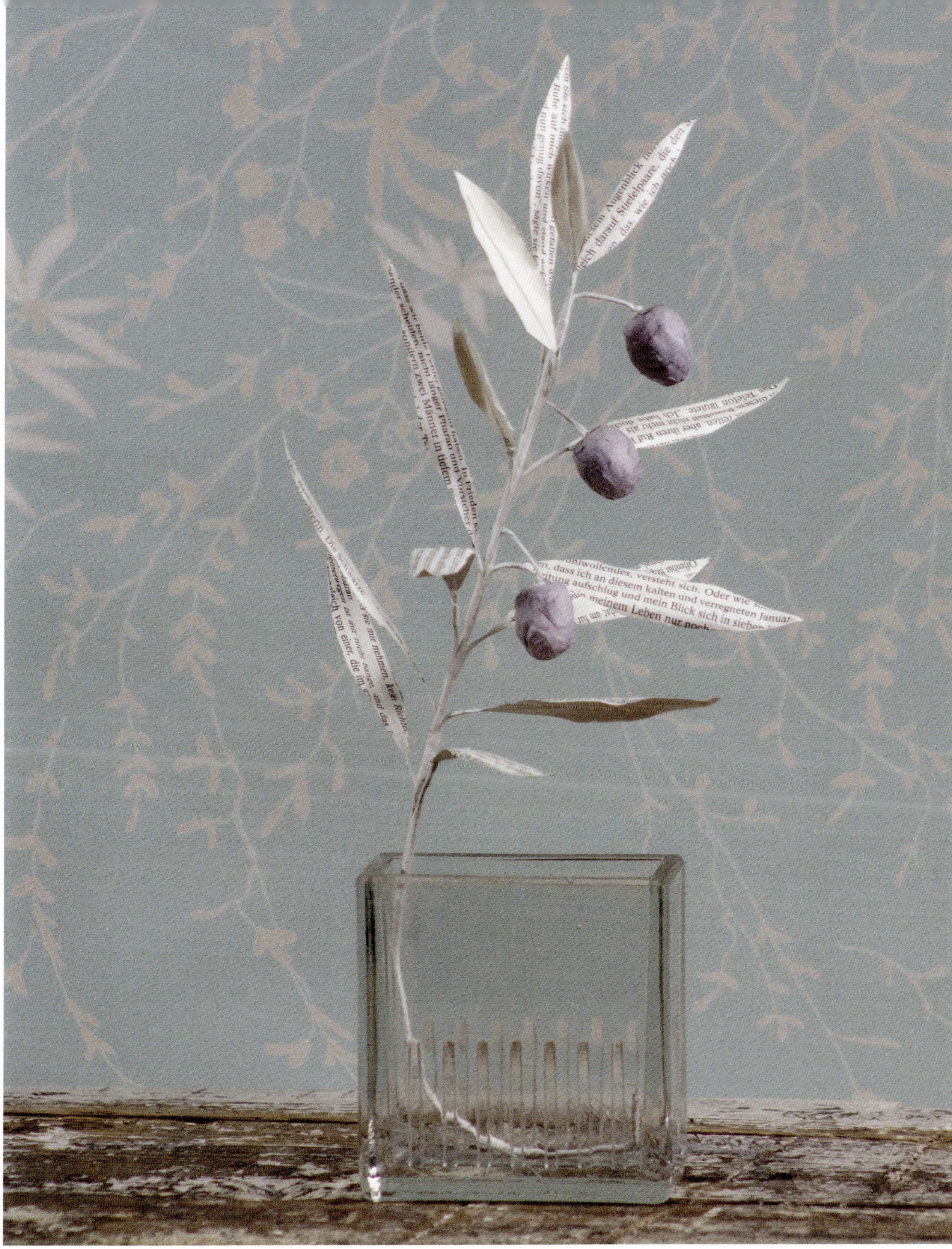

Vorbereitung

- Blätter A und B je 6 ×, Blatt C 2 × doppelt ausschneiden, jedes Doppel einmal mit Schrift (Blattoberseite) und einmal unbedruckt (Blattunterseite).
- Draht schneiden: Steckdraht (0,95 mm) 1 × 35 cm, Wickeldraht (0,5 mm) 8 × 14 cm, Wickeldraht (0,3 mm) 3 × 10 cm. Die Spitze des Wickeldrahts (0,3 mm) mit Papier von ca. 3 × 1 cm umwickeln.
- Den unbedruckten Zeitungsrand in 1 cm breite Streifen schneiden.

Blätter

1. Als Erstes 2 zusammengehörende Blätter aufeinanderkleben und ein Stück Wickeldraht (0,5 mm) einlegen.

2. Sofort mit dem Holzspieß rechts und links am Draht entlangfahren. So entsteht eine Blattader.

3. Die Blattränder über dem Holzspieß leicht nach außen wölben.

4. Schritte 1 bis 3 für die übrigen 7 Blätter wiederholen.

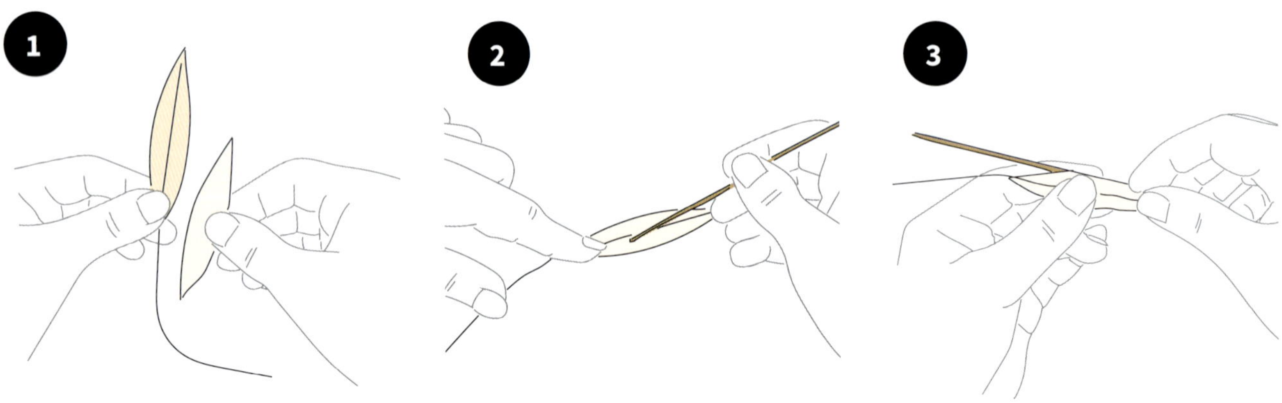

Zum Kaschieren der Oliven die Papierschnipsel reißen – so wird die Oberfläche glatter. Sehr gut eignet sich auch Zeitungspapier, ggf. gefärbt.

Oliven

5. Eine Wattekugel mit etwas wasserverdünntem Weißleim bestreichen und eine Olive formen.

6. Die Olive mit unbedruckten Papierstücken kaschieren. Die kaschierte Spitze eines Drahts (0,3 mm) unter Zugabe von Leim in das Loch der Wattekugel kleben.

7. Schritte 5 bis 6 für die übrigen 2 Oliven wiederholen.

Zusammenfügen

8. Die Stielansätze der Blätter 3 cm unter Zugabe von Leim mit Zeitungsstreifen umwickeln, die Stielansätze der Oliven 5 cm.

9. Nun 2 Blätter C und eine Olive mit dem Steckdraht zusammenhalten und unter Zugabe von Leim mit Zeitungsstreifen nach unten umwickeln.

10. Die übrigen Blätter gegenständig einarbeiten. Die Oliven im oberen Teil des Zweiges einfügen.

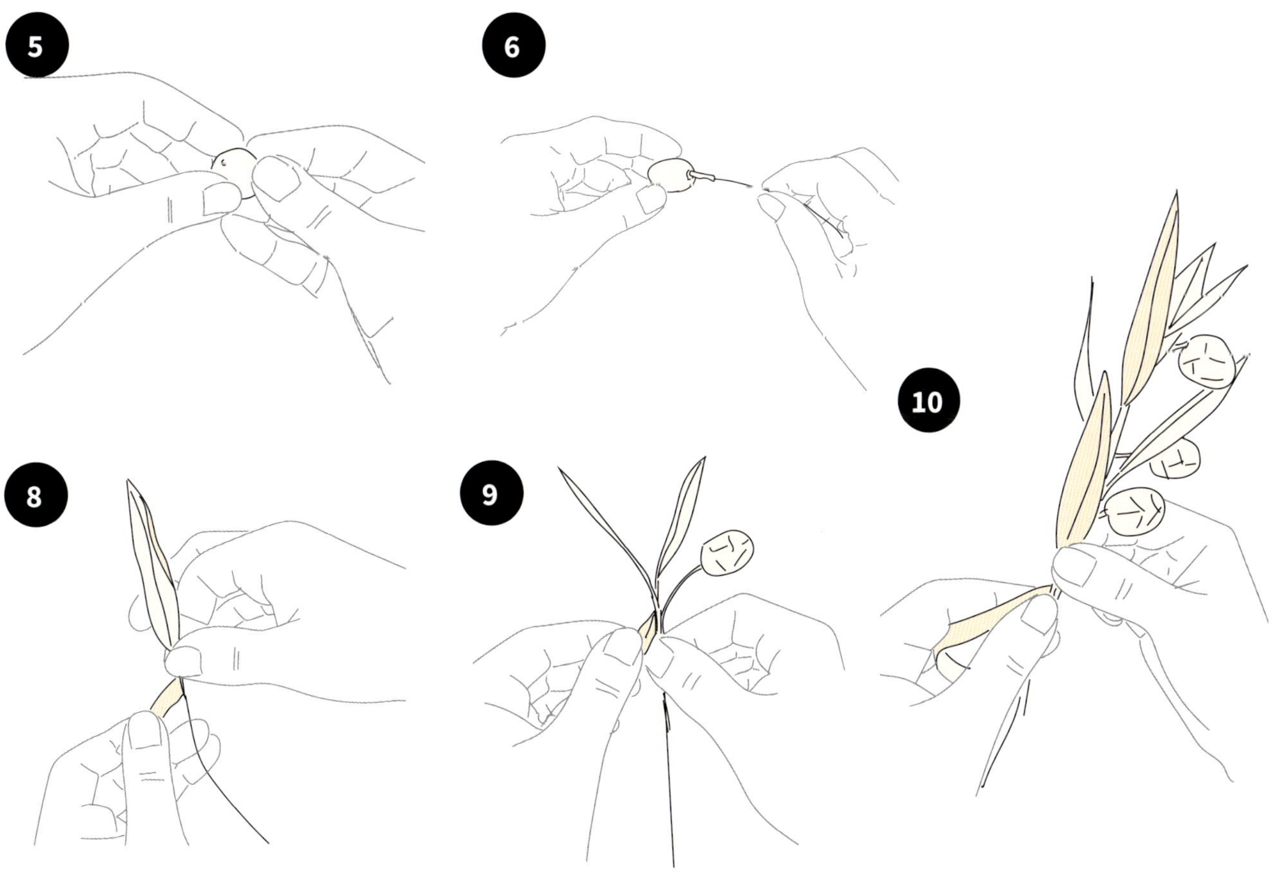

★★

Gemeiner Bambus | *Bambusa vulgaris*

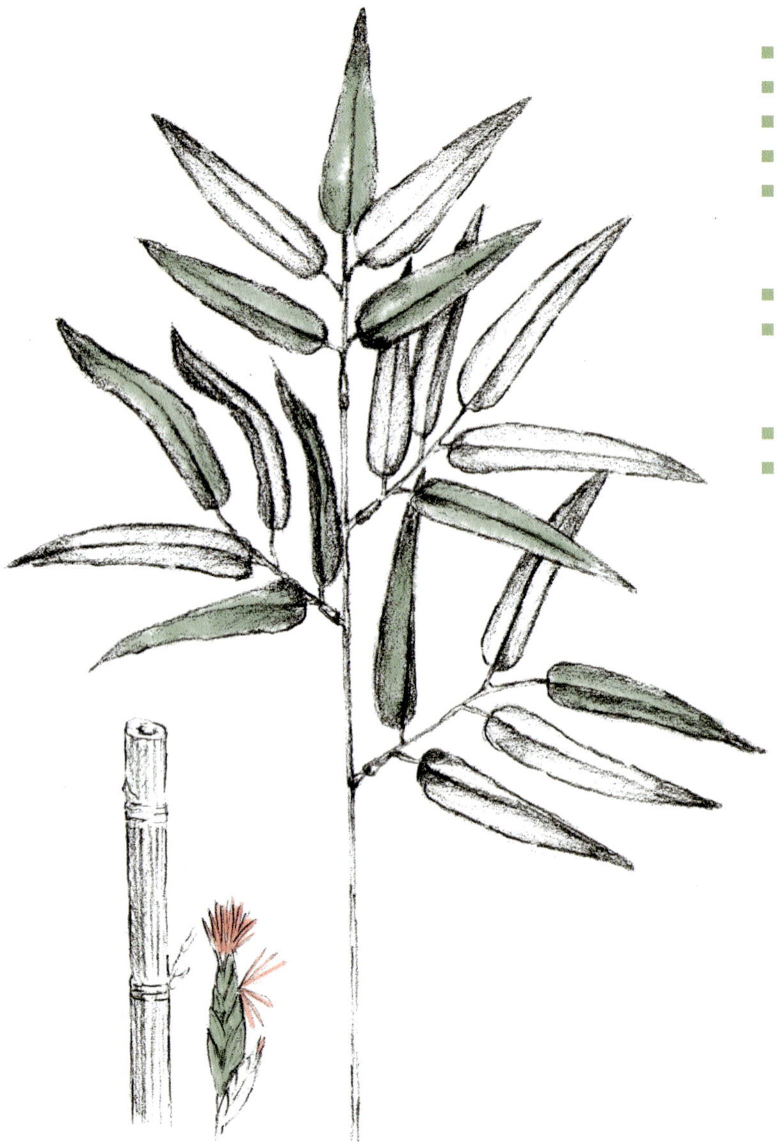

Materialien
- Buchseiten
- Steckdraht (0,95 mm)
- Wickeldraht (0,65 mm)
- Weißleim
- Tageszeitung

Werkzeuge
- Schere
- Zangenset

Vorlagen
- Seite 166
- Blatt A, B, C, D

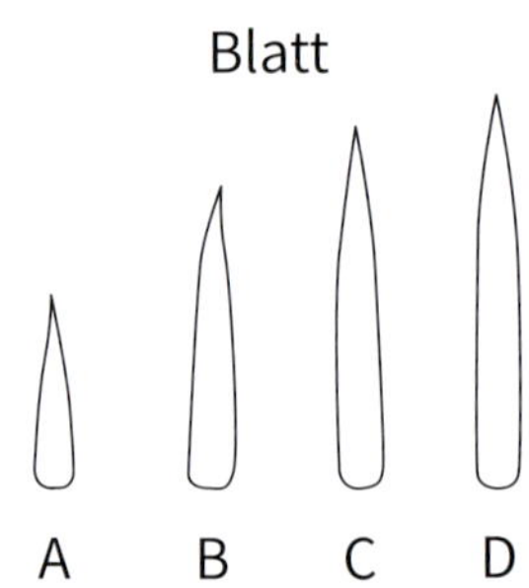

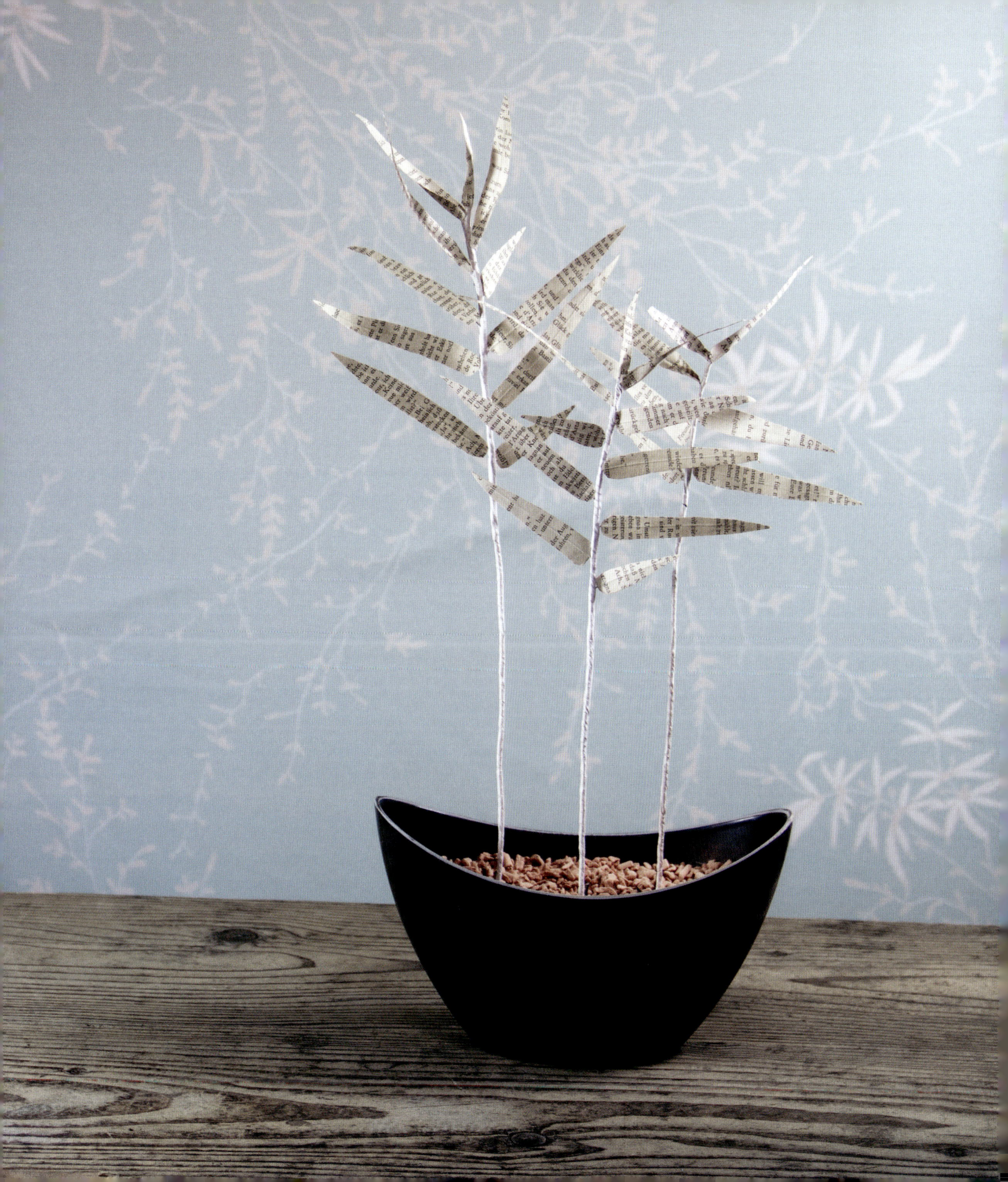

Vorbereitung

- Blätter A, B, C je 2 × und D 1 × doppelt ausschneiden.
- Draht schneiden: Steckdraht (0,95 mm) 1 × 35 cm, Wickeldraht (0,65 mm) 7 × 14 cm.
- Vom unbedruckten Zeitungsrand 1 cm breite Streifen schneiden, ggf. einfärben.

Blätter

1. Zunächst 2 zusammengehörende Blätter aufeinanderkleben und dabei ein Stück Wickeldraht einlegen.
2. Schritt 1 für die übrigen 6 Blätter wiederholen.
3. Je ein Blatt A, B und C unter Zugabe von Leim nur am Stiel zusammendrücken.

Zusammenfügen

4. Zuerst die Blätter von Schritt 3 verarbeiten: 2 Blätter zusammennehmen, an die Spitze des Steckdrahts halten und unter Zugabe vom Leim mit Zeitungsstreifen nach unten umwickeln. Knapp darunter das 3. Blatt einwickeln.
5. Die übrigen Blätter wechselständig versetzt in kurzen Abständen ebenfalls einarbeiten.

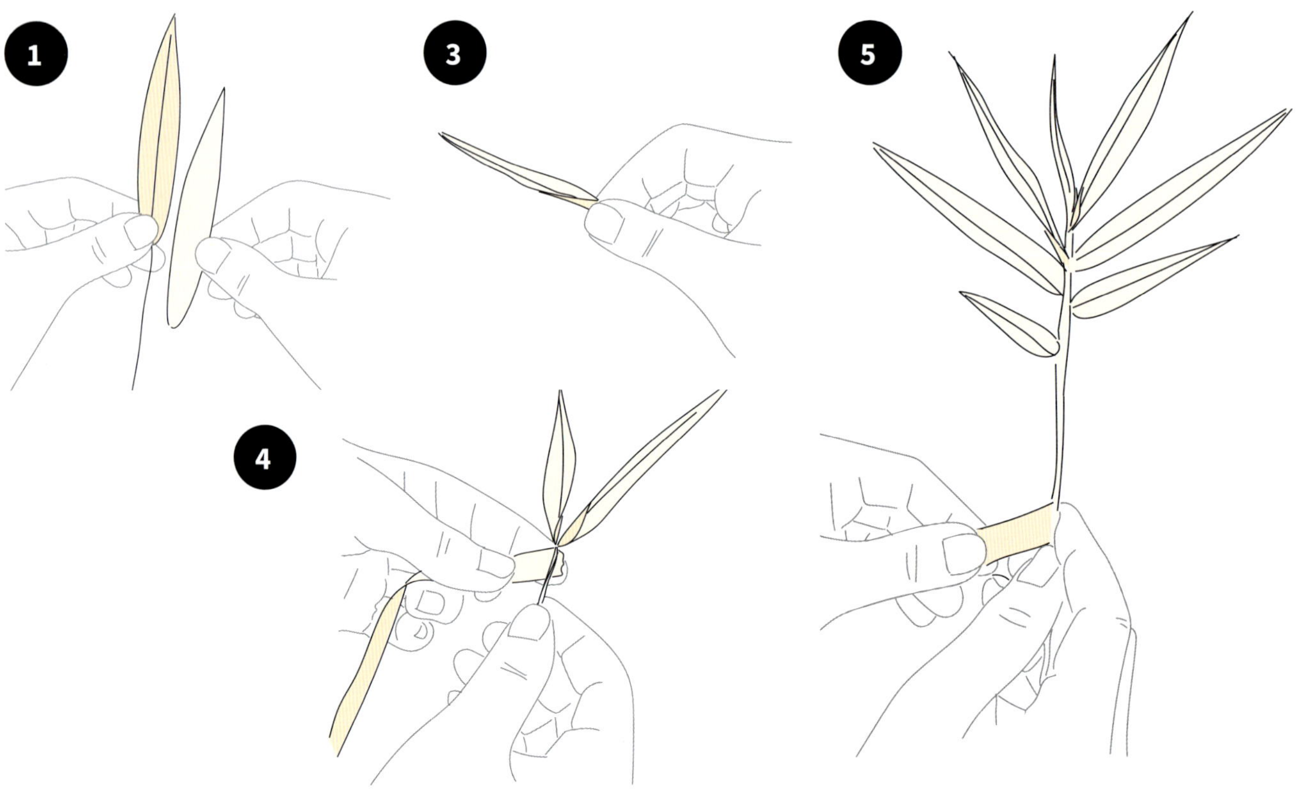

Tüpfelfarn, Engelsüß | *Polypodium vulgare*

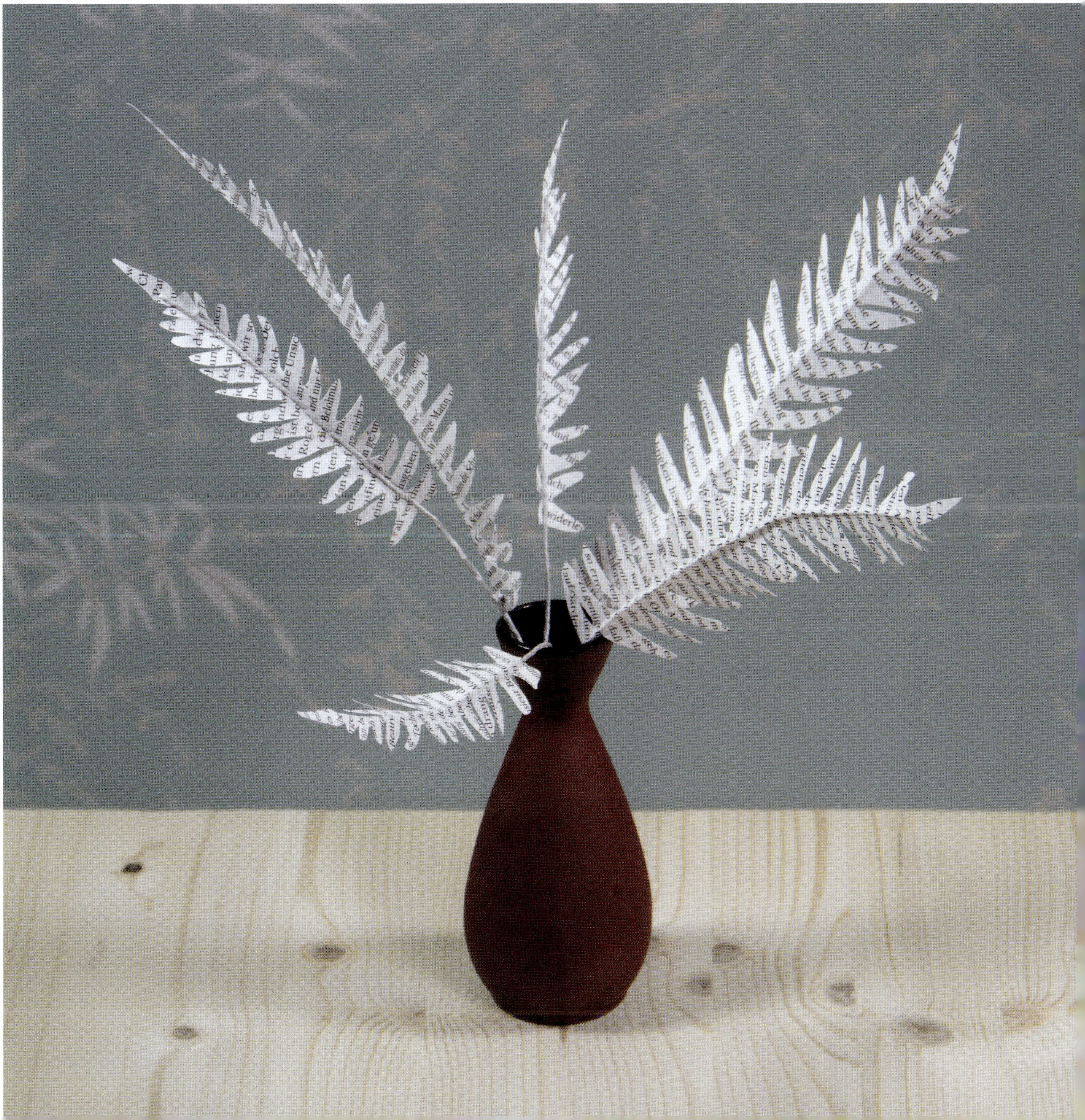

Tüpfelfarn, Engelsüß | *Polypodium vulgare* ★

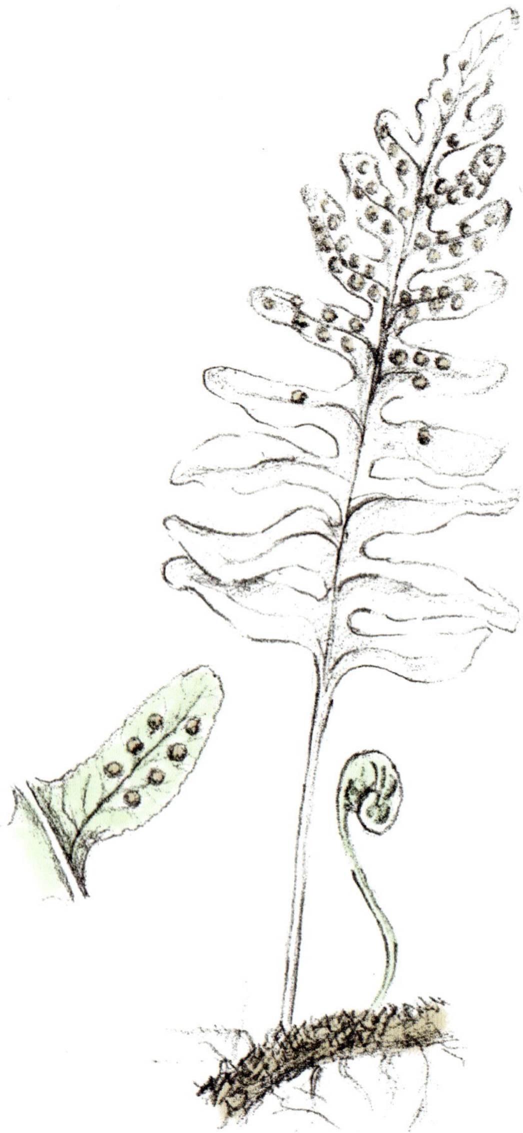

Materialien
- Buchseite mind. DIN A4
- Steckdraht (0,95 mm)
- Weißleim
- Tageszeitung

Werkzeuge
- Schere
- Zangenset
- Holzspieß

Vorlagen
- Seite 164 —165
- Wedel (optional)

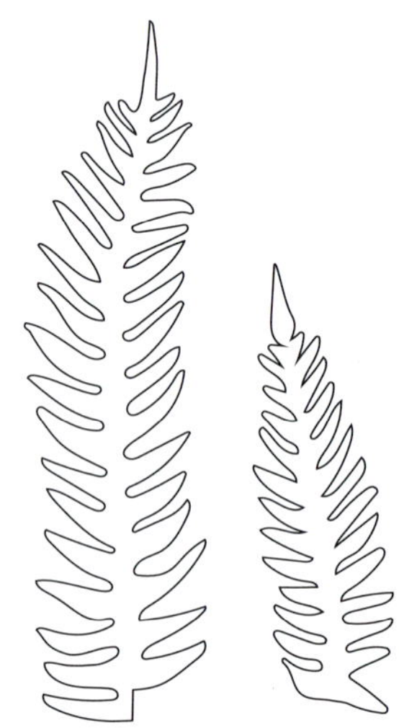

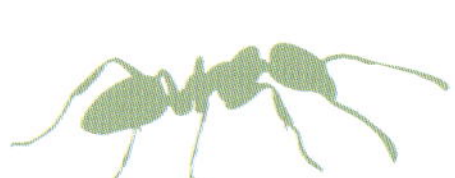

Reicht die Größe der Buchseite nicht aus, kann die Vorlage geteilt werden. An den „Schnittstellen" etwa 4 mm Zugabe für die Klebeflächen einplanen. Der Draht kann ohne Kaschierung gleich in die Klebefläche eingelegt werden.

Vorbereitung

- Blattwedel auswählen und ausschneiden.
- Steckdraht (0,95 mm) auf ca. 35 cm schneiden.
- Aus unbedrucktem Zeitungsrand 1 cm breite Streifen schneiden.

Wedel und Stiel zusammenfügen

1. Den Draht unter Zugabe von Leim von oben bis unten mit Zeitungspapier umwickeln.

2. Den Draht auf die Länge des Wedels einseitig mit Leim bestreichen, auf die Mitte des Wedels legen und festdrücken.

3. Wenn der Leim fast getrocknet ist, den Wedel über den Draht knicken.

4. Mit dem Holzspieß am Draht entlangfahren. Dadurch ist die Rippe des Farns deutlicher zu erkennen.

5. Wieder aufklappen und – falls erforderlich – Rippe und Blätter mit den Fingern nachformen.

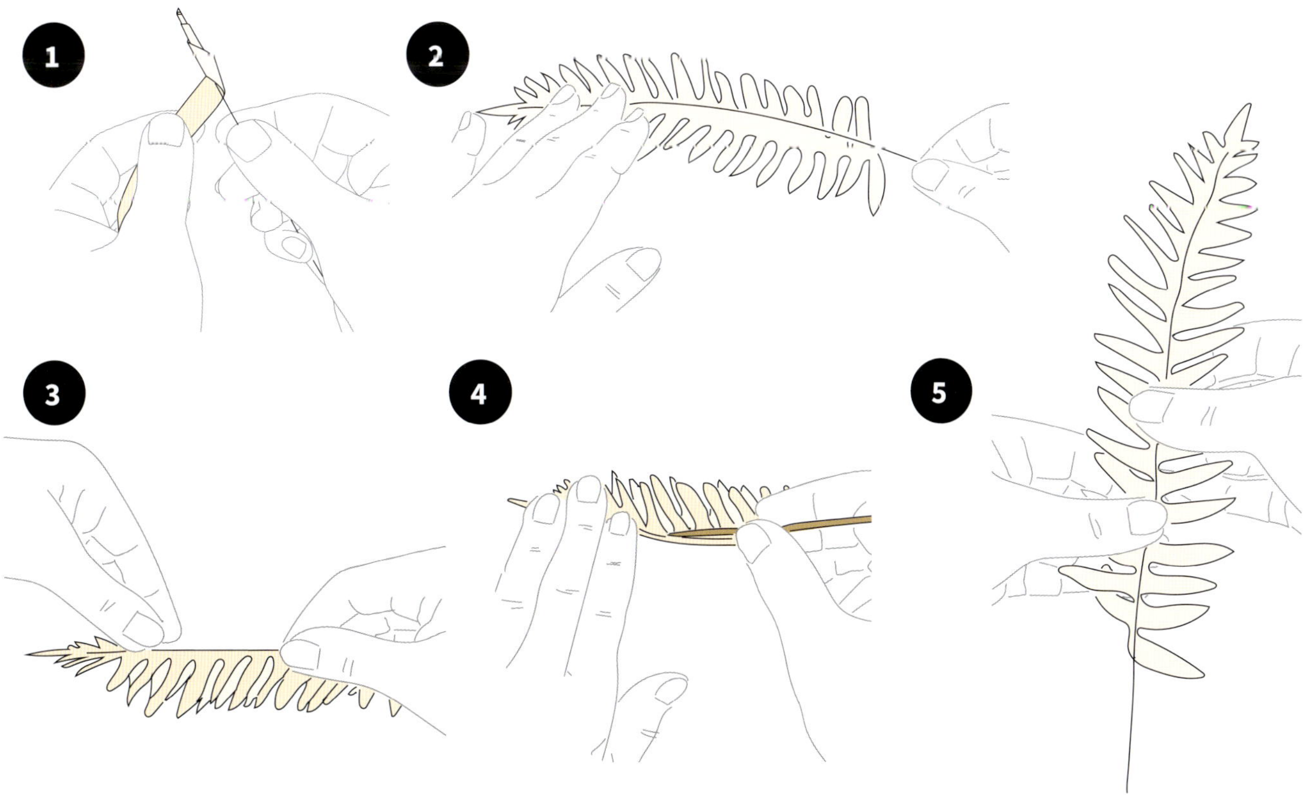

Varianten

Mit denselben Arbeitsschritten können Sie alle einfach gefiederten Farne, z. B. alle Tüpfelfarne fertigen. Nur die Wedel müssen angepasst werden. Auf Seite 165 finden Sie mehrere Vorlagen.

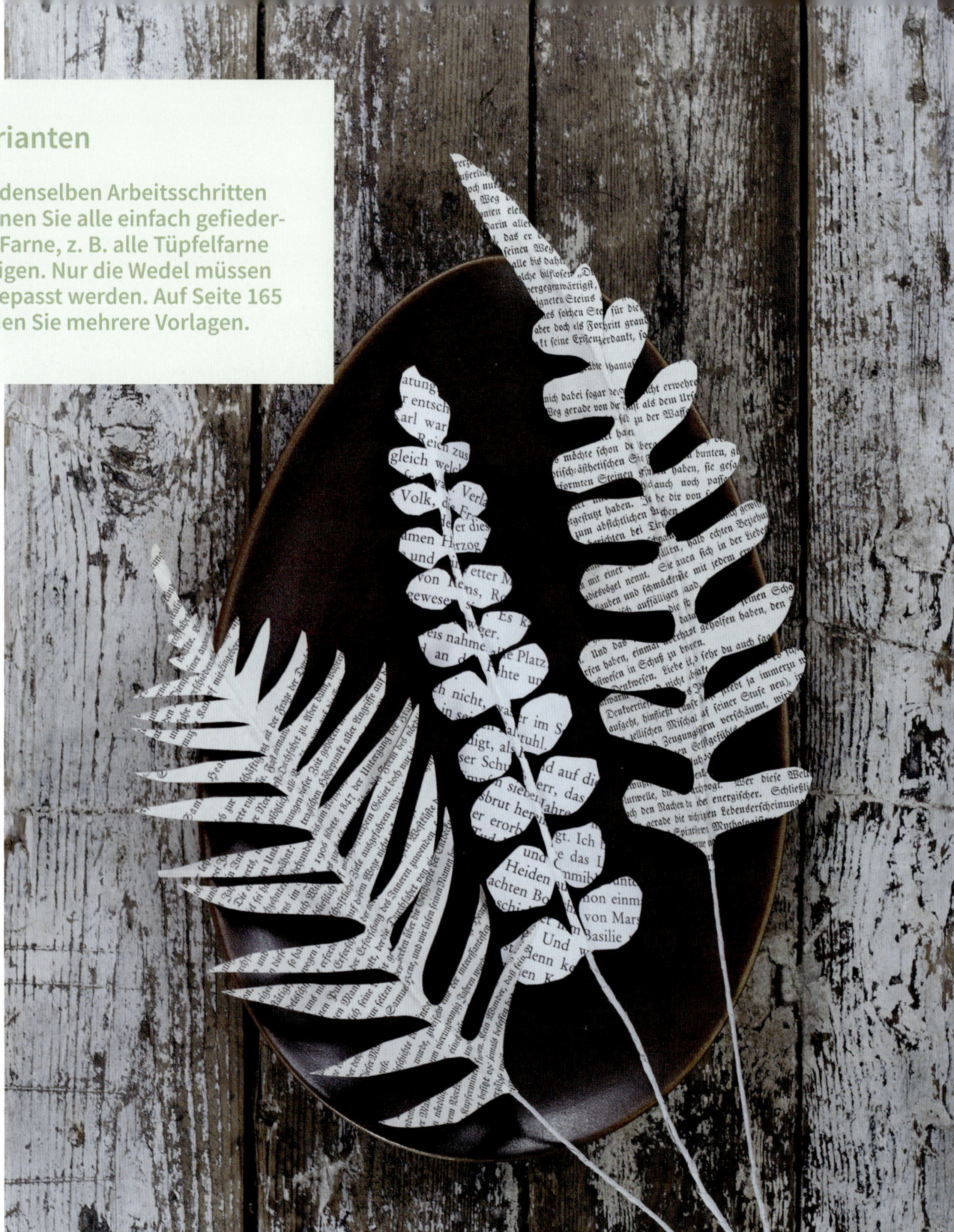

Inspiriert von

★★

Schleierkraut | *Gypsophila paniculata*

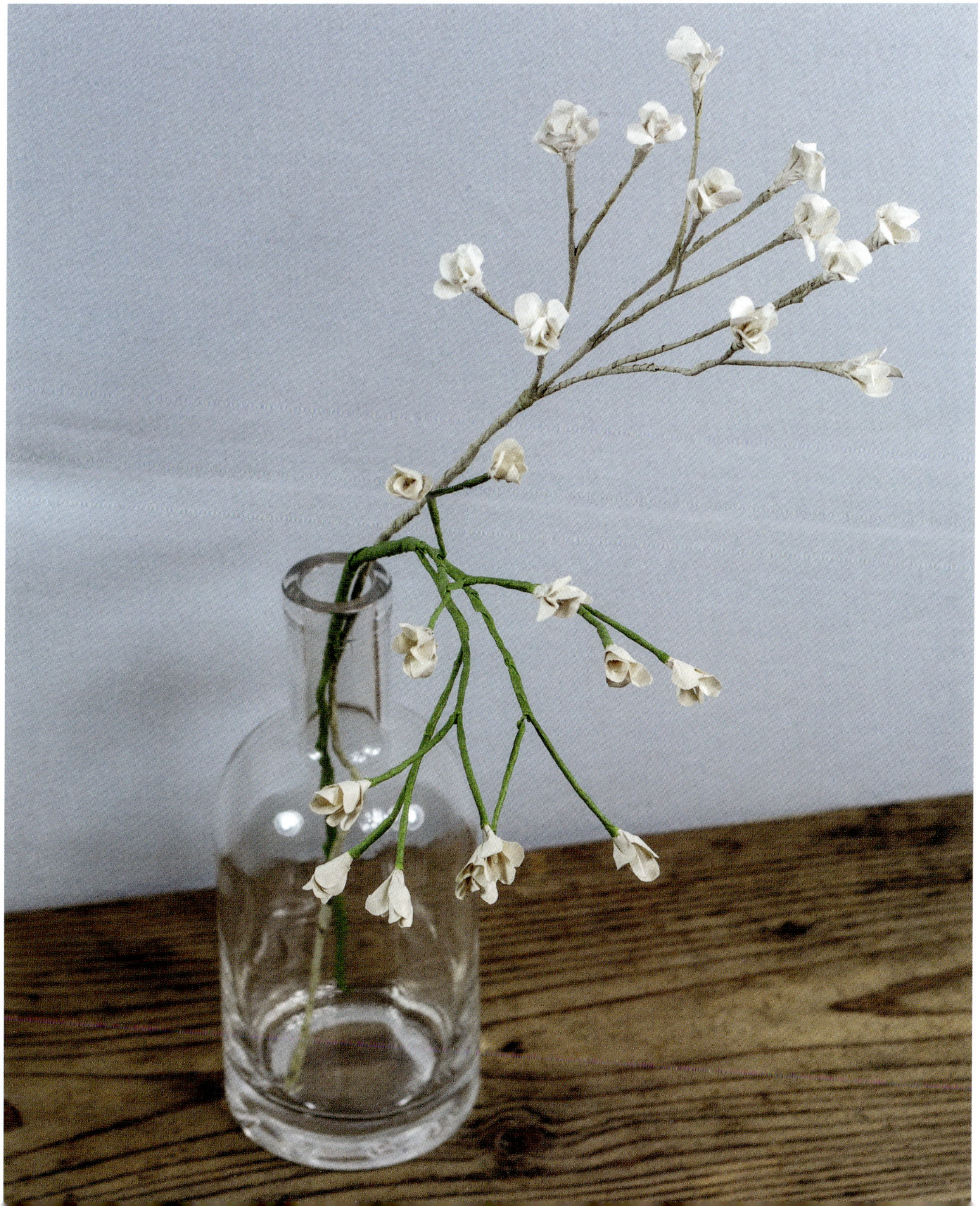

Schleierkraut | *Gypsophila paniculata* ★★

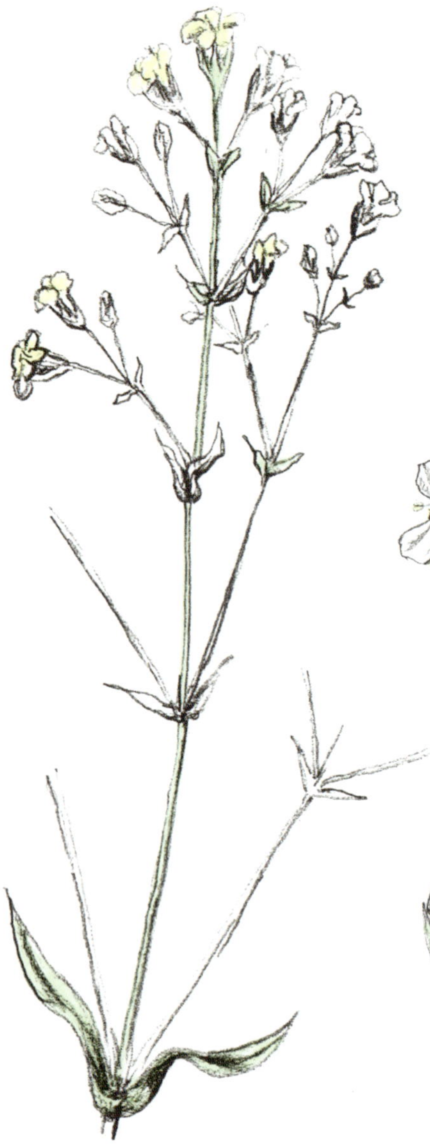

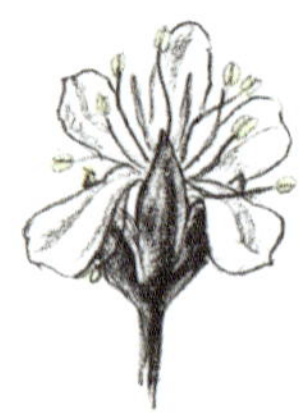

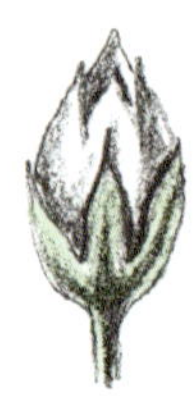

Blütengröße
- ca. 1 cm Ø je Einzelblüte

Materialien
- Buchseiten
- Steckdraht (0,95 mm)
- Wickeldraht (0,3 mm)
- Weißleim
- Tageszeitung

Werkzeuge
- Schere
- Zangenset

Vorlagen
- Seite 166
- Blüte

Blüte

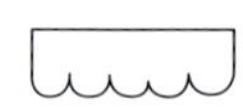

Mit der Vorlage für die Blüte – einfach nur vergrößert – und den Schritten 1 bis 3 entstehen bezaubernde Mini-Rosen, die sich perfekt für einen Haarkranz eignen.

Vorbereitung

- 12 Blütenstreifen ausschneiden, unbedruckte Ränder verwenden.
- Die Streifen knittern. Anschließend die Rundungen der Blütenstreifen, die die Blätter bilden, über die Schere ziehen und wölben.
- Draht schneiden: Steckdraht (0,95 mm) 1 × 30 cm, Wickeldraht (0,3 mm) 6 × 6 cm, 3 × 9 cm, 3 × 13 cm. Alle Spitzen der Wickeldrähte etwa 1 cm mit Papier umwickeln und bekleben.
- Vom unbedruckten Rand der Zeitung 0,5 cm breite Streifen schneiden, ggf. einfärben.

Blüten

1. Den Blütenstreifen mit der Wölbung nach außen unter Zugabe von Leim um die kaschierte Drahtspitze wickeln. Dabei den Streifen in unregelmäßige Falten legen. Unten fest zusammendrücken, damit sich nach oben die kleine Blüte öffnet.

2. Schritt 1 noch 11 × wiederholen.

3. Jeden der 12 Blütenstängel – an der Blüte beginnend – über 3 cm mit Zeitungsstreifen umwickeln.

Zusammenfügen

4. Alle 12 Blüten folgendem Schema entsprechend miteinander verbinden:

a) 6 × 2 Blütenstängel zusammenführen und weitere 3,5 cm mit Zeitungsstreifen umwickeln.

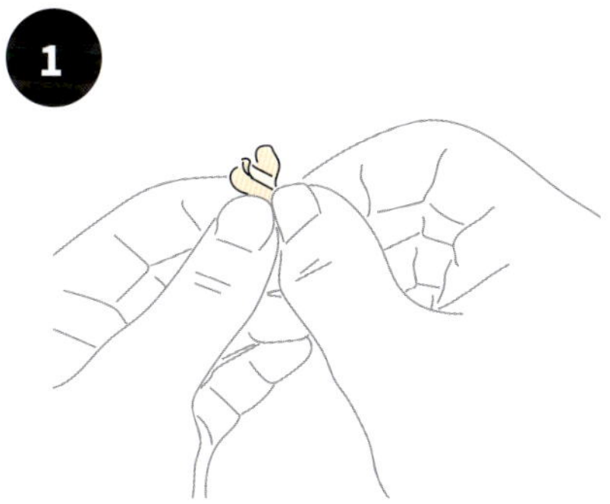

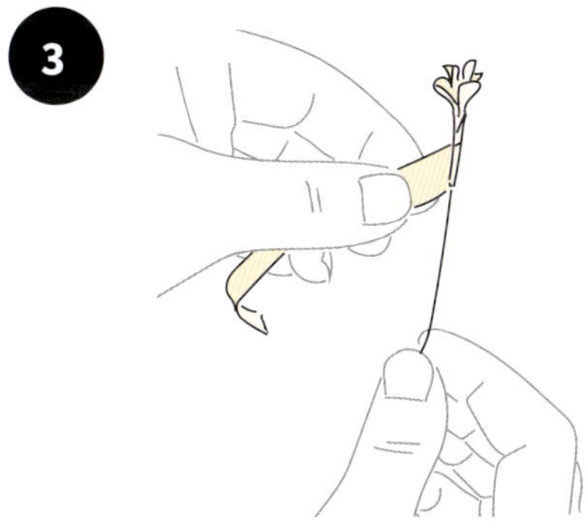

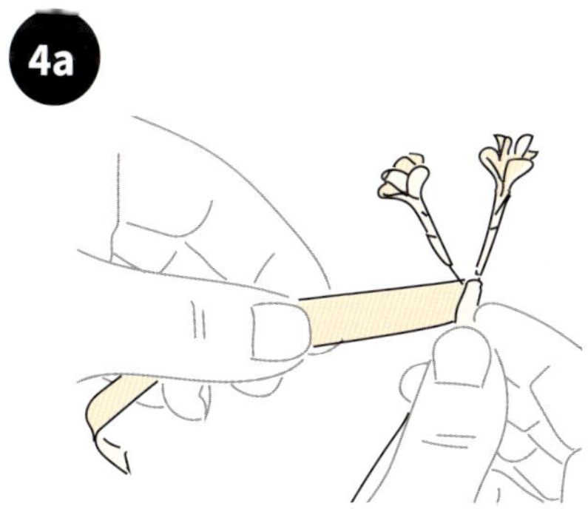

b) 3 × 2 zweifache Blütenstängel zusammenführen und die nächsten 2 cm mit Zeitungsstreifen umwickeln.

c) Alle 3 vierfachen Blütenstängel und den Steckdraht zusammennehmen und bis unten mit Zeitungsstreifen umwickeln.

4b

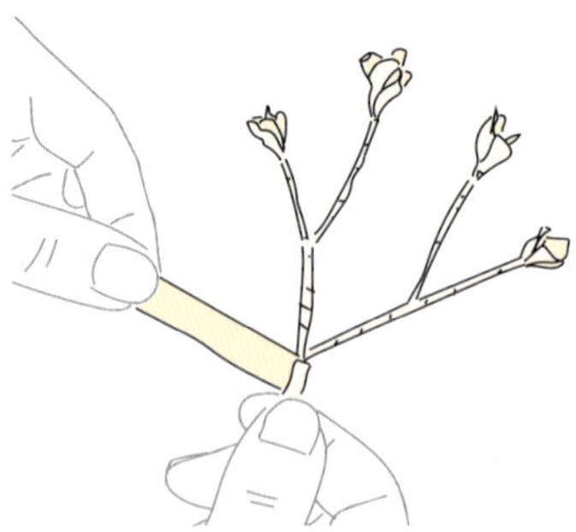

4c

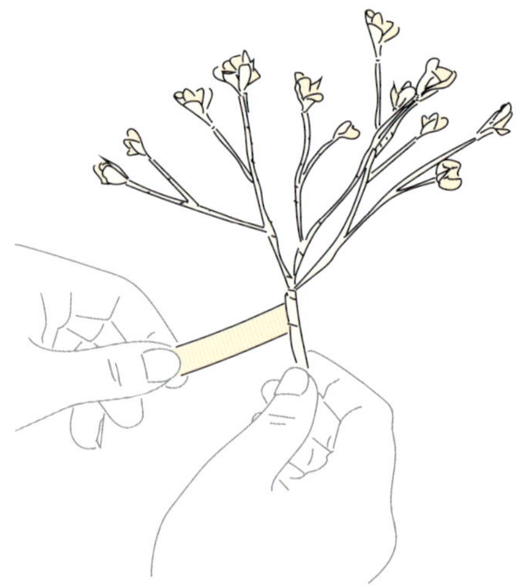

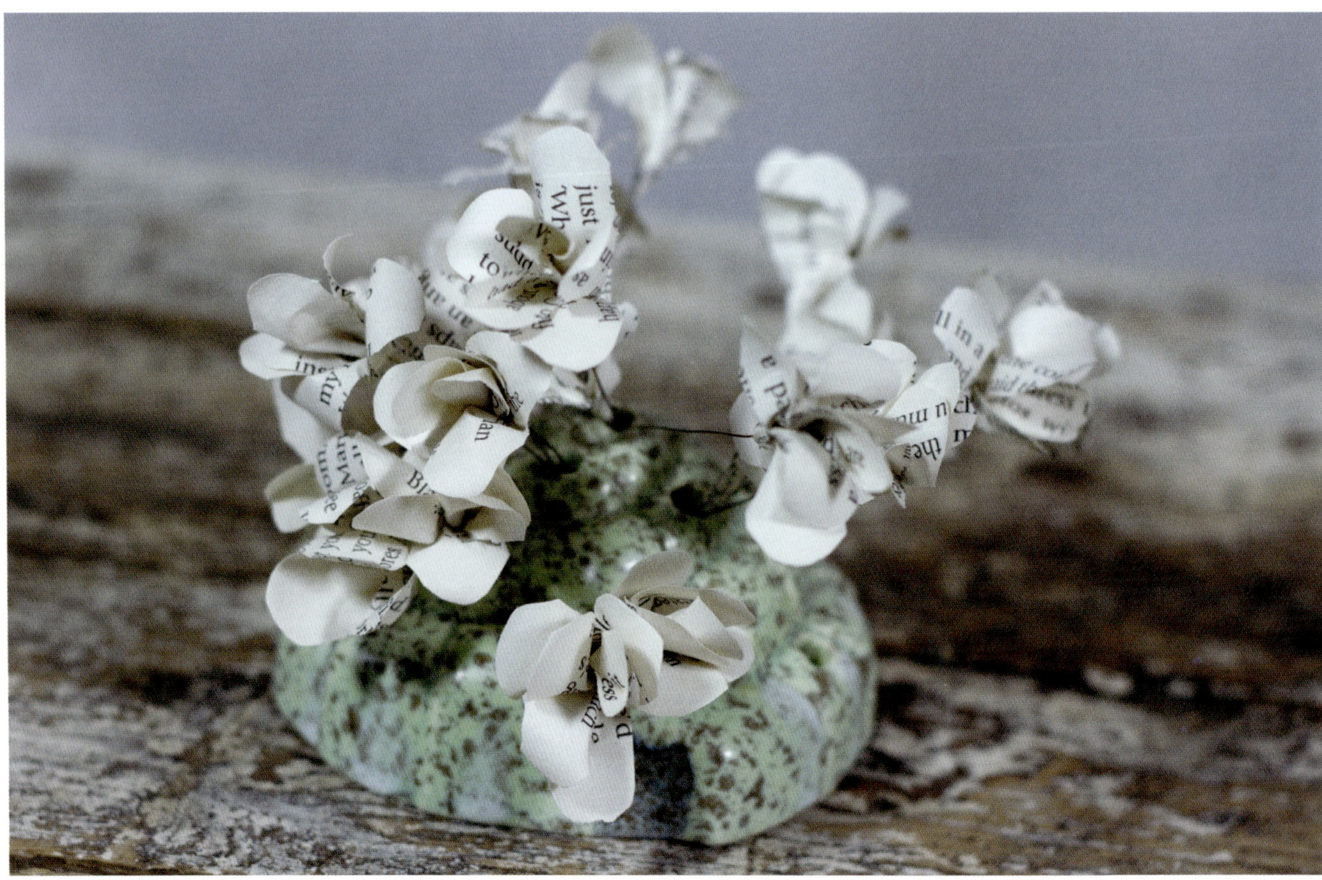

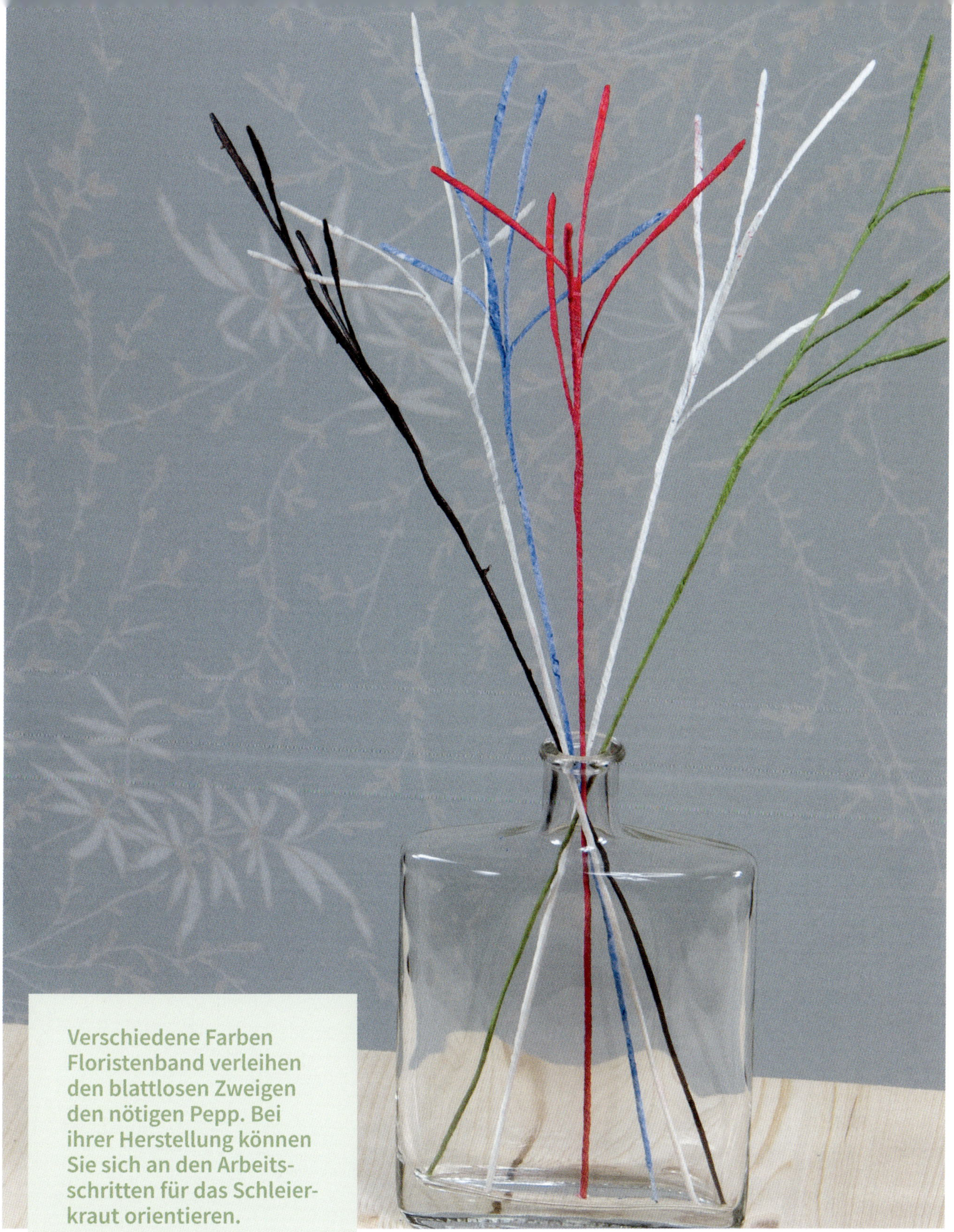

Verschiedene Farben Floristenband verleihen den blattlosen Zweigen den nötigen Pepp. Bei ihrer Herstellung können Sie sich an den Arbeitsschritten für das Schleierkraut orientieren.

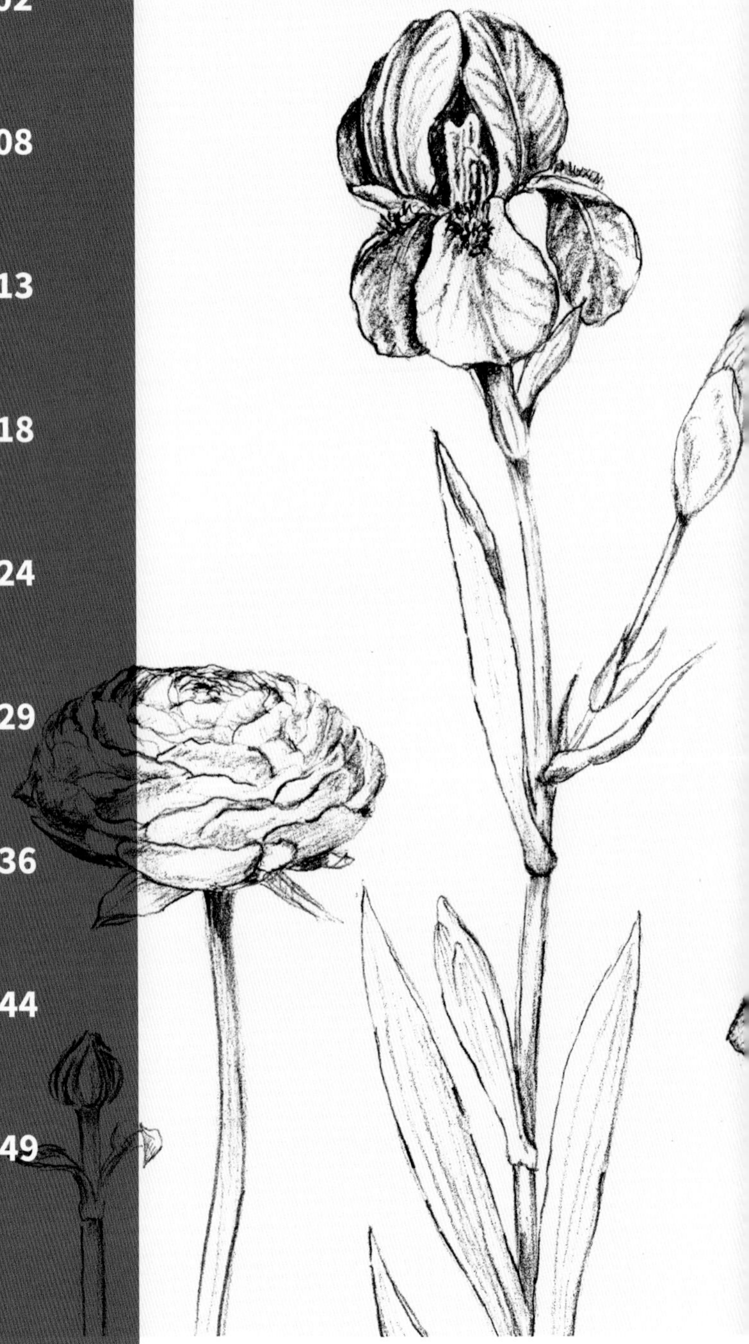

Anspruchsvolle Schönheiten

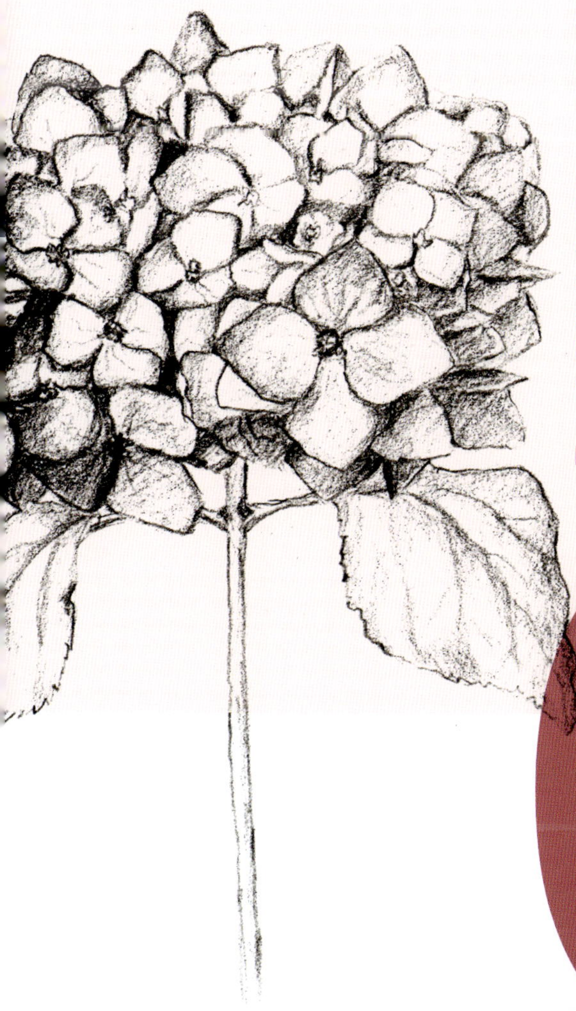

Mit ein wenig Fantasie und der richtigen Technik können Blumen aus Papier ihren Vorbildern in der Natur sehr nahekommen. Bevor Sie beginnen, schauen Sie sich am besten das Original in der Natur an. Ein einfacher Trick: Die echte Blüte in ihre Bestandteile zerpflücken und diese als Vorlage verwenden.

03

Inspiriert von

★ ★ ★

Strauchrose | *Rosa bracteata*

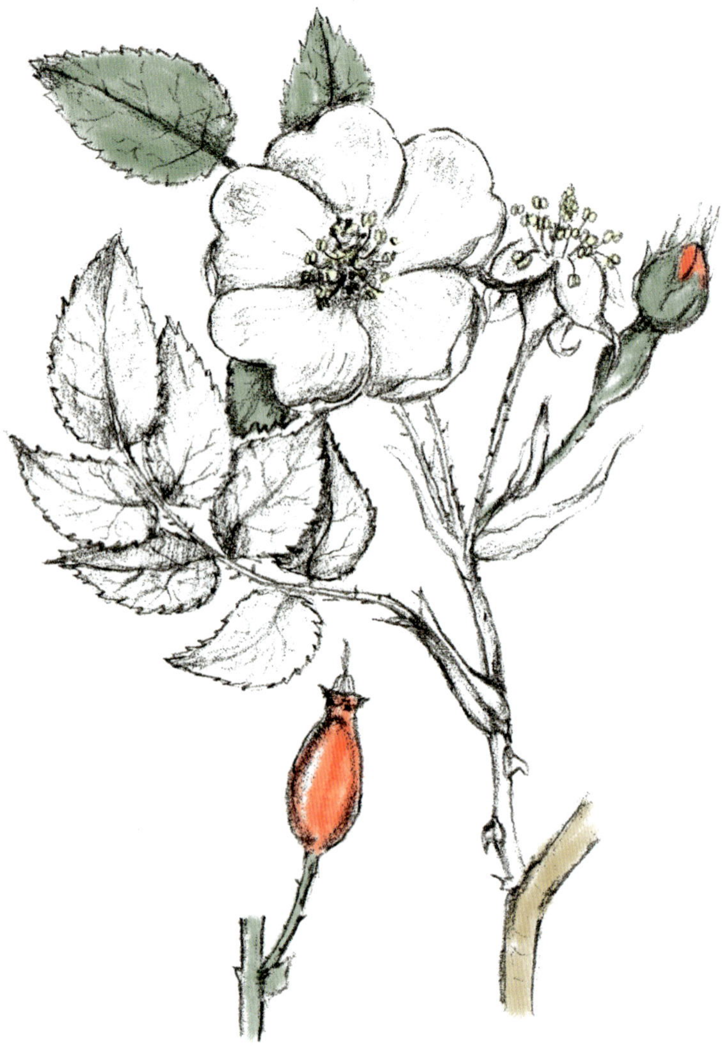

Blütengröße
- ca. 5 cm Ø

Materialien
- weiße Buchseiten
- gelb gefärbte Buchseite
- 2 grün gefärbte Buchseiten
- 2 Wattekugeln (15 mm)
- 2 Wattekugeln (10 mm)
- 3 Perlen (0,6 mm)
- Wickeldraht (0,3 mm)
- Wickeldraht (0,7 mm)
- Weißleim
- Tageszeitung
- grünes Floristenband

Werkzeuge
- Schere
- Zangenset
- Nadel
- Schaumstoffunterlage und Prägestift (alternativ Bleistift mit Tauchkappe)

Vorlagen
- Seite 166
- Blüte A, B
- Kelch A, B
- Blatt

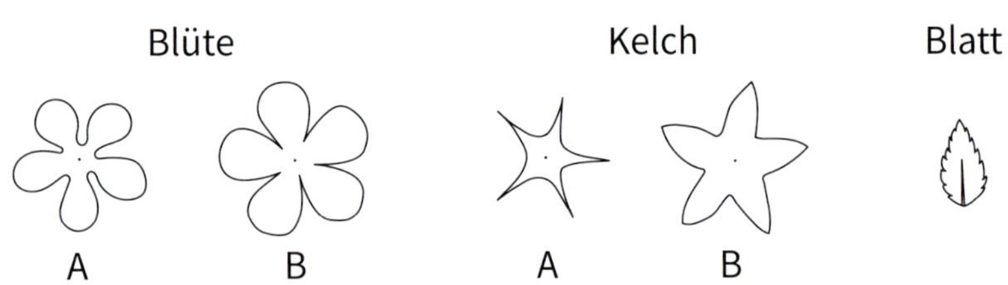

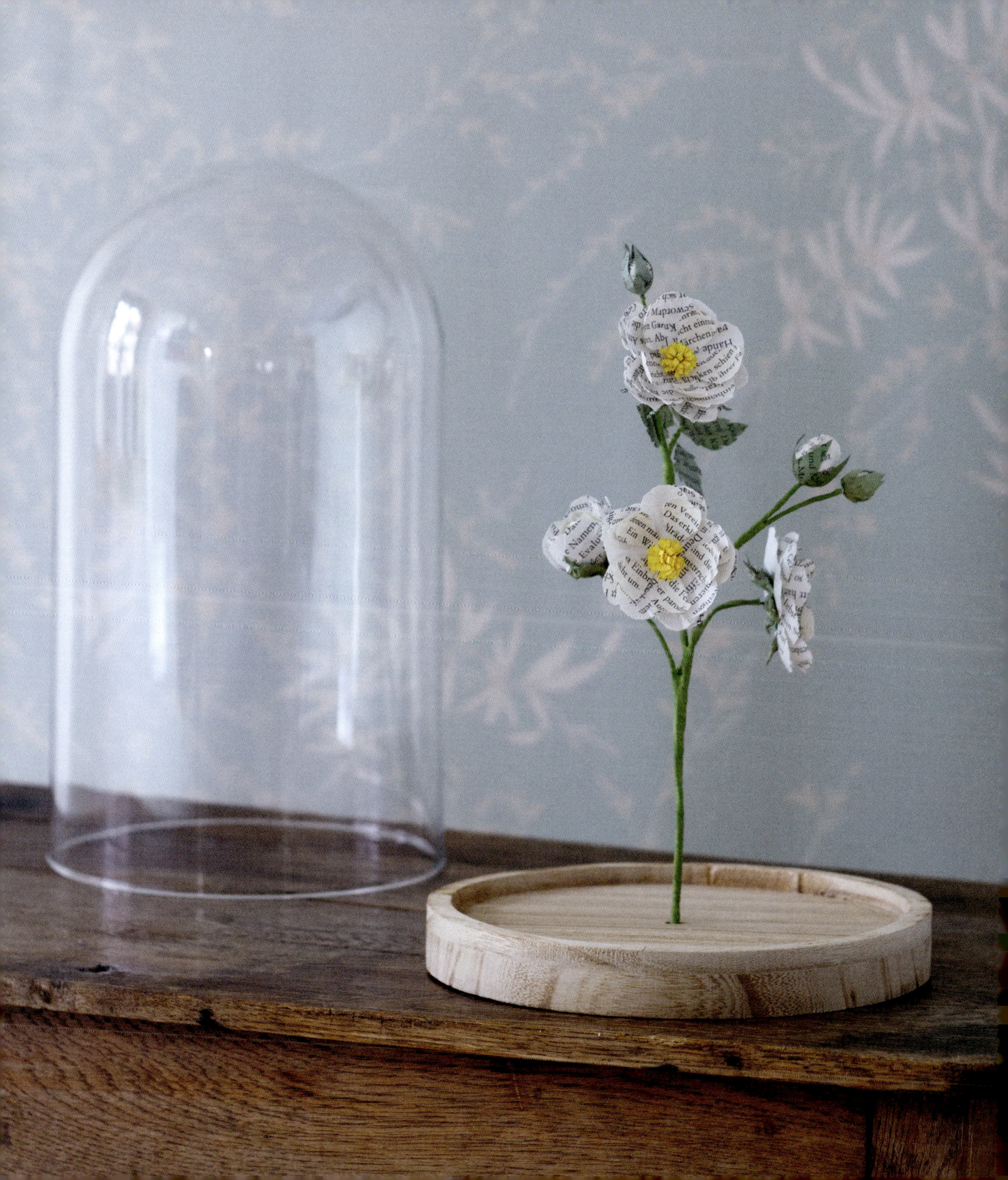

Vorbereitung

- Blütenblätter A 7 × und B 11 × ausschneiden, in der Mitte mit einem Loch versehen und wölben.
- Kelche A 3 × und B 4 × ausschneiden. Die Kelche B knittern und die Spitzen feucht zwischen Daumen und Zeigefinger zwirbeln.
- Blätter 5 x ausschneiden. An der Markierung falten.
- Draht schneiden: Wickeldraht (0,7 mm) 1 × 25 cm und 6 × 10 cm, Wickeldraht (0,3 mm) 5 × 10 cm. Alle Spitzen des Wickeldrahts (0,7 mm) mit Zeitungspapier von 0,5 × 1 cm ummanteln.

Knospen

1. Eine Wattekugel (10 mm) mit Papierschnipseln kaschieren und auf eine Drahtspitze (Wickeldraht 0,7 mm, 10 cm) kleben.
2. Die Kugel bis fast oben mit Leim bestreichen, einen Kelch A von unten auf den Stängel schieben und festdrücken.
3. Für eine zweite Knospe die Schritte 1 bis 2 wiederholen.

Aufbrechende Knospe

4. Schritt 1 mit einer Wattekugel (15 mm) wiederholen.
5. Die untere Hälfte der Wattekugel mit Leim einstreichen. 2 Blütenblätter A von unten an die Kugel kleben. Darauf achten, dass die einzelnen Blätter locker in eine Richtung überlappen.
6. Eine kleine Perle und dann einen Kelch A von unten an die Blüte kleben.

1

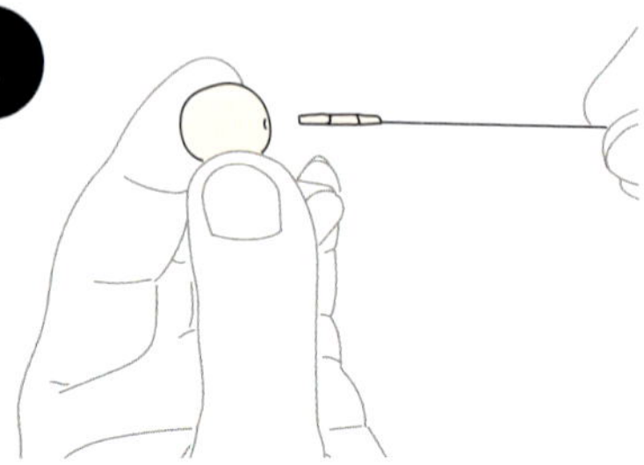

2

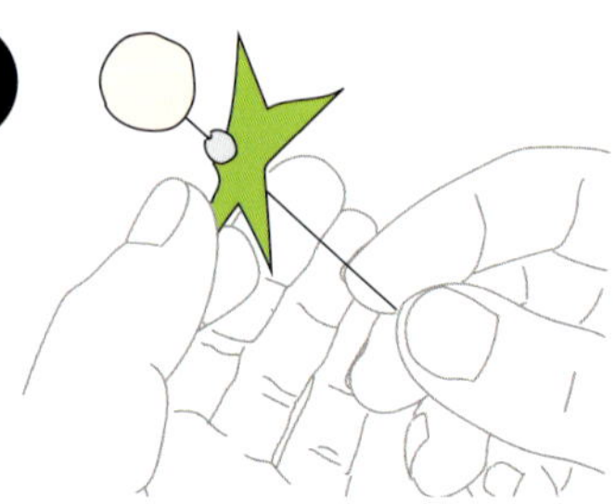

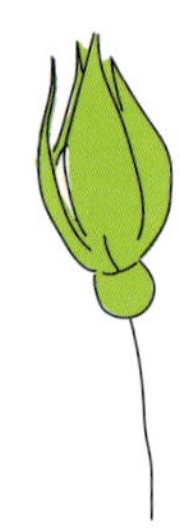

5

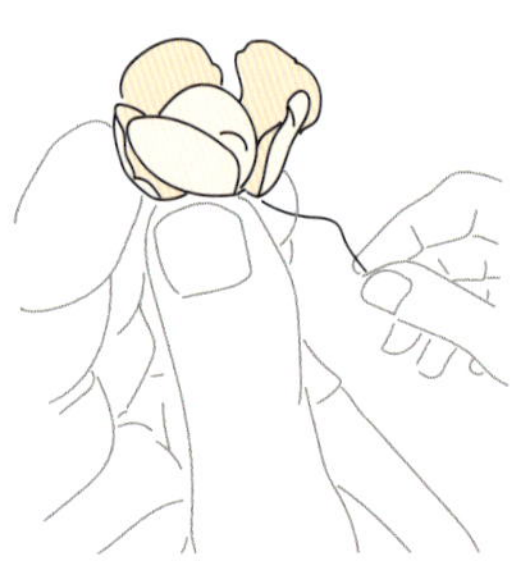

6

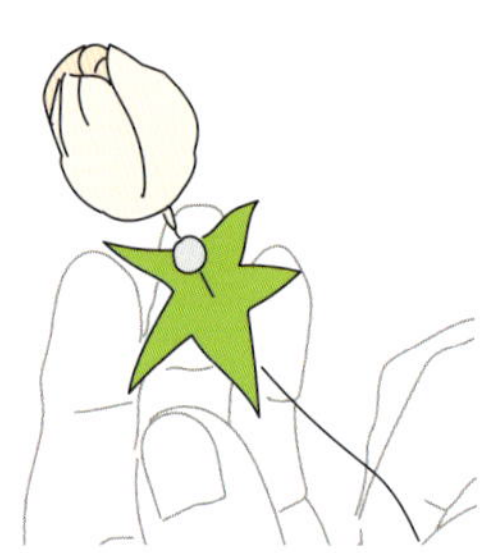

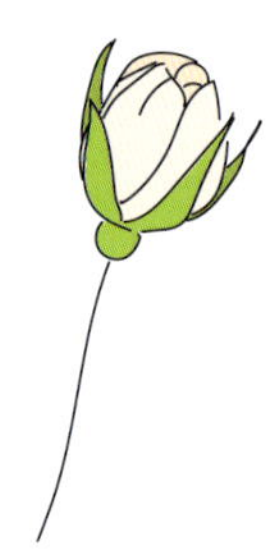

8–9

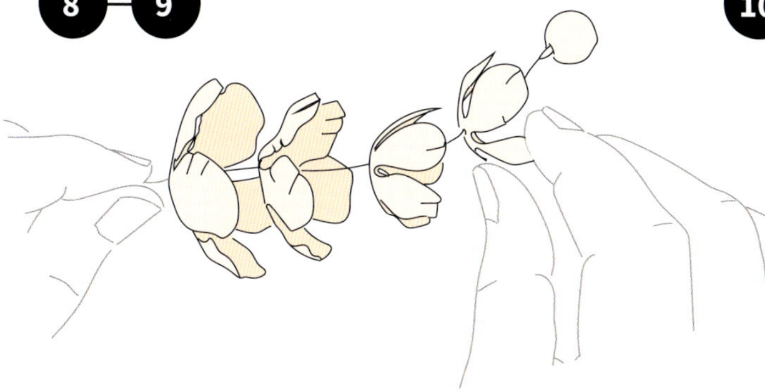

10

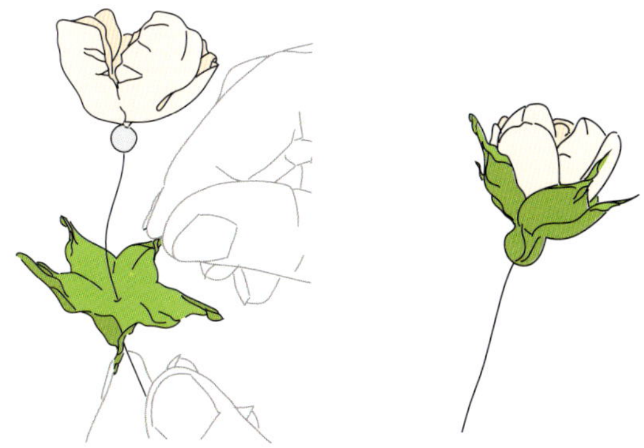

11

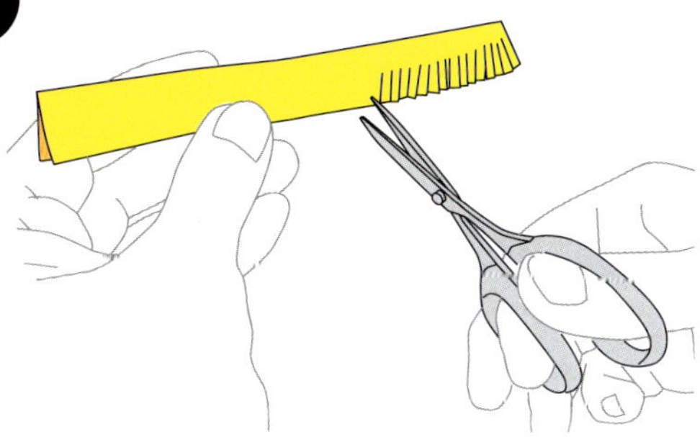

12

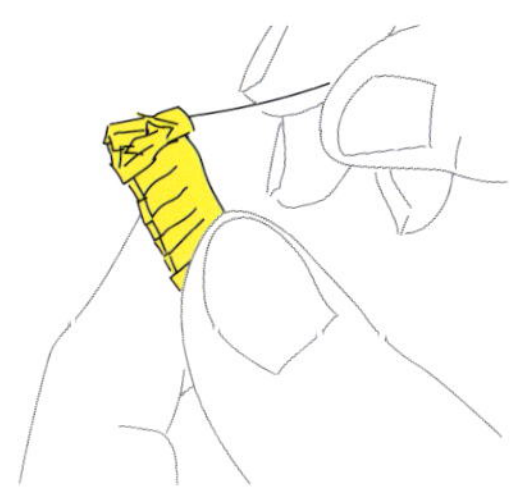

13

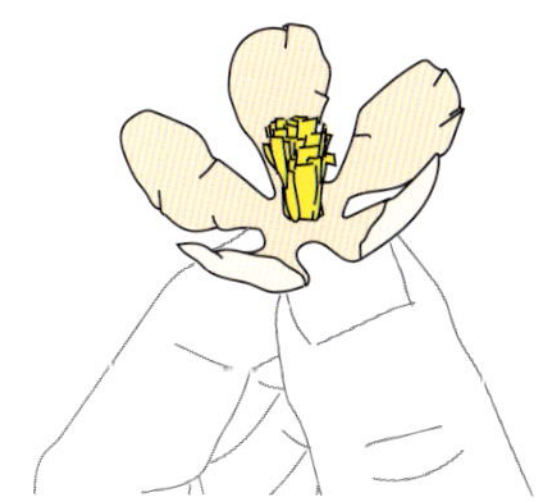

Halb geöffnete Blüte

7. Schritt 1 mit einer Wattekugel (15 mm) wiederholen.

8. Auf den Übergang vom Stängel zur Kugel etwas Leim geben und 2 Blütenblätter A nacheinander festkleben. Die einzelnen Blätter sollen dabei ganz wenig geöffnet bleiben.

9. Mit 2 Blütenblättern B wie in Schritt 8 verfahren.

10. Eine Perle und danach einen Kelch B von unten an die Blüte kleben.

Geöffnete Blüte

11. Einen gelben Papierstreifen à 7 × 1,4 cm schneiden und in der Länge mittig falten. An der offenen Seite im Abstand von 1 bis 2 mm bis zur Mitte einschneiden.

12. Am Falz mit Leim bestreichen und um die Spitze des Wickeldrahts (0,7 mm, 25 cm) wickeln und nach außen biegen.

13. Ein Blütenblatt A unter Zugabe von Leim von unten an die Blütenmitte kleben. Die einzelnen Blätter sollen dabei geöffnet bleiben.

14. Anschließend mit 3 Blütenblättern B nacheinander genauso verfahren. Die Blütenblätter jeweils versetzen.

15. Eine kleine Perle und dann einen Kelch B von unten an die Blüte kleben.

16. Für die anderen beiden Blüten jeweils die Schritte 11 bis 14 wiederholen, aber einen 10 cm langen Draht verwenden.

Blätter

17. Die Falte eines Blattes mit Leim bestreichen, einen Wickeldraht (0,3 mm) hineinlegen und mit Druck zwischen Daumen und Zeigefinger festkleben.

18. Schritt 17 mit 4 weiteren Blättern wiederholen.

19. Das erste Blatt mit 3 mm breitem Floristenband umwickeln und die weiteren Blätter zu einem Rosenblatt einarbeiten.

14

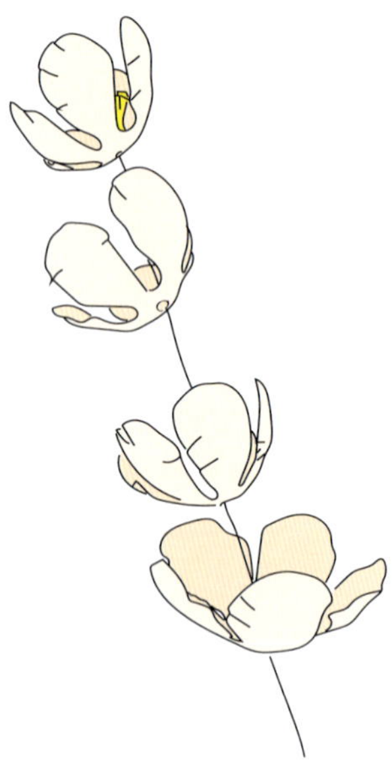

15

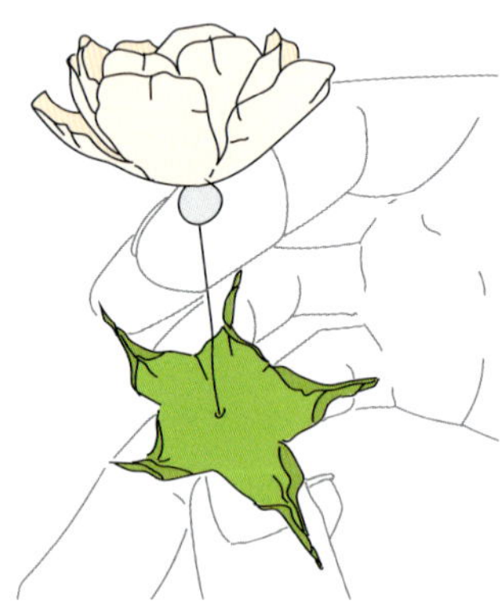

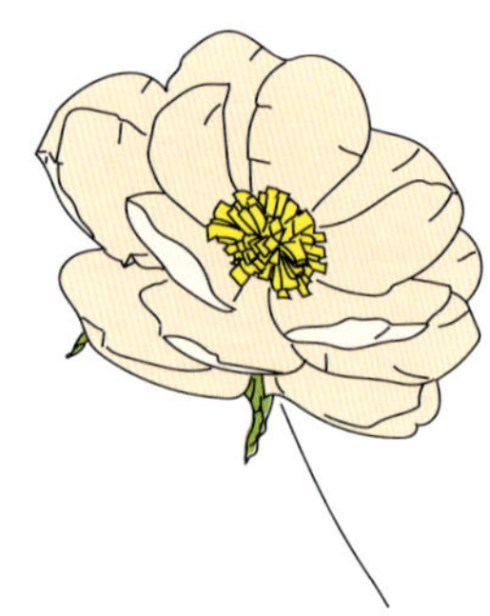

17

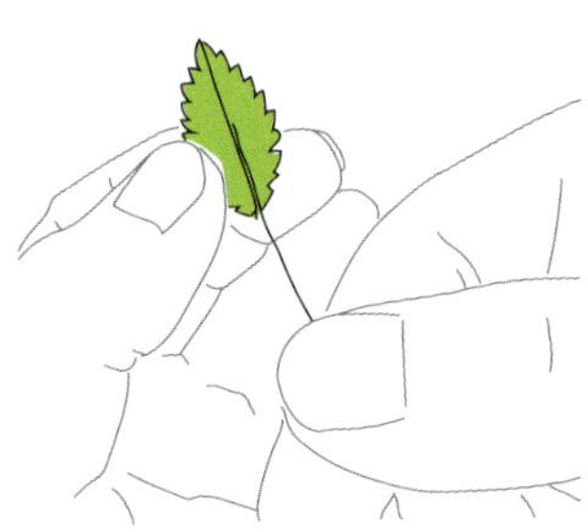

19

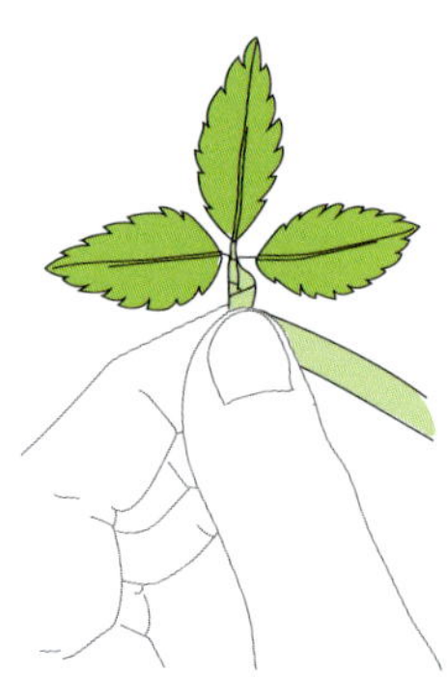

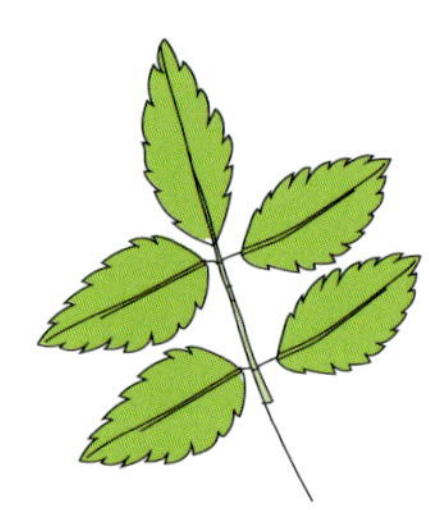

Zusammensetzen

20. Nun 2 Knospen, eine aufbrechende Knospe, eine halb geöffnete Blüte und 3 geöffnete Blüten sowie ein Blatt zu einem Rosenzweig zusammenfügen. Ausgangspunkt ist die Blüte mit dem langen Stiel. Alle Teile mit Floristenband umwickeln und nach und nach zusammenführen.

20

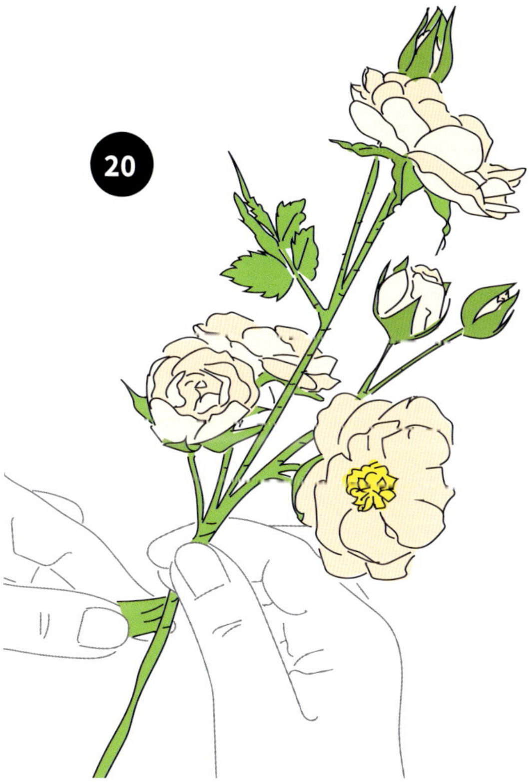

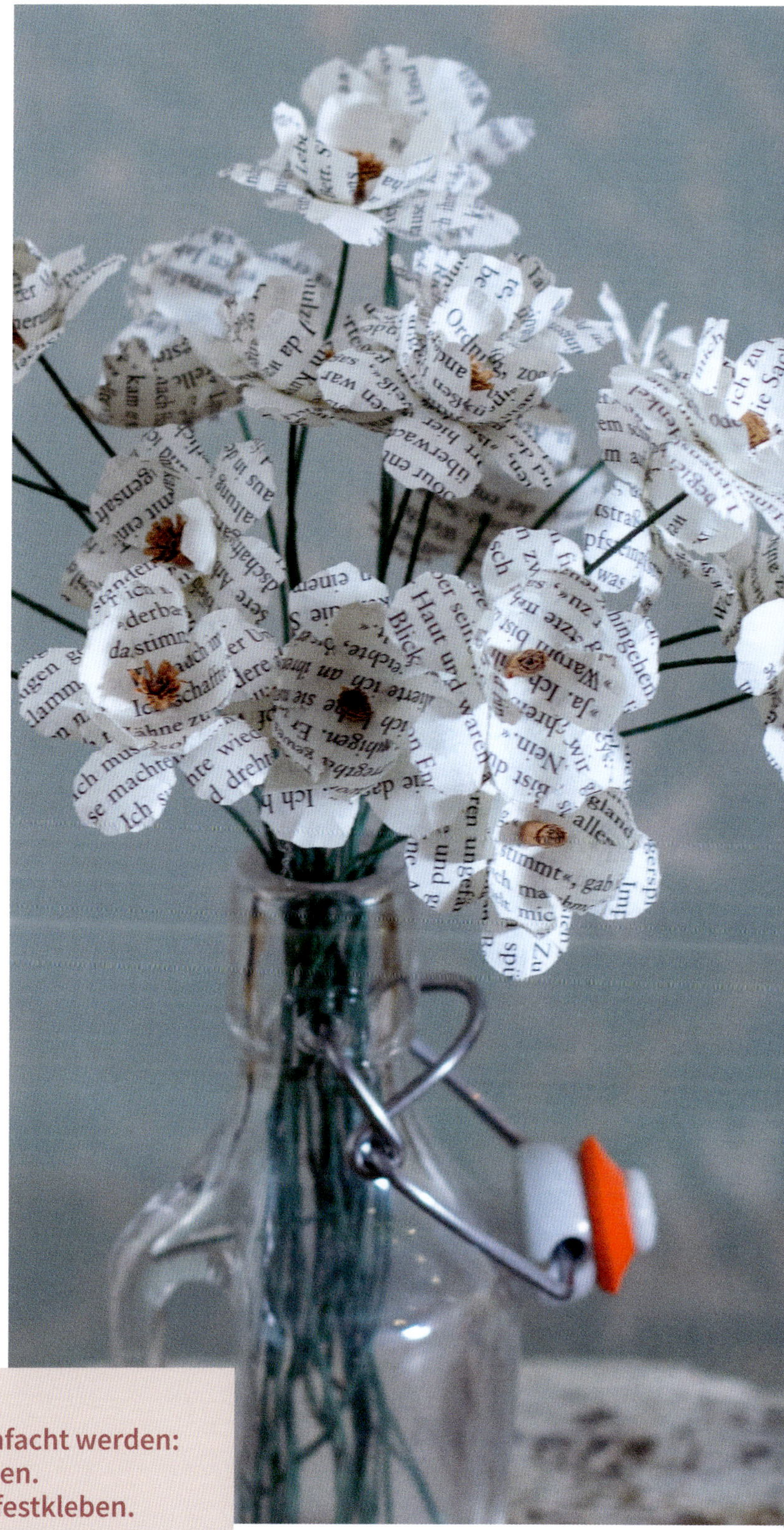

Für diesen Strauß können die Arbeitsschritte vereinfacht werden: Das Staubgefäß auf papierummantelten Draht kleben. Dann 2 Blütenblätter B ausschneiden, wölben und festkleben.

Inspiriert von

Ranunkel | *Ranunculus asiaticus*

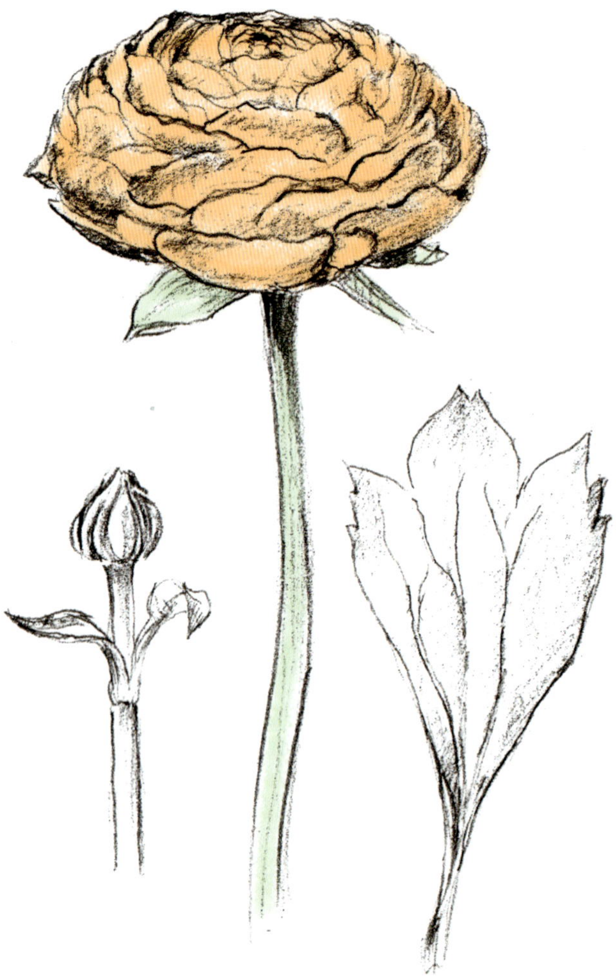

Blütengröße
- 6 cm Ø

Materialien
- Buchseiten
- Wickeldraht (0,95 mm)
- Wickeldraht (0,65 mm)
- 2 Wattekugeln (20 mm)
- Weißleim
- Zellstoff
- grünes Floristenband

Werkzeuge
- Schere
- Zangenset
- Zahnstocher

Vorlagen
- Seite 166
- Blütenblatt A, B, C
- Kelch A, B
- Blatt

Blütenblatt Kelch Blatt

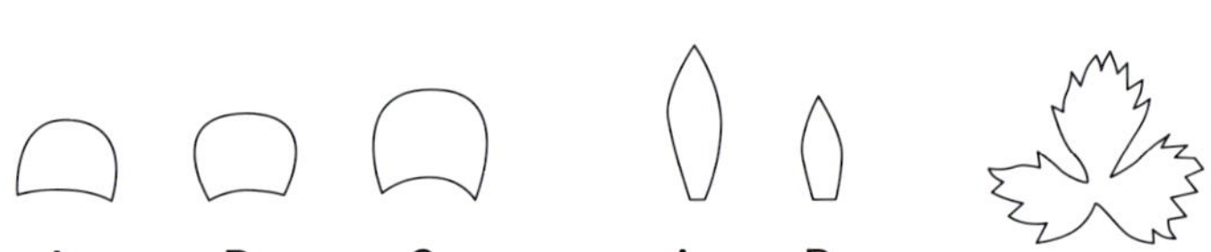

A B C A B

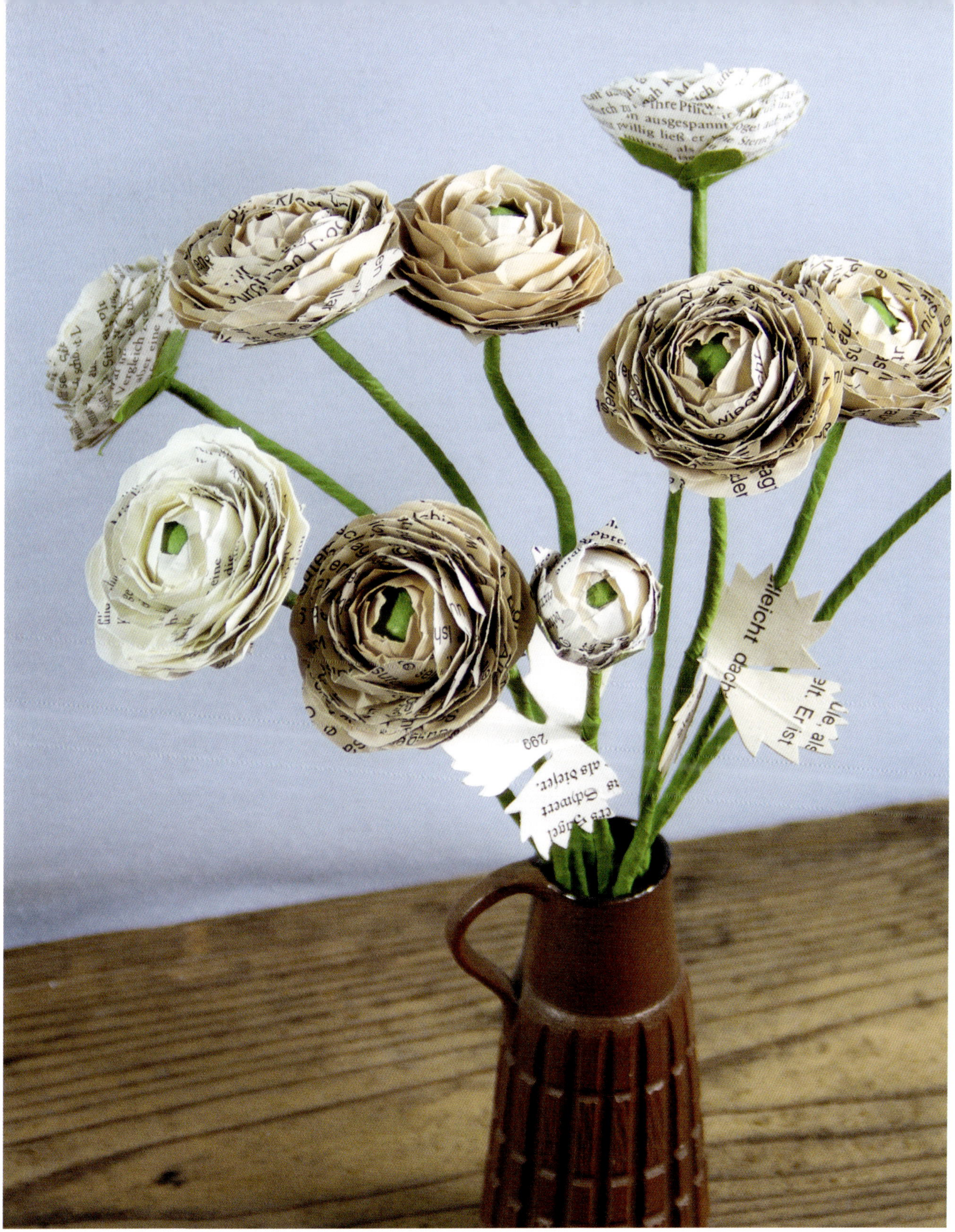

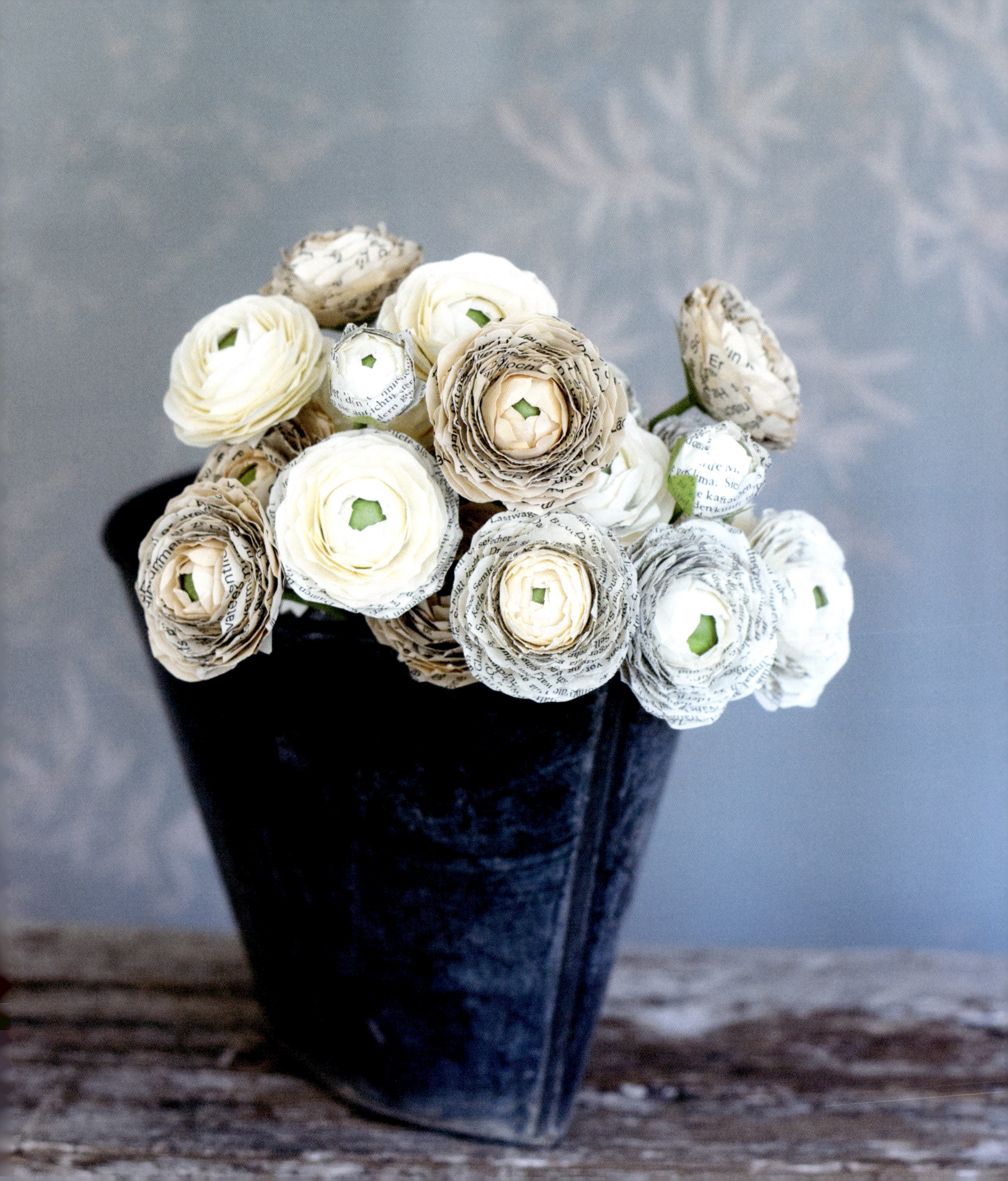

Vorbereitung

- Blütenblätter ausschneiden 28 × A, 35 × B, 15 × C und mit dem Prägestift wölben.
- Kelch A und B: Floristenband mit Leim auf eine Buchseite kleben und je 5 × ausschneiden.
- Blatt 2 × doppelt ausschneiden.
- Draht schneiden: Wickeldraht (0,95 mm) 2 × 25 cm, Wickeldraht (0,65 mm) 2 × 8 cm. Um die Spitze der langen Wickeldrähte (0,95 mm) Papier à 2 × 3 cm kleben.

Knospe

1. Wattekugel auf einen Wickeldraht kleben und mit Floristenband kaschieren.
2. Ein Blütenblatt A mit einer Hälfte auf die Kugel kleben.
3. Nun 3 weitere Blütenblätter A vollflächig und überlappend so um die Spitze der Kugel kleben, dass etwas Grün in der Mitte hervorblitzt. Dabei das letzte Blatt unter die lose Hälfte des ersten Blatts aus Schritt 2 schieben und festkleben.
4. Schritt 2 bis 3 mit 5 Blütenblättern A wiederholen. Jeweils nur die untere Hälfte eines Blütenblatts mit Leim bestreichen.
5. Schritt 2 bis 3 mit 5 Blütenblättern B wiederholen. Jeweils die untere Hälfte eines Blütenblatts mit Leim bestreichen.
6. Dann 5 Kelchblätter A mit der Buchseite nach innen um die Knospe verteilen und festkleben. Den Überstand am Stängel zusammendrücken.

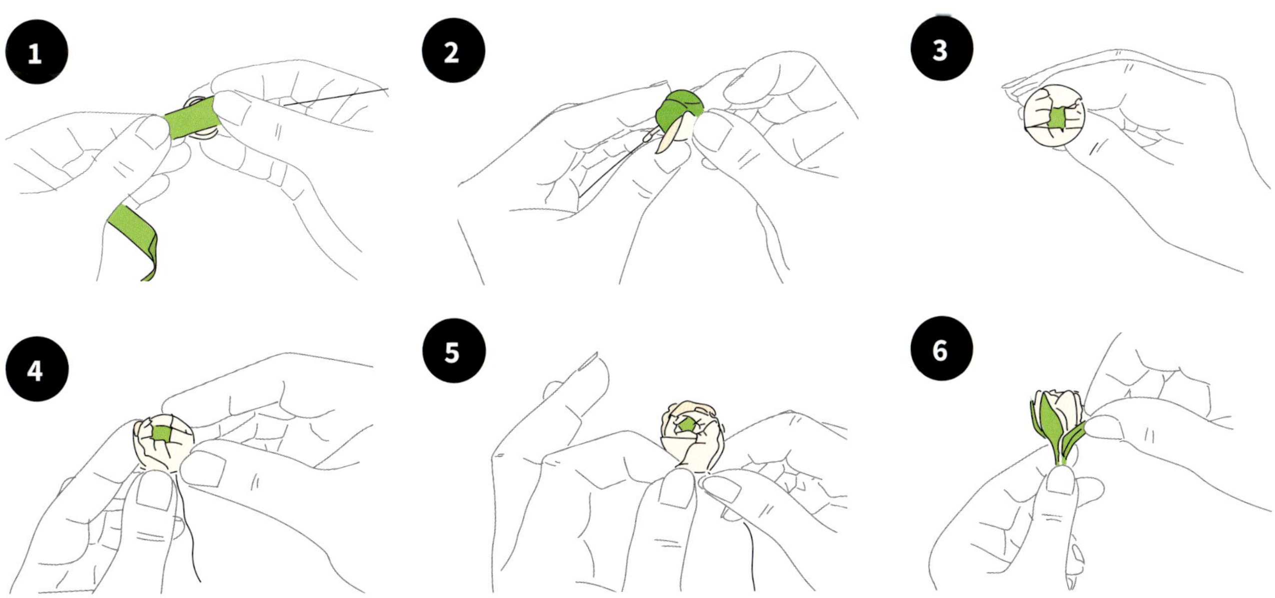

Blüten

7. Schritt 1 bis 4 wiederholen.
8. 10 Blütenblätter A immer rundherum ankleben. Jeweils die untere Hälfte eines Blütenblatts mit Leim bestreichen. Die Blüte soll sich langsam öffnen.
9. 30 Blütenblätter B rundherum ankleben. Nur noch im unteren Drittel mit Leim bestreichen. Die Blattspitzen locker lassen, damit sich die Blüte immer weiter öffnet.
10. 15 Blütenblätter C rundherum ankleben. Nur noch den unteren Rand mit Leim bestreichen.
11. Dann 5 Kelchblätter B mit der Buchseite nach oben um den Blütenboden verteilen und festkleben.

Blätter

12. Nun 2 zusammengehörende Blattteile aufeinanderkleben und dabei den Wickeldraht (0,65 mm) einlegen.
13. Das Blatt mit den Fingern etwas formen.
14. Schritt 12 und 13 für ein zweites Blatt wiederholen.

Zusammenfügen

15. Beide Stängel unter Zugabe von Leim mit Zellstoff polstern.
16. Die Blütenstängel mit Floristenband umwickeln und im oberen Bereich je ein Blatt einarbeiten.

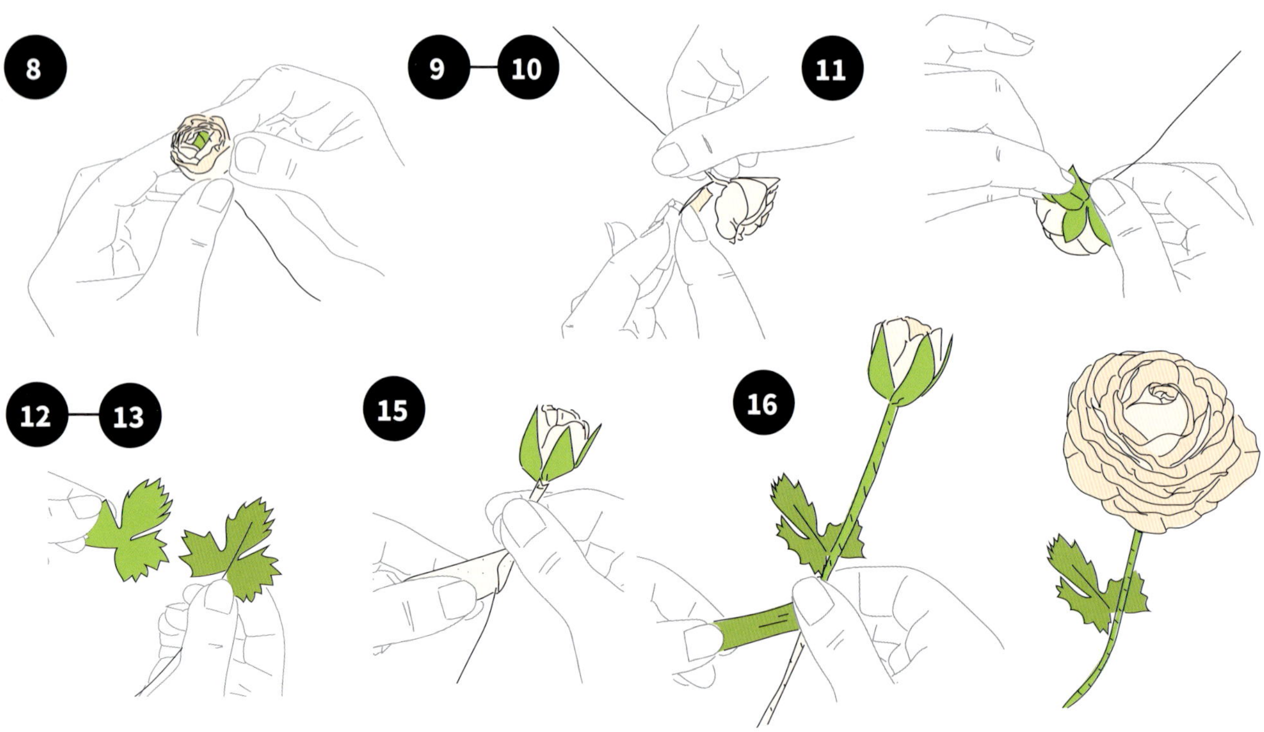

Inspiriert von

★★★★

Cosmea | *Cosmos bipinnatus*

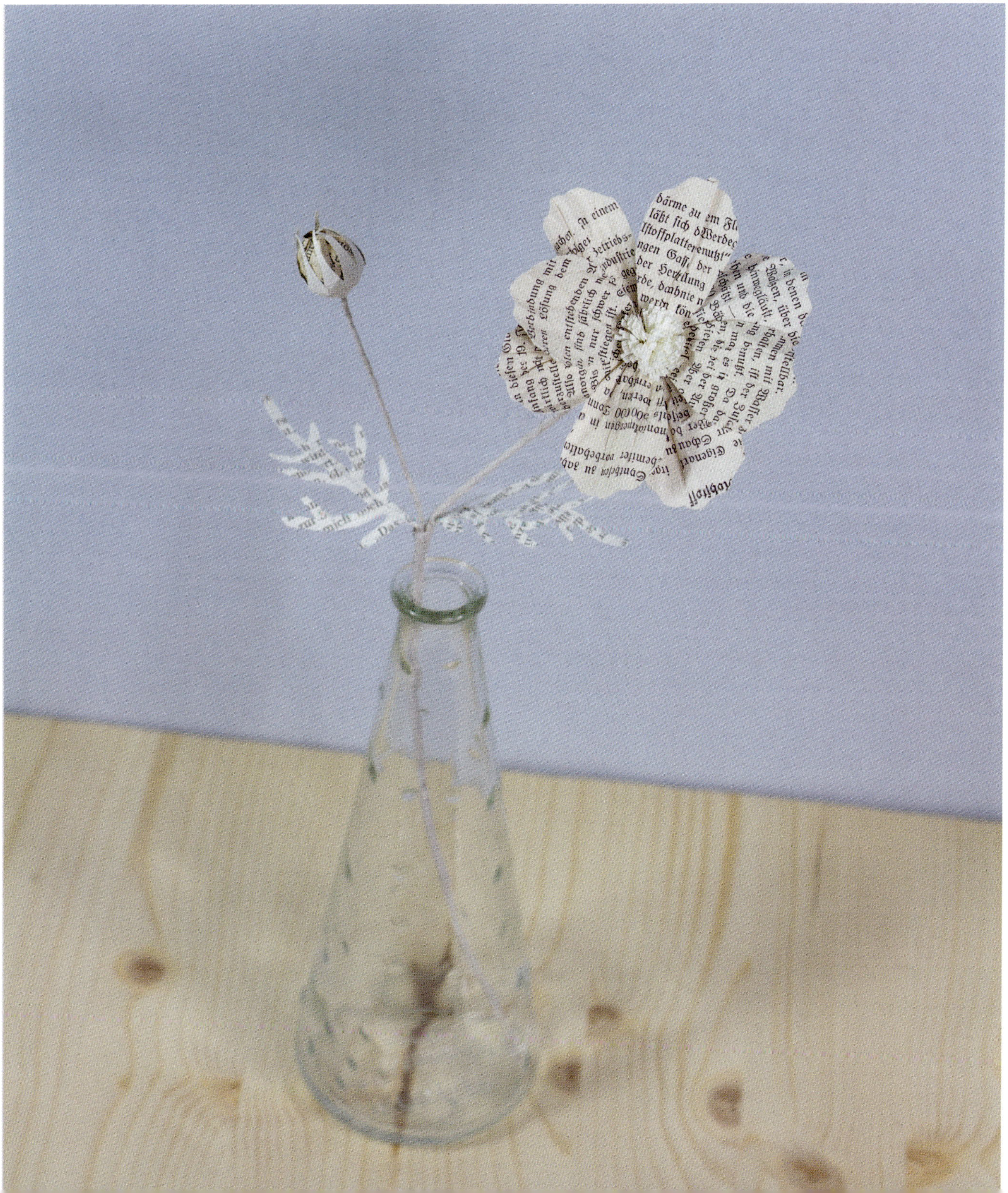

Cosmea | *Cosmos bipinnatus* ★★★★

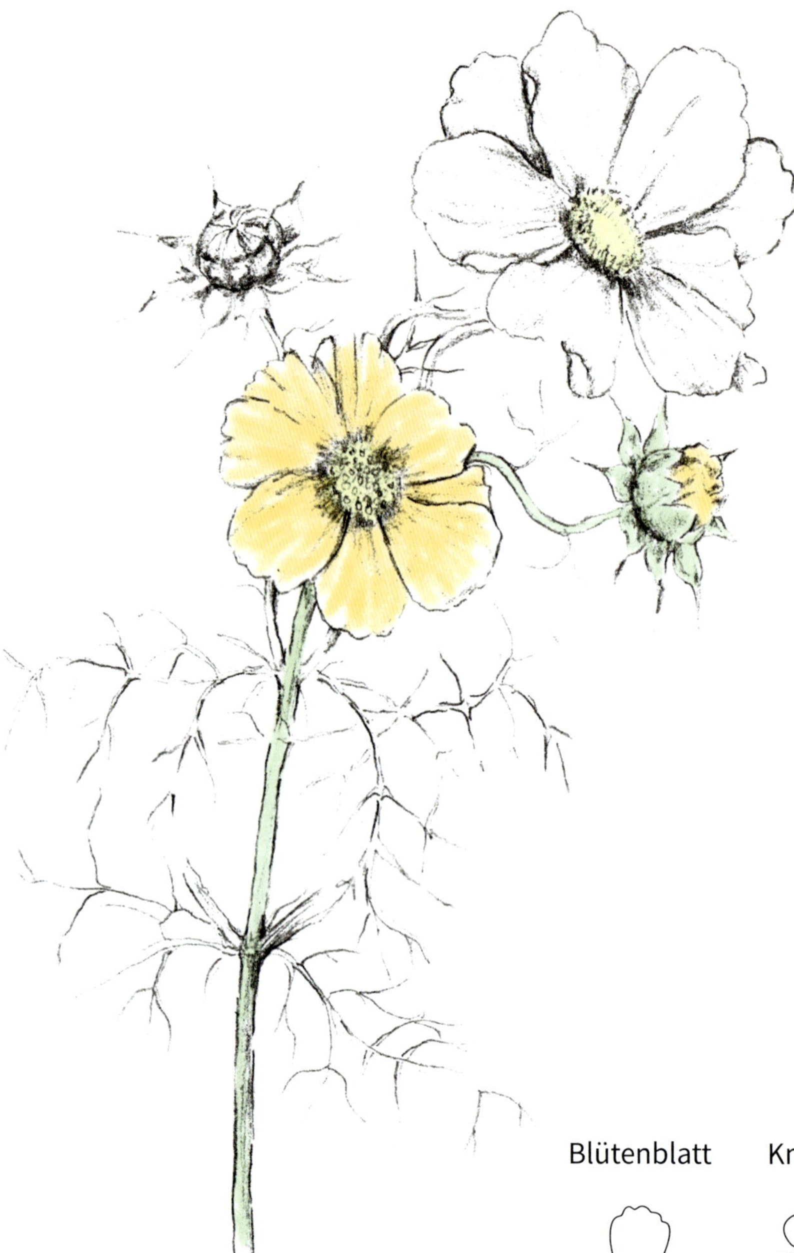

Blütengröße
- ca. 8,5 cm Ø

Materialien
- dünne Buchseiten
- Steckdraht (0,7 mm)
- Wickeldraht (0,65 mm)
- Wickeldraht (0,3 mm)
- Weißleim
- Wattekugel (15 mm)
- Tageszeitung

Werkzeuge
- Schere
- Zangenset
- dünnes Stoffstück (z. B. Taschentuch)

Vorlagen
- Seite 167
- Blütenblatt
- Knospe
- Kelch A, B
- Blatt

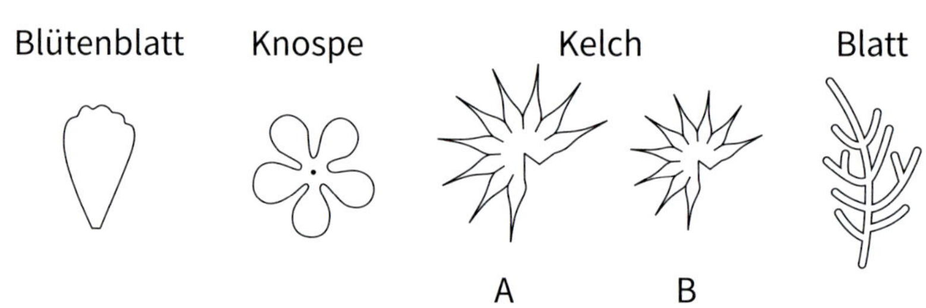

Vorbereitung

- 8 Blütenblätter ausschneiden, der Länge nach nass fälteln und die Blattbasis zwischen Daumen und Zeigefinger zwirbeln.
- Knospe 1 × ausschneiden.
- Kelche A und B 1 × ausschneiden und zur Mitte mit dem Prägestift wölben.
- Blatt 2 × doppelt ausschneiden.
- Draht schneiden: Steckdraht (0,7 mm) 1 × 30 cm, Wickeldraht (0,65 mm) 1 × 15 cm, Wickeldraht (0,3 mm) 2 × 12 cm. Um die Spitzen des Steckdrahts Zeitungspapier à 2 × 1 cm wickeln und festkleben.
- Den unbedruckten Zeitungsrand in 1 cm breite Streifen schneiden.

Blüte

1. Zwei Streifen à 20 × 1,2 cm vom unbedruckten Buchseitenrand ausschneiden und im Abstand von 1 bis 2 mm Fransen etwa 0,8 cm tief einschneiden.

2. Die Streifen unter Zugabe von Leim um die Spitze des Steckdrahts wickeln.

3. Die 8 Blütenblätter an der gezwirbelten Basis mit Leim bestreichen und gleichmäßig verteilt um die Blütenmitte kleben.

4. Den Kelch A um den Blütenansatz kleben.

1

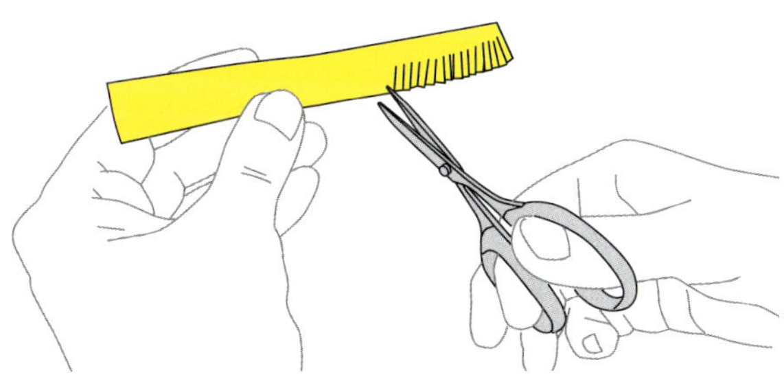

2

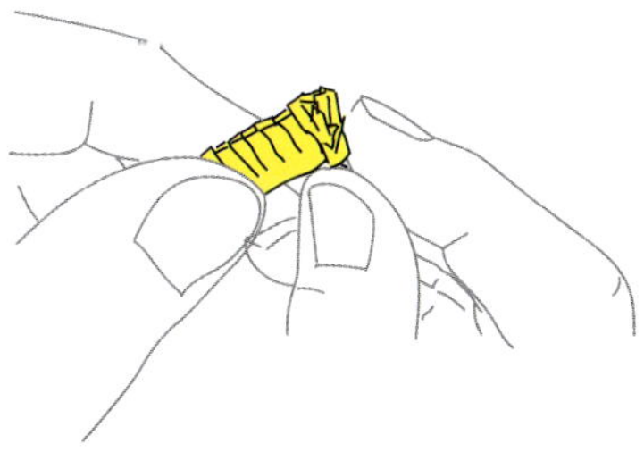

3

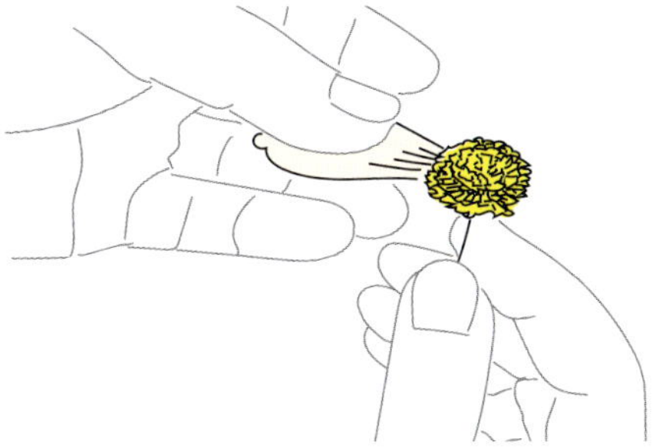

4

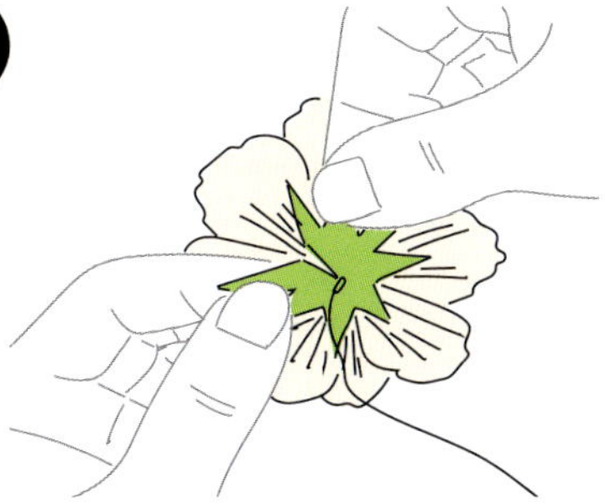

Knospe

5. Die Wattekugel mit Papierschnipseln kaschieren und auf den Wickeldraht (0,65 mm) kleben.

6. Die Knospe komplett mit Leim bestreichen, auf den Stängel schieben und um die Wattekugel kleben.

7. Den Kelch B von unten um den Knospenansatz kleben.

Blatt

8. Von der Hälfte eines doppelten Blattes die Verzweigungen abschneiden, sodass nur noch die Mittelrippe bleibt.

9. Die Mittelrippe mit Leim bestreichen, den Wickeldraht (0,3 mm) auflegen und die andere Blatthälfte aufkleben.

10. Schritt 9 für das zweite Blatt wiederholen.

Zusammensetzen

11. Den Blütenstängel von oben nach unten mit Zeitungsstreifen umwickeln und nach etwa 11 cm die Knospe und die beiden Blätter gleichzeitig einarbeiten.

5

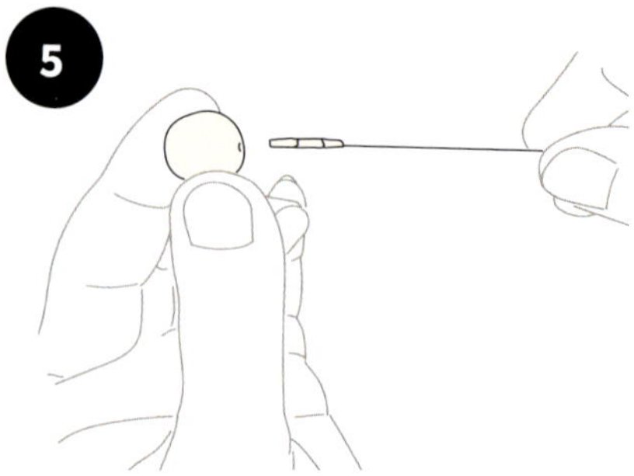

6

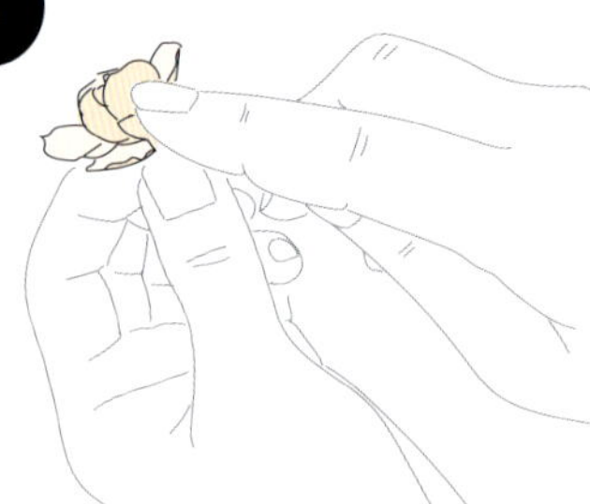

7

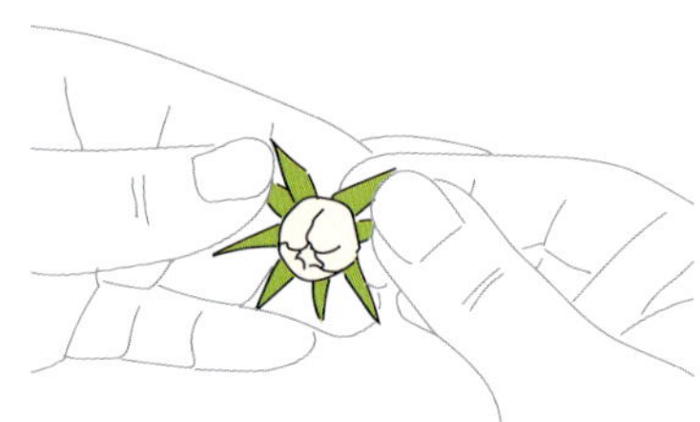

8

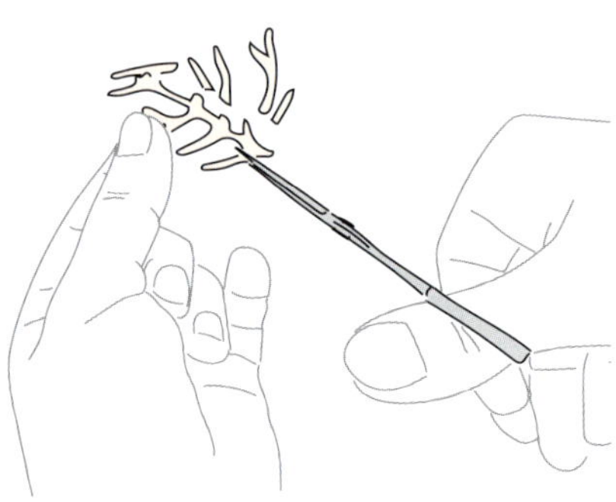

9

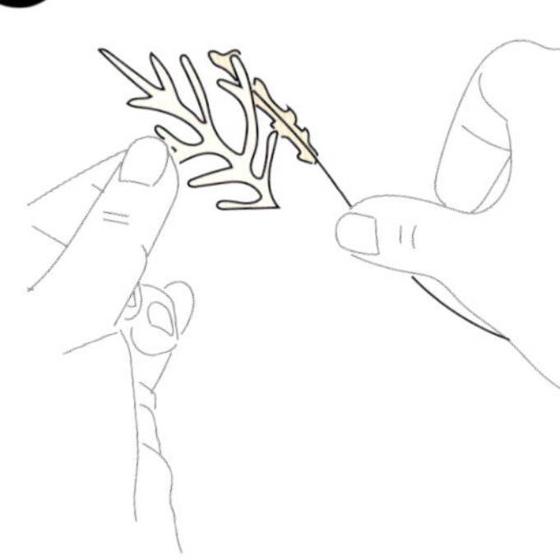

11

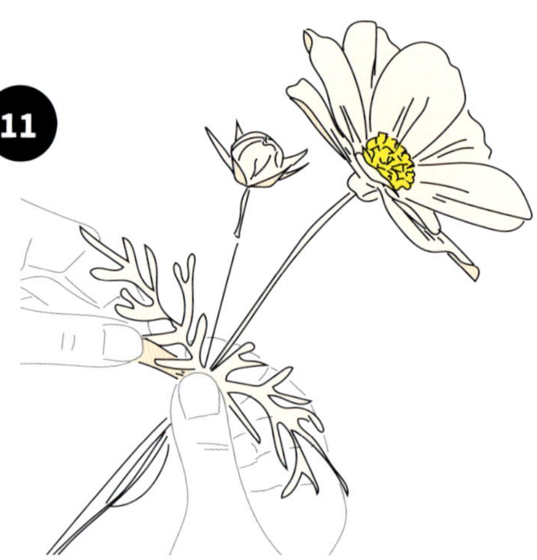

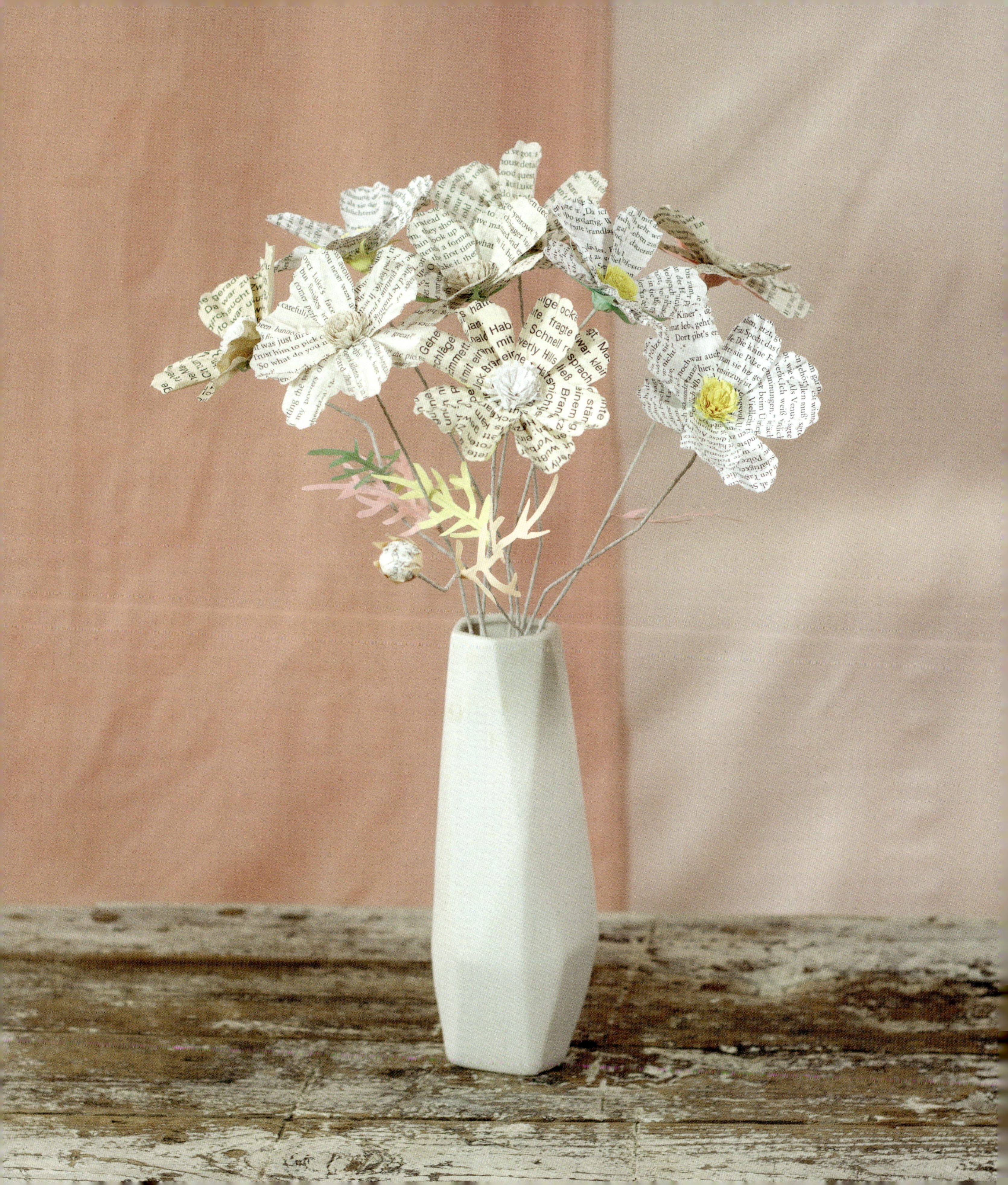

Inspiriert von

★★★★

Islandmohn | *Papaver nudicaule*

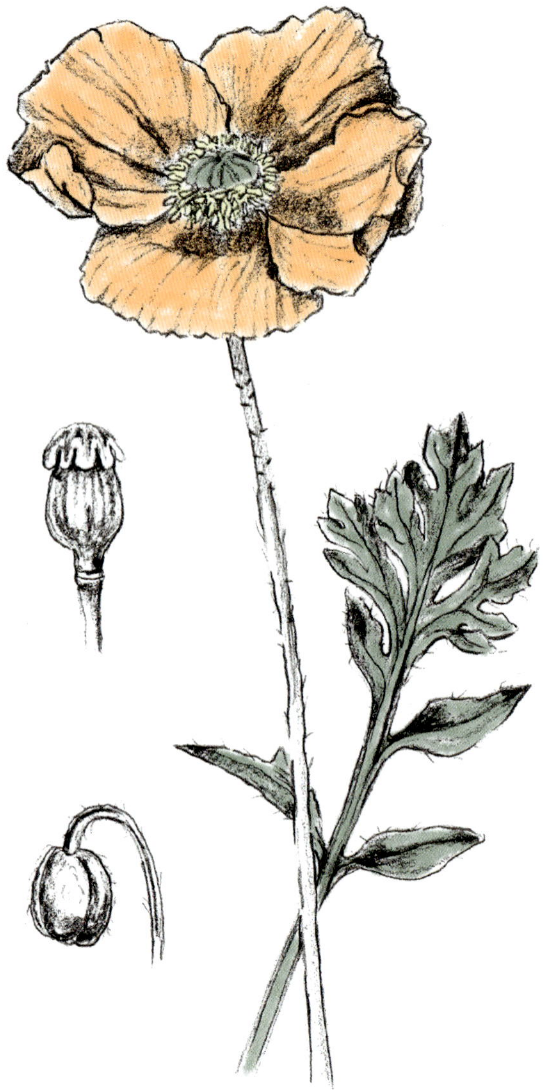

Blütengröße
- ca. 13 cm Ø

Materialien
- dünne Buchseiten
- grün gefärbte Buchseite
- gelbes Kopierpapier
- Steckdraht (0,7 mm)
- Wickeldraht (0,5 mm)
- Weißleim
- Wattekugel (15 mm)
- Tageszeitung

Werkzeuge
- Schere
- Zangenset
- Holzspieß
- dünnes Stoffstück (z. B. Taschentuch)

Vorlagen
- Seite 167
- Blütenblatt A, B
- Blatt

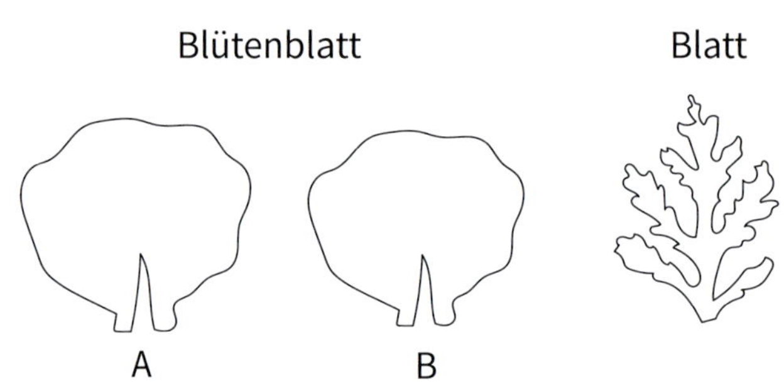

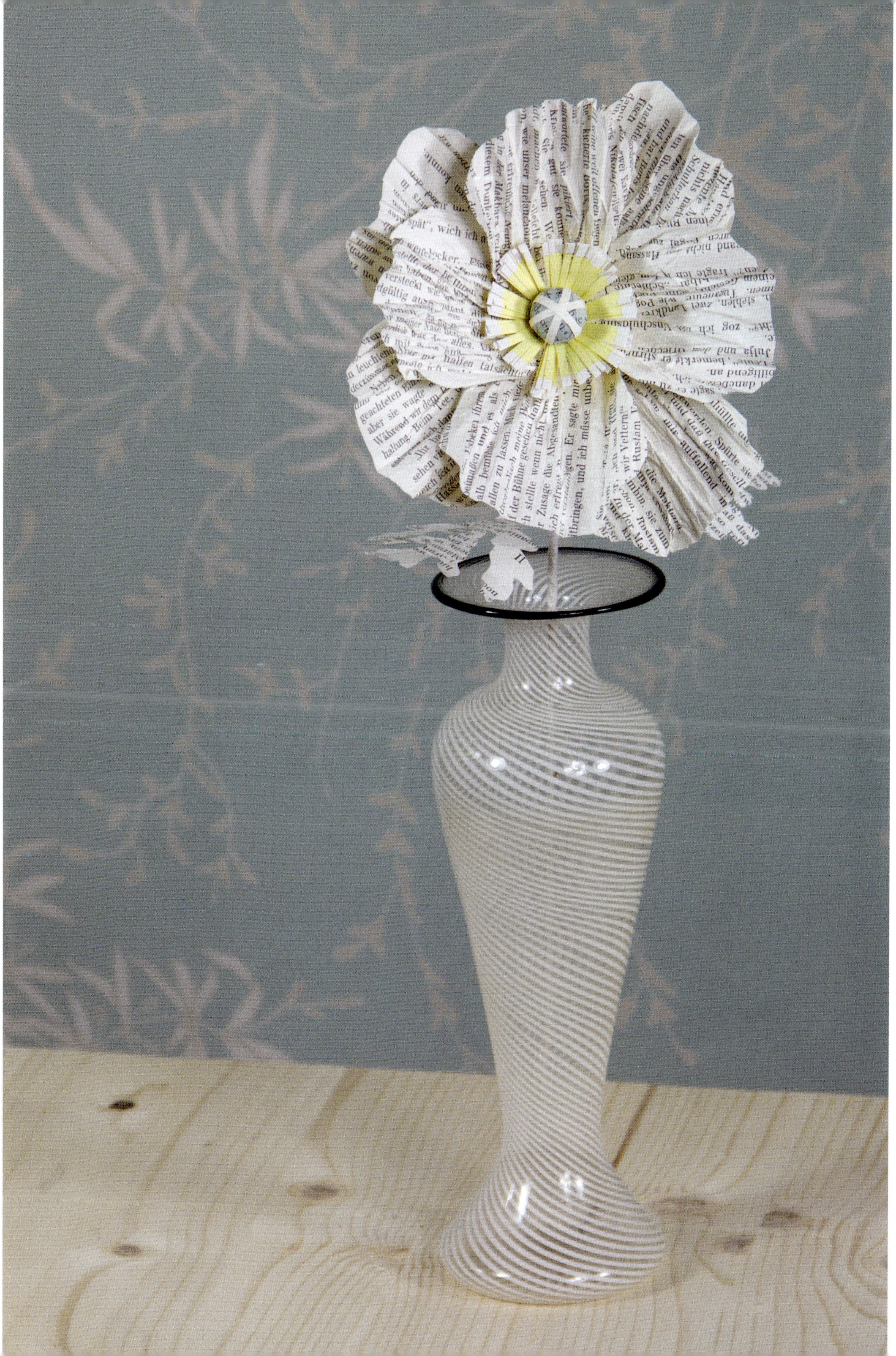

Vorbereitung

- Blütenblätter A und B je 4 × ausschneiden, der Länge nach nass fälteln.
- Blatt 2 × ausschneiden.
- Draht schneiden: Steckdraht (0,7 mm) 1 x 35 cm, Wickeldraht (0,5 mm) 10 × 12 cm. Um die Spitzen des Steckdrahts Papier von 0,5 × 3 cm wickeln und festkleben.

Blüte

1. Die Kugel mit grünen Buchseitenschnipseln kaschieren und auf den Steckdraht kleben.

2. Nun 3 × 2 mm breite Streifen aus einem unbedruckten Buchseitenrand zuschneiden und versetzt über die Kugel kleben. Die Streifen kreuzen sich oben.

3. Einen Papierstreifen à 20 × 5 cm zuschneiden. Auf eine Längsseite einen schneeweißen Streifen von 20 × 0,4 cm kleben. Ggf. Überstand abschneiden.

4. An der weißen Kante 2 cm tiefe Fransen schneiden.

5. Den Streifen wie eine Perle um den Holzspieß wickeln, ab und an einen Tropfen Leim dazugeben. Der weiße Streifen zeigt nach innen.

6. Die Fransen nach außen biegen, die Papierperle auf den Steckdraht schieben und an der Kugel festkleben.

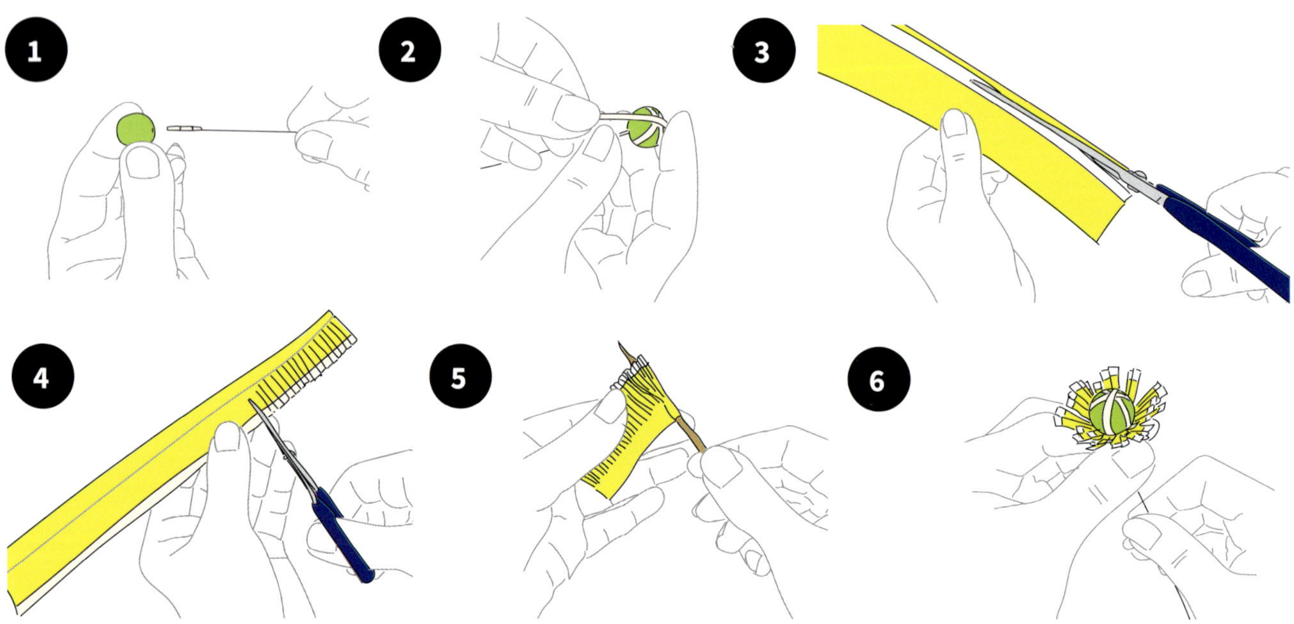

7. Von unten in die Papierperle Leim tropfen lassen und einen Kelch formen.
8. Die Einschnitte bei jedem Blütenblatt übereinanderkleben. Einen Wickeldraht (0,5 mm) einlegen. Unten zwirbeln.
9. Den Draht mit dem gezwirbelten Ende um 90 Grad knicken.
10. Nun 4 Blütenblätter A gleichmäßig verteilt mit der gezwirbelten Spitze um den Kelch kleben.
11. Anschließend 4 Blütenblätter B in die Lücken kleben.
12. Mit einem Stück unbedruckten Zeitungsrand den Kelch kaschieren.

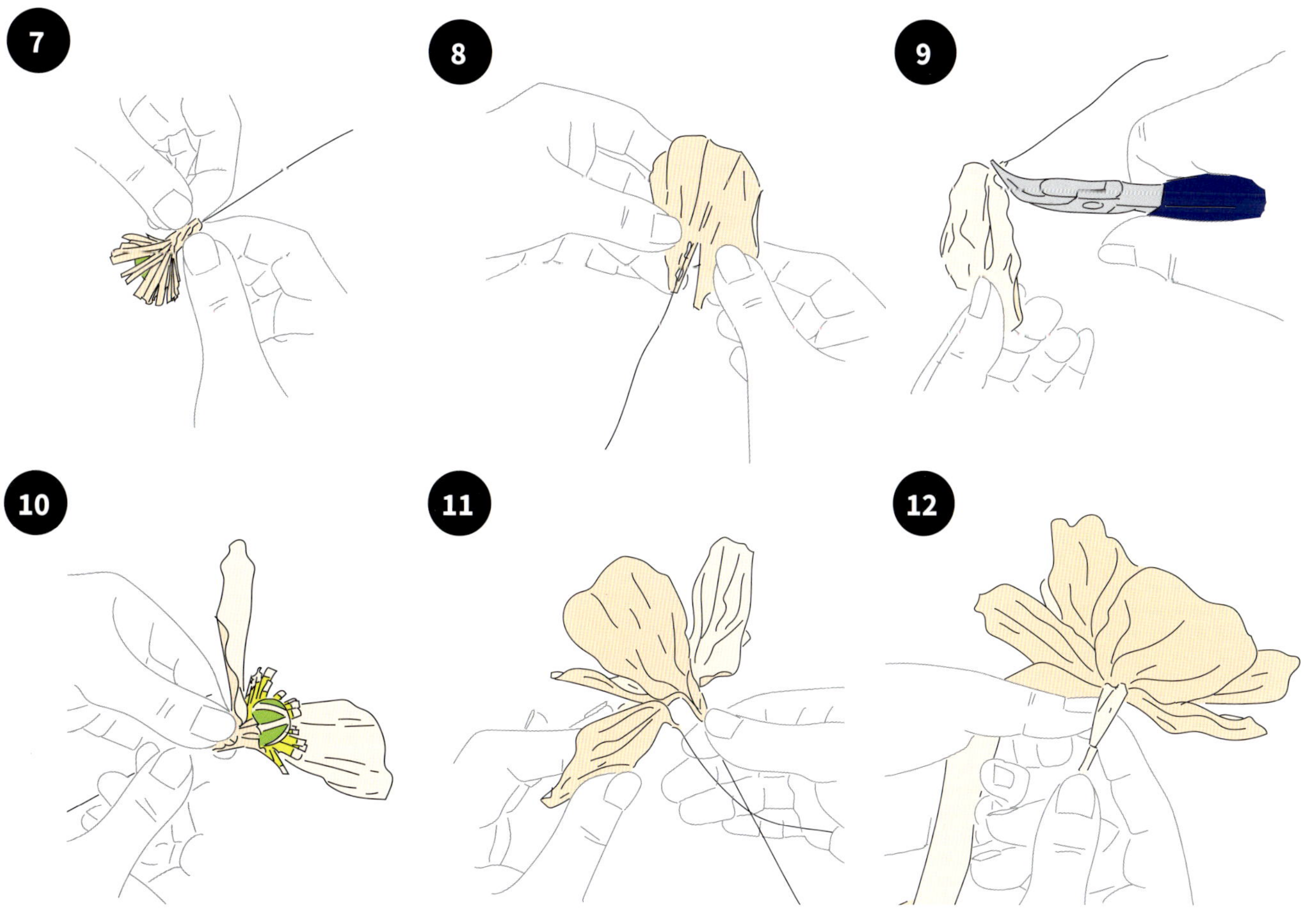

Blätter

13. Ein Blatt der Länge nach mittig falten und wieder öffnen.
14. Einen Wickeldraht (0,5 mm) in Blattlänge auf einer Seite mit Leim bestreichen und auf den Falz drücken.
15. Bevor der Leim richtig trocken ist, die Mittelrippe modulieren und formen. Der Draht muss verdeckt sein.
16. Schritt 13 bis 15 für das zweite Blatt wiederholen.

Zusammensetzen

17. Den Blütenstängel von oben nach unten mit Zeitungsstreifen umwickeln und nach etwa 12 cm die beiden Blätter einarbeiten.

13

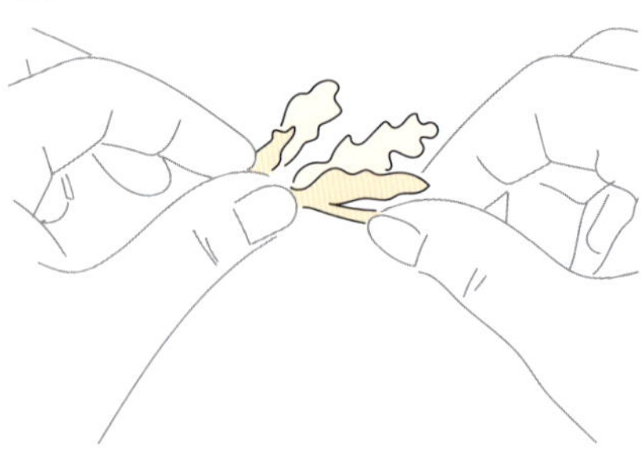

14

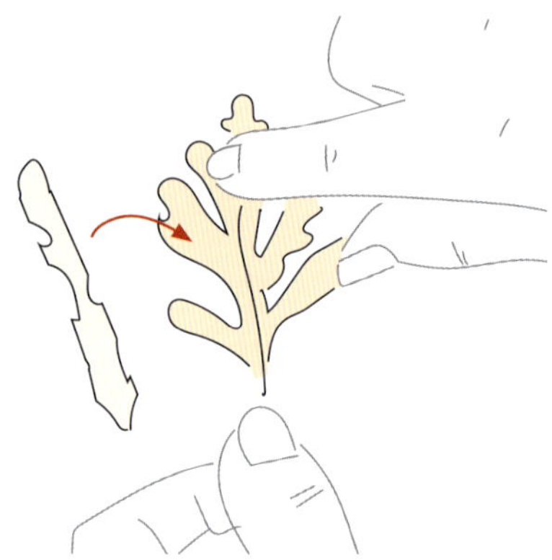

17

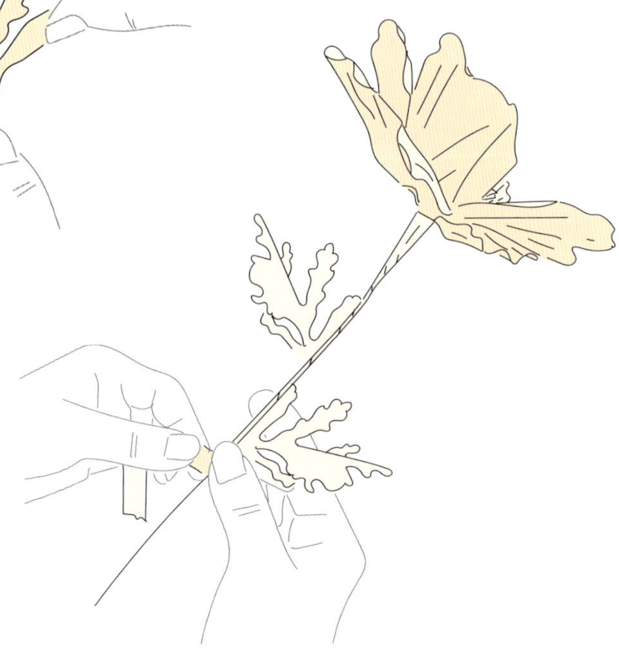

Blüten aus Papier lassen sich auch wunderbar mit echten Zweigen, z. B. der Zwergmispel, kombinieren.

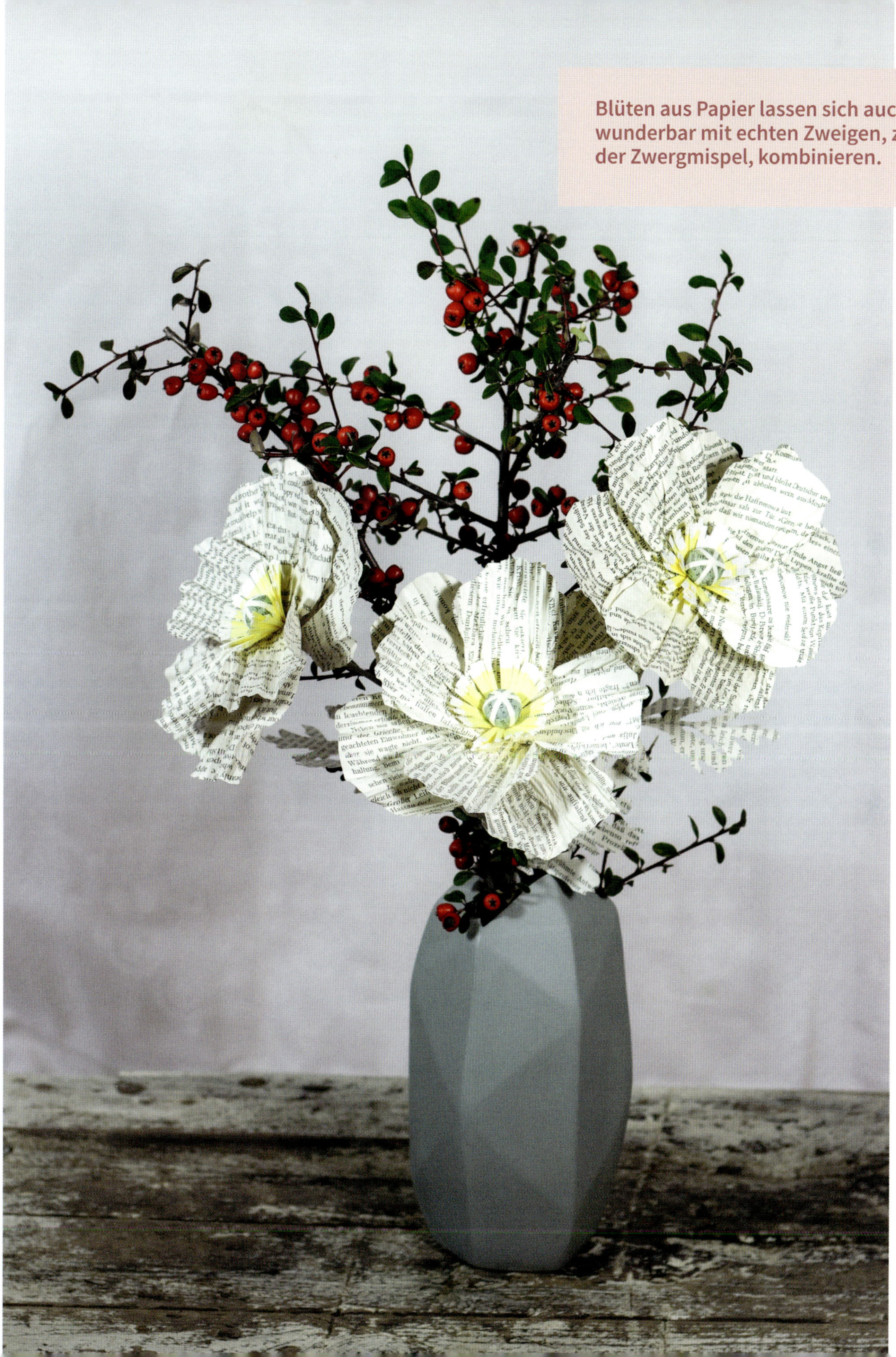

★★★

Zinnie | *Zinnia elegans*

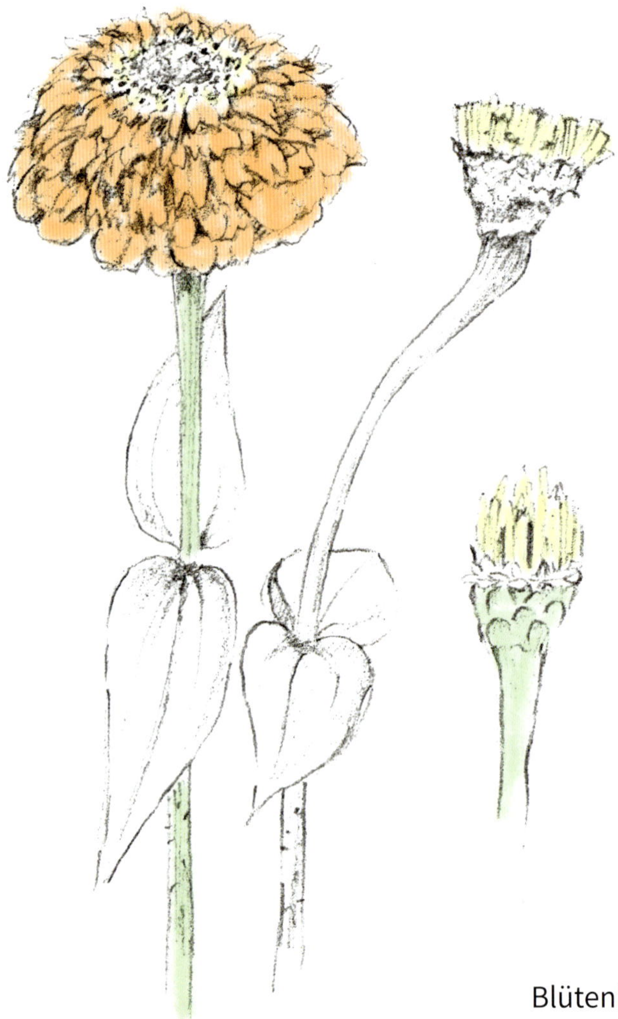

Blütengröße
- 7 cm Ø

Materialien
- Buchseiten
- ggf. eingefärbte Buchseiten oder farbiges Papier
- Steckdraht (0,95 mm)
- Wickeldraht (0,5 mm)
- Weißleim
- Tageszeitung
- Zellstoff

Werkzeuge
- Schere
- Zangenset
- Bleistift
- Holzspieß
- Pinzette

Vorlagen
- Seite 167
- Blütenblatt A, B, C
- Staubgefäß A, B
- Kelchblatt
- Blatt

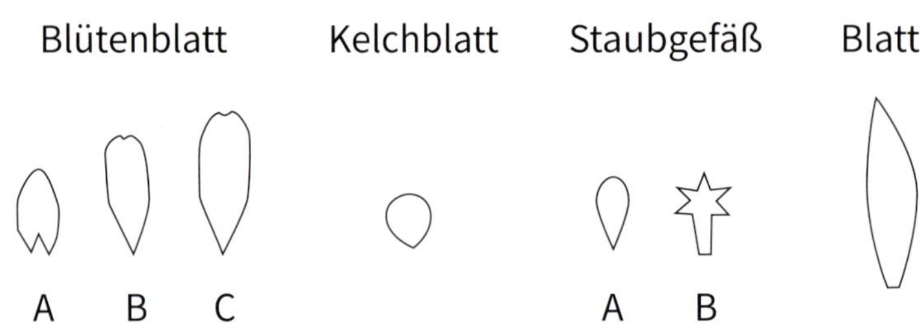

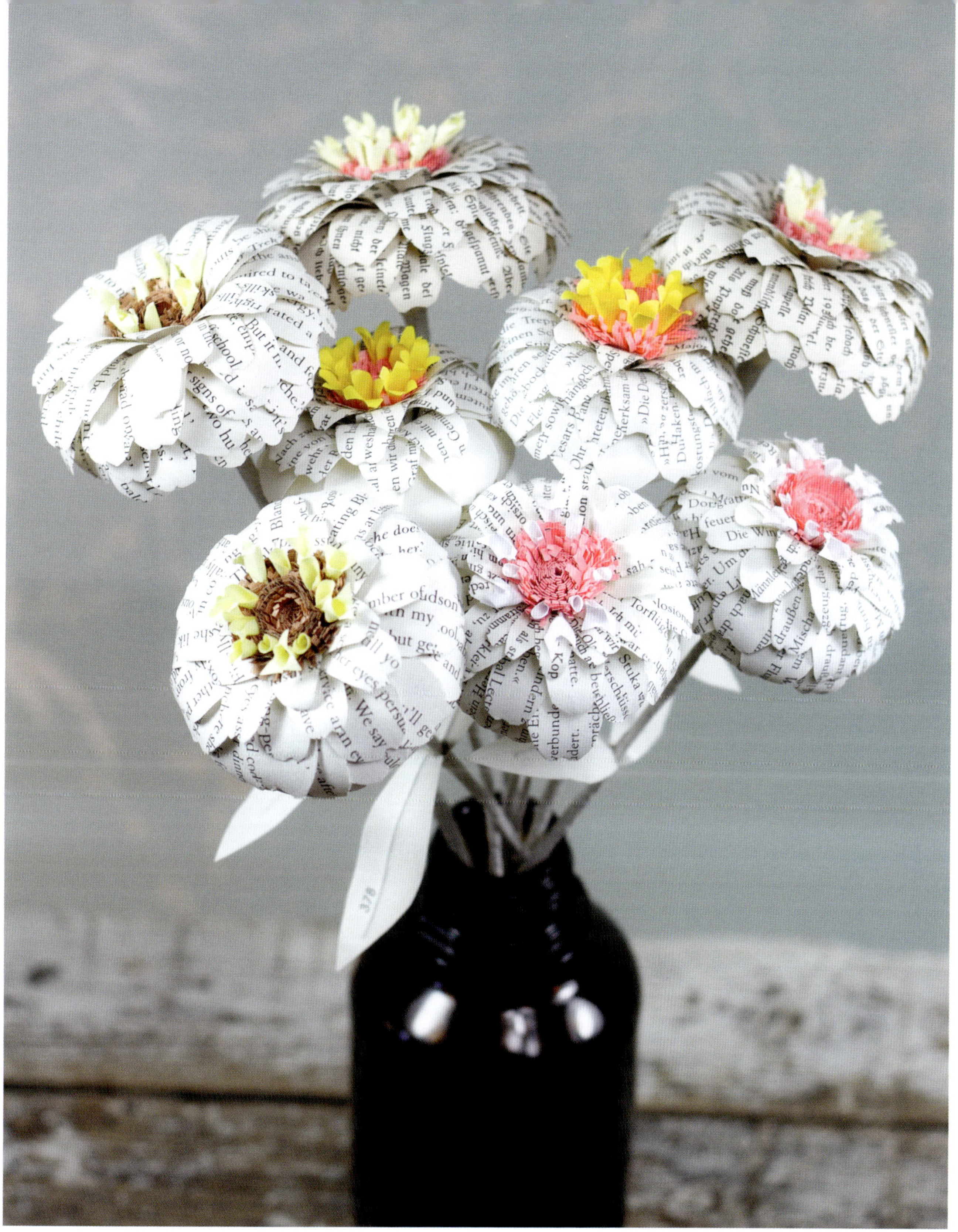

Vorbereitung

- Blütenblätter A 7 x, B 16 × und C 40 x ausschneiden.
- Jedes Blatt über den Scherenrücken nach außen wölben.
- Staubgefäße A und B je 7 x ausschneiden und längs um einen Holzspieß wölben.
- Kelchblatt ca. 10 × ausschneiden.
- Blatt 2 x doppelt ausschneiden.
- Draht schneiden: Steckdraht (0,95 mm) 1 × 25 cm, Wickeldraht (0,5 mm) 2 × 10 cm. Um die Spitze des Steckdrahts Papier von 1 × 3 cm wickeln und festkleben.
- Unbedruckten Zeitungsrand in Streifen à 1 cm Breite schneiden.

Blüte

1. Papierstreifen à 12 × 2 cm schneiden, der Länge nach mittig falten und an der Falz Fransen schneiden. Den Streifen unter Zugabe von Leim um die Spitze des Steckdrahts wickeln.
2. 3 Papierstreifen à 12 × 3 cm schneiden, der Länge nach mittig falten. An der offenen Seite Fransen schneiden und wölben.
3. Einen Streifen aus Schritt 2 so um den Blütenboden kleben, dass sich oben ein Überstand ergibt.

1

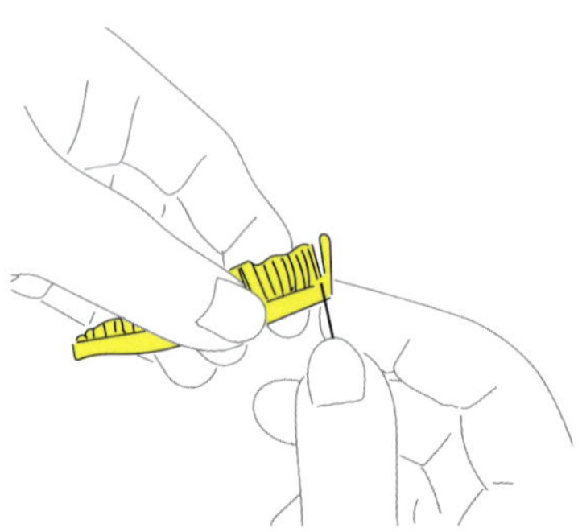

2

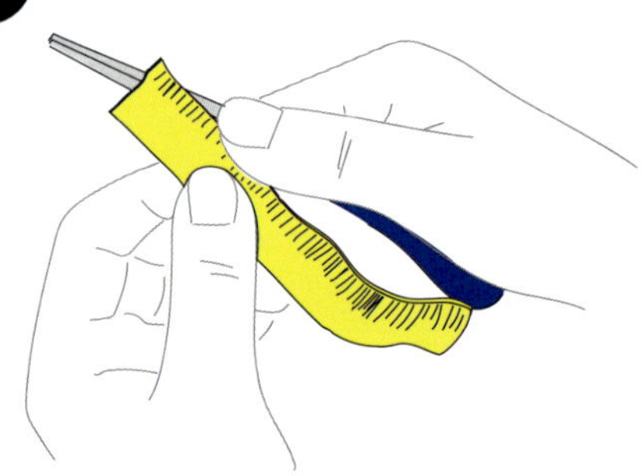

3

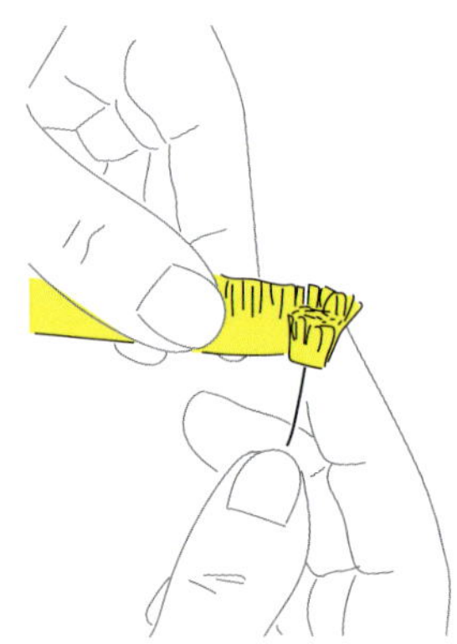

4. Die untere Hälfte der Staubgefäße A mit Leim bestreichen und so zwirbeln, dass sich oben eine Tüte bildet. Alle 7 Staubgefäße A um den Blütenboden kleben.

5. Einen Streifen aus Schritt 2 unter Zugabe von Leim um die Staubgefäße A wickeln.

6. Den unteren Teil der Staubgefäße B mit Leim bestreichen und zwirbeln. Die Spitzen sternenförmig nach außen biegen. Alle 7 Staubgefäße B um den Blütenboden kleben.

7. Einen Streifen aus Schritt 2 unter Zugabe von Leim um die Staubgefäße B wickeln.

8. Mit Leim und Zellstoff einen Kelch formen und dann mit Zeitungspapier bekleben.

9. Die 7 Blütenblätter A unterhalb der Staubgefäße gleichmäßig verteilt ankleben.

4

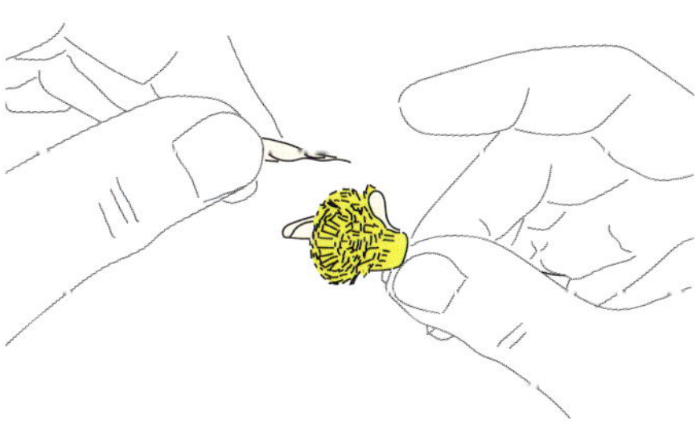

5

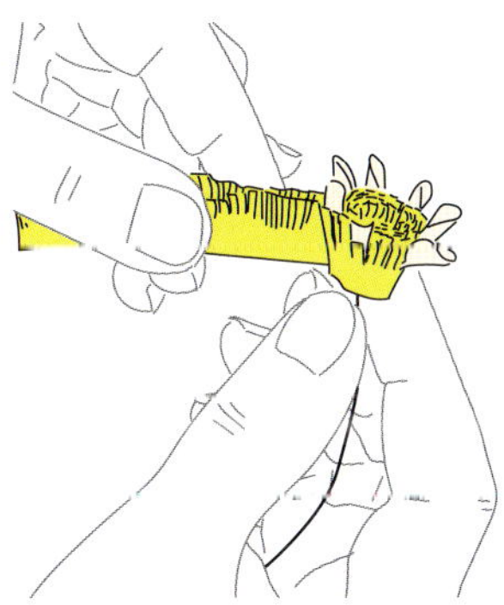

6

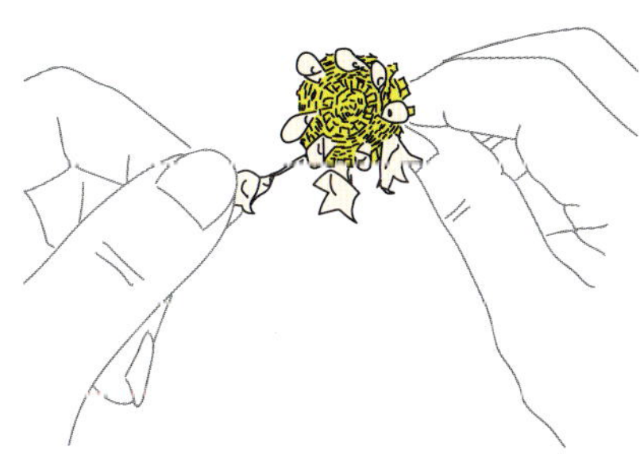

7

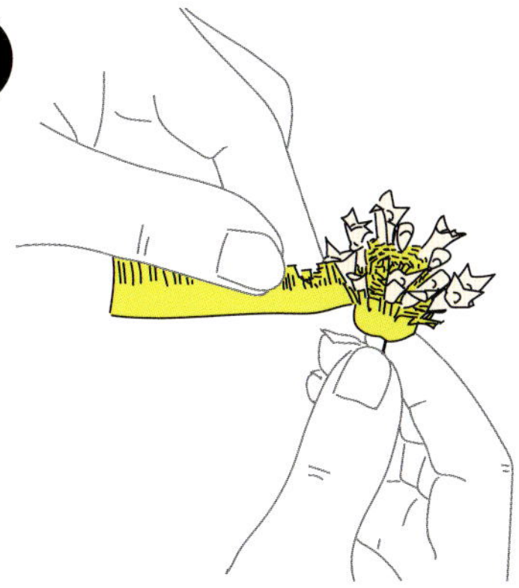

8

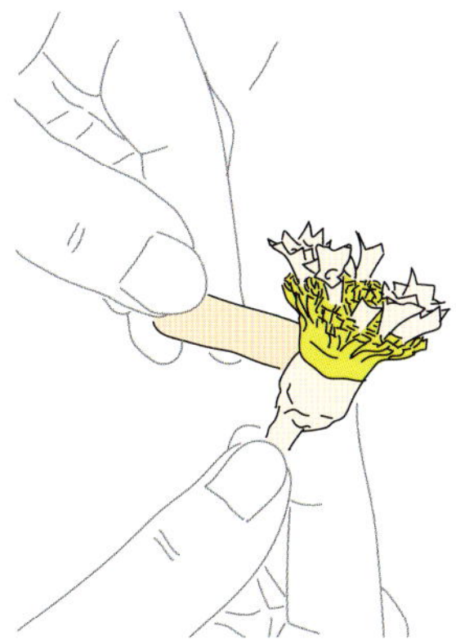

9

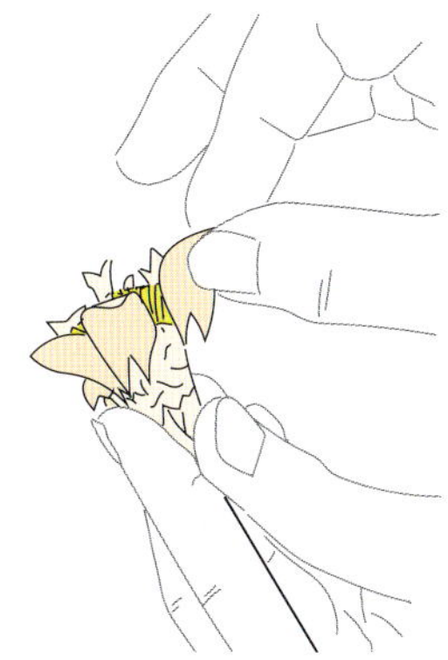

10. Alle 16 Blütenblätter B ankleben.

11. Dann alle 40 Blütenblätter C ankleben. Die Blattansätze mit etwas Zeitungspapier kaschieren.

12. Die Kelchblätter, oben beginnend, überlappend um den Kelch kleben.

Blätter

13. Je 2 Blatthälften aufeinanderkleben und den Wickeldraht (0,5 mm) einlegen.

Zusammensetzen

14. Den Stängel mit Zellstoff aufpolstern.

15. Den Stängel von oben nach unten unter Zugabe von Leim mit Zeitungsstreifen umwickeln. Dabei die beiden Blätter gegenständig einarbeiten.

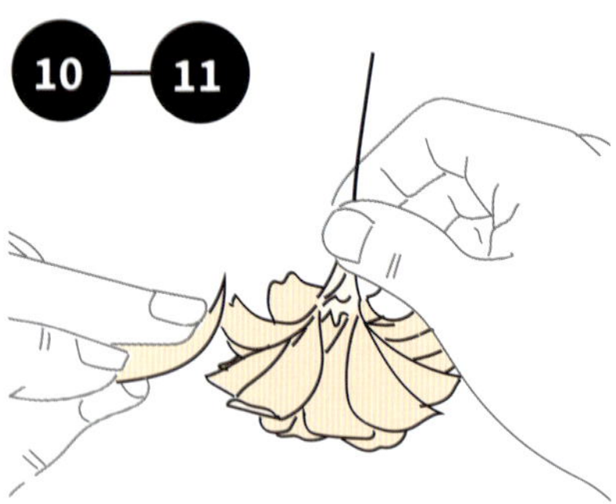

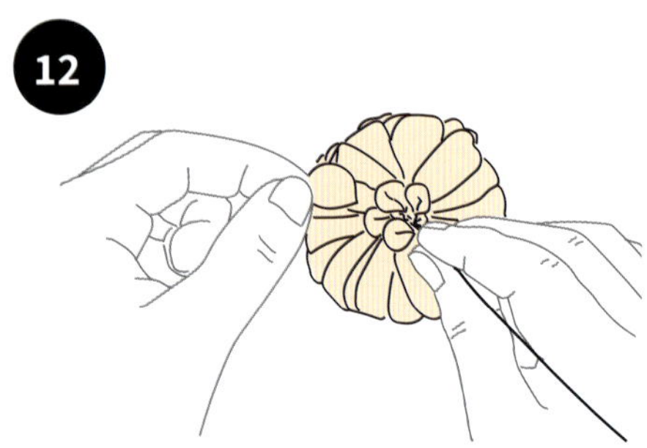

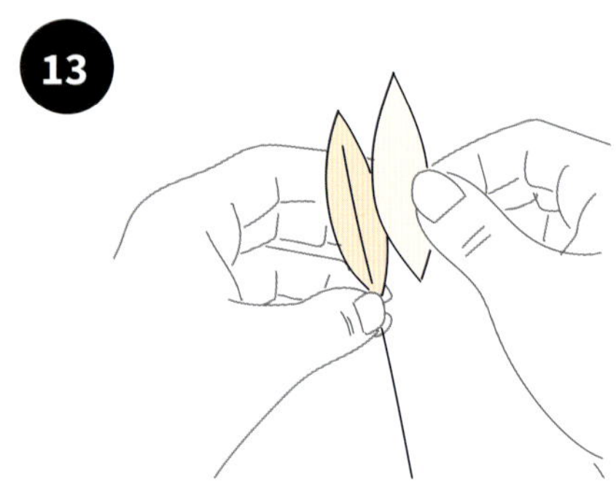

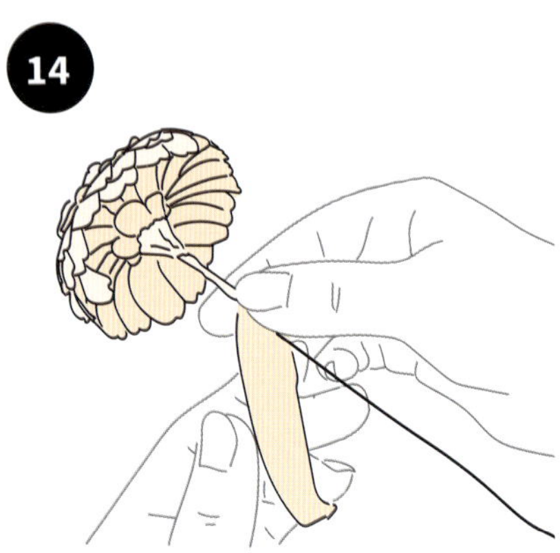

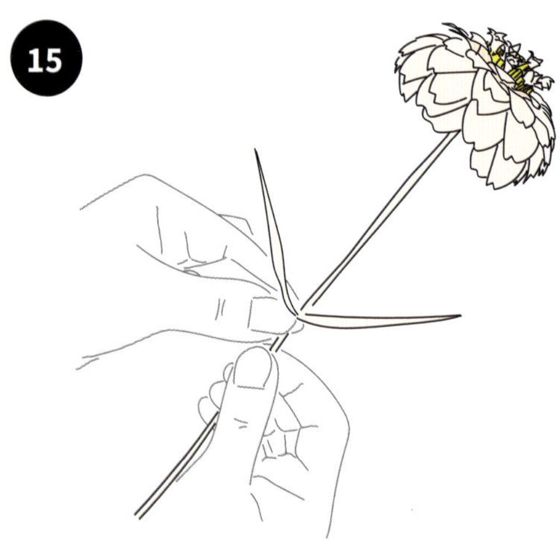

Inspiriert von

★★★★

Hohe Bart-Iris | *Iris barbata elatior*

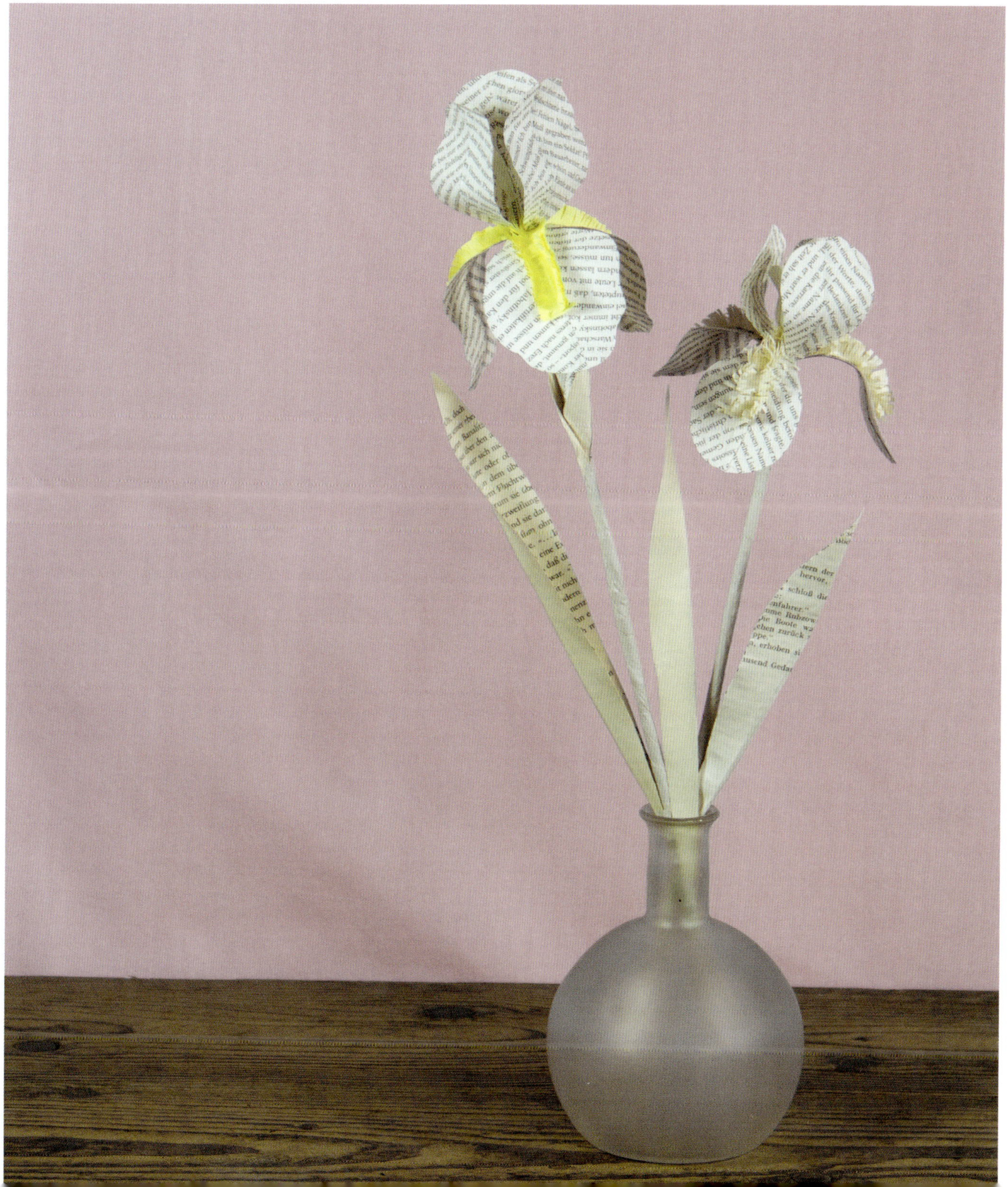

Hohe Bart-Iris |
Iris barbata elatior ★★★★

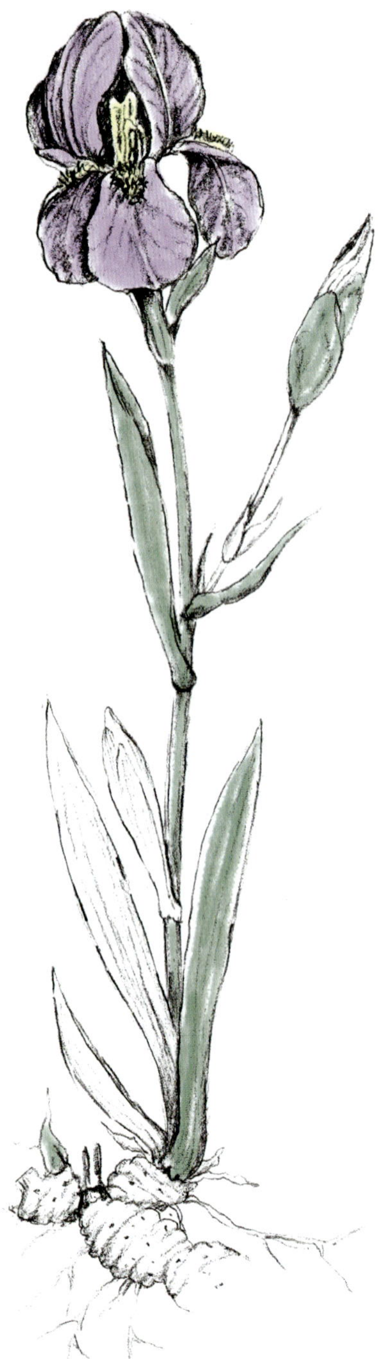

Blütengröße

- 13 cm hoch

Materialien

- Buchseiten, mind. 21 cm hoch
- Steckdraht (1,5 mm)
- Wickeldraht (0,65 mm)
- Wickeldraht (0,5 mm)
- Weißleim
- Zellstoff
- Tageszeitung

Werkzeuge

- Schere
- Zangenset
- Zahnstocher
- Pinsel
- Wasserbehältnis

Vorlagen

- Seite 168
- Hängeblatt A, B
- Domblatt C, D
- Griffelblatt
- Hüllblatt A, B
- Blatt

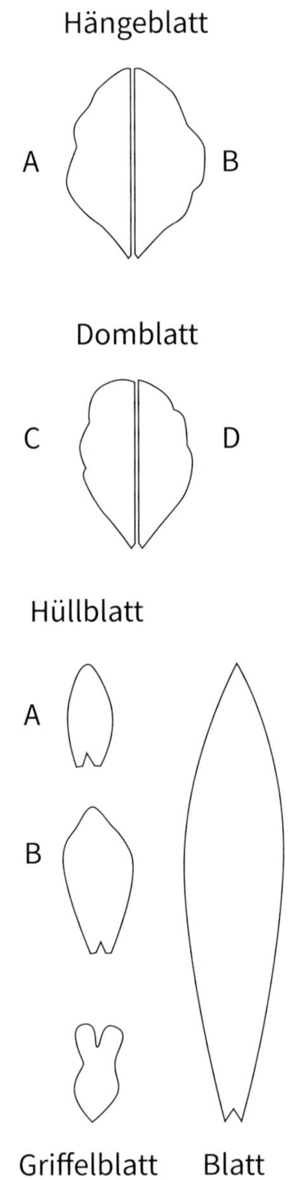

Vorbereitung

- Blütenblätter ausschneiden, Domblatt je 3 × A und B, Hängeblatt je 3 × C und D.
- Besonders apart wird die Lilie, wenn bei Dom- und Hängeblättern die Laufrichtung des Textes abgestimmt ist.
- Griffelblatt 3 × ausschneiden. Die Ränder über dem Scherenrücken nach außen wölben.
- Hüllblatt A und B ausschneiden und leicht knittern.
- Blatt 2 × doppelt ausschneiden.
- Draht schneiden: Steckdraht (1,5 mm) 1 × 35 cm, Wickeldraht (0,65 mm) 7 × 15 cm, Wickeldraht (0,5 mm) 2 × 25 cm. Um die Spitze des Steckdrahts Zeitungspapier von 5 × 2 cm wickeln.
- Vom unbedruckten Zeitungsrand 1 cm breite Streifen schneiden.

Blüte

1. Die 3 Griffelblätter an den innenliegenden Klebeflächen zusammenkleben. Auf die kaschierte Drahtspitze (1,5 mm) schieben und dort festkleben.
2. Aufrecht stehendes Domblatt: Je eine Blütenblatthälfte A und B in der Mitte zusammenkleben. Dabei Wickeldraht (0,65 mm) einlegen.
3. Das Domblatt wellen – erst über die Schere ziehen, anschließend mit dem Pinsel Wasser auf den Blattrand auftragen und trocknen lassen. Der Draht soll trocken bleiben!

1

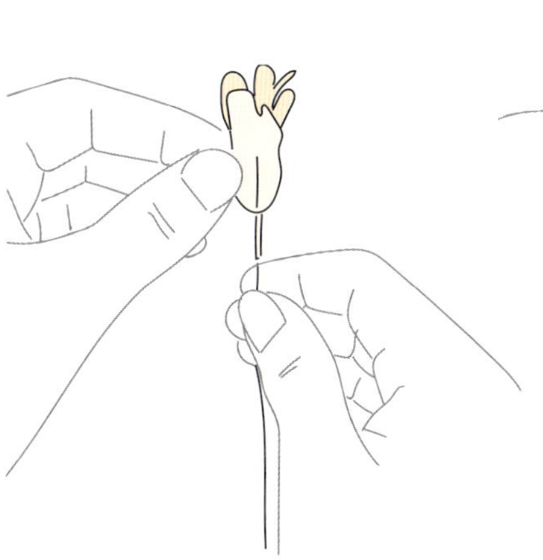

2

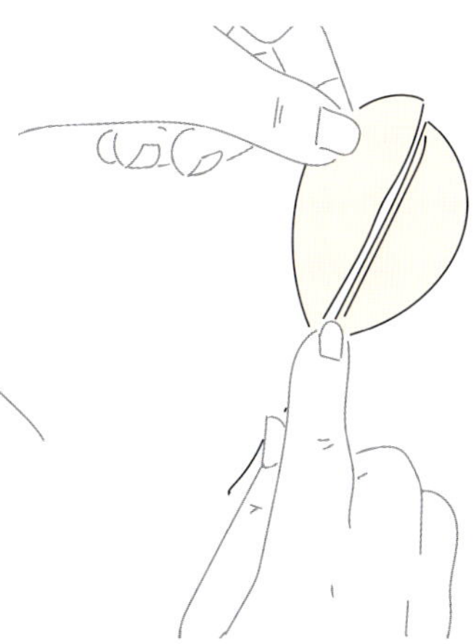

3

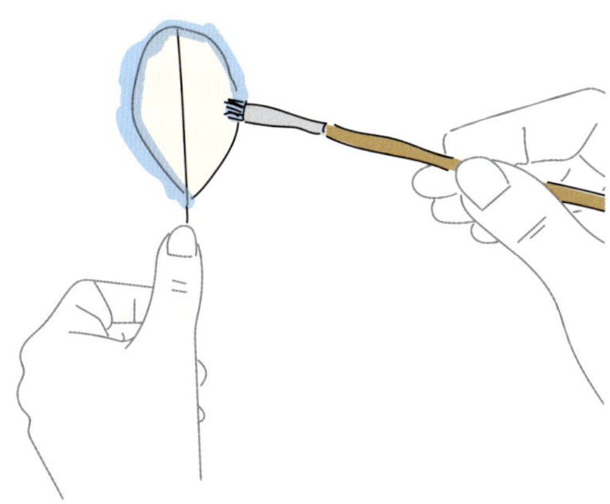

4. Das Blatt in Form biegen.
5. Schritt 2 bis 4 nun 2 × wiederholen.
6. Die 3 Domblätter gleichmäßig um die Griffelblätter verteilen und unter Zugabe von Leim mit Zeitungsstreifen umwickeln, damit die Blätter nicht mehr verrutschen können.
7. Hängeblatt: Je eine Blütenblatthälfte C und D in der Mitte zusammenkleben. Dabei einen ca. 15 cm langen Wickeldraht (0,65 mm) einlegen.
8. Das Hängeblatt wellen – erst über die Schere ziehen, anschließend mit dem Pinsel Wasser auf den Blattrand auftragen und trocknen lassen. Der Draht soll trocken bleiben!
9. Das Blatt in Form biegen.
10. Für den Bart aus unbedrucktem Rand einer besonders dünnen Buchseite 2 Streifen à 2 × 5 cm schneiden und der Länge nach falten. Die offene Seite alle 2 mm bis fast zum Falz einschneiden.
11. Öffnen und jede Fransenreihe mit Schere oder Zahnstocher kräuseln.

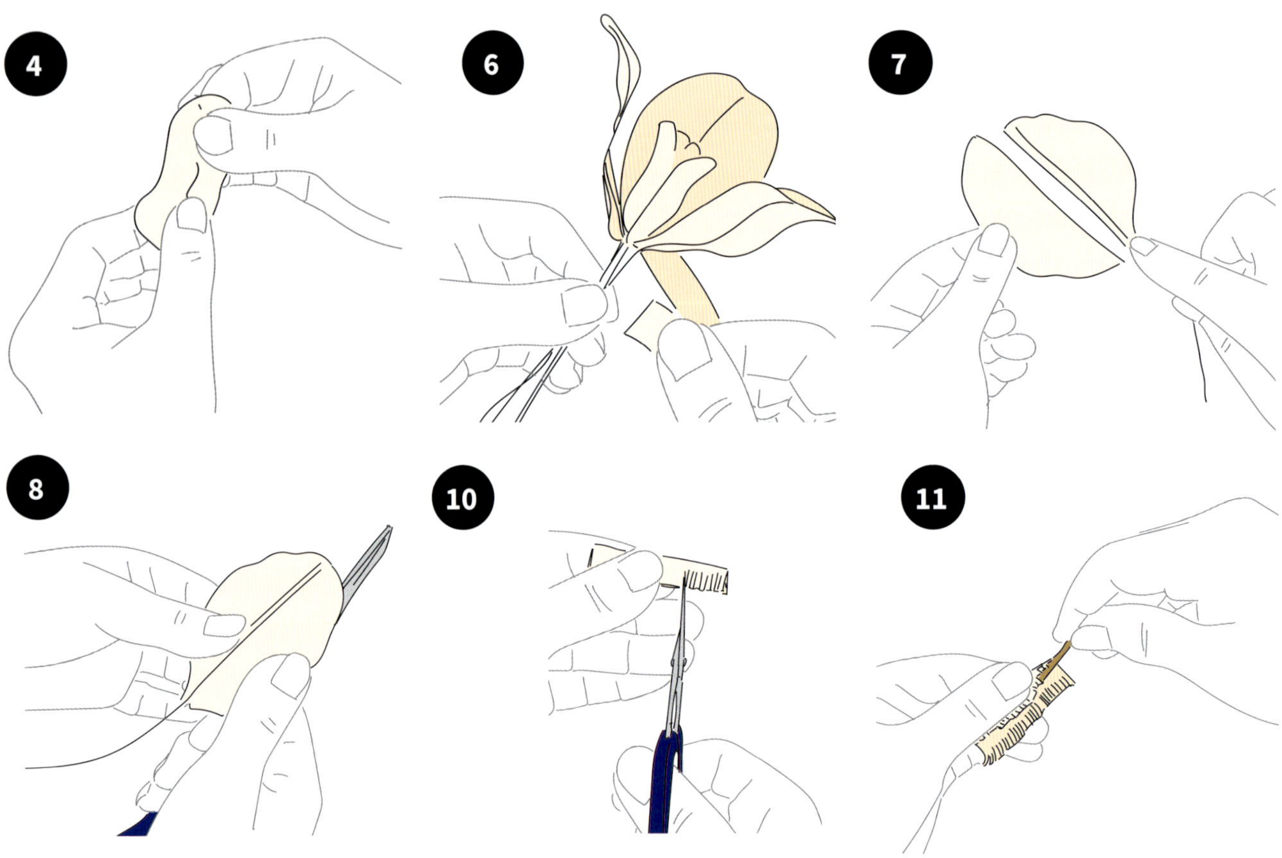

12. Die beiden Bärte übereinander längs auf die Mitte eines Hängeblatts kleben, am Stängelansatz beginnen. Dabei nur den Falz mit wenig Leim bestreichen.

13. Schritt 7 bis 12 2 × wiederholen.

14. Die 3 Hängeblätter unter den Domblättern versetzt an den Steckdraht halten und unter Zugabe von Leim mit Zeitungsstreifen umwickeln, damit die Blätter nicht mehr verrutschen können.

15. Direkt unter der Blüte den Stängel mit Zellstoff 2,5 cm trichterförmig polstern. Bis nach unten den Stängel polstern, damit er dicker wird.

Knospe

16. Mit Zellstoff unter Zugabe von Leim eine ca. 4,5 cm lange Knospe um die Spitze eines Wickeldrahts (15 cm) formen.

17. Papierstück um die vorbereitete Knospe kleben.

18. Die Knospe mit einem Hüllblatt A einfassen.

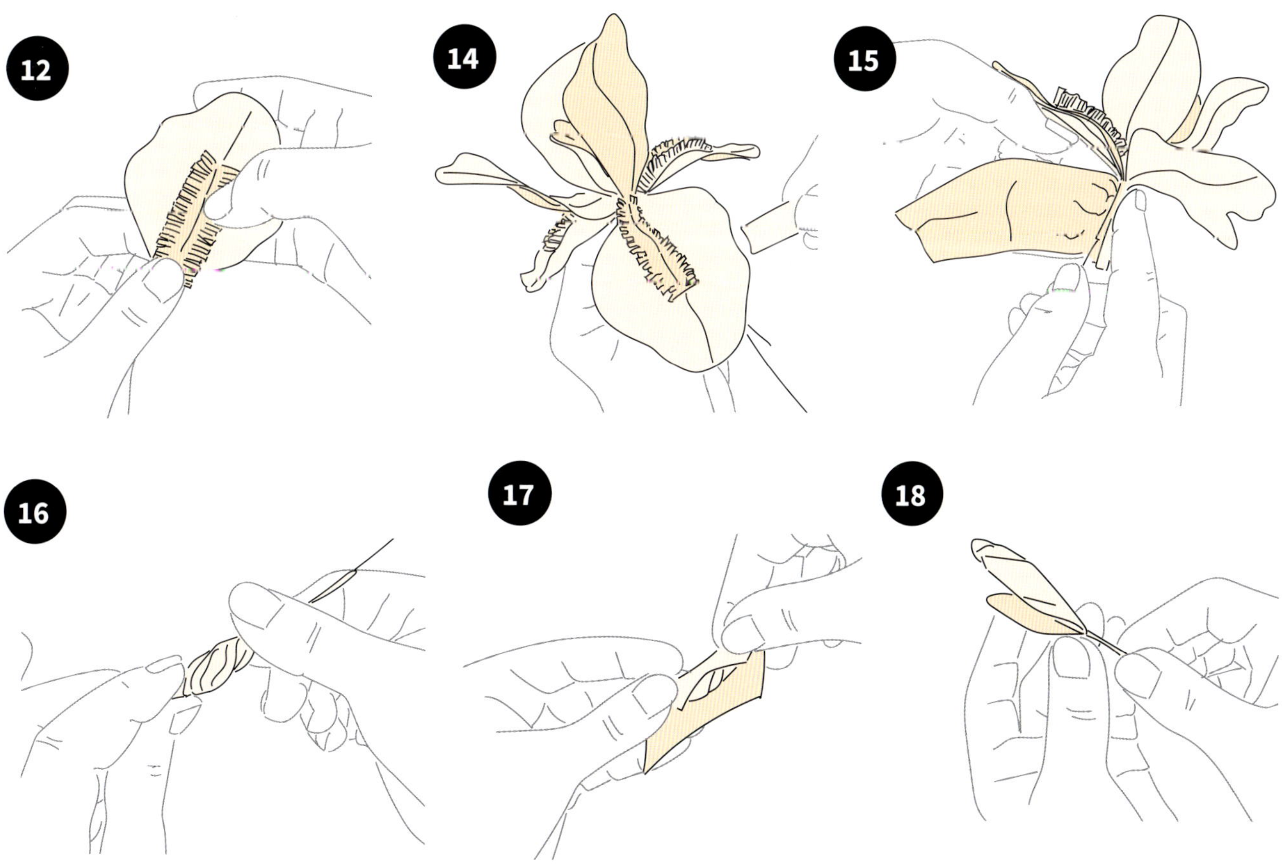

Blätter

19. Jeweils 2 Blätter übereinanderkleben und einen Wickeldraht (0,5 mm) zu zwei Dritteln einlegen.

20. Den Schritt für das 2. Blatt wiederholen.

21. Beide Blätter der Länge nach mittig bis zur Drahtspitze falten.

Zusammensetzen

22. Den Stängel mit Zellstoff polstern.

23. Den Stängel von oben nach unten mit Zeitungsstreifen bekleben. Nach etwa 8 cm die Knospe mit Hüllblatt B einarbeiten.

24. Weiter unten die beiden Blätter gegenständig versetzt einarbeiten.

19

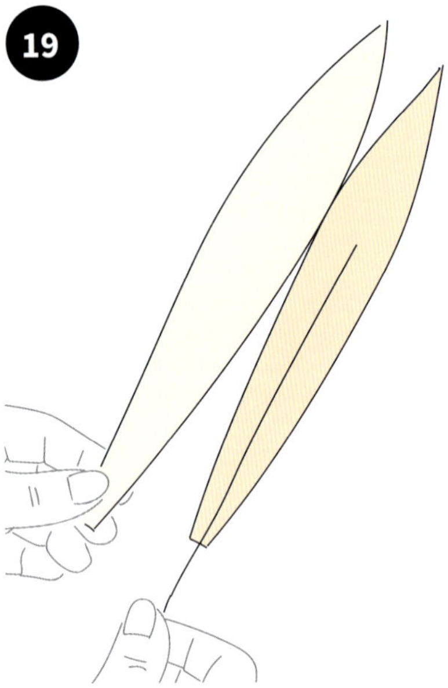

21

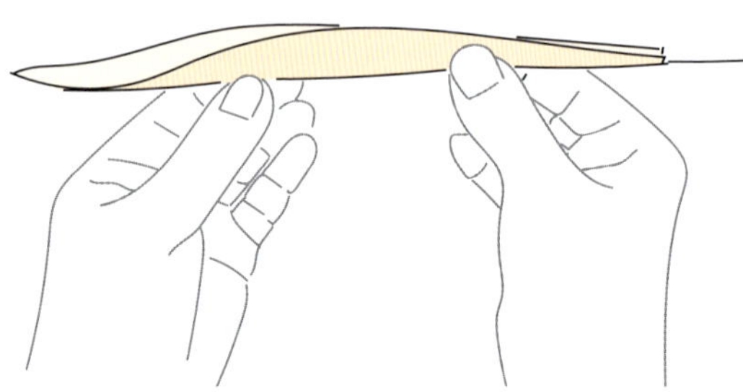

24

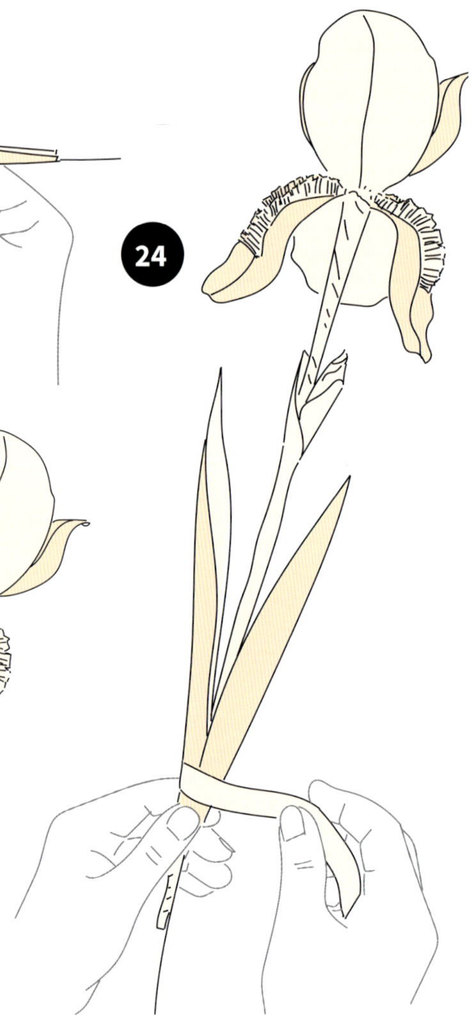

22

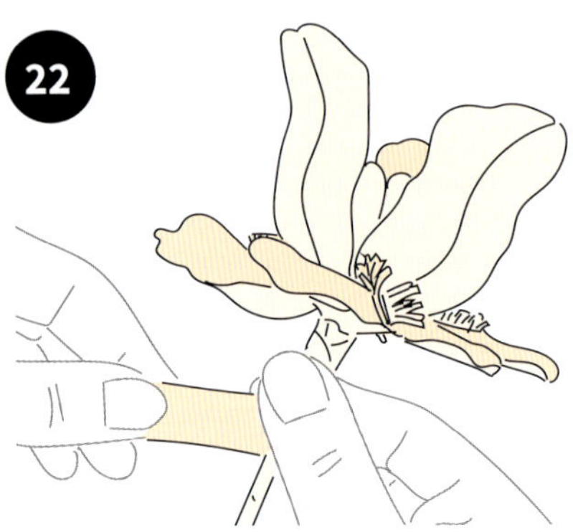

23

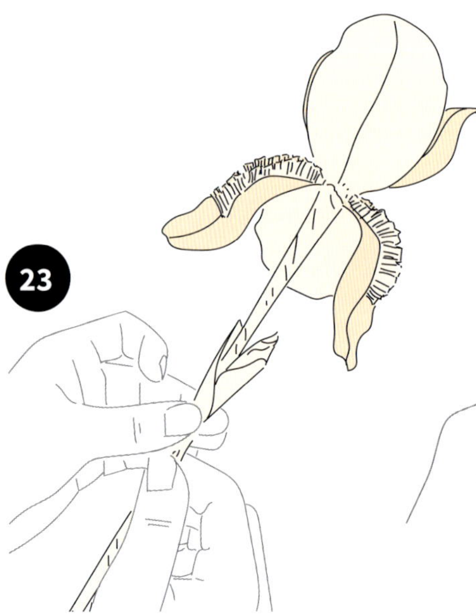

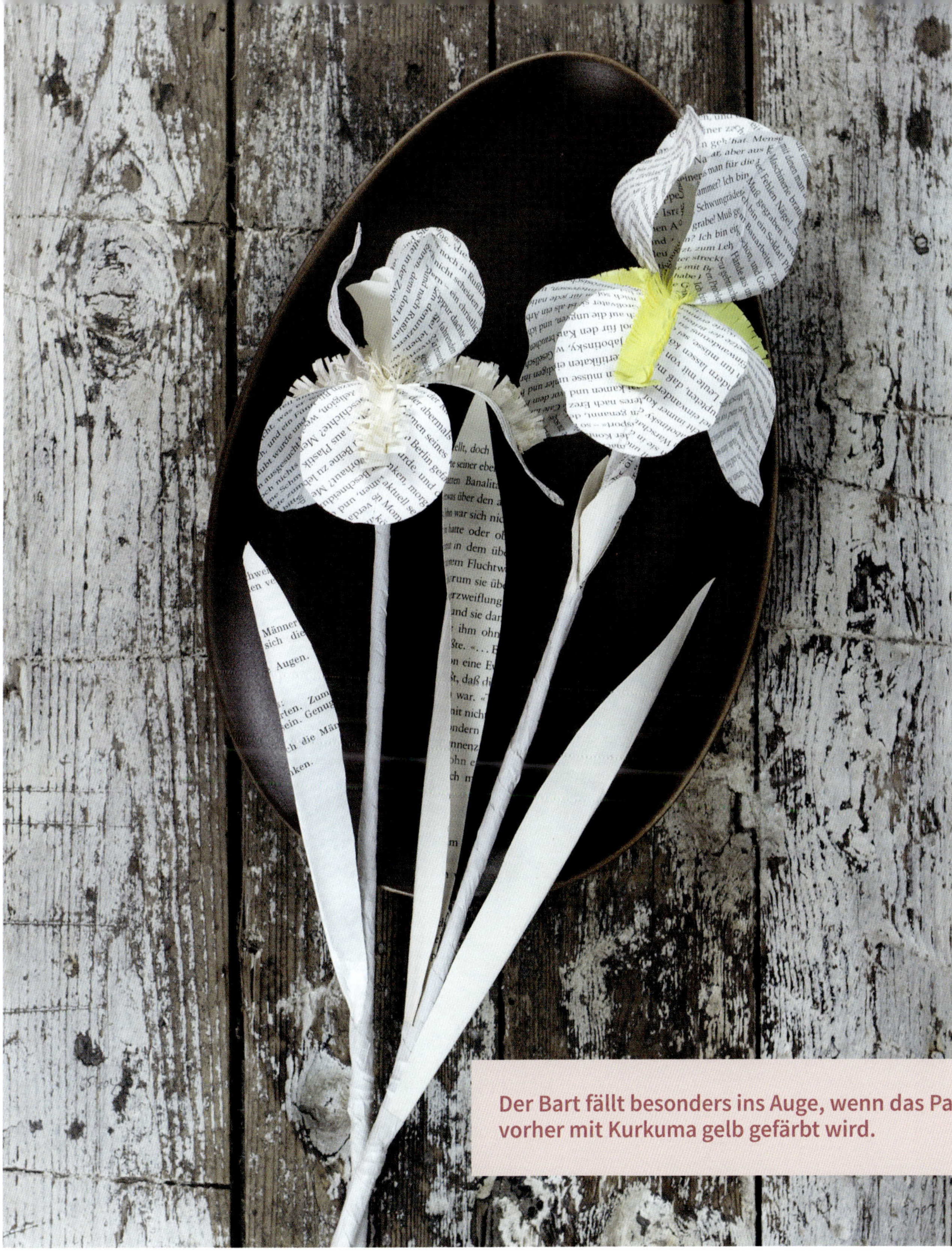

Der Bart fällt besonders ins Auge, wenn das Papier vorher mit Kurkuma gelb gefärbt wird.

Inspiriert von

★★★

Edel-Pfingstrose | *Paeonia lactiflora*

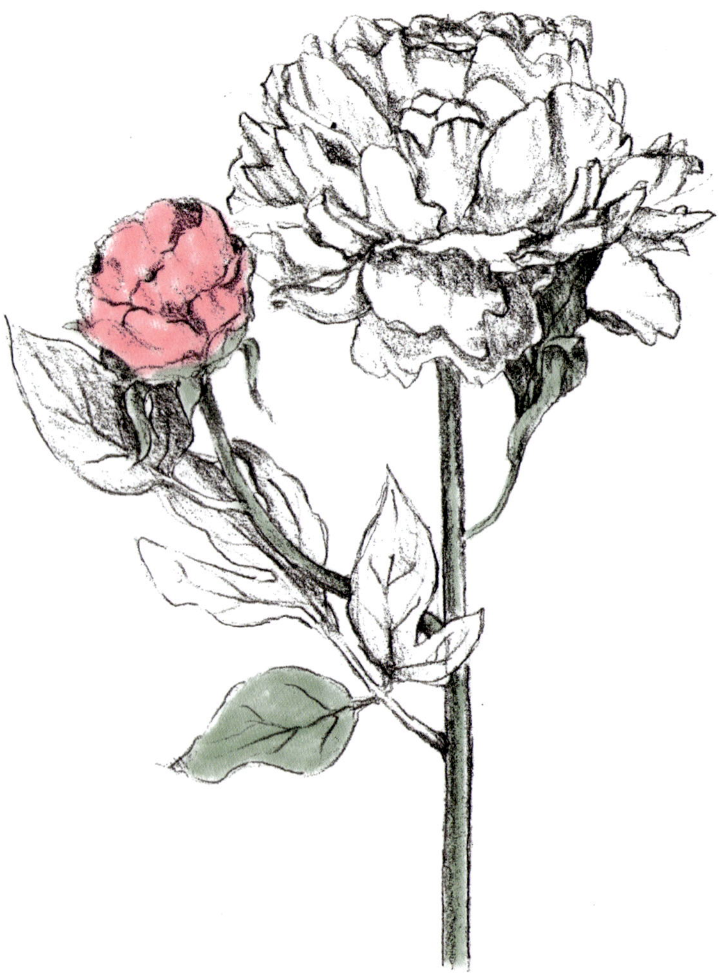

Blütengröße
- 15 cm Ø

Materialien
- Buchseiten
- dünne, gelb gefärbte Buchseiten
- grün gefärbte Buchseiten
- Steckdraht (1,5 mm)
- Steckdraht (0,95 mm)
- Wickeldraht (0,65 mm)
- Wattekugel (30 mm)
- Weißleim
- Tageszeitung
- Zellstoff
- grünes Floristenband

Werkzeuge
- Schere
- Zangenset
- Holzspieß

Vorlagen
- Seite 166 — 170
- Blütenblatt A, B, C, D, E
- Knospe
- Kelch A, B
- Blatt A, B, C

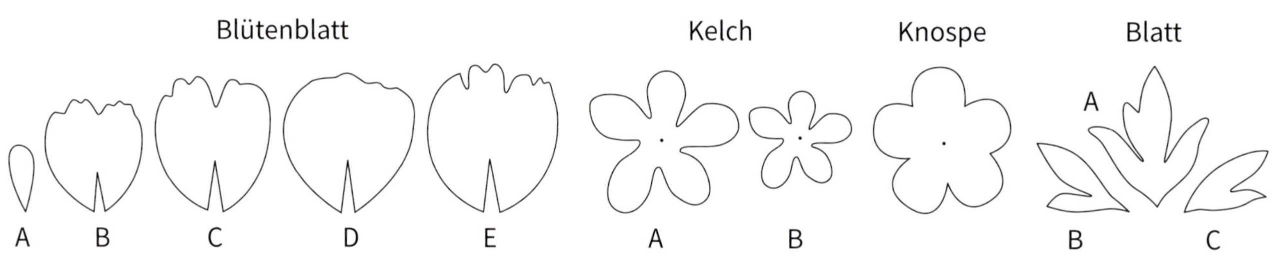

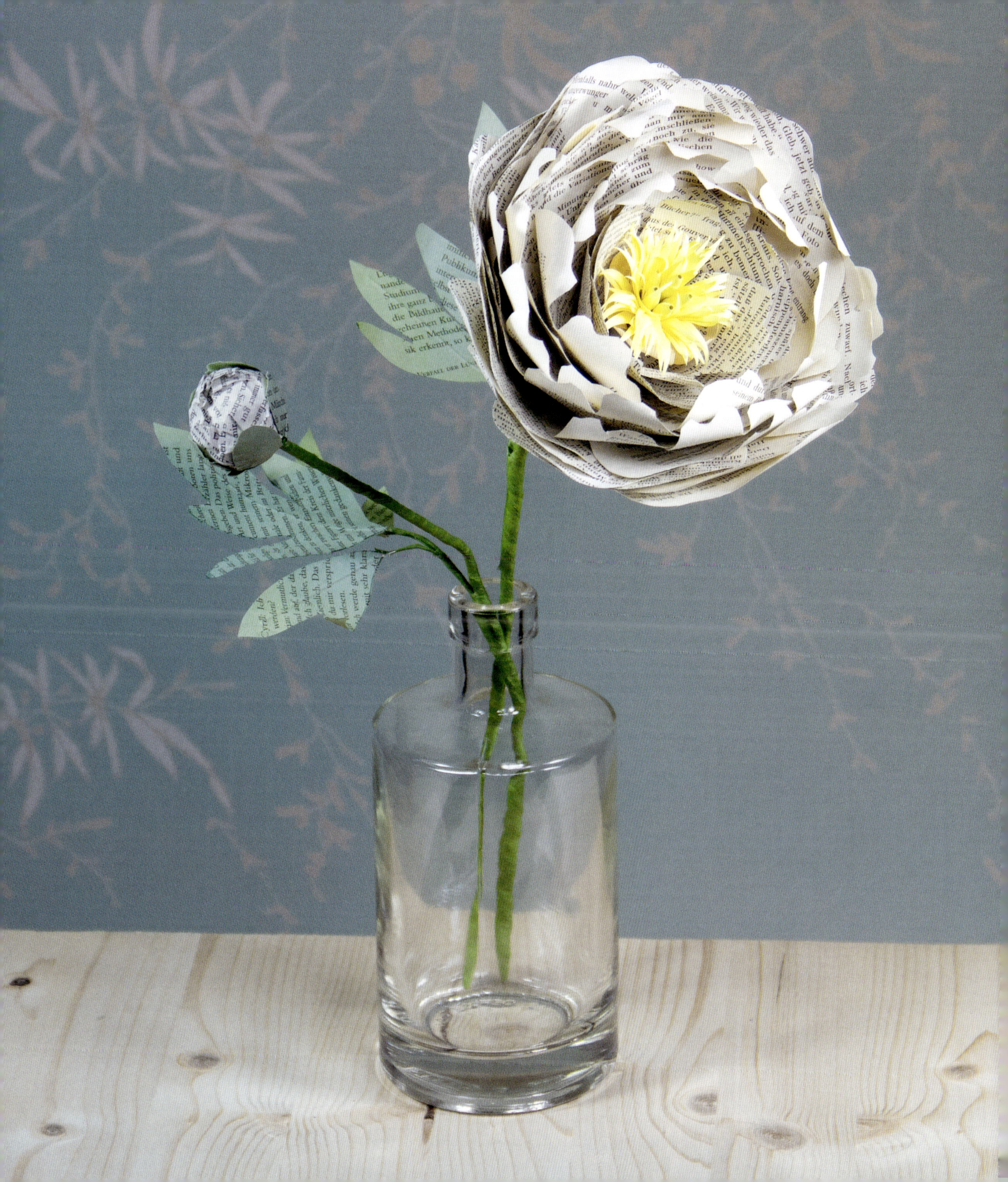

Vorbereitung

- Blütenblätter ausschneiden 8 × A, 8 × B und je 10 × C, D, E.
- Knospe 1 × ausschneiden und in der Mitte lochen.
- Kelch A 1 × und Kelch B 2 × ausschneiden und mit dem Prägestift wölben. Grünes Papier verwenden.
- Blätter A, B und C jeweils 1 x doppelt ausschneiden. Grünes Papier verwenden.
- Draht schneiden: Steckdraht (1,5 mm) 2 × 35 cm, Wickeldraht (0,65 mm) 5 × 20 cm, Wickeldraht (0,5 mm) 6 × 10 cm bekleben.
- Die Spitzen der Steckdrähte (1,5 mm) und der Wickeldrähte (0,65 mm) mit Zeitungspapier ummanteln.

Knospe

1. Die Wattekugel mit Papierschnipsel bekleben und auf die Spitze eines Steckdrahts (1,5 mm) kleben.
2. Die Knospe mit dem Prägestift wölben.
3. Die Knospe um die Kugel kleben.
4. Den Kelch A mit dem Prägestift wölben und von unten an die Knospe kleben.

1

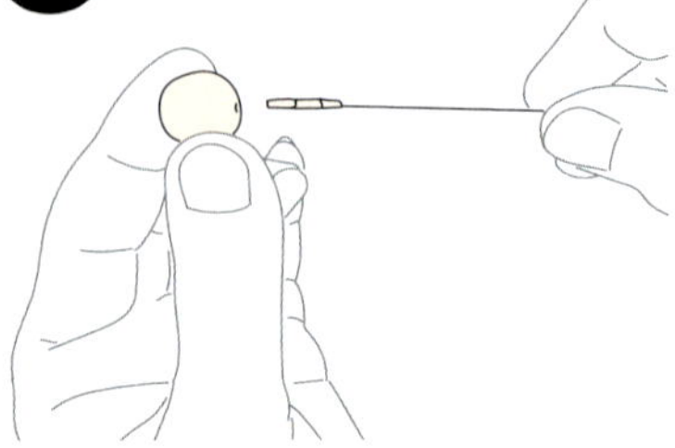

2

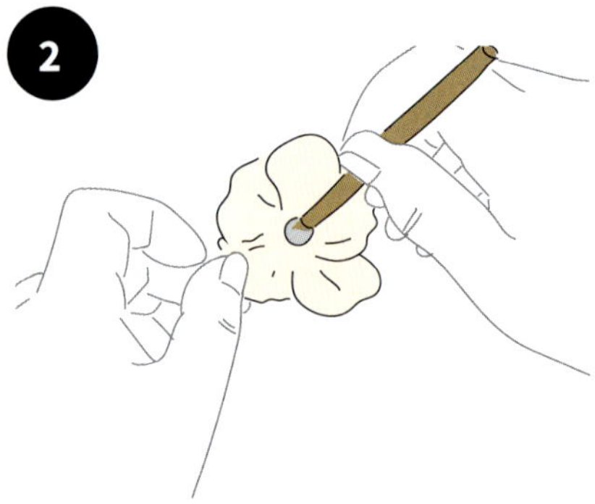

3

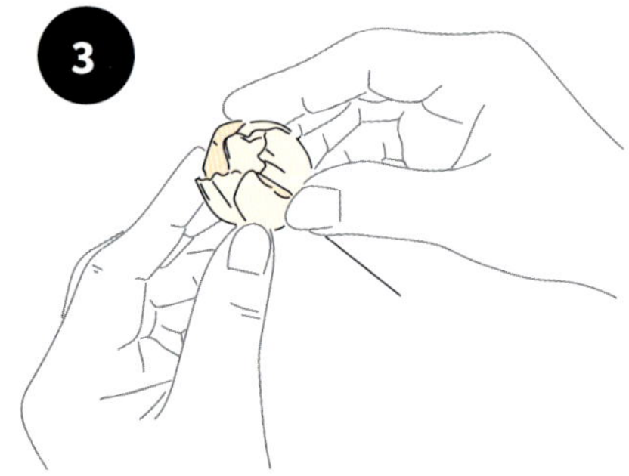

4

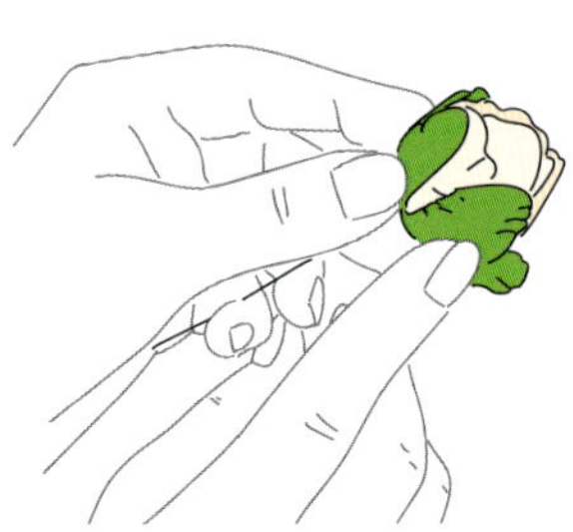

Statt einer gelben Buchseite kann auch farbiges Kopierpapier verwendet werden.

Blüte

5. 5 Streifen à 12 × 2,5 cm schneiden. In der Länge mittig falten, diagonal schneiden und wieder öffnen.

6. Je einen Streifen unter Zugabe von Leim als Perle um den Holzspieß wickeln, sodass 5 Perlen entstehen.

7. Eine Perle auf die Spitze eines Wickeldrahts (0,65 mm) kleben.

8. Schritt 7 noch 4 × wiederholen.

9. 5 Perlendrähte an den Steckdraht halten. Direkt unter den Perlen Zeitungspapier unter Zugabe von Leim um den Stängel wickeln, damit nichts verrutschen kann.

10. Von den gelben Buchseiten 3 Streifen à 15 × 4 cm zuschneiden. Jeweils eine Längsseite 3 cm tief in kurzen Abständen einschneiden. Die Fransen spitz schneiden.

11. Die Fransen in beiden Richtungen über den Scherenrücken wölben.

5

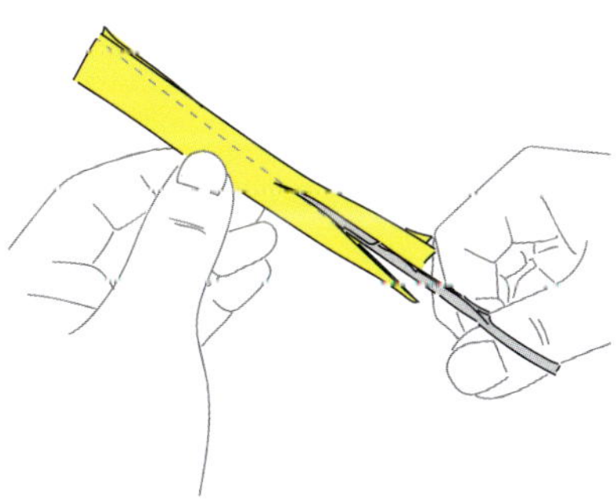

6

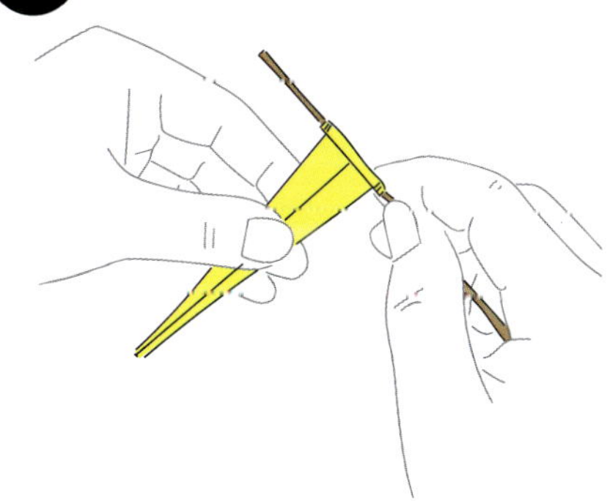

7

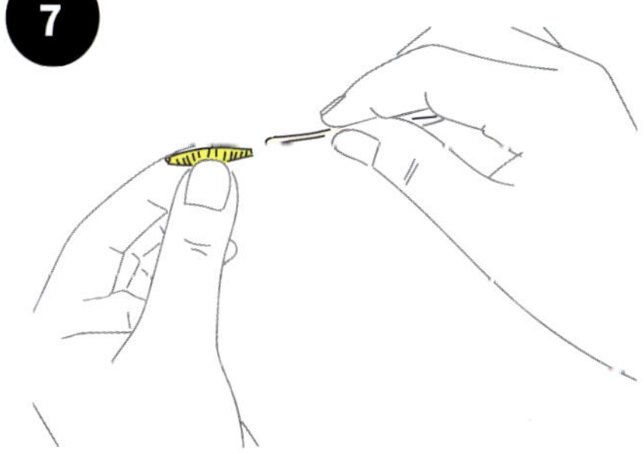

9

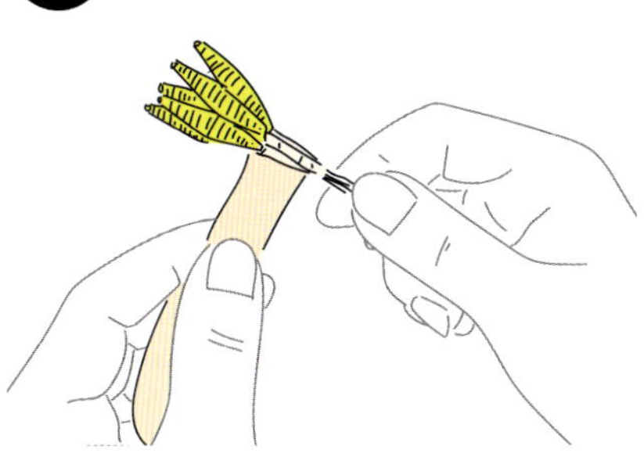

10

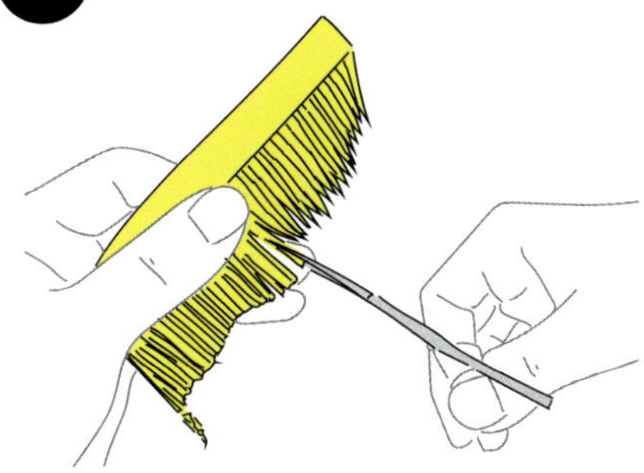

11

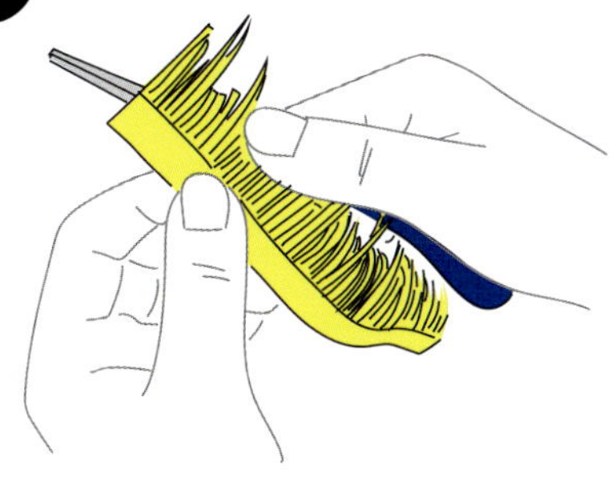

12. Alle 3 Fransenstreifen nacheinander unter Zugabe von Leim direkt unterhalb der Perlen um den Stängel wickeln.

13. 8 Blütenblätter A gleichmäßig verteilt mit der Wölbung nach innen um den Blütenboden kleben.

14. Den Übergang zwischen Blütenboden und Steckdraht mit einem 0,5 cm breiten Streifen aus Buchseiten umwickeln, bis der Durchmesser 1,5 cm beträgt.

15. Die Ränder aller Blütenblätter B, C, D, E über den Scherenrücken nach innen wölben.

16. Alle Blütenblätter B, C, D, E mit dem Prägestift wölben.

17. Die unteren Spitzen aller Blütenblätter B, C, D, E aufeinanderkleben. Dadurch wölben sie sich noch mehr.

12

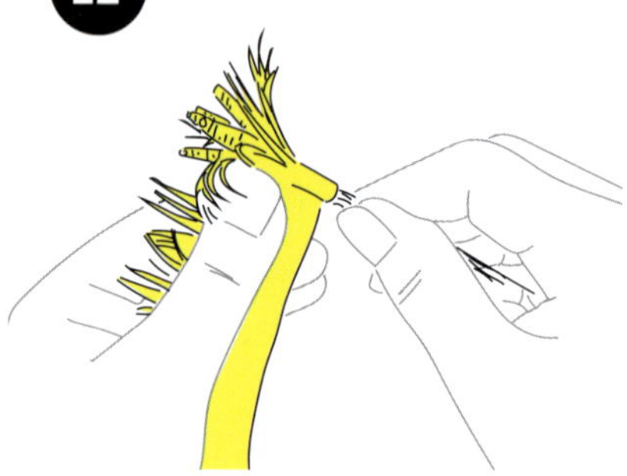

13

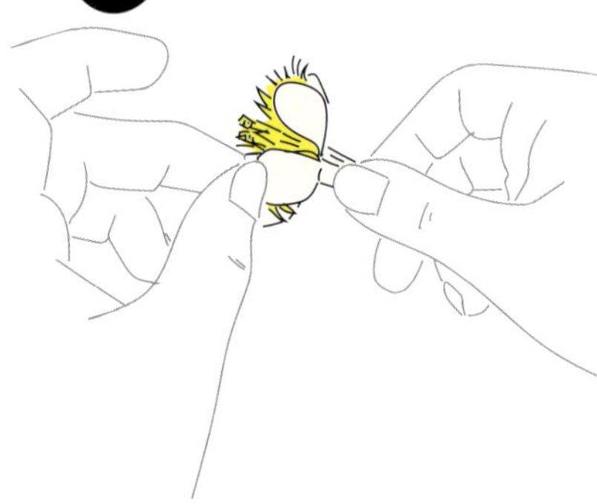

14

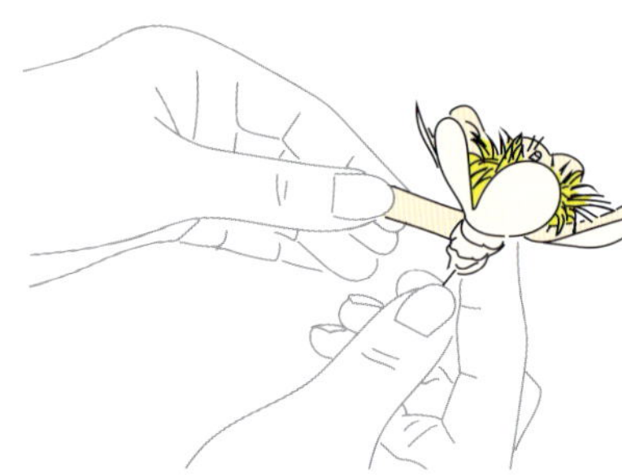

15

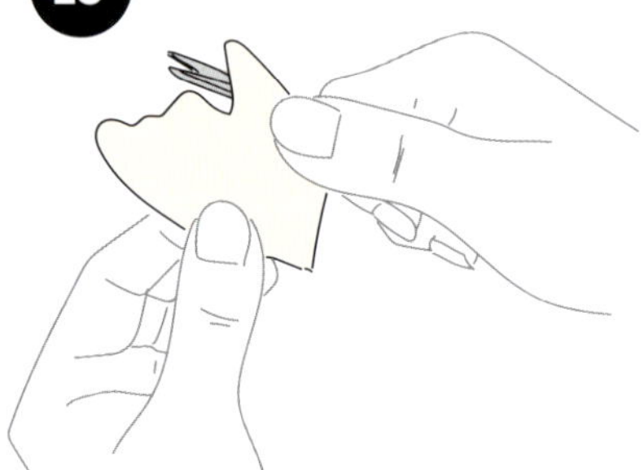

16

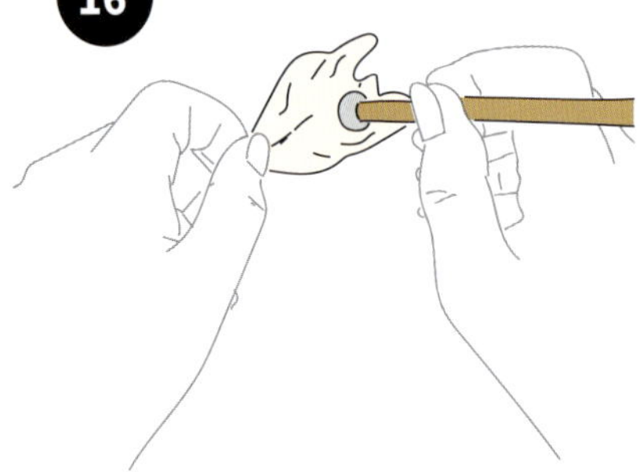

17

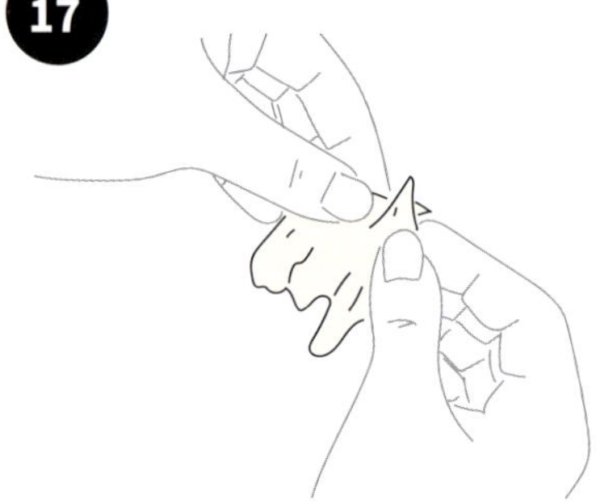

18. Jeweils 2 Blütenblätter C an der Basis aneinanderkleben. Mit den Blütenblättern D und E genauso verfahren.

19. 8 einzelne Blütenblätter B gleichmäßig verteilt mit der Wölbung nach innen um den Blütenboden kleben.

20. Schritt 19 für jeweils 5 doppelte Blütenblätter C, D und E wiederholen.

21. Einen Kelch B mit dem Prägestift wölben und von unten gegen den Blütenboden kleben.

Blatt

22. Die beiden Blätter A unter Zugabe von Leim aufeinanderkleben und einen Wickeldraht (0,5 mm) einlegen.

23. Schritt 22 für die Blätter B und C wiederholen.

24. Alle Blattstängel mit Floristenband umwickeln.

18

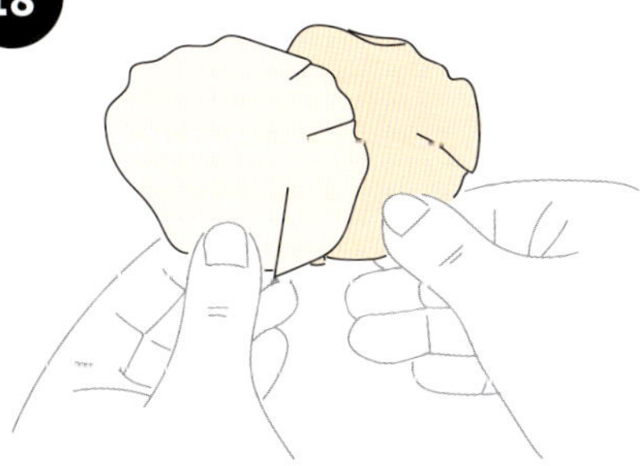

19

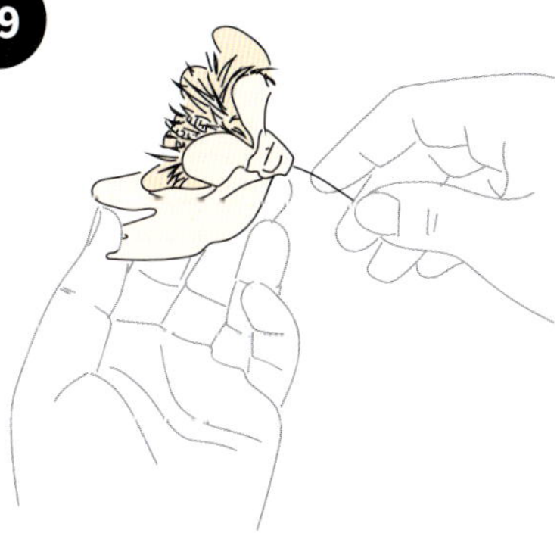

20

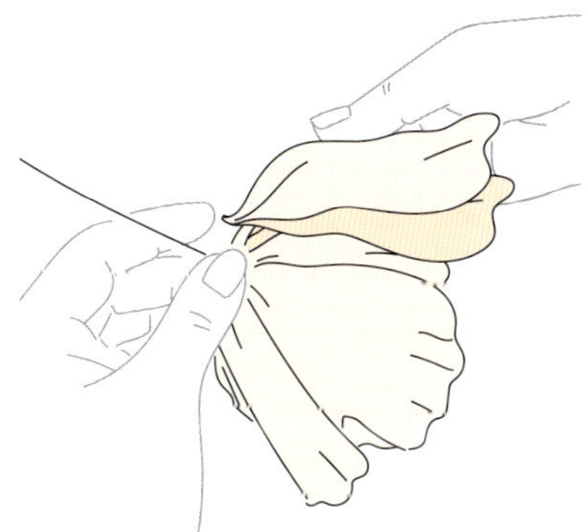

21

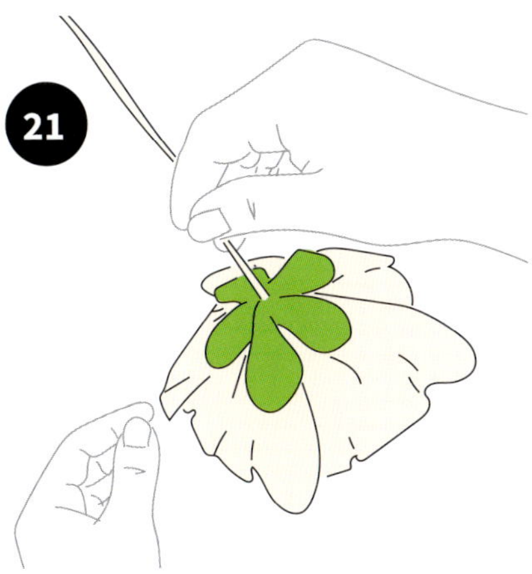

22

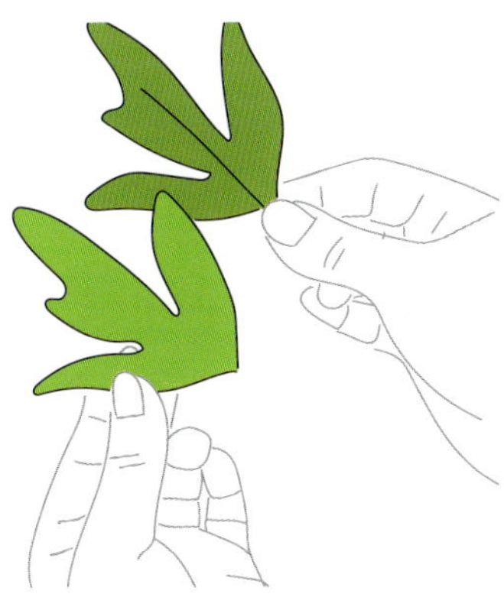

24

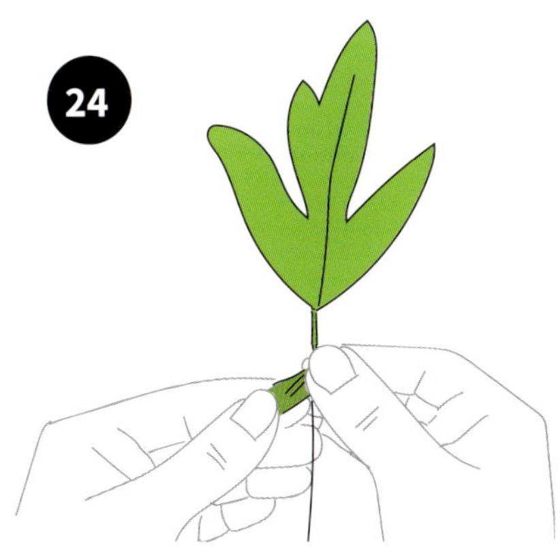

25. Die 3 Blätter zu einem Blatt zusammenfügen. Alle 3 Blätter zusammenhalten und ca. 2 cm mit Zeitungsstreifen umwickeln.

26. Schritt 22 bis 25 für ein zweites Blatt wiederholen.

Zusammensetzen

27. Die Stängel von Blüte und Knospe mit Zellstoff aufpolstern.

28. Die Stängel mit Floristenband umwickeln und bei der Blüte nach etwa ein Drittel ein Blatt einarbeiten.

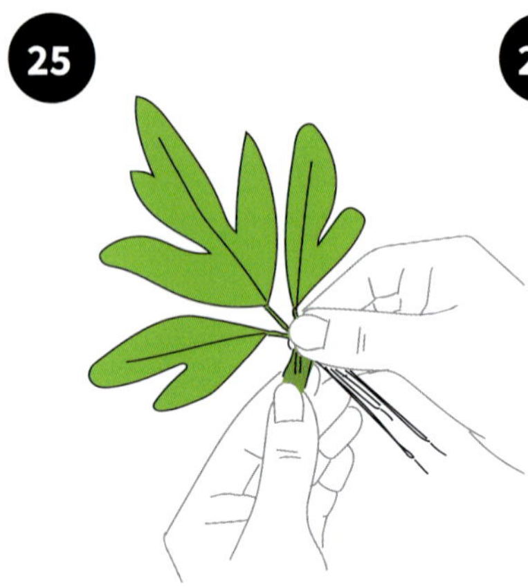

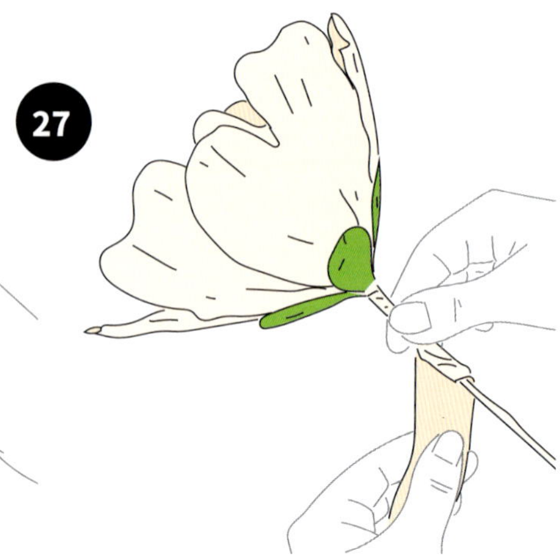

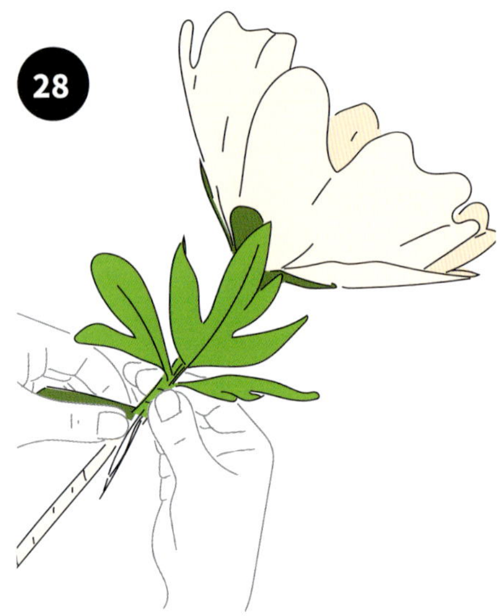

Sollen mehrere Pfingstrosen einen Strauß bilden, ist es besser, das Blatt mit einem langen eigenen Draht zu versehen und nicht mit den Blüten zu verbinden.

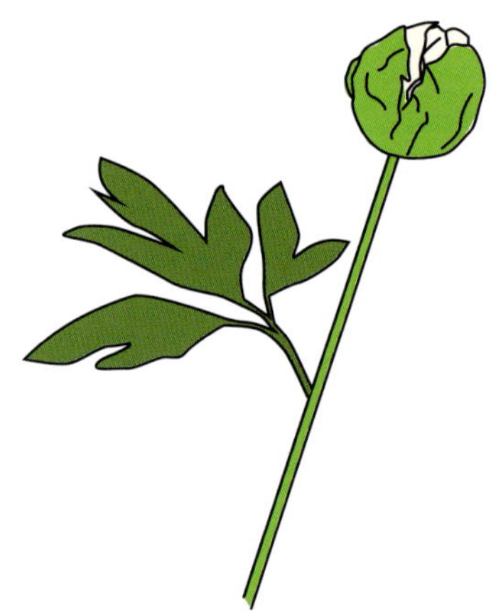

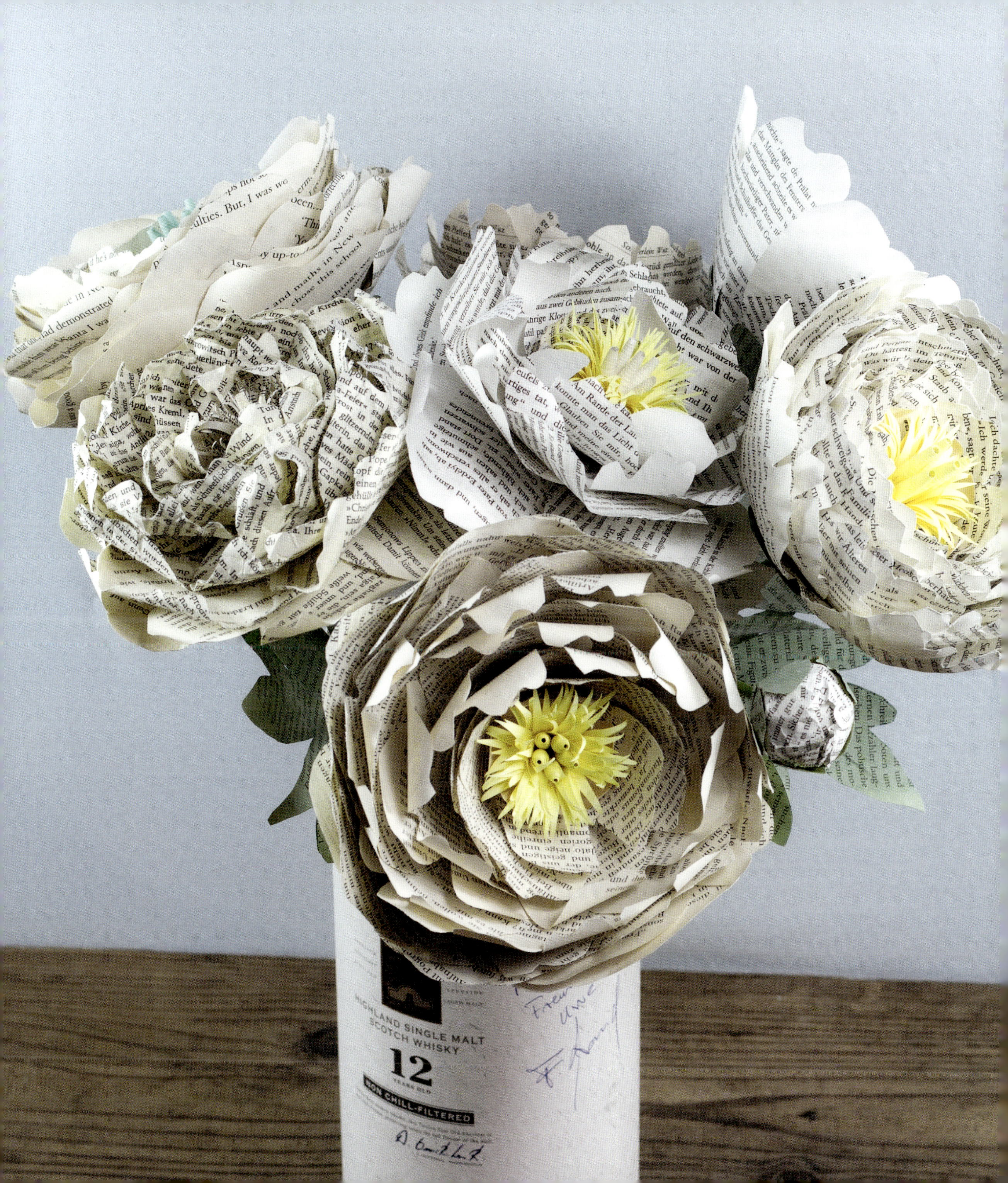
HIGHLAND SINGLE MALT
SCOTCH WHISKY
12
YEARS OLD
NON CHILL-FILTERED

Inspiriert von

★★★★

Bauern-Hortensie | *Hydrangea macrophylla*

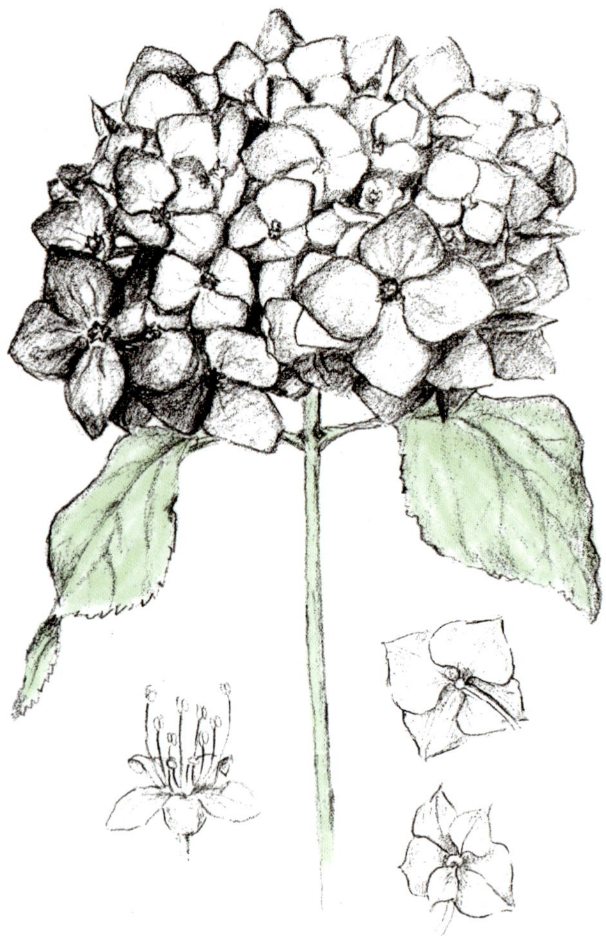

Blütengröße

- ca. 16 cm Ø (Blütenball)

Materialien

- Buchseiten
- Steckdraht (1,5 mm)
- Wickeldraht (0,65 mm)
- Wickeldraht (0,3 mm)
- Weißleim
- Zellstoff
- Tageszeitung
- grüne Tinte (oder Tusche)

Werkzeuge

- Schere
- Zangenset
- Holzspieß
- Nadel
- Pinsel

Vorlagen

- Seite 171
- halbe Blüte
- Blatt

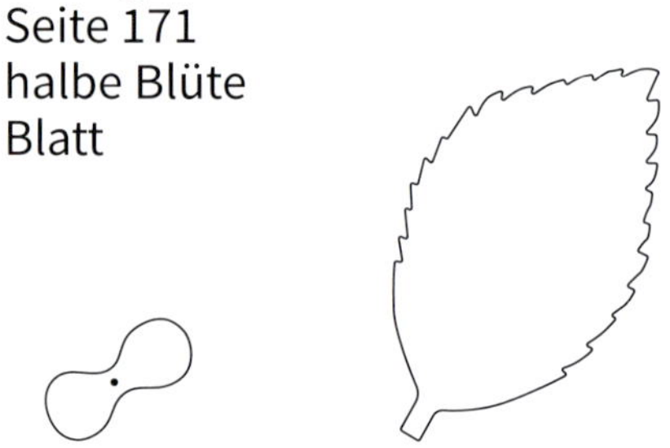

halbe Blüte   Blatt

Durch Abweichungen in der Anzahl der Einzelblüten lässt sich die Hortensienkugel vergrößern oder verkleinern. Entsprechend verändert sich auch der Zeitaufwand.

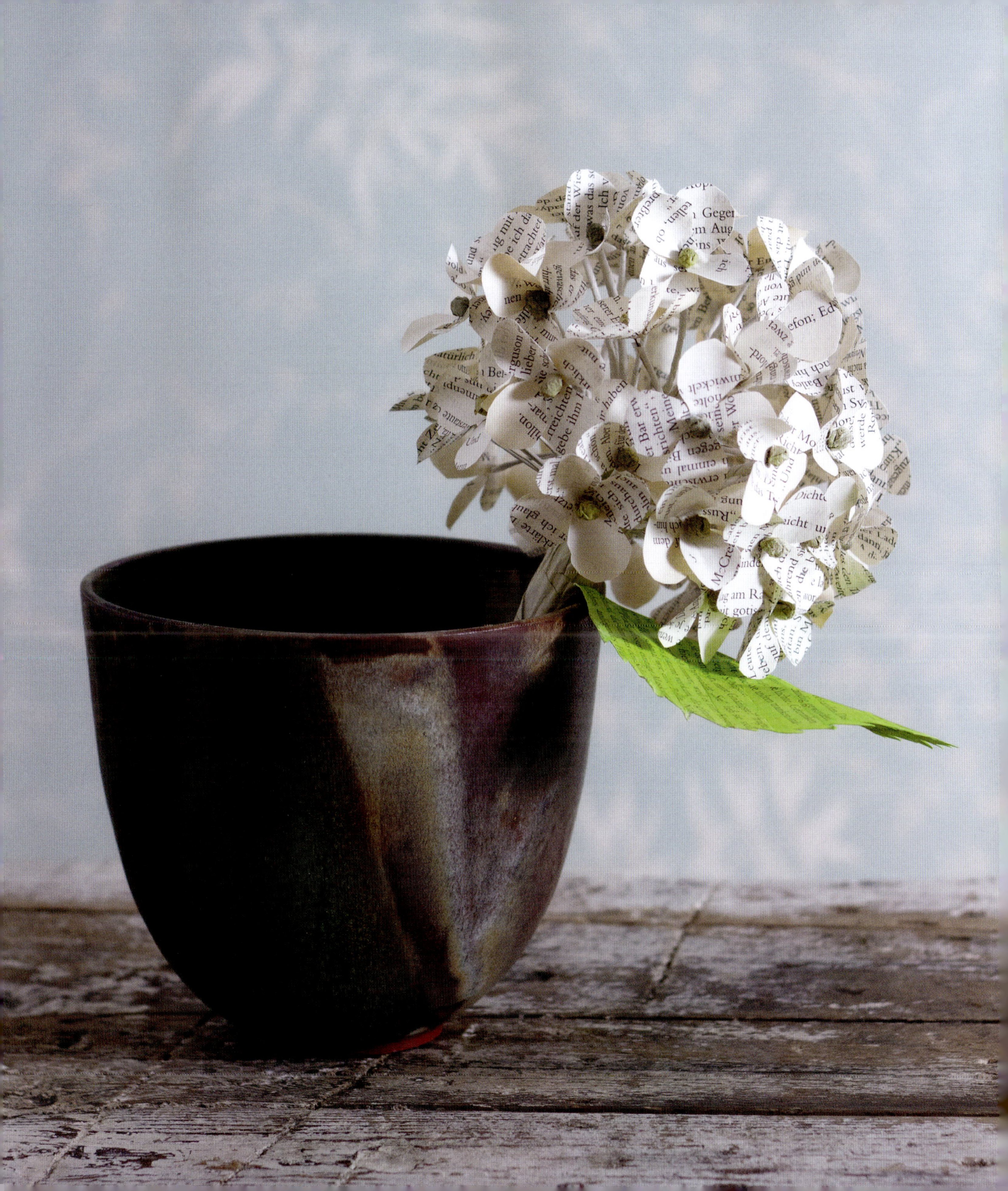

Vorbereitung

- 108 halbe Blüten ausschneiden, an der Markierung ein Loch stechen.
- Blatt 1 × doppelt ausschneiden.
- Draht schneiden: Steckdraht (1,5 mm) 1 × 30 cm, Wickeldraht (0,65 mm) 1 × 17 cm, Wickeldraht (0,3 mm) 54 × 15 cm. Zeitungspapier à 0,6 × 10 cm unter Zugabe von Leim um die Spitze des Steckdrahts wickeln.
- Den unbedruckten Zeitungsrand in Streifen schneiden (ca. 400 cm × 1,5 cm) und mit wasserverdünnter Tinte (3 zu 1) grün färben.

Blüte

1. Die Spitze eines Wickeldrahts (0,3 mm) 5 mm umknicken, dabei ein Stück Zeitungspapier von 1,5 × 2,5 cm einklemmen. Das Zeitungspapier unter Zugabe von Leim zu einer Kugel formen.

2. Ein Stück Zeitungspapier à 1,5 × 0,4 cm der Länge nach falten, mit Leim betupfen und direkt unter der Kugel um den Draht kleben und zwirbeln.

3. Schritt 1 bis 2 für die übrigen 53 Wickeldrähte wiederholen.

4. Die Spitzen einer halben Einzelblüten mit der Schere nach außen wölben und die Seitenränder über den Holzspieß nach innen wölben.

5. Schritt 4 für alle halben Blüten wiederholen.

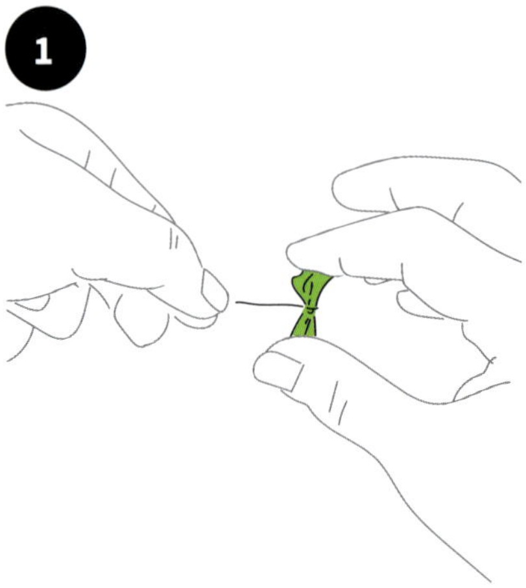

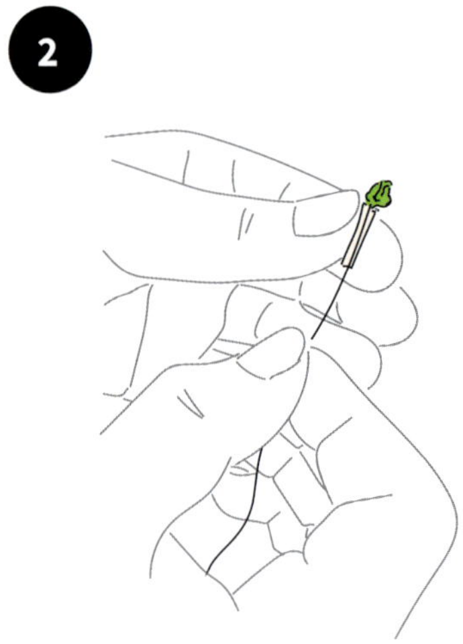

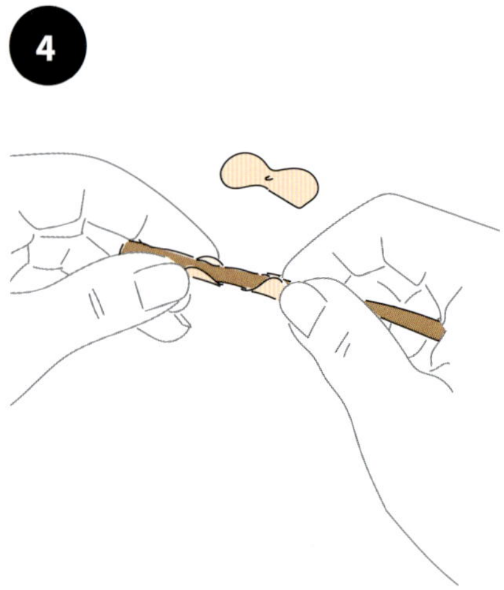

6. Auf jeden Wickeldraht von unten 2 Blütenhälften schieben und unter der Kugel festkleben.

7. Alle Blütenstängel bis unten mit Zeitungsstreifen bekleben.

8. 4 Blüten als Strauß zusammenhalten und nach 4 cm unter Zugabe von Leim mit Zeitungsstreifen umwickeln.

9. Schritt 8 noch 8 x wiederholen.

10. 3 Sträußchen um die Spitze des Steckdrahts halten und nach weiteren 2,5 cm unter Zugabe von Leim mit Zeitungsstreifen umwickeln.

11. Einige Drähte kürzen, damit der Stängel nicht zu dick wird.

12. Die übrigen 6 Sträußchen gleichmäßig um das Gebinde aus Schritt 10 verteilen. Etwas tiefer gehen, um eine Halbkugel zu formen. Dann alles zusammen mit Zeitungsstreifen umwickeln.

6

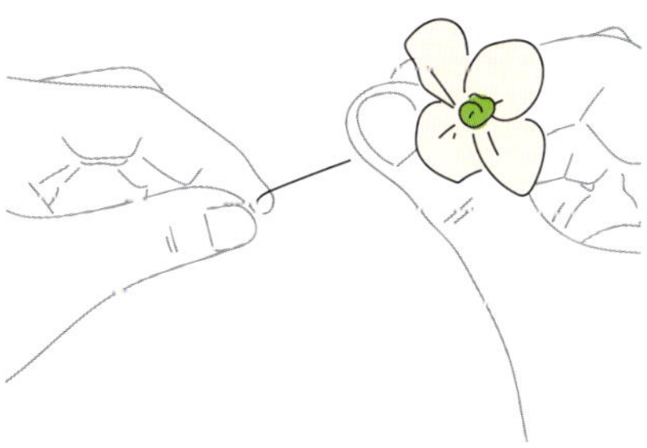

7

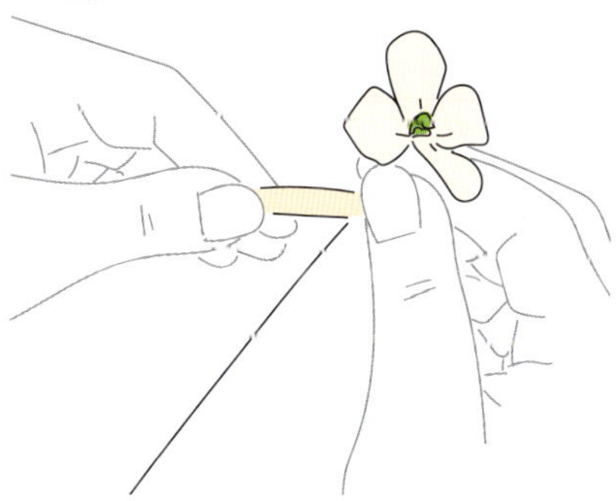

8

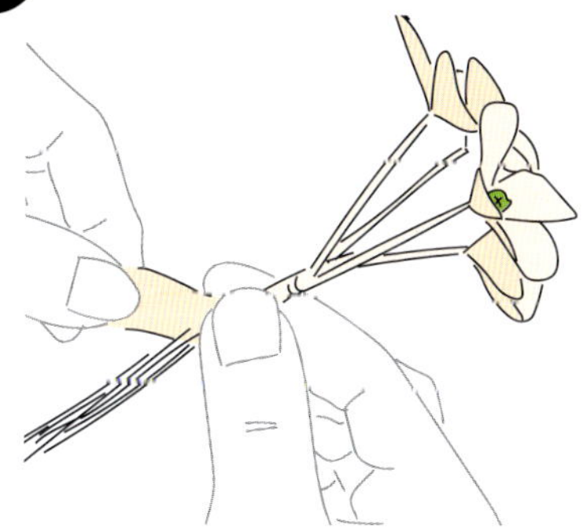

10

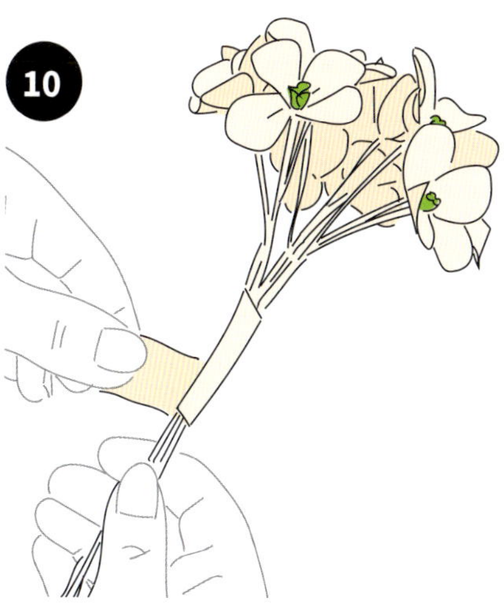

11

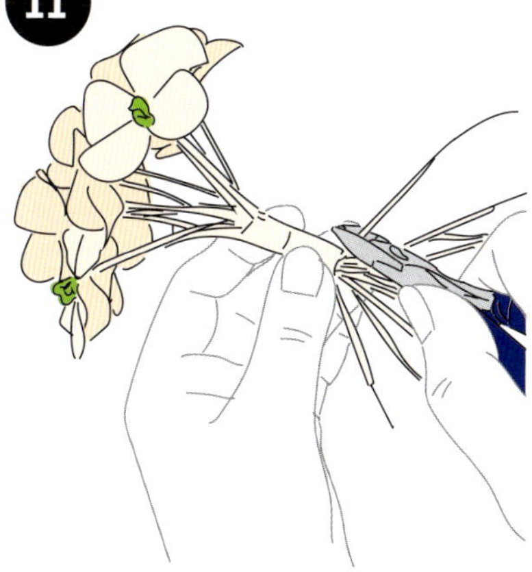

12

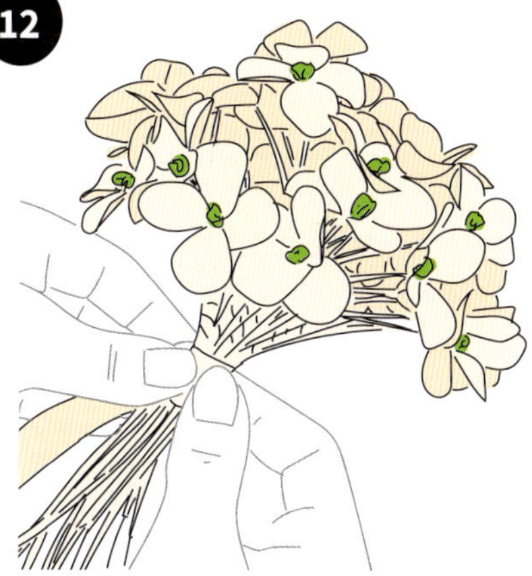

13. Die übrigen 18 Einzelblüten zu 3er-Gruppen zusammenbinden und unter Zugabe von Leim um das Gebinde verteilen.

Blätter

14. Jedes Blatt der Länge nach in der Mitte falten. Dann diagonal zum Mittelfalz falten. Alle Falze scharf nachfalten und auffalten. Die Falze markieren die Blattadern.

15. Tinte mit Wasser verdünnen (3:1) und das Blatt von beiden Seiten bestreichen.

16. Beide Blätter aufeinanderkleben. Einen Wickeldraht (0,65 mm) einlegen.

Zusammenfügen

17. Den Stängel mit Zellstoff unter Zugabe von Leim polstern.

18. Von oben bis unten mit Zeitungsstreifen umwickeln. Gleich unter der Blüte das Blatt einfügen.

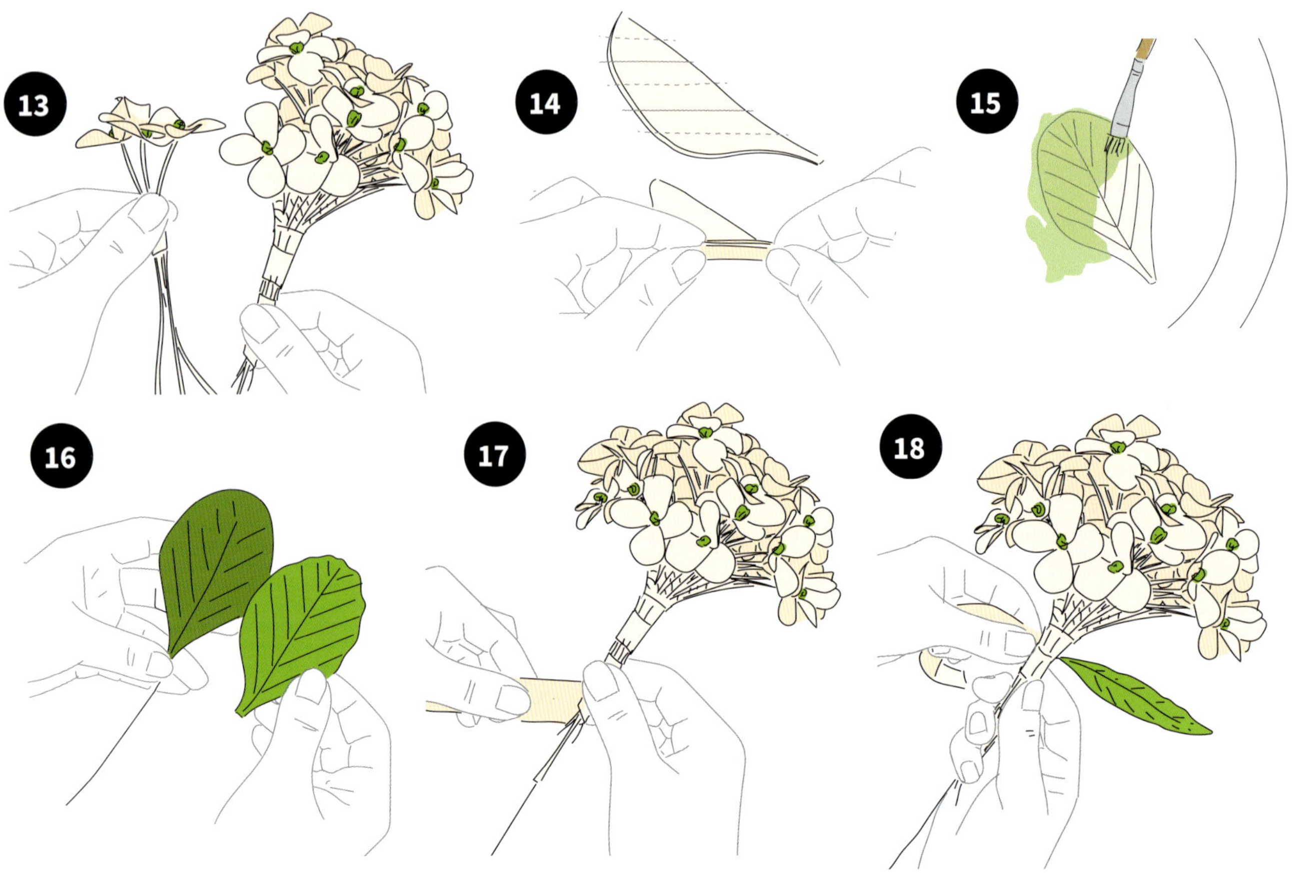

Inspiriert von

★★★★

Japanische Zierkirsche | *Prunus serrulata*

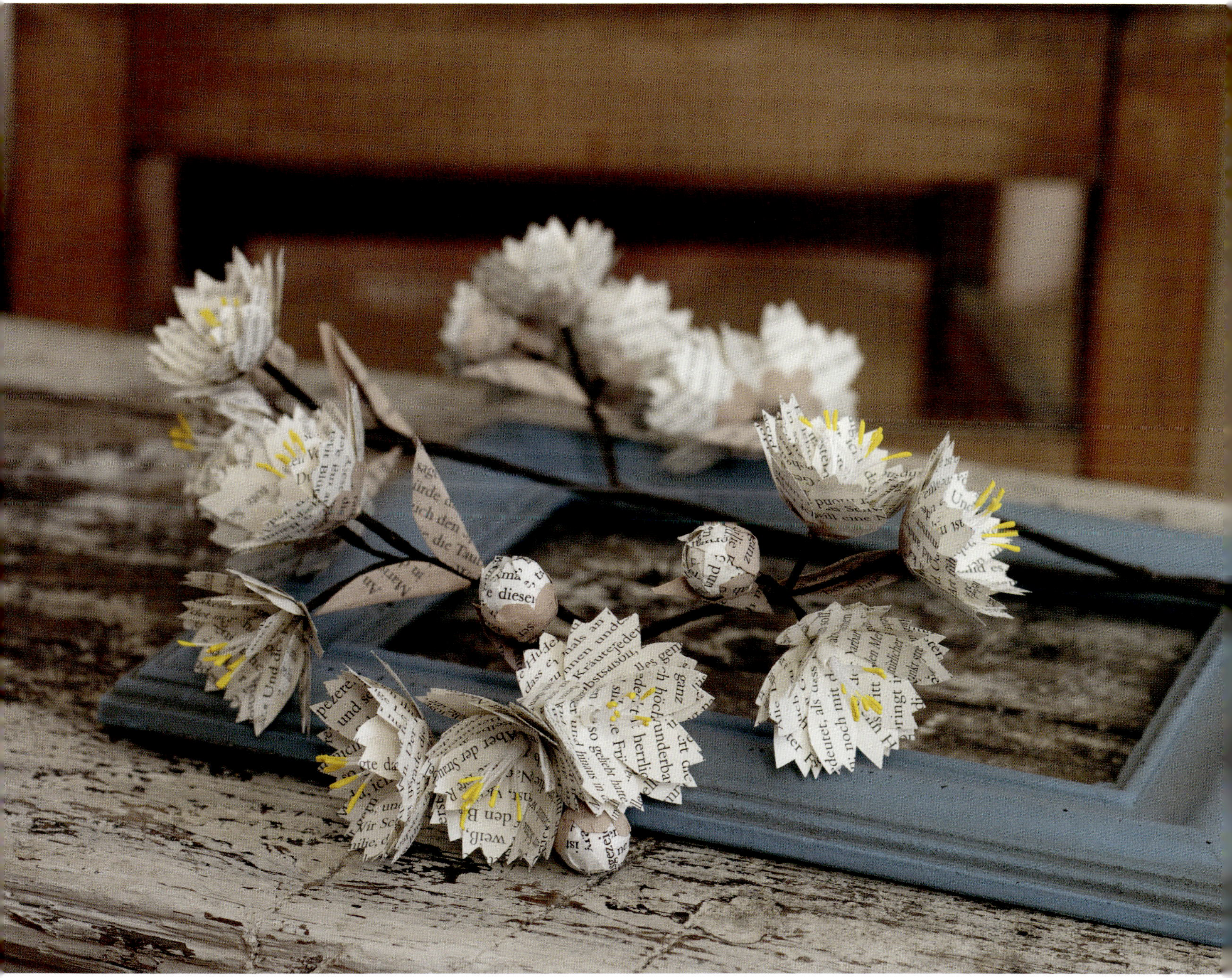

Japanische Zierkirsche | *Prunus serrulata* ★★★★

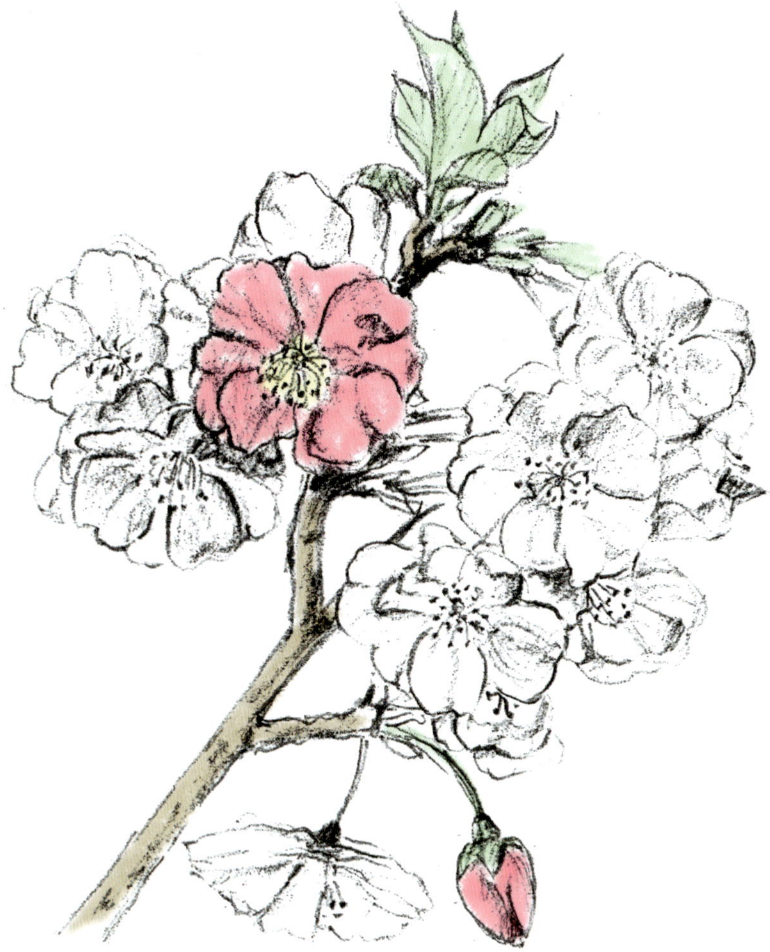

Blütengröße
- ca. 3,5 cm Ø

Materialien
- Buchseiten
- 2 rotbraun gefärbte Buchseiten
- weißer Zwirn
- Steckdraht (1,5 mm)
- Steckdraht (0,95 mm)
- Wickeldraht (0,35 mm)
- 7 Wattekugeln (15 mm)
- Weißleim
- braunes Floristenband
- goldene oder gelbe Acrylfarbe
- Zellstoff

Werkzeuge
- Schere
- Zangenset
- Nadel
- Zahnstocher
- Prägestift
- Prägematte
- Pinzette

Vorlagen
- Seite 171
- Blütenblatt
- Knospe
- Kelch A, B
- Blatt

Blütenblatt Knospe Kelch Blatt

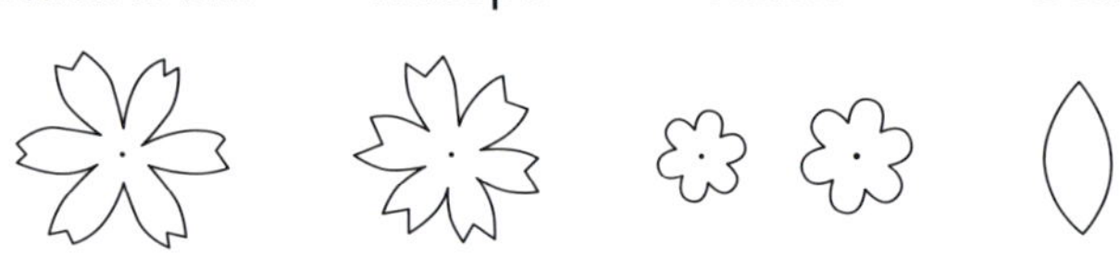

A B

Vorbereitung

- 48 Blütenblätter ausschneiden, in der Mitte ein Loch stechen und mit dem Prägestift wölben.
- Knospe 7 × ausschneiden und mit dem Prägestift wölben.
- Kelche aus rotbraunem Papier ausschneiden, 16 × A und 7 × B.
- Alle Kelche knittern und in der Mitte lochen.
- Den Zwirn in 8 Stücke à mind. 5 cm schneiden.
- Draht schneiden: Steckdraht (1,5 mm) 1 × 35 cm, Steckdraht (0,95 mm) 1 × 17 cm, 1 × 13 cm, 3 × 8 cm, Wickeldraht (0,35 mm) 28 × 10 cm.

Geöffnete Blüten

1. Einen Wickeldraht (0,35 mm) an der Spitze 1,5 cm knicken und 4 Zwirnstücke als Staubgefäße mittig einklemmen. Den Draht verdrillen.

2. Den Zwirn mit Leim einstreichen und mit der Pinzette einzeln auseinanderbiegen. Trocknen lassen, bis die Staubgefäße steif sind.

3. Die Staubgefäße auf 2 cm Länge mit der Schere kürzen und nur die Spitzen mit gelber Acrylfarbe betupfen. Gut geht es mit einem Zahnstocher.

4. Einen Zeitungsstreifen 1 × 2 cm um den Blütenboden wickeln. Dabei die Fäden 0,5 cm einfassen.

5. Einen Papierstreifen 3 × 0,4 cm um den kaschierten Teil der Fäden wickeln.

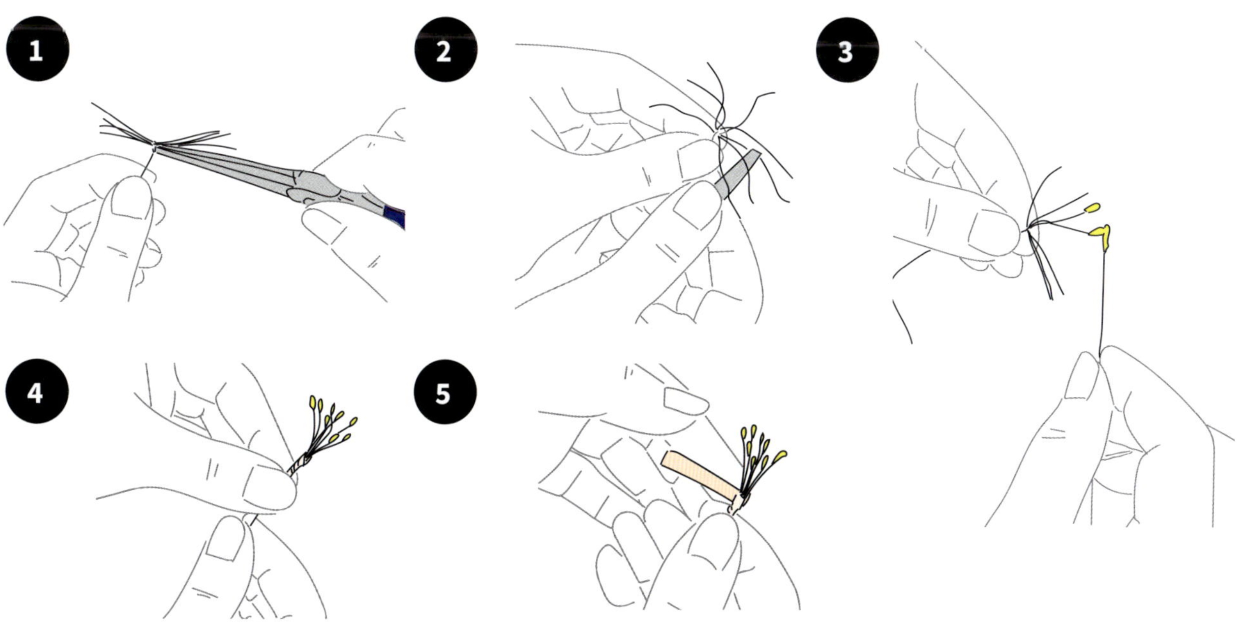

6. Ein Blütenblatt an der Verdickung aus Schritt 5 von unten ankleben.

7. Nacheinander ein zweites und ein drittes Blütenblatt ankleben.

8. Kelch A von unten an die Blüte kleben.

9. Anschließend den Draht 4 cm mit Floristenband umwickeln.

10. Schritte 1 bis 9 noch 15 x wiederholen, sodass 16 geöffnete Blüten vorhanden sind.

Knospe

11. Wickeldraht (0,35 mm) an der Spitze etwa 1,5 cm knicken und mit Papier 2 × 2 cm bekleben.

12. Die Wattekugel mit Papierschnipseln kaschieren und auf die Drahtspitze kleben.

6

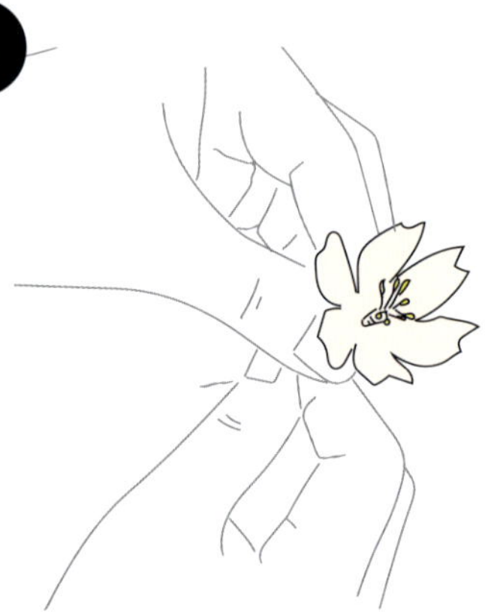

7

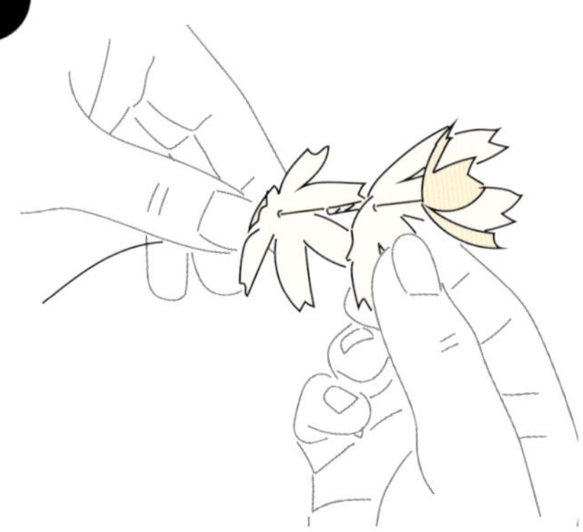

8

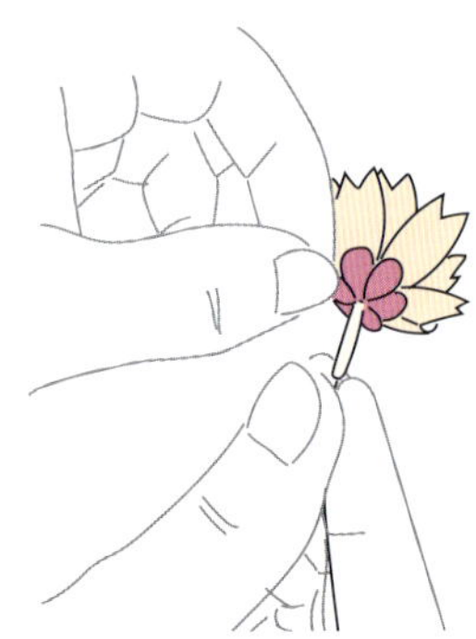

9

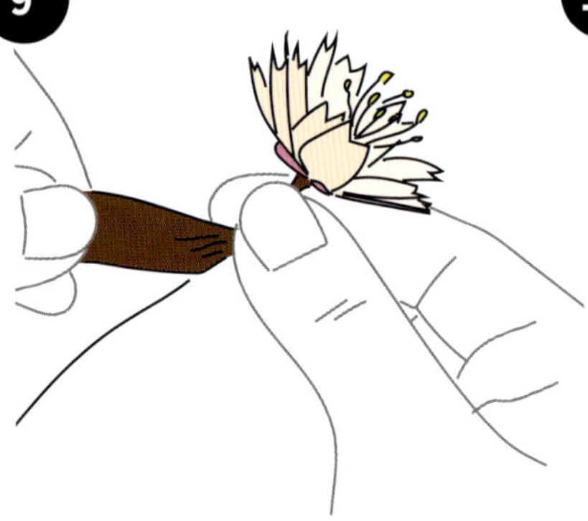

11

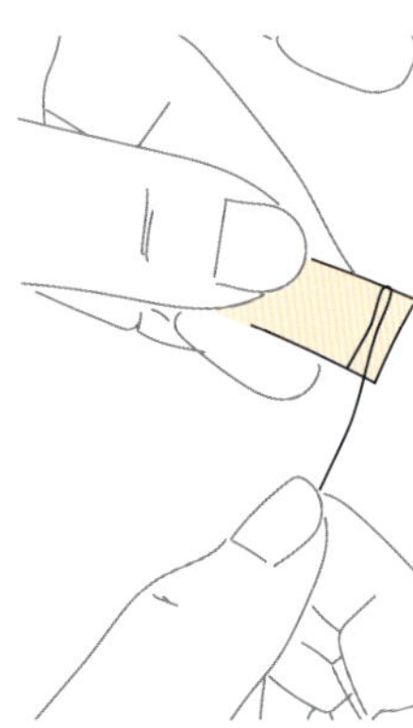

12

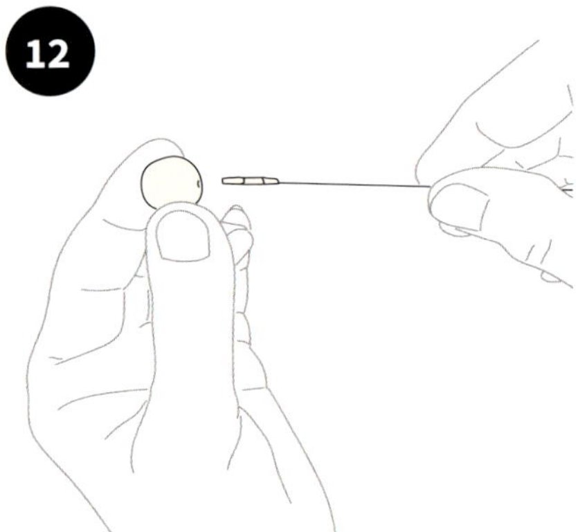

13. Die Knospe um die Kugel kleben.

14. Kelch B unten auf die Knospe kleben.

15. Den Draht 4 cm mit Floristenband umwickeln.

16. Schritte 11 bis 15 noch 6 × wiederholen, sodass 7 Knospen vorhanden sind.

Blätter

17. Nun 2 Blätter aufeinanderkleben und einen Wickeldraht (0,35 mm) einlegen.

18. Das Blatt der Länge nach mittig falten.

19. Schritt 17 und 18 noch 11 × wiederholen, sodass 12 Blätter vorhanden sind.

Zusammenfügen

20. Aus den Blüten, Knospen und Blättern 6 Gruppen bilden und zurechtlegen:
(A) 2 Blüten, 3 Knospen, 2 Blätter
(B) 3 Blüten, 2 Knospen, 2 Blätter
(C) 3 Blüten, 1 Knospe, 2 Blätter
(D) 2 Blüten, 1 Knospe, 2 Blätter
(E) 3 Blüten, 2 Blätter
(F) 3 Blüten, 2 Blätter

13

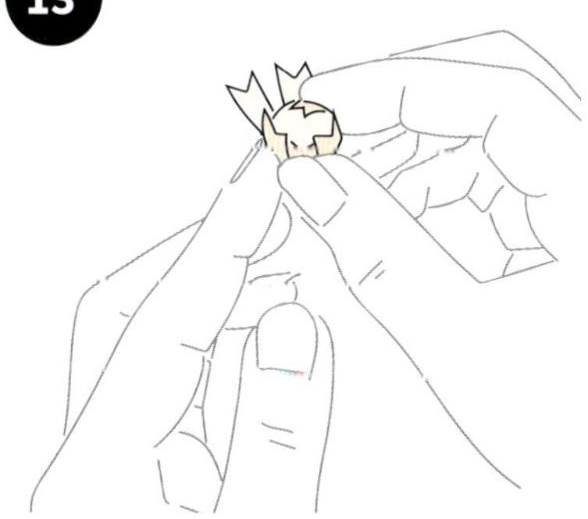

14

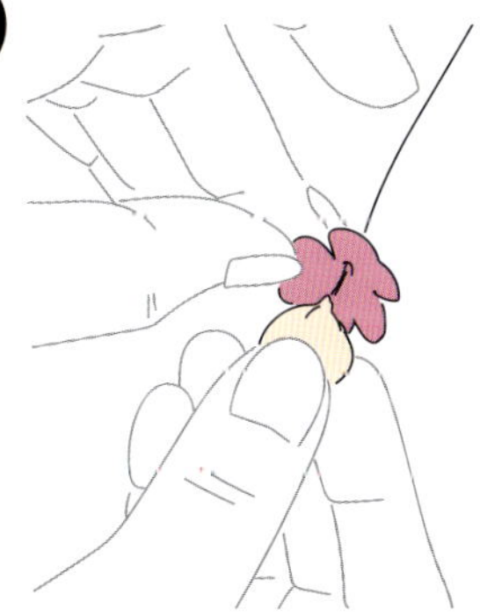

15

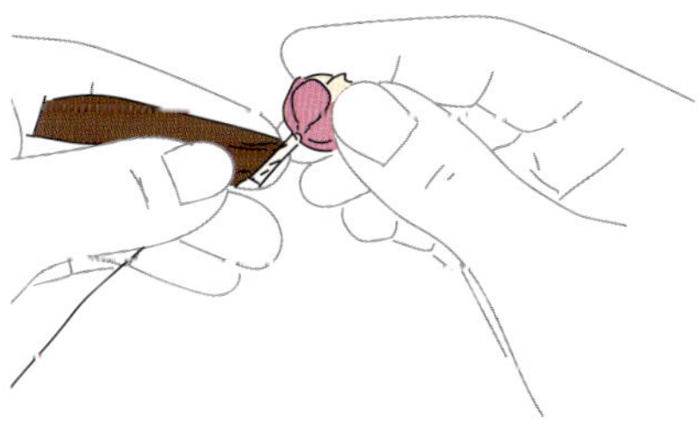

17

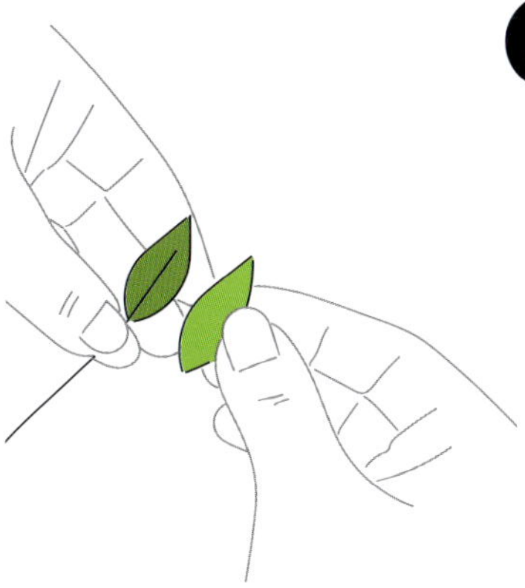

18

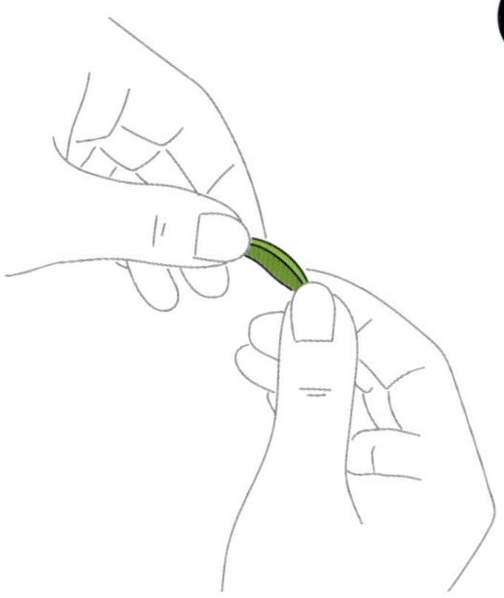

20

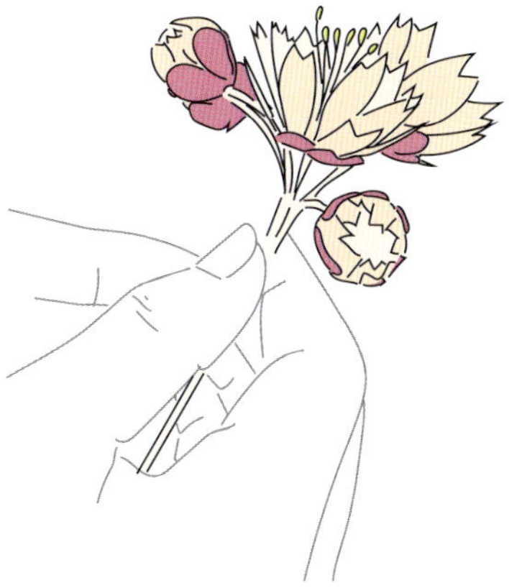

21. Den Steckdraht nach Drahtplan biegen und zurechtlegen.
22. Blüten und Knospen von Gruppe A zu einer Dolde zusammennehmen, an die Spitze des 35 cm langen Steckdrahts (1,5 mm) halten und mit Floristenband ein Stück nach unten wickeln, sodass die Gruppe fest am Draht sitzt. 2 cm tiefer 2 Blätter gegenständig einarbeiten.
23. Mit allen anderen Gruppen und den übrigen Steckdrähten entsprechend Plan genauso verfahren.
24. Alle Drähte komplett mit Floristenband umwickeln und dabei Ast für Ast einarbeiten. Den langen Steckdraht unterhalb der Verästelungen mit Zellstoff polstern, bevor er mit Floristenband umwickelt wird. Den Zweig in Form biegen.

21

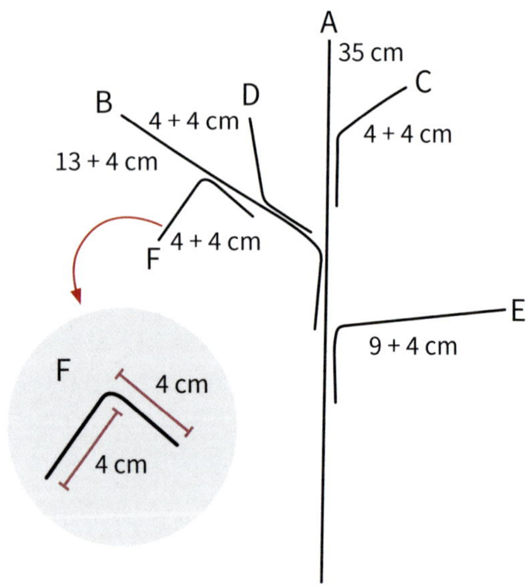

24

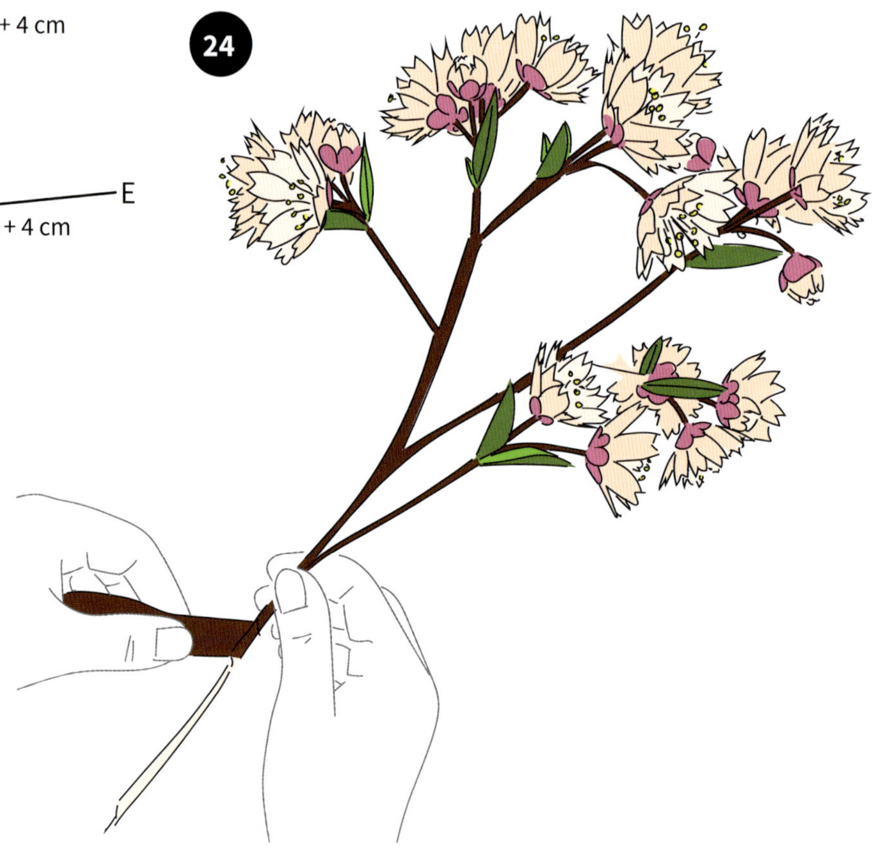

22

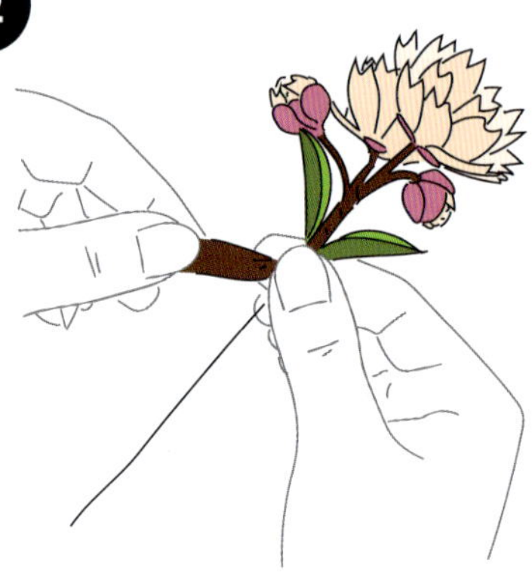

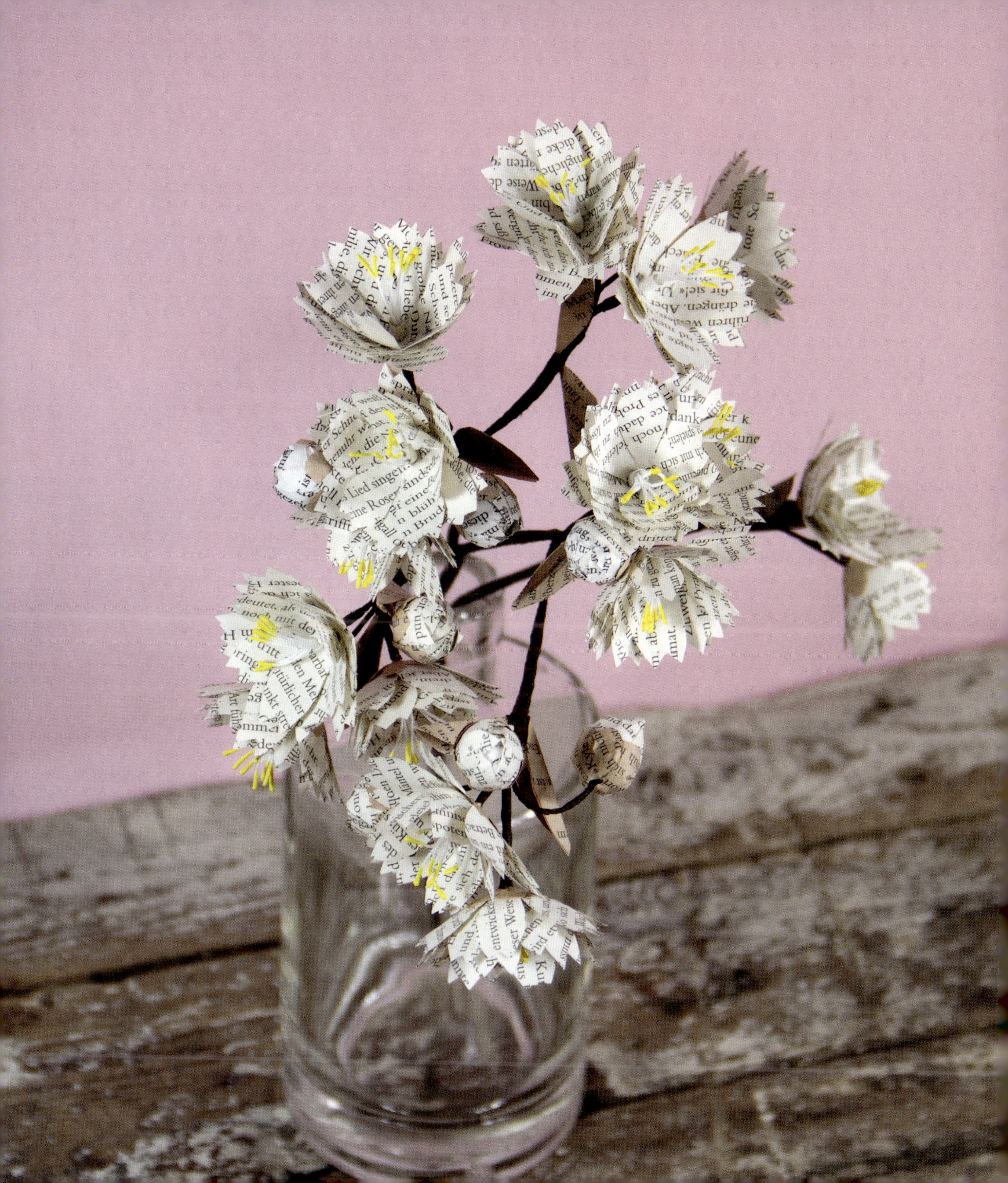

Vorlagen

Ausschneiden

Einschneiden

Klebefläche

Trommelstock

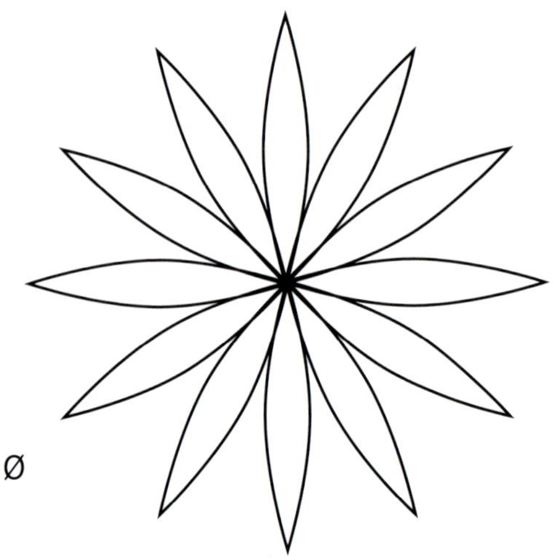

Kugelabwicklung für 2 cm Ø

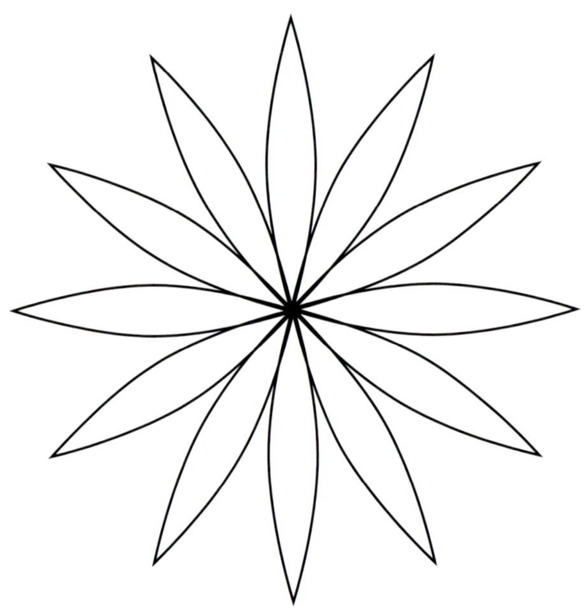

Kugelabwicklung für 2,5 cm Ø

Einfache Rose

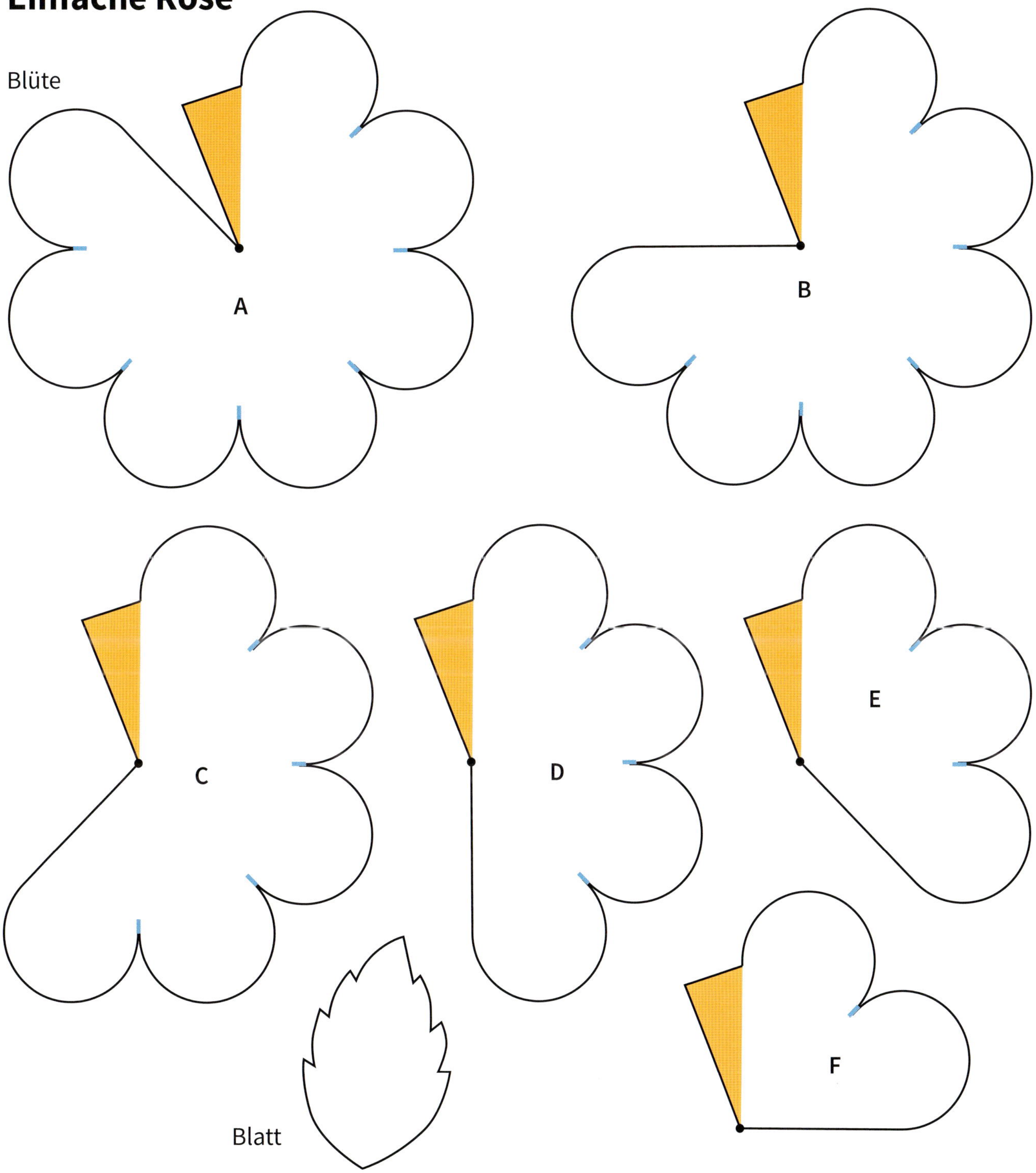

Einfache Dahlie

Blüte

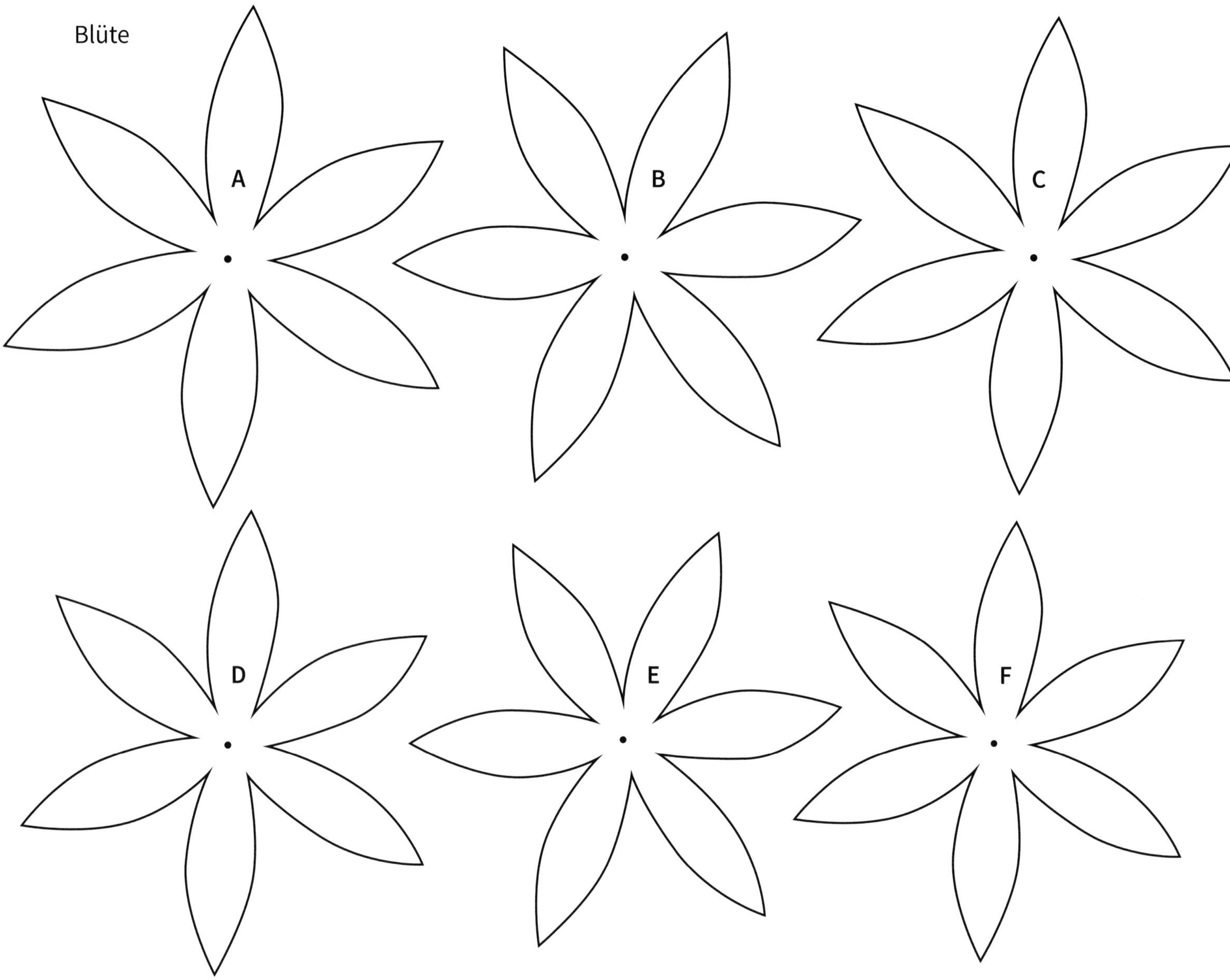

Einfache Dahlie

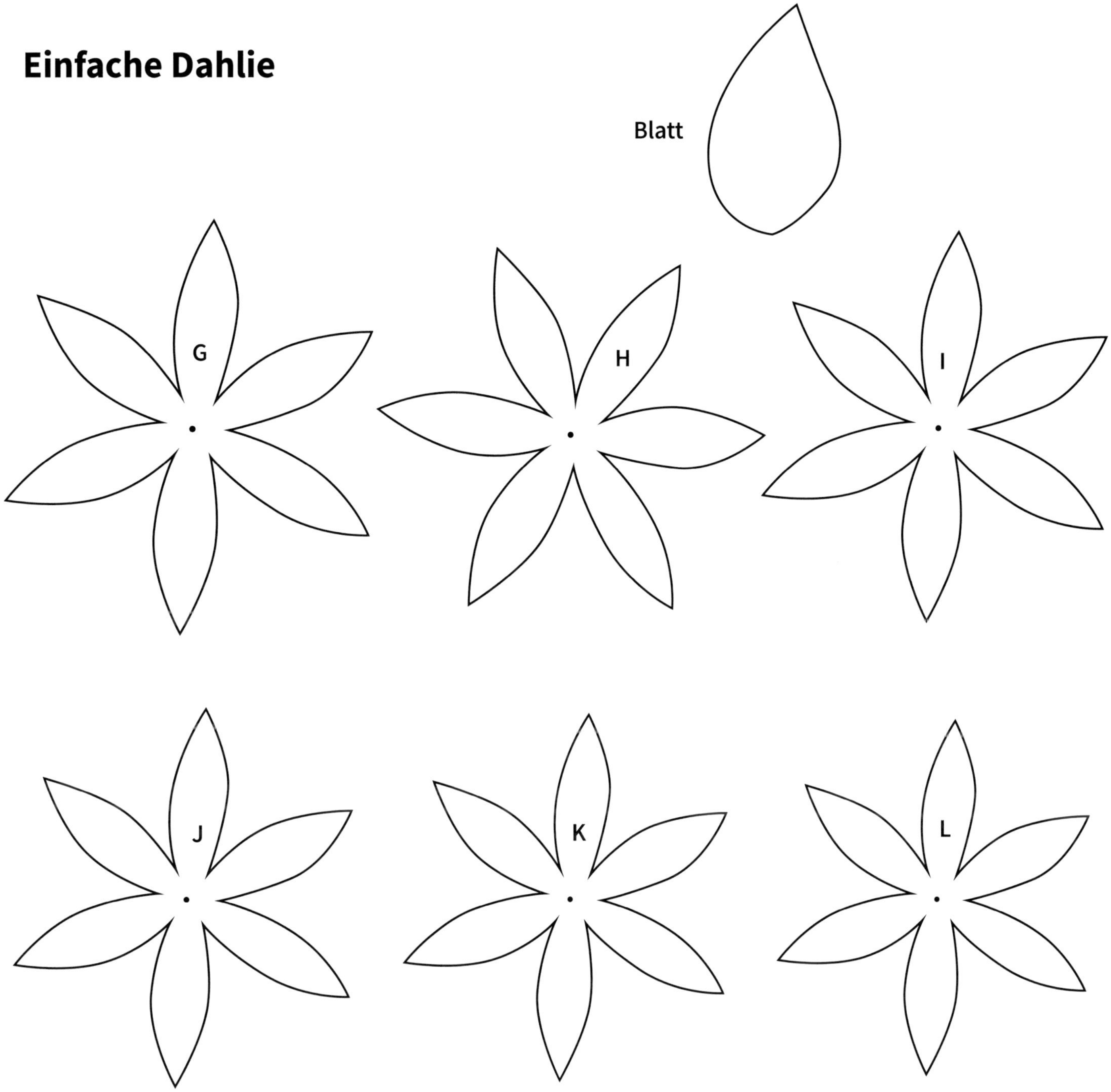

Strohblume

Blüte

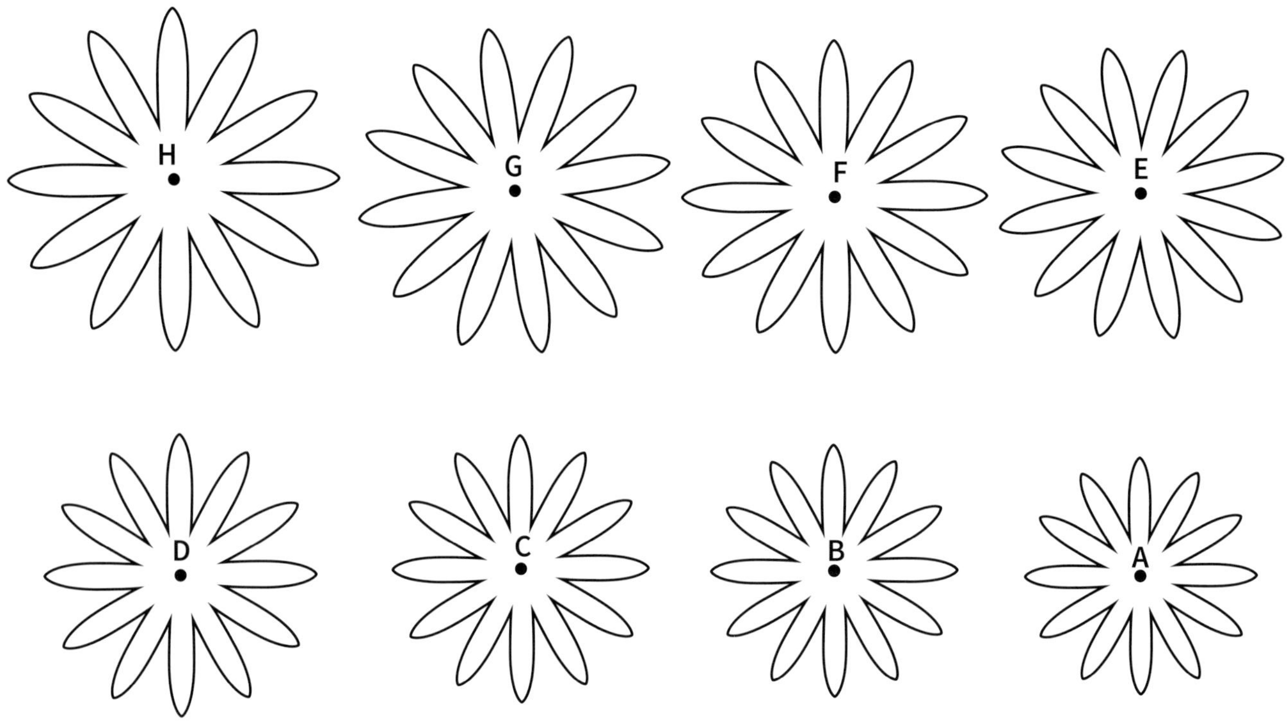

Lavendel

Blatt

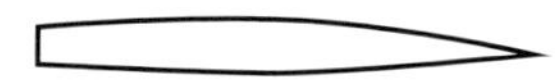

Gefüllte Landnelke

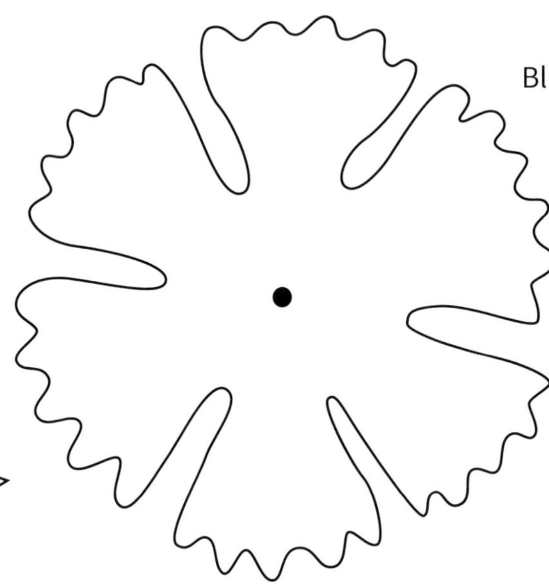

Blüte

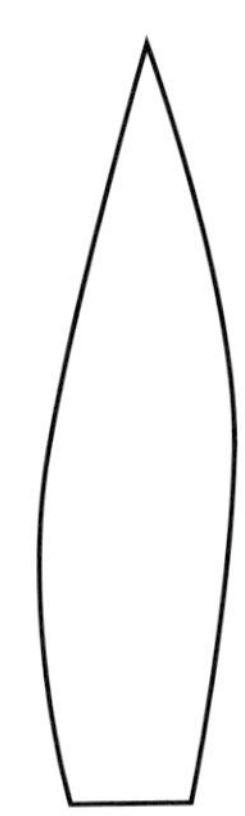

Blatt

Sonnenhut

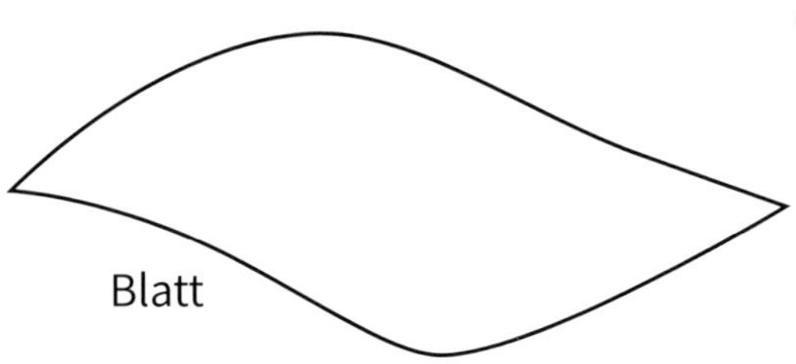

Blatt

Gefüllte Chrysantheme

Blüte

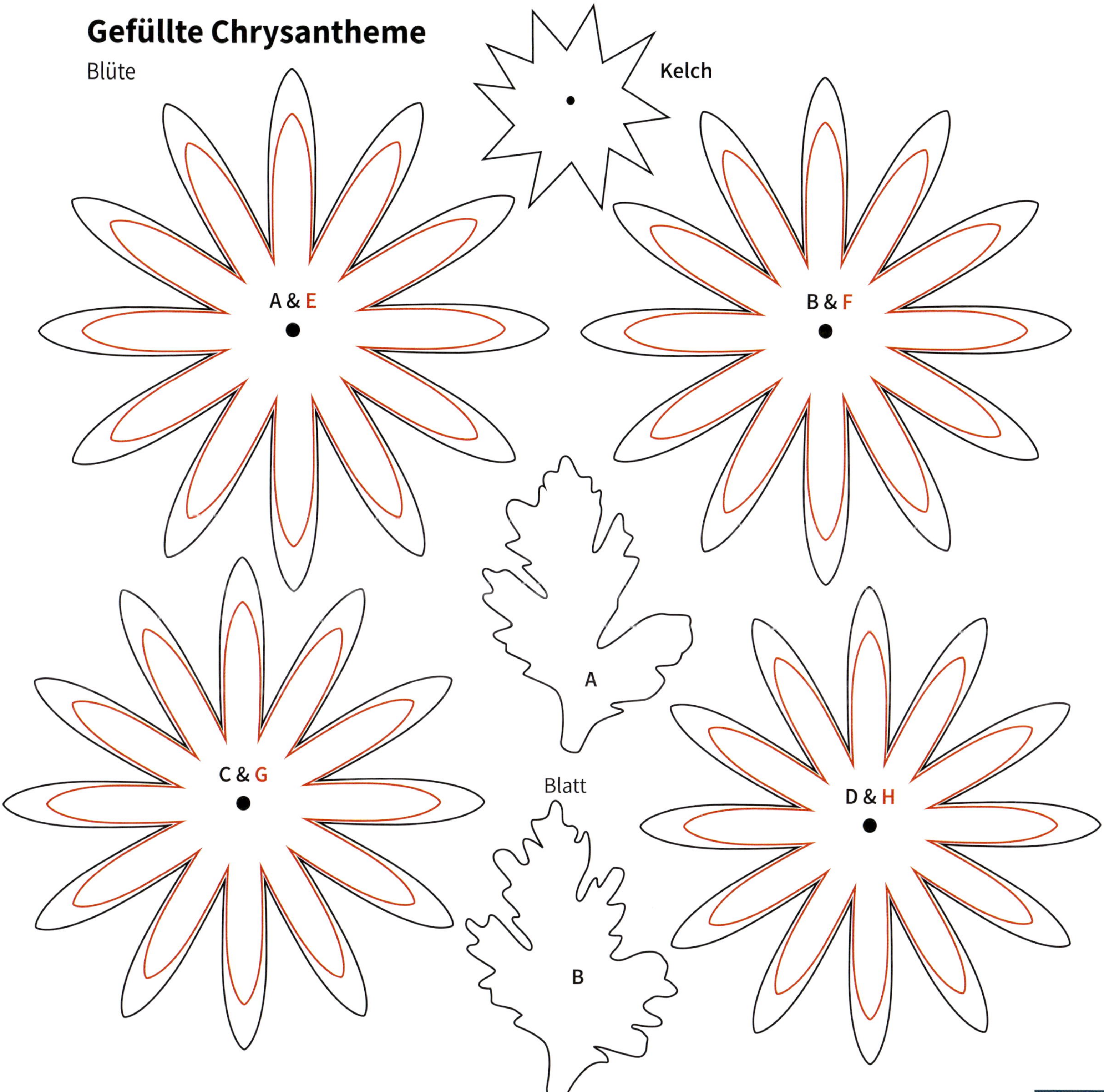

Gardenie

Blüte

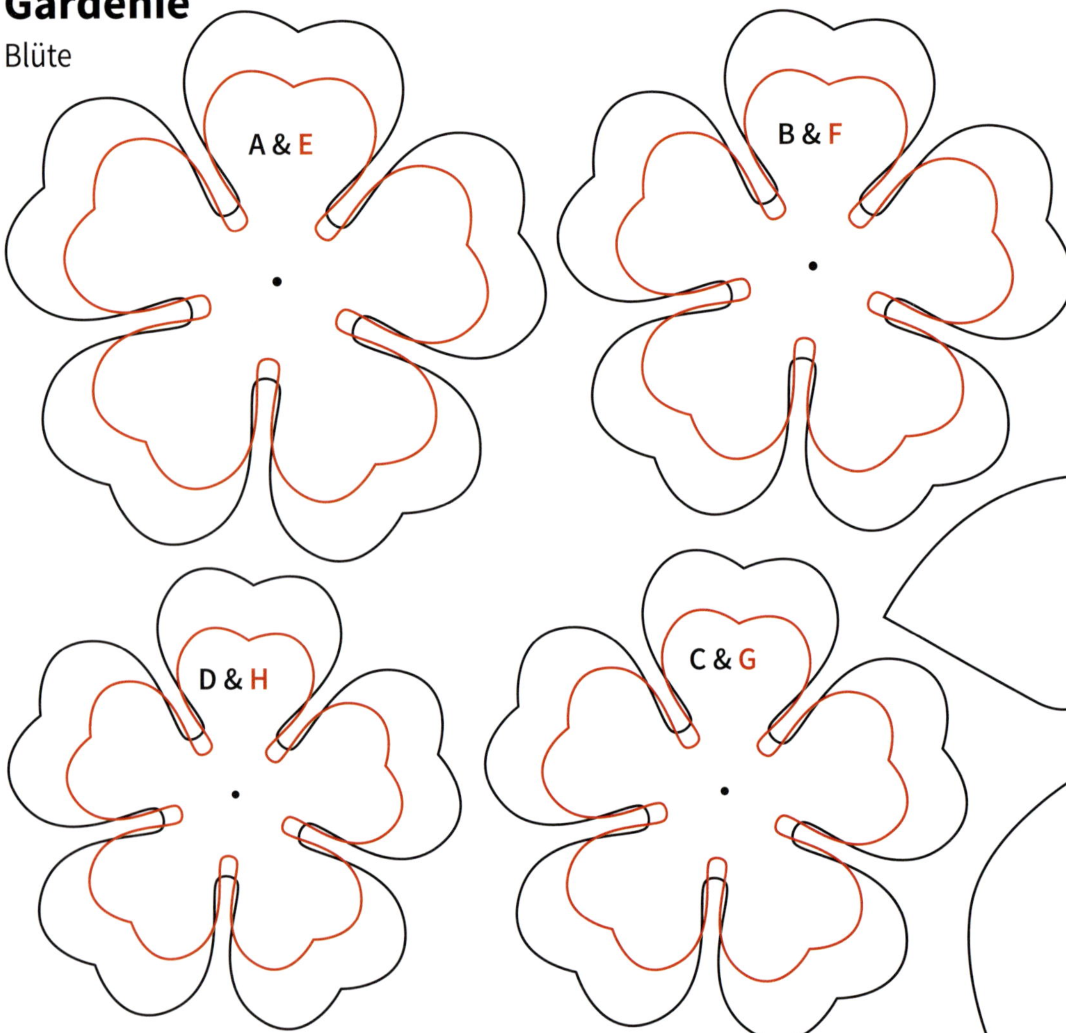

Kelch

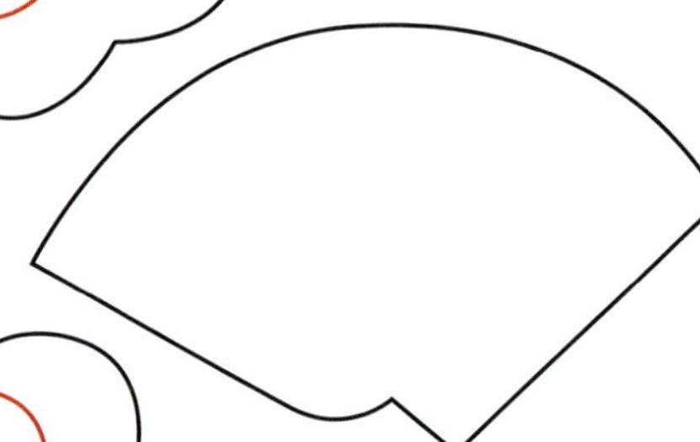

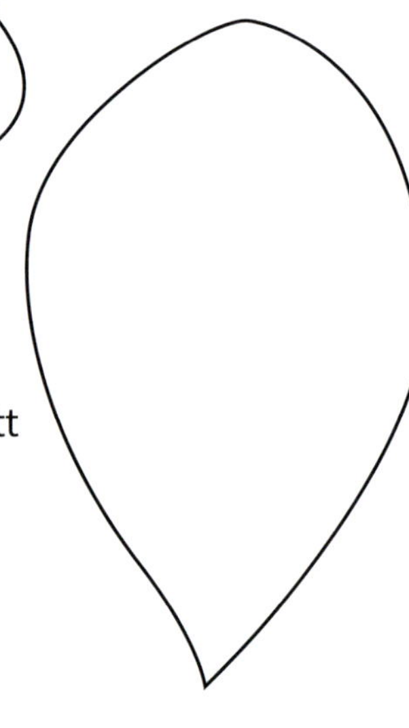

Blatt

Wiesen-Glockenblume

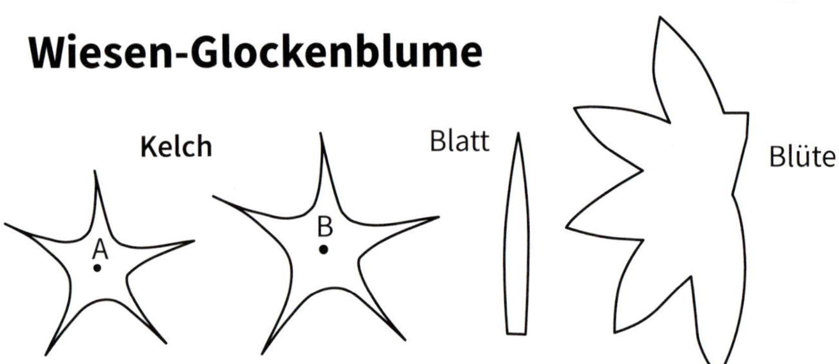

Silberdollar-Eukalypts

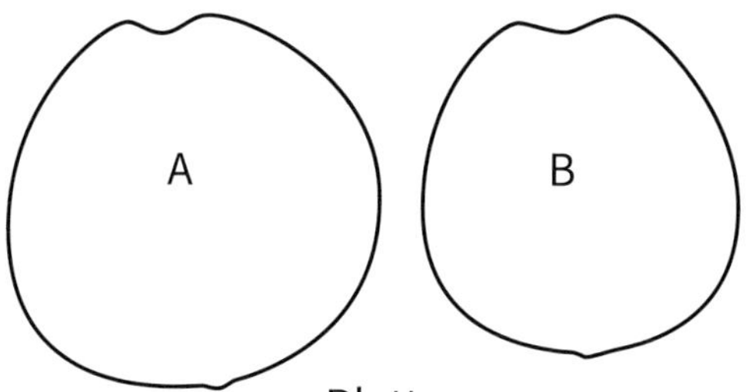

Blatt

Silber-Greiskraut

Blatt

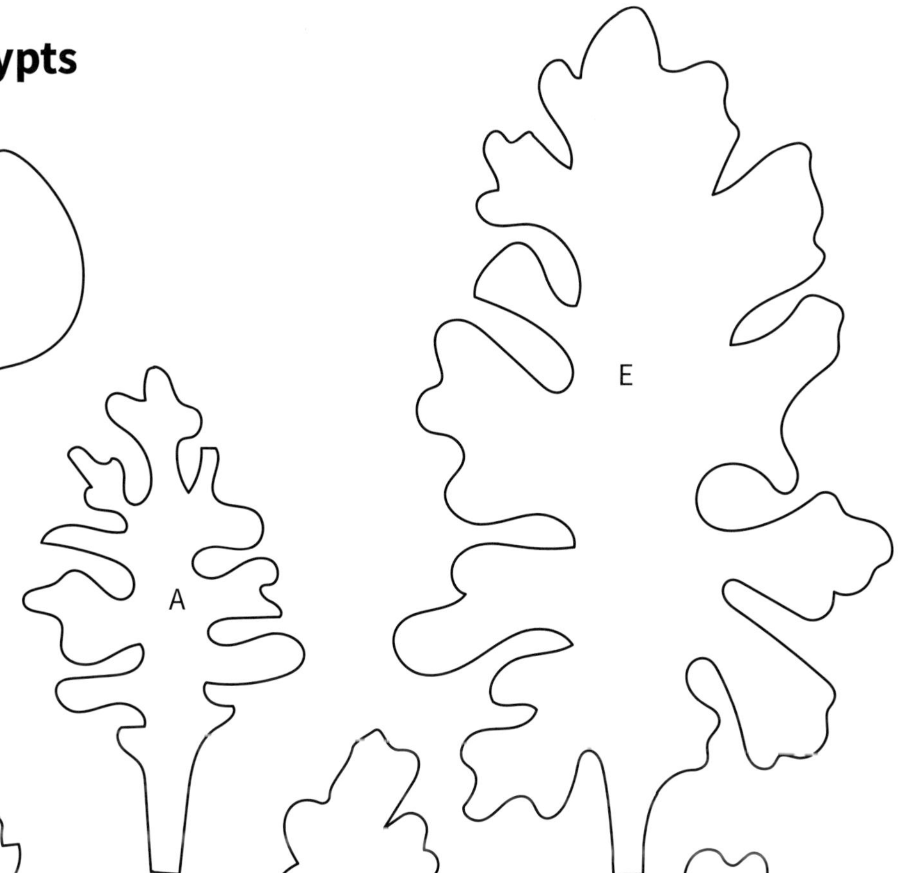

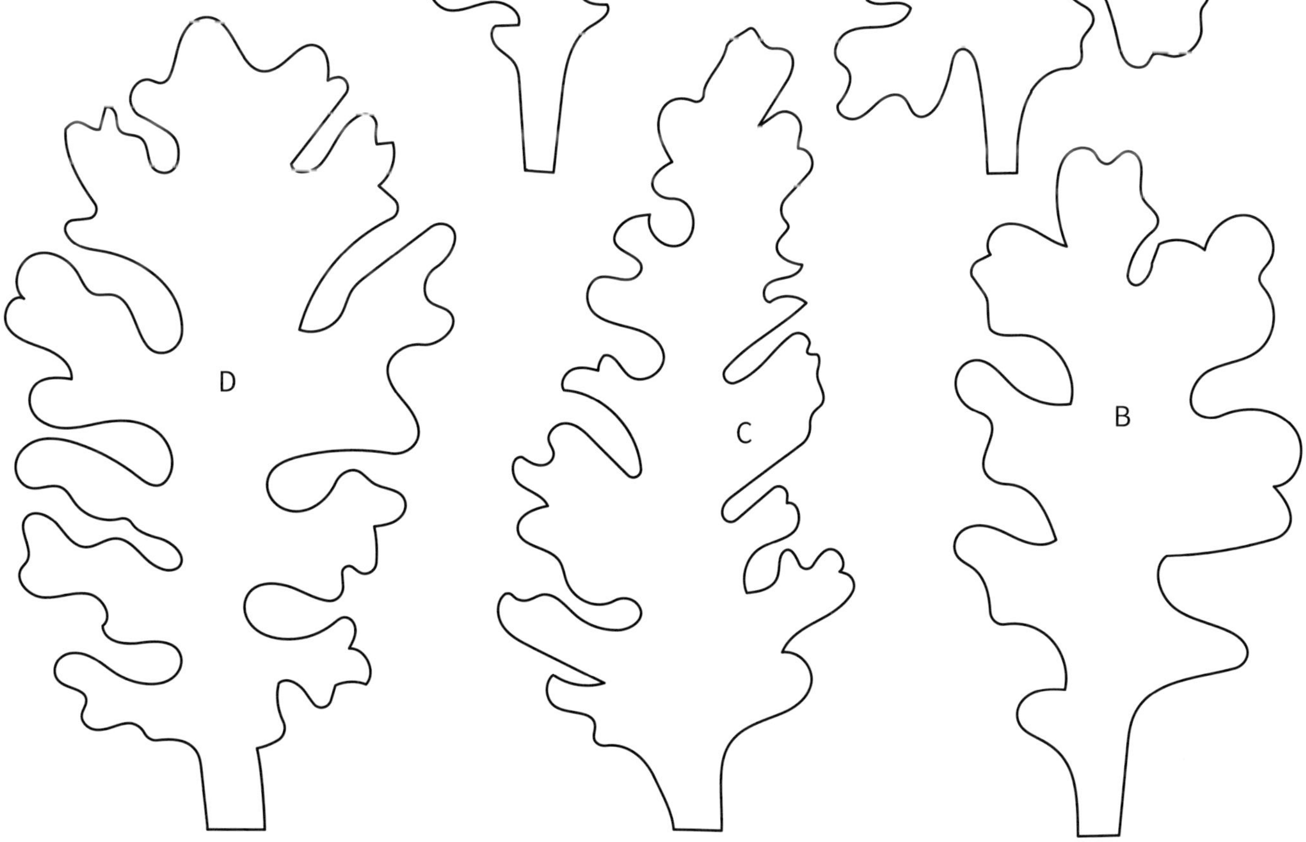

Eukalyptus Baby Blue

Blatt

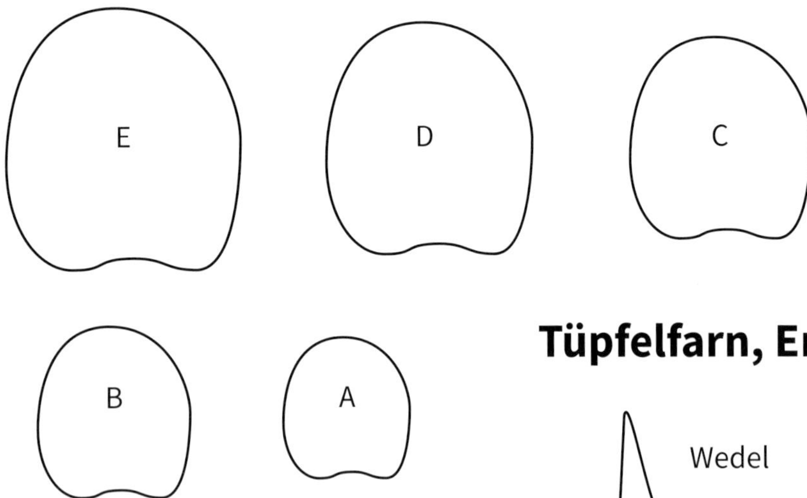

Olivenzweig

Blatt

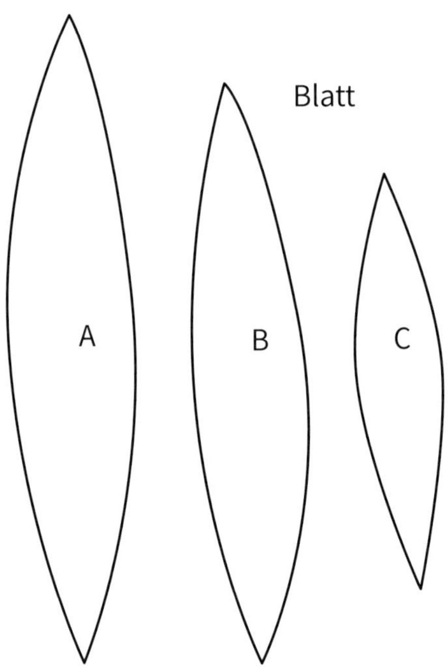

Tüpfelfarn, Engelsüß

Wedel

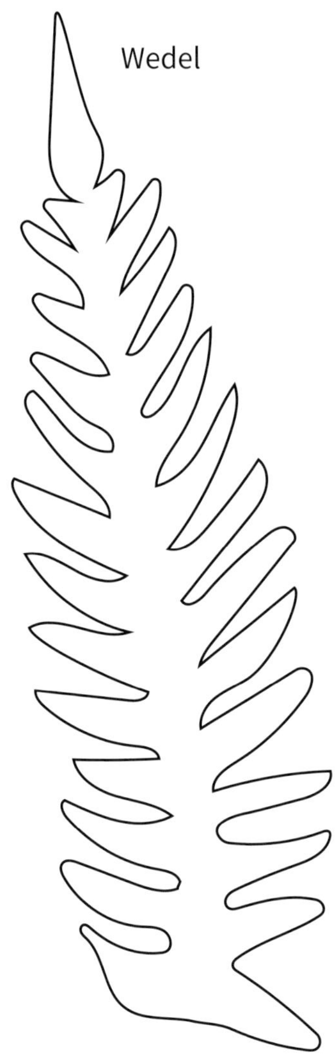

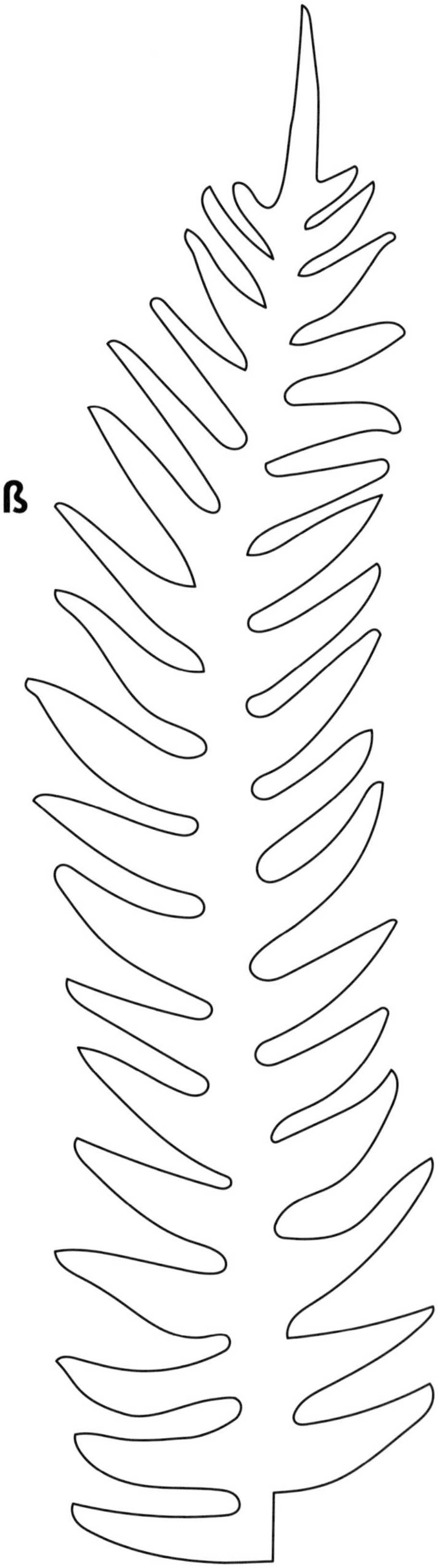

Farnvarianten

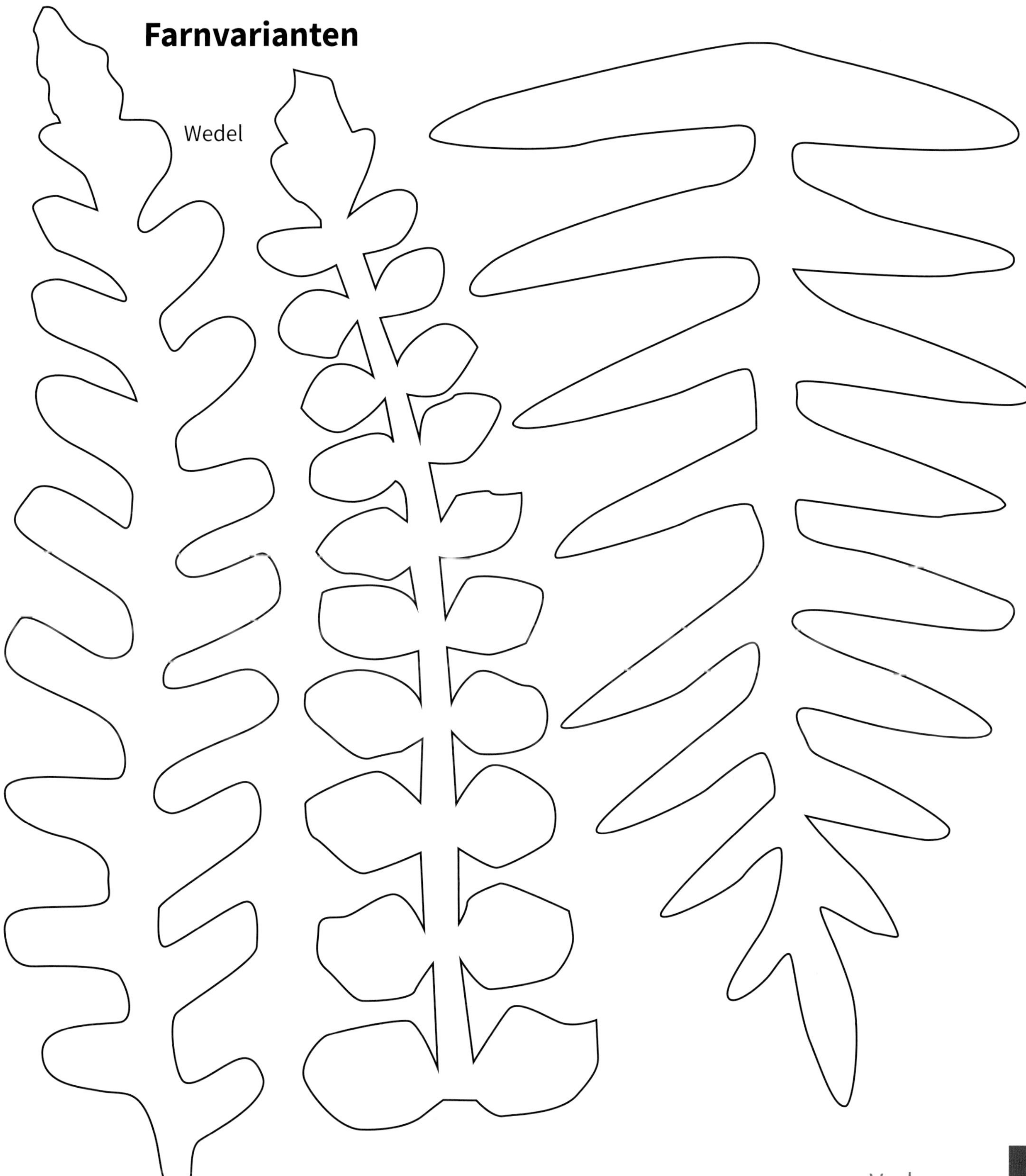

Gemeiner Bambus

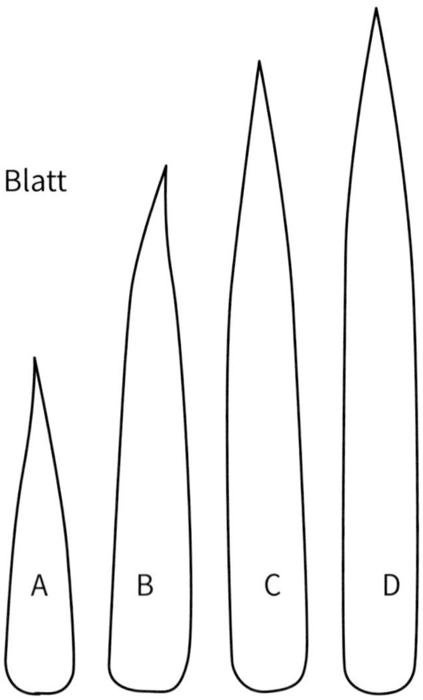

Strauchrose

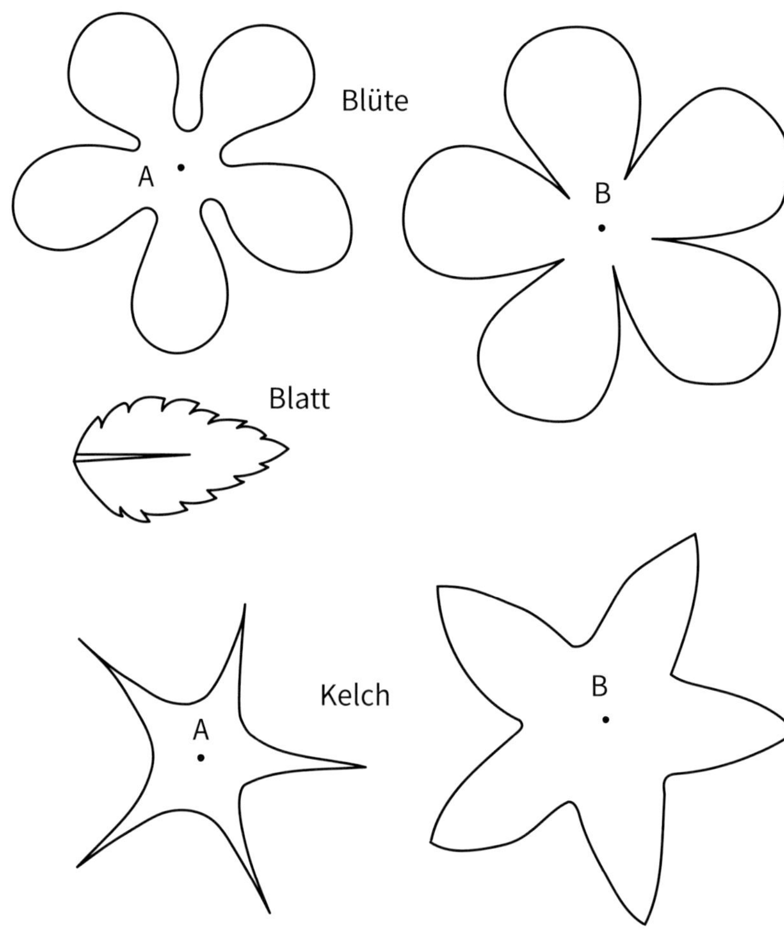

Schleierkraut

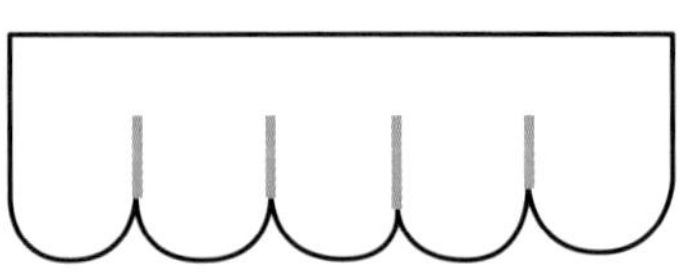

Ranunkel

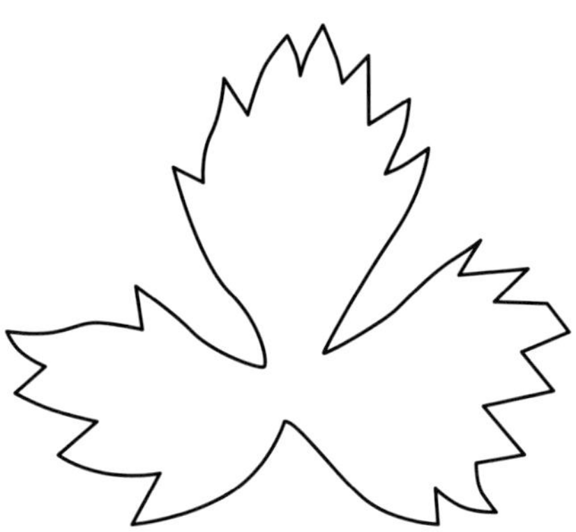

Blatt

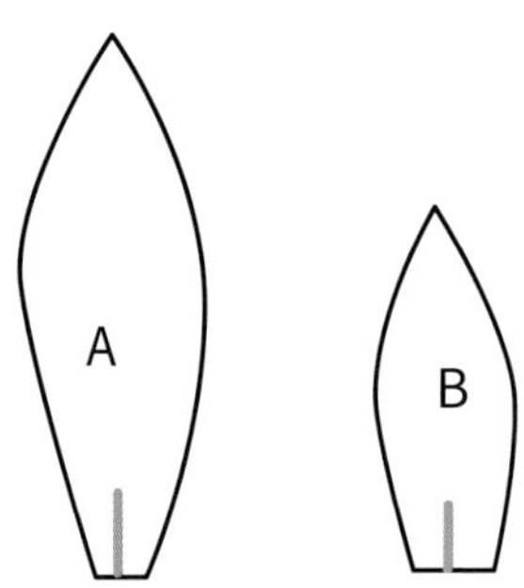

Kelch

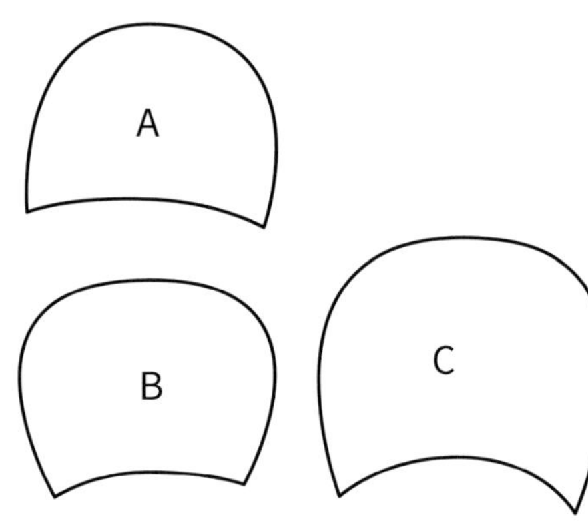

Blütenblatt

Cosmea

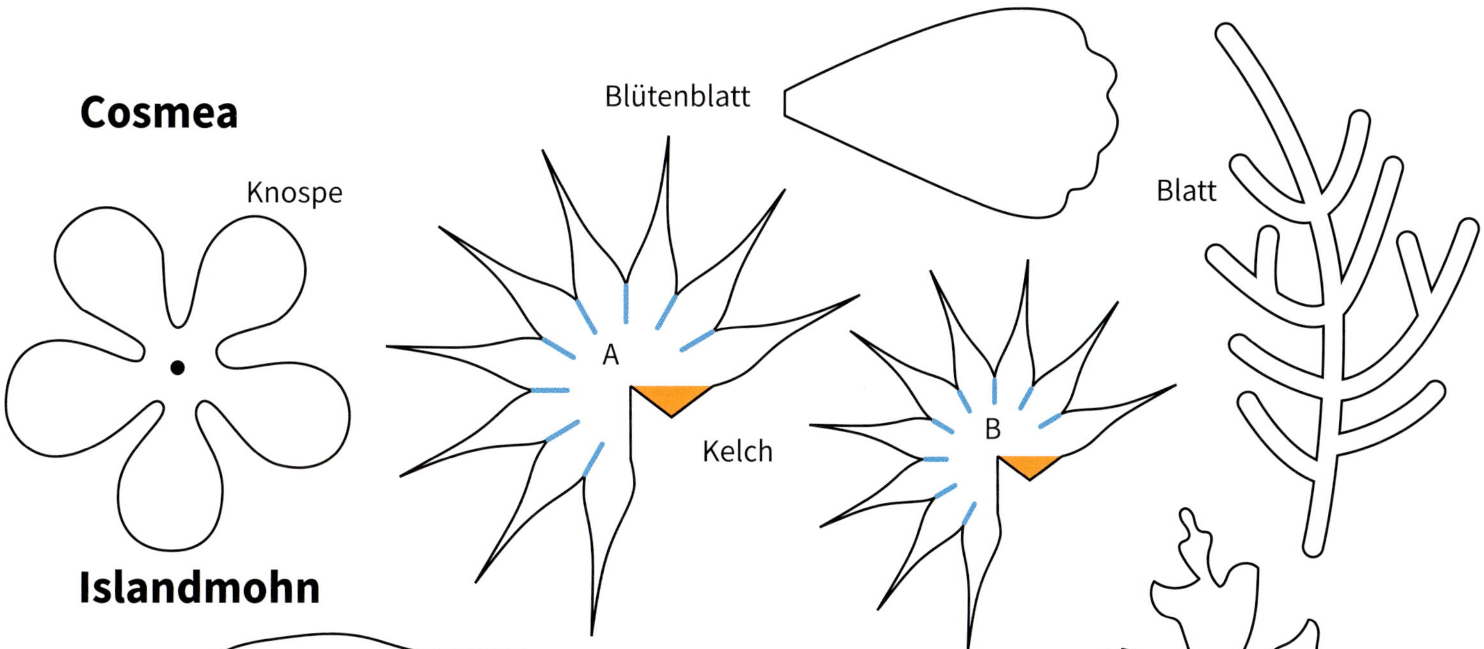

Islandmohn

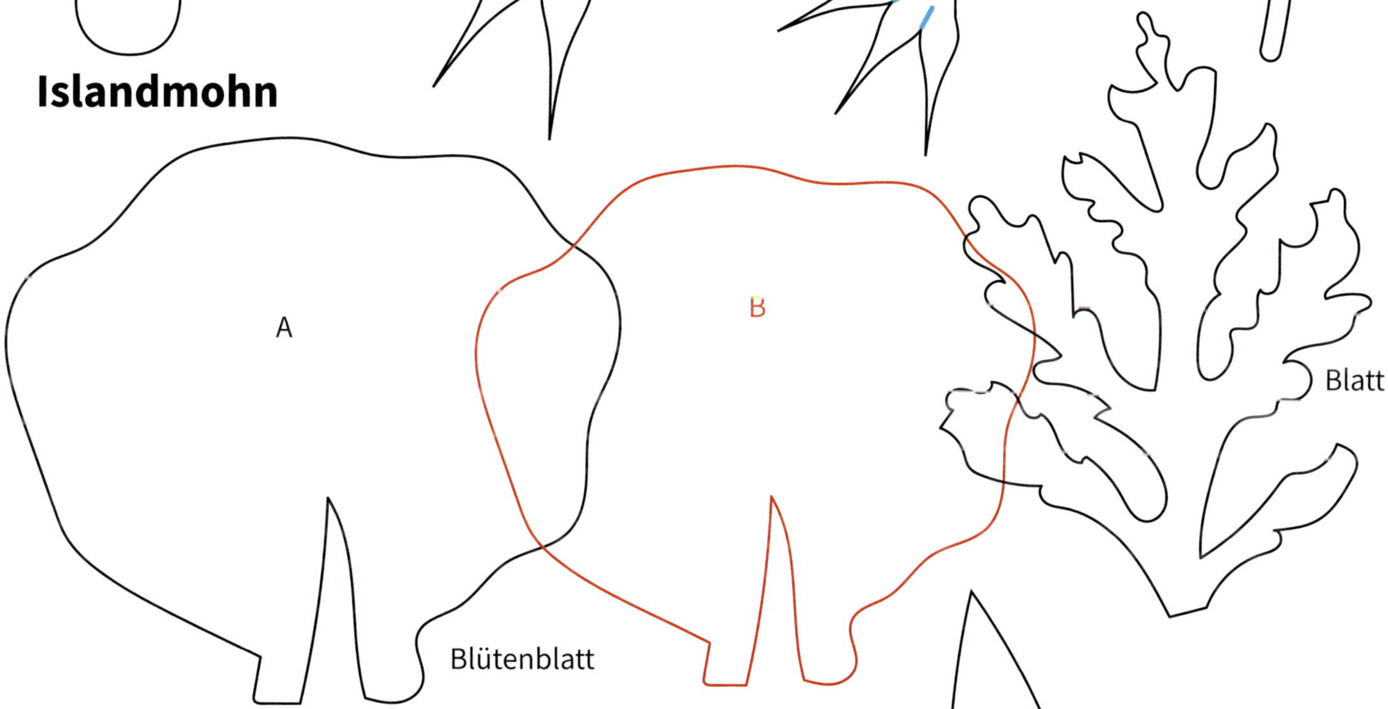

Zinnie

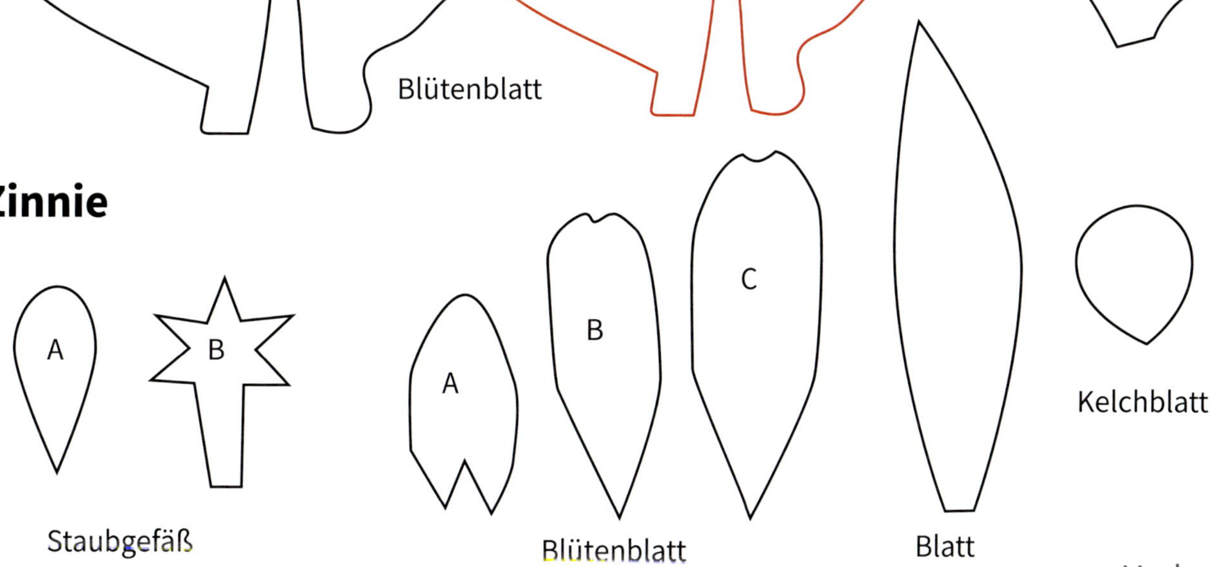

Hohe Bart-Iris

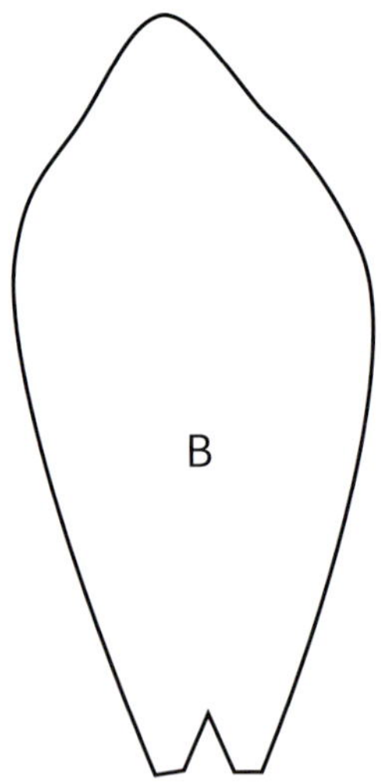

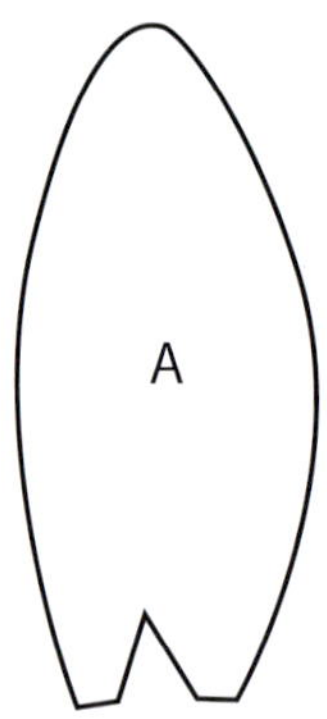

Hüllblatt

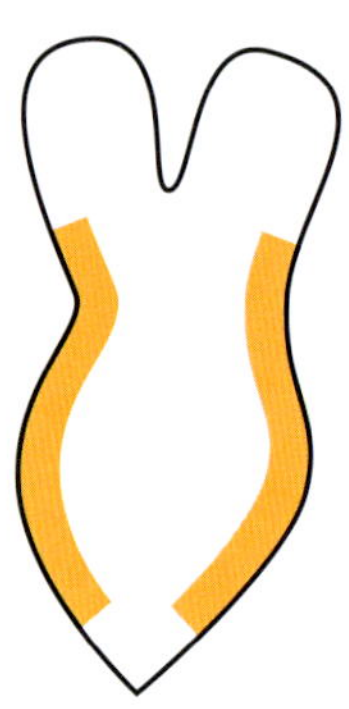

Griffelblatt

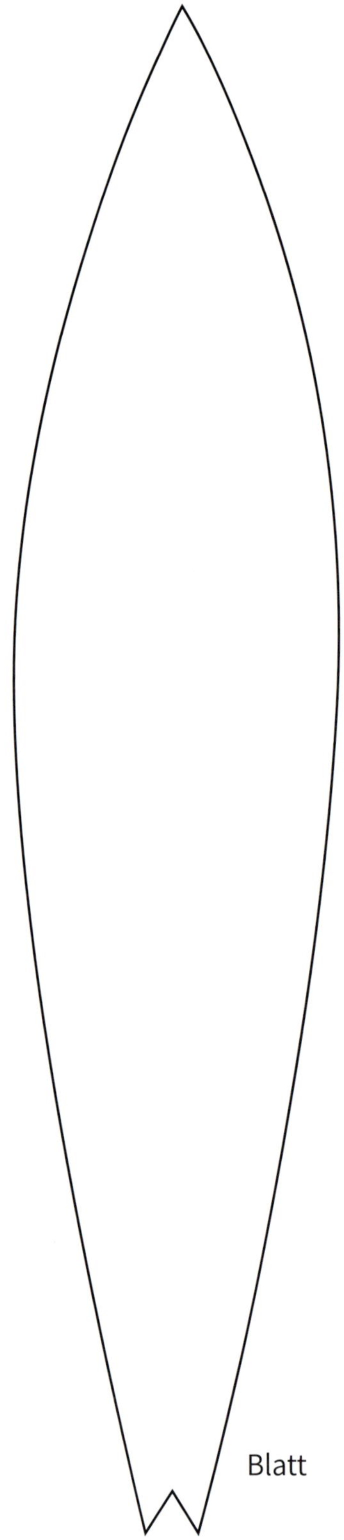

Blatt

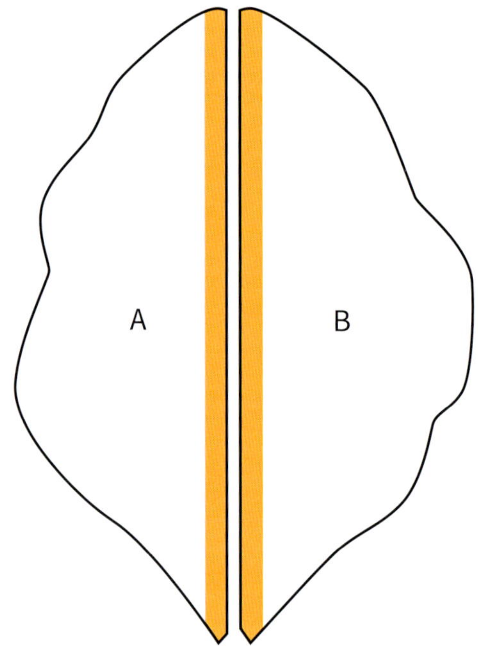

Hängeblatt

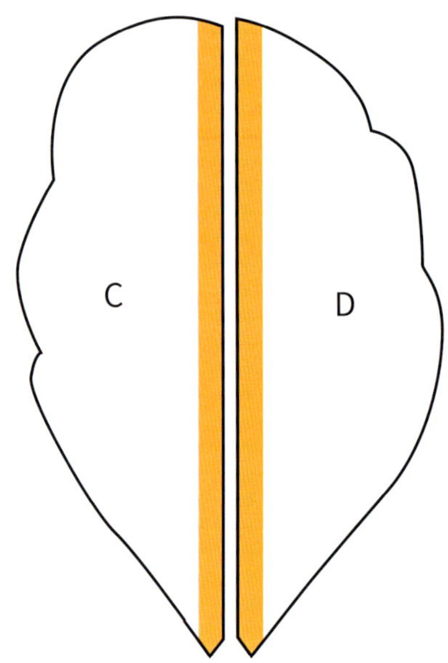

Domblatt

Edel-Pfingstrose

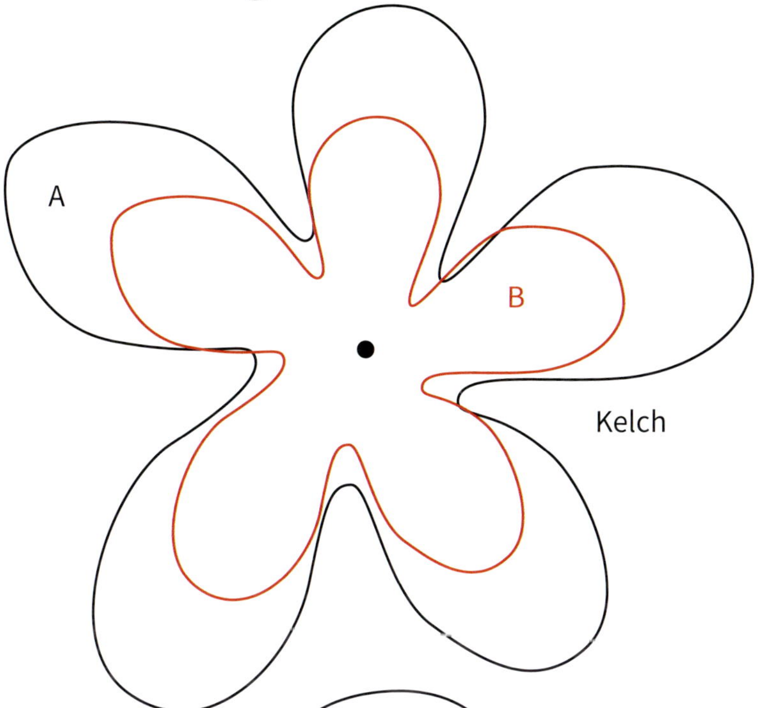

Kelch

Blatt

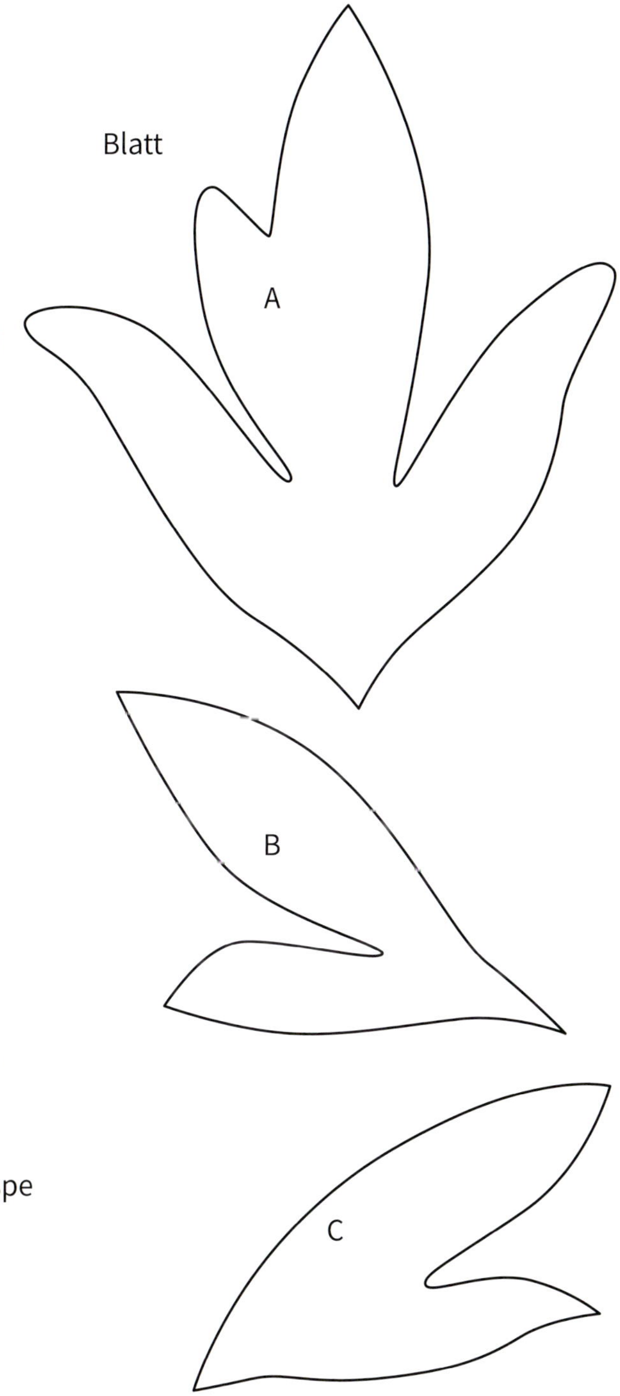

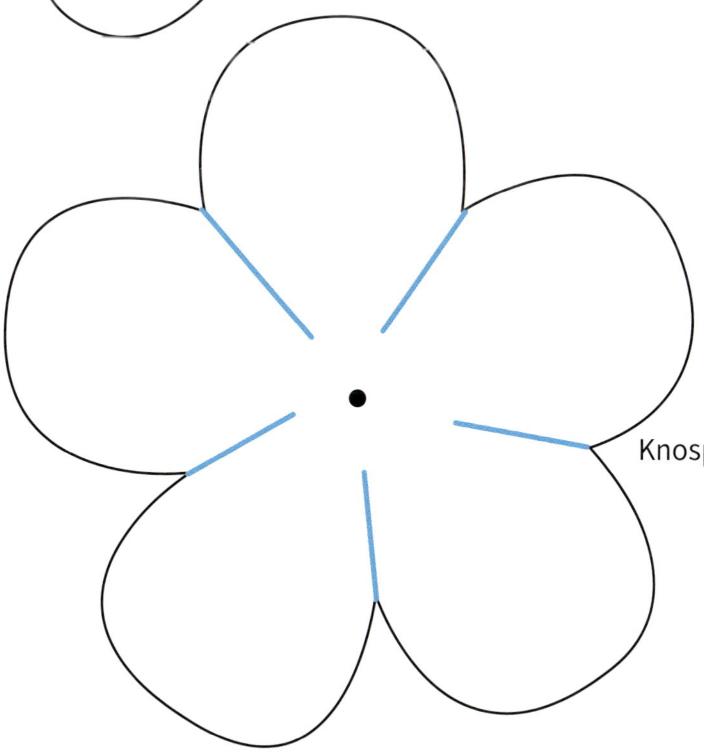

Knospe

Edel-Pfingstrose

Blütenblatt

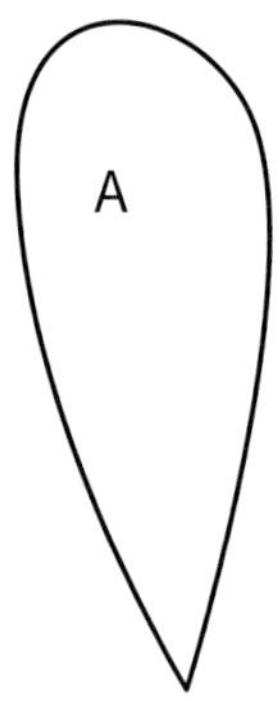

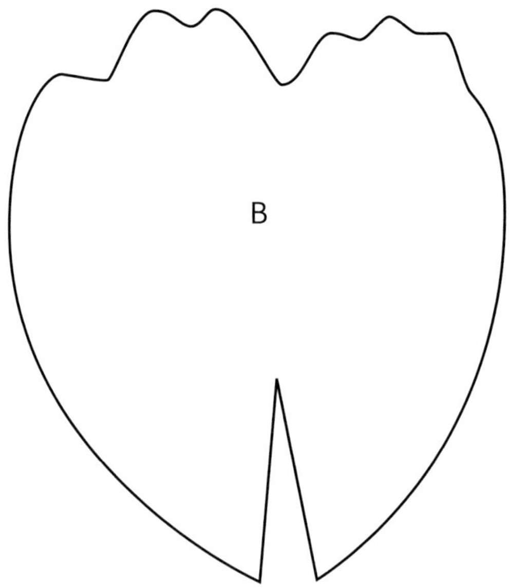

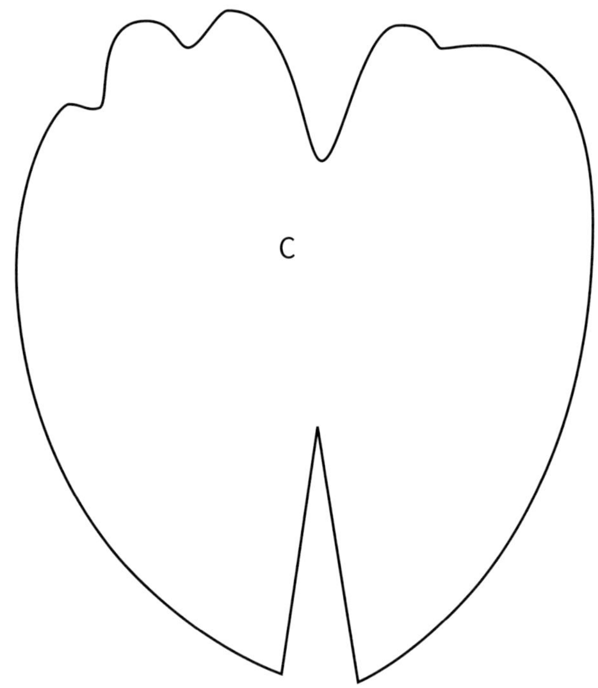

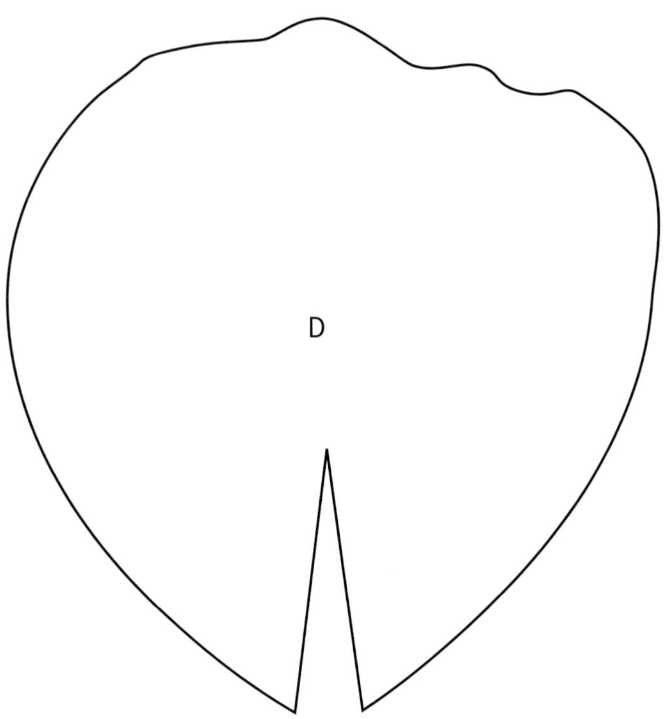

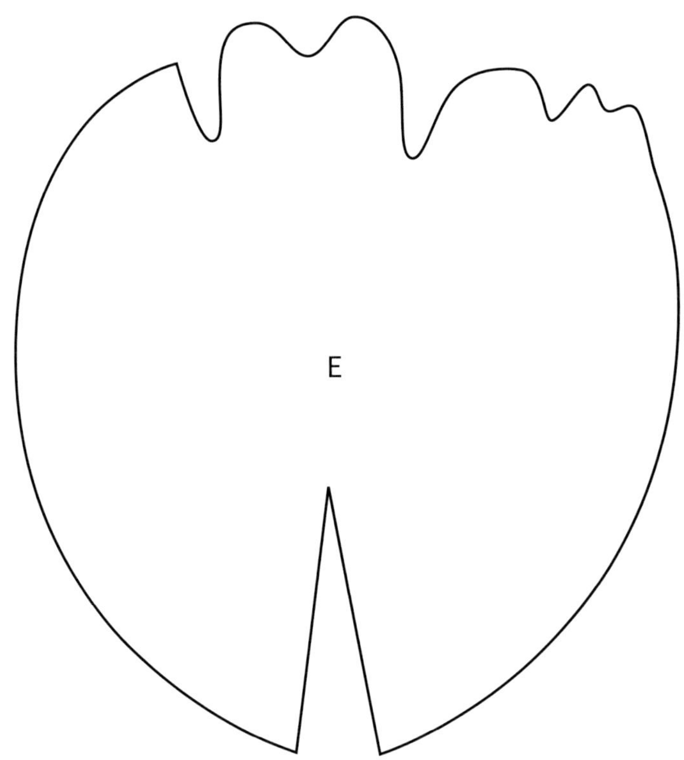

Bauern-Hortensie

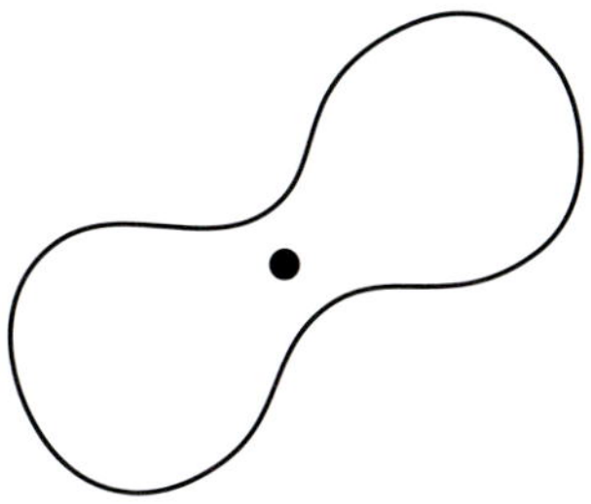

halbe Blüte

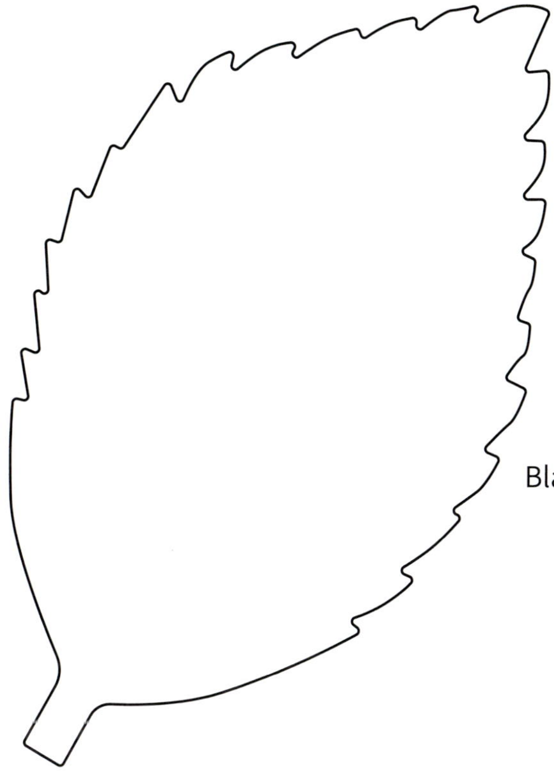

Blatt

Japanische Zierkirsche

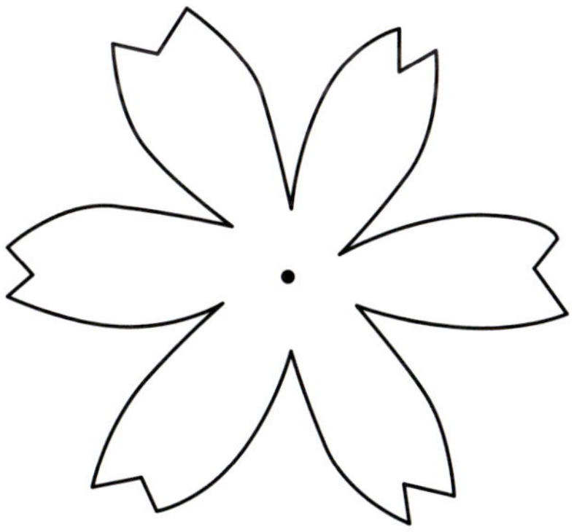

Blütenblatt

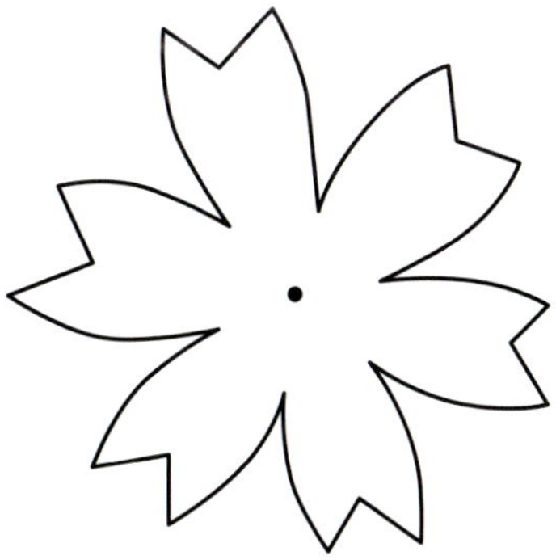

Knospe

Kelch

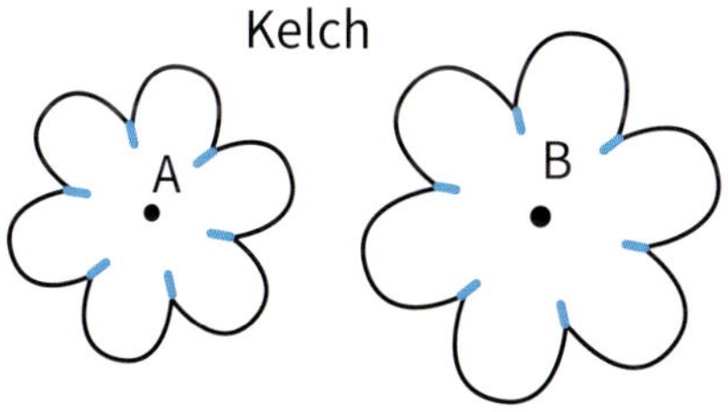

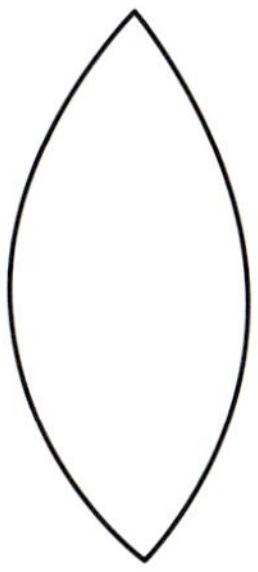

Blatt

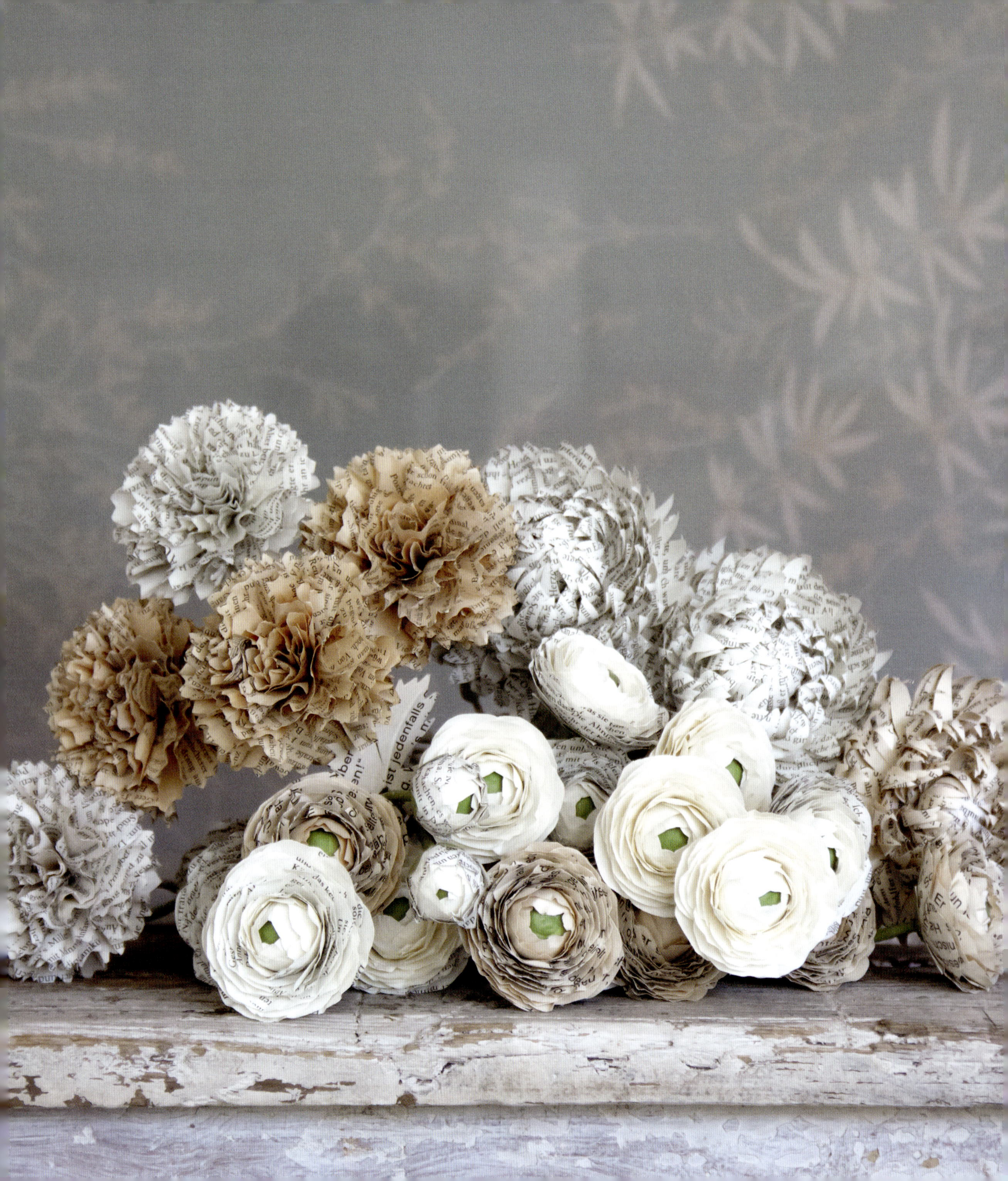

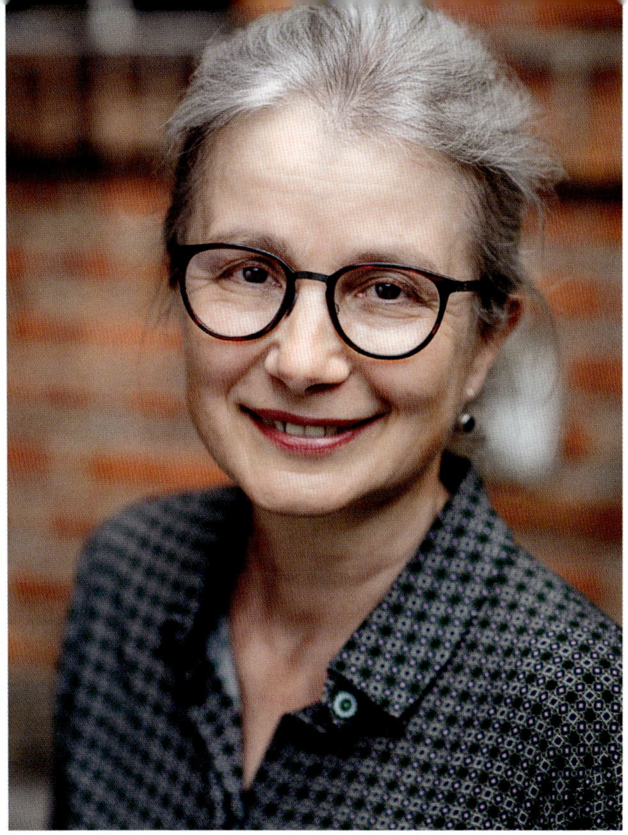

Als Anka Brüggemann vor 15 Jahren die ersten Objekte aus alten Buchseiten gestaltete, waren diese lediglich als Dekoration für einen Laden gedacht, in dem sich alles um Bücher drehte. Schnell begeisterten sich Kaufinteressierte und Anka Brüggemann fand Spaß daran, sich weiter mit Papierarbeiten aus alten Büchern zu beschäftigen, immer neue Objekte und Techniken auszuprobieren und das Angebot zu erweitern.
2012 gründete sie die Marke *Bookogami*. Seither beteiligt sie sich an Ausstellungen, führt einen Werkstattladen in einer Hofgemeinschaft von Künstler/-innen und Kunsthandwerker/-innen in der Altstadt von Quedlinburg und leitet Workshops in ganz Deutschland.

www.bookogami.de

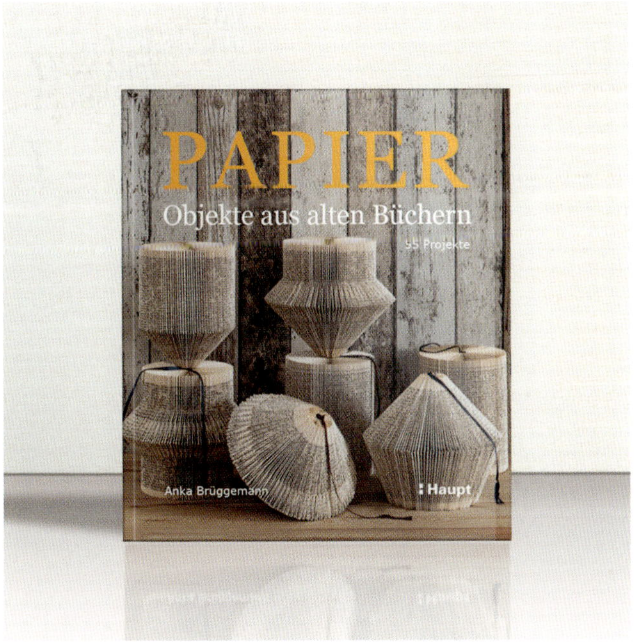

Anka Brüggemann
Papier-Objekte aus alten Büchern
55 Projekte
ISBN 978-3-258-60123-6

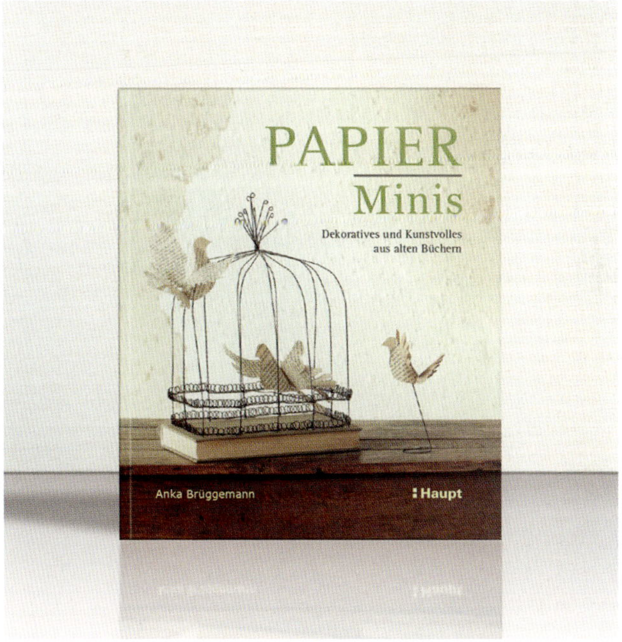

Anka Brüggemann
Papier-Minis
Dekoratives und Kunstvolles aus alten Büchern
ISBN 978-3-258-60166-3

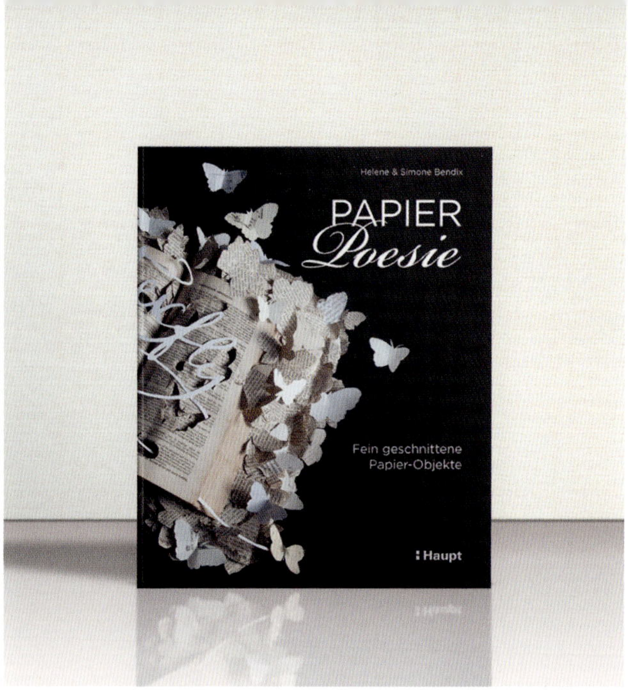

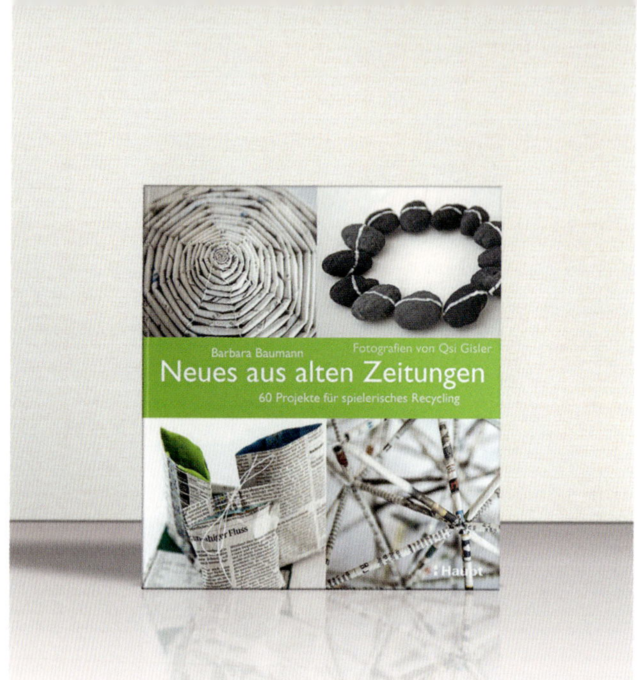

Helene Bendix / Simone Bendix
Papier-Poesie
Fein geschnittene Papier-Objekte

1. Auflage 2018
144 Seiten, mit durchgehend farbigen Fotos,
Klappenbroschur
ISBN 978-3-258-60194-6

Simone und Helene Bendix entführen uns in eine Welt von poetischem und elegantem Papier-Design, das die Wohnung schmückt und Geschenken eine ganz persönliche Note verleiht.

In diesem Buch teilen die Autorinnen ihre Papierkunst-Geheimnisse und eröffnen eine Welt der Kreativität. Hier trifft verspielter Scherenschnitt auf Poesie, ohne dass man spezielles Werkzeug bräuchte oder sich lang mit dem Studium von Schneidetechniken oder komplizierten Vorlagen befassen müsste. Eine Schere und ein paar schöne Blätter Papier sind genug, um damit zu beginnen, ganz eigene Papier-Poesie zu kreieren.

Barbara Baumann
Neues aus alten Zeitungen
60 Projekte für spielerisches Recycling

1. Auflage 2014
176 Seiten, durchgehend farbige Abbildungen,
Klappenbroschur
ISBN 978-3-258-60096-3

In 60 Projekten wird gezeigt, wie aus Zeitungen künstlerische Objekte und Skulpturen, Bilder, Schmuck, Behälter oder Papeterieartikel entstehen können. Zeitungspapier eignet sich für Papiermaché, zum Nähen, Flechten, Reißen, Knüllen, Bündeln oder Schneiden. Man kann es stabilisieren, indem man es auf ein zweites Papier kleistert oder zu mehreren Schichten faltet. Und wenn etwas nicht funktioniert, ist schnell eine andere Zeitung zur Hand.

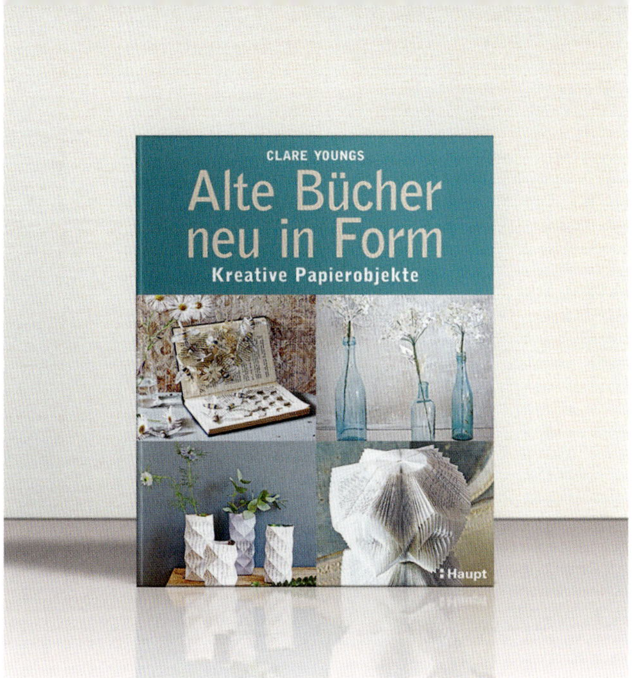

Clare Youngs
Alte Bücher neu in Form
Kreative Papierobjekte

1. Auflage 2017
128 Seiten, durchgehend farbige Abbildungen, Klappenbroschur
ISBN 978-3-258-60175-5

Erfolgsautorin Clare Youngs präsentiert 35 kreative Papierprojekte – und eröffnet neue Welten, die sich aus alten Buchseiten gestalten lassen. Zunächst zeigt die Autorin dreidimensionale Faltformen, die eindrucksvoll kompliziert wirken, in Wahrheit aber ganz einfach sind. Danach erläutert sie, wie auf einer Bühne „Szenen aus Papier" entstehen, darunter eine badende Meerjungfrau oder ein emsiger Bienenstock. Sie alle taugen als kostbare kleine Geschenke oder als echte Hingucker im Regal. Und im dritten Teil entsteht „Dekoratives aus Buchseiten", u.a. Geschenkanhänger, ein Lampenschirm oder ein Zottelhund.

Wie das alles gemacht wird, wird Schritt für Schritt anhand von Zeichnungen erklärt. Nur wenige alte Bücher genügen und schon kann es losgehen!

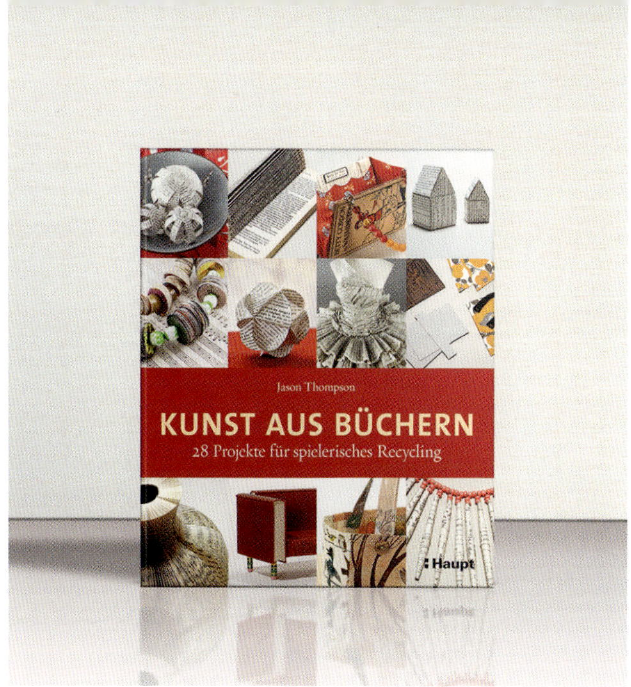

Jason Thompson
Kunst aus Büchern
28 Projekte für spielerisches Recycling

1. Auflage 2012
152 Seiten, durchgehend farbige Abbildungen, Klappenbroschur
ISBN 978-3-258-60052-9

Was Bibliophile mit ungeliebten Büchern anstellen können, stellt Jason Thompson in „Kunst aus Büchern" vor. Denn: Das Künstlerauge sieht mehr als nur Seiten und Deckel. Durch Falten, Rollen, Zerlegen und Heften entstehen Objekte, die mit dem ursprünglichen Buch nichts mehr gemein haben.

„Kunst aus Büchern" enthält 28 Schritt-für-Schritt-Projekte verschiedener Künstler/-innen, bei denen Bücher und Buchteile zerlegt und danach zu einzigartigen Schmuckstücken, Taschen, Behältern oder Spielen zusammengesetzt werden. Vorgestellt werden Techniken aus der Buchbinderei, der Holzbearbeitung, dem Papierhandwerk, Origami sowie textilen und dekorativen Künsten, und das Ganze wird ergänzt mit einer gesunden Portion Experimentierfreude und Spaß.

1. Auflage 2020

ISBN 978-3-258-60224-0

Illustrationen, Umschlag, Gestaltung und Satz: Yvonne Gernoth, D-Könnern
Fotografie: Anka Brüggemann, D-Quedlinburg
Porträt, Seite 173: Ray Behringer, D-Quedlinburg
Lektorat: Claudia Huboi, kreisrund, D-Köln

Wir verwenden FSC-Papier. FSC sichert die Nutzung der Wälder gemäß sozialen, ökonomischen und ökologischen Kriterien.
Gedruckt in Italien

FSC www.fsc.org MIX Papier aus verantwortungsvollen Quellen FSC® C015829

Diese Publikation ist in der Deutschen Nationalbibliografie verzeichnet. Mehr Informationen dazu finden Sie unter http://dnb.dnb.de.

Der Haupt Verlag wird vom Bundesamt für Kultur mit einem Strukturbeitrag für die Jahre 2016–2020 unterstützt.

Wir verlegen unsere Bücher mit Freude und großem Engagement. Daher freuen wir uns immer über Anregungen zum Programm und schätzen Hinweise auf Fehler im Buch, sollten uns welche unterlaufen sein. Falls Sie regelmäßig Informationen über die aktuellen Titel im Bereich Gestalten / Natur & Garten erhalten möchten, folgen Sie uns über Social Media oder bleiben Sie via Newsletter auf dem neuesten Stand!

www.haupt.ch